Lettland

Jochen Könnecke

W0038854

Reise-Taschenbuch

Inhalt

Unterwegs in Lettland

Inhalt

Auf Entdeckungstour

Karten und Pläne

► Dieses Symbol im Buch verweist auf die
Extra-Reisekarte Lettland

Schnellüberblick

Kurzeme
Schlösser und Burgen, endlose weiße Strände, die aufstrebenden Hafenstädte Liepāja und Ventspils, der Slītere-Nationalpark am Kap Kolka und die verträumte Kleinstadt Kuldīga – für Abwechslung ist in Kurzeme gesorgt. S. 154

Zemgale
Die Provinz gilt als ›Lettlands Kornkammer‹. Mit Schloss Rundāle besitzt sie das wohl schönste Barockschloss des Baltikums. Fast ebenso beeindruckend sind Schloss Jelgava, die Burgruine Bauska und der Naturpark Tērvete. S. 202

Jūrmala und Umgebung
Der traditionsreiche Badeort mit seinen hübschen Holzvillen und guten Wellnessmöglichkeiten ist Ausflugsziel Nummer eins der Rigaer und bevorzugte Wohngegend der Reichen; Wanderer zieht es in den Ķemeri-Nationalpark. S. 136

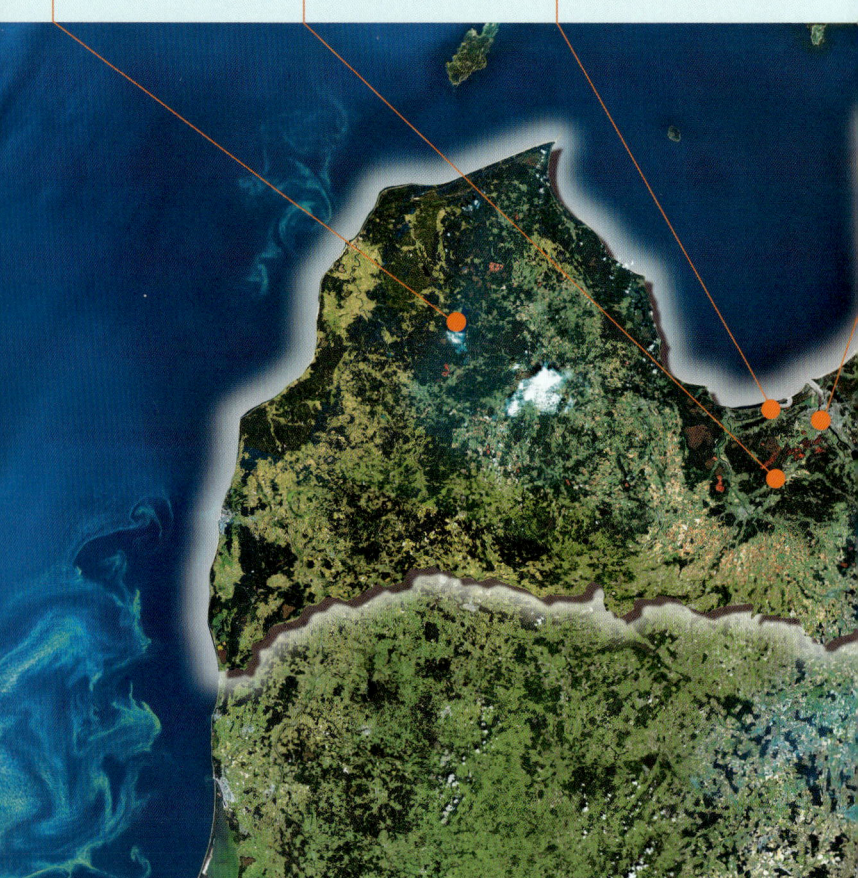

Riga und Umgebung
Die lettische Hauptstadt und größte Metropole des Baltikums lockt mit einer verwinkelten Altstadt und rund 800 Jugendstilbauten, einer spannenden Kulturszene und einem vielfältigen Shopping- und Nightlife-Angebot. S. 86

Vidzeme
Hübsche Strände, kleine Fischerorte und das Münchhausen-Museum sind die Attraktionen an der Küste. Größtes Highlight ist jedoch der Gauja-Nationalpark mit den Städten Sigulda und Cēsis. Charme besitzt weiter östlich Alūksne. S. 244

Latgale
In der Hochebene von Latgale liegen über 300 Seen und die berühmte katholische Wallfahrtskirche von Aglona, der Naturpark Daugavas loks – eine idyllische Flusslandschaft – und das torfreiche Naturreservat Teiči. S. 216

7

Der Autor

Mit Jochen Könnecke unterwegs
Eigentlich ist Jochen Könnecke Schauspieler. Als er jedoch 1999 zum ersten Mal Lettland bereiste, war er so fasziniert von diesem kleinen, mitten im Umbruch befindlichen Land, dass er seine Erlebnisse niederzuschreiben begann. Inzwischen kennt er sich in Lettland weitaus besser aus als seine Frau, die aus Riga stammt und mit der er seit einigen Jahren in Potsdam lebt. Seit 2005 schreibt Jochen Könnecke für den DuMont Reiseverlag. In der Reihe »direkt« ist von ihm der Band »Riga« erschienen, und für den Richtig-Reisen-Band »Baltikum« verfasste er den Lettland-Teil.

Land der Lieder

Behaupten wir einfach mal, die Letten sind ein glückliches Volk – glücklich allerdings angesichts einer Tatsache, die man als selbstverständlich erachten sollte: Seit 1991 ist Lettland unabhängig und die Aussichten, dass das so bleibt, sind nicht schlecht. Nur einmal, 1918–1940, gab es diese Situation, ansonsten wurde das kleine Land an der Rigaer Bucht seit dem 13. Jh. von Deutschen, Polen, Schweden und Russen beherrscht. Nach Jahren des stillen Leidens unter der Sowjetokkupation machten die Letten erst 1989 wieder international auf sich aufmerksam, als sie gemeinsam mit Esten und Litauern eine Menschenkette von Tallin über Riga bis nach Vilnius bildeten. Die während dieser Aktion gemeinsam gesungenen Lieder brachten dem Unabhängigkeitskampf der Balten den Beinamen ›Singende Revolution‹ ein.

Lettische Wurzeln
In Lettland hat das Singen eine große Tradition – jeder Fünfte ist Mitglied eines Chors. Das alle fünf Jahre stattfindende Lieder- und Tanzfest erfreut sich nach wie vor großer Beliebtheit – Zehntausende nehmen daran teil. Am liebsten singen die Letten Dainas, kurze, vierzeilige Lieder, die in unzähligen Variationen wiederholt werden können. Über Jahrhunderte nur mündlich überliefert, gelten sie heute als Fundament der lettischen Kultur. 2,5 Mio. Liedtexte hat man in den letzten 150 Jahren zusammengetragen. Bei einer Bevölkerung von knapp 2,2 Mio. Menschen ergibt das gut ein Lied pro Einwohner – eine vermutlich weltweit einmalige Quote.

Jugendstil in Riga
Lettland besteht natürlich nicht nur aus Letten in Folklorekostümen mit Blumenkränzen auf dem Kopf. Die Hauptstadt Riga steht einer westlichen Metropole in nichts nach – dennoch umweht sie das typische Hanse-Flair: Die Altstadt gehört zum UNESCO-Welterbe und birgt Gebäude aus nahezu allen

bedeutenden westeuropäischen Architekturepochen – besonders backsteingotische Kirchen prägen das Bild. Um die Altstadt herum gibt es an den Boulevards rund 800 prächtige Jugendstilbauten, die Riga den Beinamen ›Paris des Nordens‹ eingebracht haben.

Meer, Wald und Wiesen
Anders als im hektischen Riga findet man im restlichen Lettland einen gemächlichen Lebensrhythmus vor. Es gibt nur wenige größere Städte und kaum Autobahnen oder Schnellstraßen. Schmale, oft unbefestigte Straßen führen durch eine endlos scheinende Wald- und Wiesenlandschaft und die Strände sind – abgesehen vom traditionsreichen Seebad Jūrmala vor den Toren Rigas – weitgehend menschenleer. Einsamkeit findet man auch in den vier landschaftlich völlig unterschiedlichen Nationalparks. Ob Küstenurwald, Lagunengewässer oder Wildwasserfluss, je nach Bedürfnis gibt es immer eine Gelegenheit zum Wandern, Fahrrad- oder Kanu fahren. Kulturliebhaber kommen ebenfalls auf ihre Kosten: Allerorten sind ehemalige Guts- und Herrenhäuser zu besichtigen. Zeugnisse deutscher Vergangenheit tauchen in fast jeder Kleinstadt auf: Fleißig haben die deutschen Kreuzritter Burgen zur Sicherung ihrer Macht bauen lassen.

Aufbruchstimmung
Im Zuge der Loslösung von der Sowjetunion Anfang der 1990er-Jahre musste Lettland nicht nur die politische und die Wirtschaftsordnung völlig umstellen, sondern auch mit der wiedererlangten Unabhängigkeit klarkommen. Innenpolitische Spannungen waren die Folge, besonders zwischen den Letten und den in Lettland angesiedelten Russen – sie bilden noch immer ein Drittel der Bevölkerung. Heute ist Lettland Mitglied der EU und der NATO. Seine Wirtschaft befindet sich nach einem enormen Aufschwung in einer Abkühlungsphase, die Touristenzahlen steigen dagegen noch immer. Besonders im Kommen sind Ferienquartiere auf Bauernhöfen und kleine Familienpensionen. Fünf-Sterne-Luxus wird hier zwar nicht geboten, dafür aber herzliche lettische Gastfreundschaft. In diesem Sinne wünscht Ihnen der Autor eine gute Reise!

Idylle zum Durchatmen und Entspannen: der Wöhrmannsche Garten (Riga), S. 108

Unvergesslich: ein Ausritt entlang der Daugava in Latgale, S. 228

Lieblingsorte!

Badestelle mit Geschichte: die Befestigungsanlagen vor Liepāja, S. 182

Schwebend über Bäumen und der Gauja: in der Drahtseilbahn bei Sigulda, S. 260

**Paradies für kulinarische Entdecker:
der Zentralmarkt von Riga, S. 124**

**Gigantisch: Ventas rumba, mit 249 m wohl
der breiteste Wasserfall Europas, S. 170**

Die Reiseführer von DuMont werden von Autoren geschrieben, die ihr Buch
ständig aktualisieren und daher immer wieder dieselben Orte besuchen.
Irgendwann entdeckt dabei jede Autorin und jeder Autor seine ganz persönlichen Lieblingsorte. Dörfer, die abseits des touristischen Mainstream liegen,
eine ganz besondere Strandbucht, Plätze, die zum Entspannen einladen, ein
Stückchen ursprünglicher Natur – eben Wohlfühlorte, an die man immer wieder
zurückkehren möchte.

**Einst Burg auf einem Hügel, heute
›Wasserburg‹: Ruine Koknese, S. 222**

**Nichts als Bäume – und das Zwitschern
der Vögel: Naturpark Ragakāpa, S. 150**

Reiseinfos, Adressen, Websites

Lettlands Traumstrand Nummer eins in Jūrmala

Informationsquellen

Infos im Internet

Mittlerweile ist Lettland gut im Internet vertreten. Die meisten Regionen und Städte besitzen Websites, die über die wichtigsten touristischen Belange informieren, meist auf Englisch, manchmal auch in Deutsch, bei kleineren Städten in der Regel nur auf Lettisch und eventuell Russisch. Sehr hilfreich sind die zahlreichen Websites von Hotels, Restaurants und Reiseveranstaltern.

www.baltikuminfo.de

Die offizielle Website des Fremdenverkehrsamtes für Lettland, Estland und Litauen ist ohne Zweifel die umfangreichste und aktuellste deutschsprachige Informationsquelle für Touristen, die ins Baltikum reisen möchten. Sehr nützlich ist die Auflistung nach Stichwörtern von A bis Z, über die man zu den meisten wichtigen Informationen gelangt.

www.li.lv

Die Website des Lettland-Instituts bietet ausführliche, meist deutschsprachige Hintergrundinformationen zu Geschichte und Kultur, z. B. Beiträge über nationale Minderheiten, Bernstein oder die lettische Sprache.

www.lettische-presseschau.de

Diese vom Lettischen Centrum in Münster betriebene Website veröffentlicht aktuelle Pressemeldungen und Artikel zu Lettland, bietet aber auch jede Menge archivierte Meldungen an.

www.infobalt.de

Der Verein Informationszentrum Baltische Staaten e. V. aus Bremen will unabhängig über die baltischen Staaten berichten und ein Forum sein, in dem

man sich über diverse Themen wie Geschichte und Gegenwart der baltischen Länder austauschen kann. Ein besonderer Service sind die Fernsehtipps zum Thema Baltikum, die regelmäßig aktualisiert werden.

www.latviatourism.lv

Der offizielle Internetauftritt des Lettischen Fremdenverkehrsamtes bietet leider nur spärliche Auskünfte in fehlerhaftem Deutsch. Dennoch kann man hin und wieder brauchbare Informationen für sich entdecken.

www.mfa.gov.lv/de/berlin

Die Website der Lettischen Botschaft in Berlin präsentiert vor allem Informationen, die mit der Einreise nach Lettland zu tun haben, z. B. zu Visa, Ein- und Ausfuhrbestimmungen. Auch hilfreiche Links sind zu finden.

Fremdenverkehrsämter

… in Deutschland

Baltische Tourismus Zentrale
Katharinenstr. 19, 10711 Berlin
Tel. 030 89 00 90 91
Fax 030 89 00 90 92
www.baltikuminfo.de
Die Baltische Tourismus Zentrale ist die wichtigste und beste Auskunftsstelle im deutschsprachigen Raum. Alle notwendigen Reiseinformationen sind auf der eigenen Website abrufbar (s. o.), liegen aber auch als Broschüre vor, die bestellt werden kann.

… in Lettland

Touristeninformationen sind in allen kleineren und größeren Städten zu finden. Sie bieten aktuelle Informationen zu Sehenswürdigkeiten, Veranstaltun-

Die richtigen Infos in der Tasche und schon geht's los – zum Beispiel auf Erkundungstour durch Lettlands Hauptstadt Riga

gen und Stadtbesichtigungen. Außerdem hat jede Provinz (Kurzeme, Zemgale, Latgale und Vidzeme) ihr eigenes Touristenbüro, in dem Infos zur jeweiligen Provinz erhältlich sind. In der Altstadt von Riga gibt es außerdem ein Auskunftsbüro für ganz Lettland:
Lettisches Touristeninformationsbüro
Latvijas Tūrisma informācijas birojs
Rīga, Smilšu iela 4, 1050 Rīga
Tel. 67 22 46 64, Fax 67 22 46 65
www.latviatourism.lv, tgl. 9–18 Uhr

Karten

Zuverlässig und aktuell sind Länder- und Regionalkarten sowie Stadtpläne des lettischen Verlags Jāņa sēta (Jāņa sēta Map Shop, Elizabetes iela 83/85, 1050 Rīga, Tel. 67 31 75 40, www.kartes.lv). Eine Auswahl der Karten dieses sowie anderer Verlage kann man u. a. über die Geo Buchhandlung in Kiel bestellen, Tel. 0431 910 02, Fax 0431 942 49, www.geobuchhandlung.de. Eine gute Internetkarte von Lettland gibt es unter www.viss.lv.

Lesetipps

s. »Reisen im Kopf«, S. 74

Reiseveranstalter

Mittlerweile bieten zahlreiche Reisebüros in Deutschland, Österreich und der Schweiz Reisen nach Lettland an. Einige auf das Baltikum spezialisierte Veranstalter haben geführte Themenreisen in ihrem Programm, z. B. kulturhistorische Reisen, Fahrradreisen etc. Die meisten Touren führen allerdings durch das gesamte Baltikum.
Schnieder Reisen, CARA Tours GmbH, Hellbrookkamp 29, 22177 Hamburg, Tel. 040 380 20 60, Fax 040 38 89 65, www.baltikum24.de.
Ebden-Reisen, Frankfurter Str. 54, 35440 Linden, Tel. 06403 741 17, Fax 06403 729 53, www.ebden-reisen.de.
Ex Oriente Lux Reisen, Neue Grünstr. 38, 10179 Berlin, Tel. 030 62 90 82 05, Fax 030 62 90 82 09, www.eol-reisen.de (Reisen mit Fokus auf den Holocaust und das jüdische Leben in Riga).

Wetter und Reisezeit

Klima

In Lettland treffen zwei Klimazonen aufeinander: das rauere kontinentale Klima und das mildere maritime Klima des nördlichen Mitteleuropa. Der Sommer ist mit dem mitteleuropäischen vergleichbar, der lettische Winter dagegen kann kalt werden und lang sein; in manchen Jahren dauert er von Oktober bis April. Frühling und Herbst fallen kürzer aus als in Mitteleuropa. Während die Temperaturen in Meeresnähe milder sind, unterliegen sie im östlichen Binnenland deutlichen Schwankungen.

Die Ostseeregion hat sich in den letzten Jahrzehnten schneller erwärmt als die Welt im Durchschnitt, mit der Folge, dass es insbesondere im Winter und Frühling deutlich wärmer ist und die Ostsee nicht mehr so oft zufriert. Außerdem regnet es im Sommer weniger und im Winter mehr als früher.
Wetterinfos: www.wetteronline.de

Klimadaten Riga

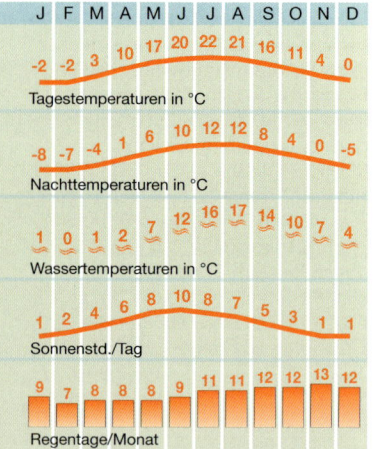

	J	F	M	A	M	J	J	A	S	O	N	D
Tagestemperaturen in °C	-2	-2	3	10	17	20	22	21	16	11	4	0
Nachttemperaturen in °C	-8	-7	-4	1	6	10	12	12	8	4	0	-5
Wassertemperaturen in °C	1	0	1	2	7	12	16	17	14	10	7	4
Sonnenstd./Tag	1	2	4	6	8	10	8	7	5	3	1	1
Regentage/Monat	9	7	8	8	8	9	11	11	12	12	13	12

Reisezeit

Einen **Badeurlaub** sollte man am besten für Juli oder August planen, wenn die Wassertemperaturen mit ca. 17 °C am höchsten sind. Gut für **Städtereisen** sind Frühling und Herbst, wenn Flüge und Hotels deutlich günstiger sind als im Sommer, das Tourismusangebot ist dann allerdings eingeschränkt. Riga und Liepāja erfreuen sich inzwischen auch im Winter großer Beliebtheit. Die beste Zeit für **Rundreisen** ist von Mai bis September, wenn auf den Straßen keine Frostgefahr besteht. Für **Wanderungen** ist der Juni wegen der angenehmen Temperaturen und des relativ geringen Niederschlags ideal, auch gibt es dann noch nicht so viele Mücken. **Fahrradtouren, Reitausflüge** und alle Arten von **Aktivurlaub zu Wasser** lassen sich am besten im Sommer unternehmen. Frühling und Herbst bieten sich für die **Vogelbeobachtung** in den Naturschutzgebieten an. Auch zum **Wintersport** kann man nach Lettland reisen, das relativ schneesicher ist.

Kleidung und Ausrüstung

Selbst im Sommer sollte man einen warmen Pullover und eine Regenjacke dabeihaben. Nützlich können wasserfeste Sandalen und ein Windschutz für den Strand sein. Für Wanderungen reichen leichte Trekkingschuhe. Auf keinen Fall Mückenschutzmittel vergessen! Die meisten Wanderwege durch die Hochmoore sind mit Bohlenwegen versehen, sodass keine Gummistiefel benötigt werden. Wer im Winter den Weg nach Lettland findet, sollte natürlich warme Sachen einpacken, u. a. gefütterte Schuhe.

Rundreisen planen

3–4 Tage: Rund um Riga

In drei bis vier Tagen kann man keine großen Distanzen zurücklegen. Daher führt diese Tour quasi rund um Riga: Von der Hauptstadt fährt man zunächst in den Gauja-Nationalpark,

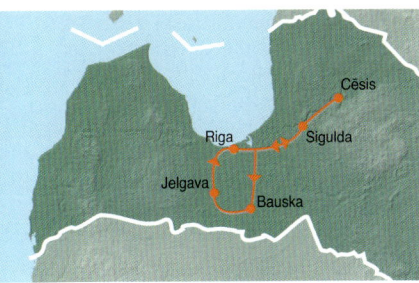

nach **Sigulda** und **Cēsis,** zwei historischen Kleinstädte, die über eine gute touristische Infrastruktur verfügen und sich ideal als Ausgangspunkte für Wanderungen, Fahrrad- oder Kanufahrten eignen. Von dort geht der Weg zurück an Riga vorbei zur **Gedenkstätte Salaspils,** wo überdimensionale Steinfiguren daran erinnern, dass an dieser Stelle ein Polizei- und Arbeitserziehungslager der Nazis existierte. Nun sollte man die Straße nach **Bauska** nehmen, das mit einer der imposantesten Burgruinen Lettlands aufwarten kann: Nicht weit von hier entdeckt man den wohl prächtigsten Barockbau des Baltikums: Schloss Rundāle. Ganz in der Nähe liegt **Jelgava,** wo ein kaum minder sehenswertes Schloss zu bestaunen ist. Weiter geht es zum **Ķemeri-Nationalpark** mit seinen durch ein Hochmoor bzw. zu Schwefelquellen führenden Naturpfaden und zuletzt über den größten Badeort des Baltikums – **Jūrmala** – zurück nach **Riga.**

1 Woche: Rund um Riga und nach Westlettland

Bei einer einwöchigen Rundreise sollte man sein Augenmerk verstärkt auf Lettlands Westen richten. Doch zunächst entspricht der Routenverlauf der drei- bis viertägigen Tour (s. links). Man fährt also von Riga aus ins östlich gelegene **Sigulda** und nach **Cēsis** bzw. in den Gauja-Nationalpark. Danach geht es wieder Richtung Riga und zur **KZ-Gedenkstätte Salaspils.** Von hier verläuft der Weg nach **Bauska,** anschließend nach **Jelgava.**

Nächstes Ziel ist das Schlossgut **Jaunpils,** eine Ordensburg, die später zu einem Schloss umgebaut wurde; die Räumlichkeiten werden heute als Hotel genutzt. Von dort geht es über das nicht besonders sehenswürdige Saldus nach **Kuldīga,** eine verträumte Kleinstadt im Zentrum von Kurzeme, die mit ihren gut erhaltenen historischen Holzhäusern und dem angeblich breitesten Wasserfall Europas einen längeren Aufenthalt lohnt. Über Aizpute setzt man den Weg in die Hafenstadt und ehemalige russische Militärbasis **Liepāja** fort, für die man sich auf jeden Fall Zeit nehmen sollte, da sie nach Riga die Stadt mit dem besten Kultur-

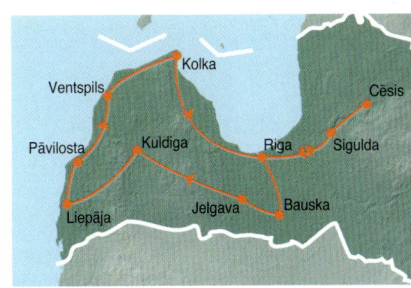

angebot ist und einen wunderschönen feinsandigen Strand besitzt; eine besondere Atmosphäre hat zudem der Stadtteil Karosta mit seinen verfallenden Militärgebäuden. Eine kaum befahrene Küstenstraße bereitet nördlich von Liepāja den Weg nach **Pāvilosta,** einem kleinen Fischerstädtchen, und **Jūrkalne** mit seiner 20 m hohen Steilküste. Weiter nördlich liegt die wohlhabende Hafenstadt **Ventspils** mit einer aufwendig restaurierten Ordensburg und einem auf Fischerei spezialisierten Freilichtmuseum. Von hier ist es nicht mehr weit bis zum windigen **Kap Kolka** und dem **Slītere-Nationalpark,** der auf zahlreichen Naturpfaden zu Wanderungen oder zu einer Fahrradtour durch die unter Schutz gestellte Landschaft einlädt.

Zur Hauptstadt zurück geht es an der Rigaer Bucht entlang durch einige Fischerdörfer, den **Naturpark Engure-See** und den **Ķemeri-Nationalpark** sowie den hübschen Badeort **Jūrmala,** in dem man die verbliebene Zeit am Strand genießen kann.

10 Tage: Rundreise durch Lettland inklusive Osten

Diese Tour beginnt wie die einwöchige Tour, bezieht aber anschließend den gesamten Ostteil Lettlands ein. Von Riga fährt man wie oben beschrieben nach

Sigulda und **Cēsis** im Gauja-Nationalpark. Danach führt der Weg jedoch über die kleine Ortschaft **Vecpiebalga** in der Hochebene von Vidzeme und das **Naturreservat Teiči** mit seiner unberührten Moorlandschaft bis nach **Rēzekne,** der Hauptstadt der Provinz Latgale. Von hier geht es durch die Hochebene von Latgale mit ihren über 300 Seen. An Dagda vorbei gelangt man nach **Aglona,** dessen Basilika einer der Höhepunkt einer Rundreise durch den Südosten Lettlands ist. Schließlich erreicht man **Krāslava,** ein verschlafenes Provinzstädtchen. An der Daugava entlang geht es nun durch den verträumten **Naturpark Daugavas loki** nach **Daugavpils,** die von hoher Arbeitslosigkeit betroffene zweitgrößte Stadt Lettlands mit nur wenigen Sehenswürdigkeiten. Die Tour führt anschließend entlang der gestauten Daugava wieder Richtung Riga mit Stopps in **Jēkabpils,** einem Zentrum der Altgläubigen, und Koknese mit seiner ›Wasserburg‹.

Ab **Aizkraukle** fährt man auf der linken Seite der Daugava weiter, ehe man kurz nach Jaunjelgava den Weg über die P 87 nach **Bauska** mit einer imposanten Burgruine sowie dem nahe gelegenen prächtigen Schloss Rundāle einschlägt. Weiter geht es über **Jelgava** mit dem gleichnamigen Schloss, über die Burg **Jaunpils** und Saldus nach **Kuldīga.** Nimmt man den Weg über Aizpute nach **Liepāja,** erblickt man endlich die Küste und das Meer. Von der schönen Hafenstadt führt eine ruhige Straße über Pāvilosta nach **Ventspils,** einer durch Ölhandel wohlhabend gewordenen Hafenstadt, bevor es vollends ruhig wird und man im **Slītere-Nationalpark** am **Kap Kolka** nur noch Wind und Vögel hört. Von hier aus geht es immer an der Küste entlang zurück nach Riga mit Stationen u. a. im **Ķemeri-Nationalpark** und dem beliebten Bade- und Kurort **Jūrmala.**

Anreise und Verkehrsmittel

Mittlerweile fliegen relativ viele Billigairlines nach Riga und so beginnt ein Urlaub in Lettland häufig in der Hauptstadt. Ein Großteil der Urlauber reist jedoch nach wie vor mit dem Auto an und überquert die Grenze südlich von Liepāja, oft auch südlich von Jelgava oder Bauska. Immer beliebter wird die Anreise mit der Fähre: Wer in Rostock das Schiff nimmt, wird in Ventspils lettischen Boden betreten. Andere Reisende wählen eine Fährverbindung nach Tallinn in Estland und reisen dann meist bei Ainaži, seltener bei Valka oder nördlich von Alūksne nach Lettland ein.

Einreisebestimmungen

Mit dem Beitritt Lettlands zum Schengener Abkommen sind seit Anfang 2008 die Grenzkontrollen für Personen, die aus den anderen 23 Schengener Staaten kommen oder dorthin reisen, aufgehoben. Staatsbürger der EU und des Europäischen Wirtschaftsraums (EWR) benötigen für die Einreise nach Lettland kein Visum. Akzeptiert werden ein gültiger Reisepass oder Personalausweis. Kinder benötigen, unabhängig vom Alter, einen Ausweis mit einem Lichtbild. Ohne Visum darf man sich bis zu 90 Tage innerhalb eines halben Jahres in Lettland aufhalten.

Impfvorschriften gibt es nicht, allerdings ist ein Impfschutz gegen Frühsommer-Meningoenzephalitis (FSME) und Diphterie (vor allem bei Kindern) empfehlenswert.

Für **Haustiere** ist die Mitnahme des EU-Heimtierausweises erforderlich. Aus ihm muss hervorgehen, dass alle vorgeschriebenen Impfungen erfolgt sind. Außerdem müssen die Tiere anhand ei-

nes Mikrochips eindeutig identifizierbar sein. Bis zum Jahr 2011 kann die Kennzeichnung auch in einer lesbaren Tätowierung bestehen. Nähere Informationen unter www.mfa.gov.lv.

Zollbestimmungen

Für Reisende aus EU-Ländern gibt es bei Waren für den persönlichen Gebrauch und für Geschenke keine besonderen Einschränkungen. Für die zollfreie Ein- und Ausfuhr von Getränken, Lebensmitteln und Tabakerzeugnissen gelten folgende Mengengrenzen: Pro volljährige Person dürfen zollfrei bis zu 10 l Trinkbranntweine (22 % vol.) sowie 20 l Zwischenerzeugnisse und 90 l Wein (davon max. 60 l Schaumwein/Sekt) und 110 l Bier mitgeführt werden. Des Weiteren dürfen pro Person bis zu 110 l alkoholfreie Getränke und 10 kg Kaffee mitgebracht werden. Es dürfen nicht mehr als 800 Zigaretten oder 400 Zigarillos oder 20 Zigarren oder 1 kg Tabak ein- bzw. ausgeführt werden.

Besonderen Bestimmungen unterliegt die Ausfuhr von Kunstgegenständen, Antiquitäten und Jagdtrophäen. Auskunft erteilen in Lettland die Behörde für Denkmalschutz (Tel. 67 22 92 72) bzw. das Ministerium für Forstwirtschaft (Tel. 67 02 72 51).

Anreise

… mit dem Flugzeug

Die Anreise mit dem Flugzeug kann bei frühzeitiger Buchung sehr preisgünstig sein. Die Angebote differieren allerdings je nach Fluglinie und Saison. **airBaltic** (www.airbaltic.com): Die lettische Fluglinie fliegt täglich von Berlin, München und Wien nach Riga, von Hamburg, Düsseldorf und Zürich mehrmals wöchentlich. Nach Liepāja fliegt sie täglich von Hamburg aus.

Germanwings (www.germanwings. com): Dreimal wöchentlich starten Flugzeuge in Köln mit dem Ziel Riga (Umstieg von Berlin, Dresden, München, Wien und Zürich möglich).

Lufthansa (www.lufthansa.com): tgl. Flüge ab Frankfurt nach Riga.

Ryanair (www.ryanair.com): mehrmals wöchentlich ab Frankfurt-Hahn, Bremen und Düsseldorf nach Riga.

Austrian Airlines (www.austrianairlines.com): tgl. Verbindungen zwischen Wien und Riga.

Flughafentransfer in Riga s. S. 134.

… mit der Bahn

Die Anreise mit der Bahn (www. bahn.de) ist derzeit nicht ratsam, da die Fahrtzeit Berlin–Riga min. 31 Stunden beträgt. Man muss mehrmals umsteigen und mit längeren Wartezeiten rechnen. Umsteigebahnhöfe sind häufig Warschau, Vilnius oder Minsk. Bei der Fahrt über Minsk ist ein Transitvisum für Weißrussland erforderlich.

… mit dem Bus

Busfahrten nach Riga sind von nahezu allen größeren deutschen Städten möglich. Eine Busfahrt von Berlin nach Riga dauert knapp 20 Stunden und kostet hin und zurück etwa 110 €.

Ecolines (www.ecolines.lv): mehrmals wöchentlich Verbindungen zwischen Riga und verschiedenen deutschen Städten.

Bayern Express & Kuhn Berlin (www. berlinlinienbus.de) fährt ausschließlich von Berlin nach Riga.

Eurolines (www.eurolines.com): tgl. preisgünstige Verbindungen von diversen Städten im deutschsprachigen Raum. Buchung: Deutsche Touring GmbH (www.deutsche-touring.com).

… mit dem Auto

Der deutsche oder EU-Führerschein ist in Lettland bei einem Aufenthalt bis zu drei Monate gültig. Die grüne Versicherungskarte ist zwar nicht Pflicht, empfiehlt sich aber, da sie bei einem Unfall die Schadensabwicklung erleichtert. Jedes Auto muss deutlich sichtbar einen Aufkleber tragen, der auf das Land hinweist, aus dem es kommt. Sogenannte EU-Aufkleber, in die das Landeszeichen integriert ist, reichen nicht aus. Reist man mit einem geliehenen oder gemieteten Auto ein, ist der Mietvertrag oder eine Vollmacht zur Fahrzeugnutzung mitzuführen.

Eine Autofahrt nach Lettland führt in der Regel über Polen und Litauen. In Polen nimmt man von Warschau aus die Schnellstraße 18 in Richtung Białystok. Zwischen Polen und Litauen gibt es die Grenzübergänge Kalvarija auf der Via Baltica (E 67) und etwas weiter südlich Lazdijai. Lazdijai ist für Touristen die bessere Alternative. Die Landschaft ist sehenswert und der Grenzübergang ist für Schwerlastverkehr gesperrt. **Infos über die Straßenverhältnisse:** www.balticroads.net oder www.respons.pp.fi/viabaltica.

… mit der Fähre

Eine Fahrt mit der Fähre ist vor allem für Reisende interessant, die in Lettland nicht auf das eigene Auto verzichten möchten. Da sich die Fähren immer größerer Beliebtheit erfreuen, empfiehlt sich eine rechtzeitige Reservierung.

Lisco Baltic Service (www.dfdslisco. com): ab Lübeck mehrmals in der Woche nach Riga (ca. 32 Std.).

Scandlines (www.scandlines.de): von Rostock aus mehrmals wöchentlich nach Ventspils (ca. 26 Std.).

SSC Ferries (www.slkferries.ee) verbindet im Sommer das lettische Ventspils mit der estnischen Insel Saarema, was vor allem für Urlauber interessant ist, die das gesamte Baltikum bereisen möchten. Die Fahrten finden mehrmals wöchentlich statt, Fahrtdauer ca. 4 Std.

Verkehrsmittel vor Ort

Wer mit öffentlichen Verkehrsmitteln durch Lettland reisen möchte, muss auf jeden Fall mehr Zeit als ein Autotourist einplanen und mit Wartezeiten bei Umsteigefahrten rechnen. Andererseits ist gerade das Reisen mit Bus oder Bahn eine gute Alternative, wenn man Lettland kostengünstig erkunden möchte, zumal auch in Lettland die Spritpreise kräftig gestiegen sind.

Bahn

Mit dem Zug zu fahren ist wahrscheinlich die preisgünstigste Möglichkeit, sich in Lettland fortzubewegen. Allerdings befinden sich die meisten Züge in einem schlechten Zustand, sind recht unbequem und fahren sehr langsam. Hinzu kommt, dass nicht alle Landesteile von der lettischen Bahn bedient werden. Nach Liepāja, Daugavpils, Rēzekne, Sigulda und Cēsis fahren Züge, jedoch nicht mehr nach Ventspils. **Fahrplanauskünfte** gibt es u. a. auf der Website www.sirius.ldz.lv, telefonische Auskunft in Lettland: Tel. 118, aus dem Ausland: Tel. +371 67 23 11 81.

Bus

Busse sind etwas teurer als Bahnen, haben aber den Vorteil, dass sie deutlich schneller sind und auch die kleineren Orte anfahren. Zwischen den größeren Städten existieren fast stündliche Verbindungen, kleinere Dörfer werden dagegen meist nur einmal täglich bedient. Es empfiehlt sich, die Tickets rechtzeitig zu kaufen, da einige Strecken schnell ausgebucht sind. **Fahrplanauskünfte** u. a. auf der Website www.autoosta.lv, telefonische Auskunft in Lettland u. a. unter Tel. 90 00 00 09 (0,24 LVL/Min.).

Auto

Das lettische Straßennetz ist verhältnismäßig gut, vor allem in den Städten.

Von langsam bis schnell – noch gibt es in Lettland das Pferdefuhrwerk neben dem Auto

Pannenhilfe

Den Pannendienst erreicht man unter der Rufnummer 800 00 00 oder mobil unter 18 88.

Auch die Hauptverbindungsstraßen sind in relativ gutem Zustand. Es gibt zwar autobahnähnliche Schnellstraßen, diese sind aber nicht mit deutschen Autobahnen zu vergleichen. Man muss mit Zebrastreifen, Linksabbiegerspuren, Bushaltestellen, Fahrradfahrern und sogar Pferdegespannen rechnen. Da Letztere die rechte Spur unbeleuchtet benutzen könnten, ist vor allem bei Dunkelheit Vorsicht geboten.

Eine der besten Straßen ist die Via Baltica (E 67), die durch alle drei baltischen Staaten führt (www.respons.pp. fi/viabaltica). Nebenstrecken sind nach wie vor häufig unbefestigt, haben tiefe Schlaglöcher und sind im Sommer recht staubig.

Mietwagen

Autos kann man in fast allen kleineren und größeren lettischen Städten mieten. Der Zustand der Fahrzeuge und die Preise variieren beträchtlich. Während die meisten internationalen Firmen westeuropäische Preise verlangen, bieten einige einheimische Unternehmen ältere Autos schon ab 15 LVL/Tag an. In Verbindung mit einer Flugreise gibt es häufig Ermäßigungen. Fahrten in die Nachbarländer Litauen und Estland sind meist kein Problem, vorherige Absprache ist aber unbedingt erforderlich. Einwegmieten sind gegen Aufpreis möglich. Eine Auflistung einiger Anbieter findet man unter www.baltikuminfo.de.

Verkehrsregeln

Innerhalb geschlossener Ortschaften ist die **Höchstgeschwindigkeit** 50 km/h, auf Landstraßen 90 km/h. Vor allem auf den überregionalen Landstraßen finden häufig Geschwindigkeitskontrollen statt. Wer erwischt wird, muss mit einer saftigen Strafe rechnen, Bußgelder werden meist direkt vor Ort kassiert.

Die **Alkoholgrenze** liegt bei 0,5 Promille. Fahren unter Alkoholeinfluss wird mit hohen Strafen bis hin zum Entzug des Führerscheins geahndet, auch eine Ordnungshaft ist möglich. Es herrscht **Anschnallpflicht** und Telefonieren im Auto ist nur mit einer **Freisprechanlage** erlaubt.

Es ist Pflicht, auch tagsüber das **Abblendlicht** einzuschalten. Vom 1. Dezember bis zum 1. März sind **Winterreifen** vorgeschrieben.

Unterschiede zu Deutschland gibt es bei der **Ampelschaltung**: Bei Ampeln entspricht das blinkende Grün dem Gelb im deutschsprachigen Raum. Wenn die Ampel auf Gelb steht, darf nicht mehr gefahren werden. Sollten Pfeile innerhalb der Ampellichter vorhanden sein, darf auch geradeaus nur gefahren werden, wenn die Abbieger-Ampel auf Grün steht.

Das **Tankstellennetz** ist mittlerweile recht dicht. Bei Fahrten durch entlegene Gebiete sollte man jedoch entweder vorher tanken oder einen gefüllten Ersatzkanister dabeihaben. Der Kraftstoff wird durch seine Oktanzahl klassifiziert. Bleifreies Benzin hat ein E als Kennzeichnung. 95E entspricht dem deutschen Super bleifrei. In der Regel sind die Zapfsäulen farblich markiert. Grüne Zapfpistole: bleifrei; rote Zapfpistole: verbleit; schwarze Zapfpistole: Diesel. Auch die Versorgung mit Autogas ist weitgehend sichergestellt. An vielen Tankstellen muss man zuerst bezahlen, bevor man tanken kann, Kreditkarten werden in der Regel akzeptiert. Derzeit kostet ein Liter Benzin oder Diesel ca. 1,10–1,30 €.

Übernachten

Hotels, Bed & Breakfast

In den letzten Jahren wurde viel Geld in den Ausbau vorhandener Hotels und in Neubauten investiert. Mittlerweile gibt es überall in Lettland gute Hotels, die dem Vergleich mit deutschen Hotels standhalten. Das hat allerdings zu deutlichen Preissteigerungen geführt. Je nach Region variiert die Hoteldichte aber: Während in Riga ein Nobelhotel nach dem anderen seine Pforten öffnet, gibt es in kleineren Orten zuweilen nur ein oder zwei akzeptable Unterkünfte. Wer seine Reise jedoch früh genug plant und rechtzeitig bucht, wird in jeder Region einen passablen Schlafplatz finden. In Riga sollte man besonders früh reservieren, denn obwohl es genügend Hotels gibt, sind Unterkünfte mit einem vernünftigen Preis-Leistungs-Verhältnis rar.

Eine gute Alternative zum Hotel sind Bed & Breakfast-Unterkünfte, die man vor allem in der Hauptstadt findet. Die meisten bieten mehr als nur ein Zimmer für Gäste an.

Suchen und Buchen

Im Reiseteil dieses Buches werden empfehlenswerte Unterkünfte bei den jeweiligen Orten genannt. Sofern nicht anders vermerkt, schließen die Preise Frühstück und 5 % Mehrwertsteuer ein. Sie beziehen sich auf die Hochsaison, in der übrigen Zeit sind die Tarife deutlich niedriger. Entweder bucht man direkt über die Website des jeweiligen Hotels oder über Reiseveranstalter wie z. B. www.expedia.de. Die Hotels bieten zum Teil Frühbucherrabatte, bei denen man 33 % und mehr des normalen Preises sparen kann. Häufig gelangt man aber auch über Suchmaschinen, die die Hotelpreise verschiedener Anbieter vergleichen, zu günstigeren Tarifen, als sie die Hotels auf ihren Websites bieten. Oft handelt es sich allerdings um zeitlich begrenzte Sonderangebote.

Hilfreich können auch die Internetseiten der Baltischen Tourismus Zentrale (www.baltikuminfo.de), des Lettischen Fremdenverkehrsamts (www.latviatourism.lv) sowie der lokalen Tourismusinformationen sein. Vor allem für Unterkünfte außerhalb der Städte bieten sich die Websites www.viss.lv und www.celotajs.lv an, die beide u. a. deutschsprachig sind und Landkarten zeigen, auf denen die jeweiligen Unterkünfte verortet und verlinkt sind.

Die beste Auflistung von Hotels in Lettland bietet www.allhotels.lv (auf Englisch), auch hier kann gebucht werden. Sehr nützlich sind Hotelbewertungsforen wie www.holidaycheck.de oder www.tripadvisor.de, auf denen man über einen Preisvergleich zu dem billigsten Anbieter des ausgewählten Hotels gelangt.

Viele Reisebüros offerieren Paketpreise für die An- und Abreise mit dem Flugzeug bzw. der Fähre und die Unterkunft im Hotel.

Schlösser und Herrenhäuser

Ein Großteil der zu Sowjetzeiten heruntergekommenen ehemaligen Gutshöfe, Schlösser und Herrenhäuser ist mittlerweile restauriert und zu Hotels, Konferenzzentren oder Wellnessoasen umgebaut. Die meisten liegen fernab der größeren Städte, eingebettet in eine wunderschöne Landschaft. Der Standard variiert stark: Vom gewöhnlichen Zimmer bis zum Traumschloss gibt es alles, und das (noch) zu relativ erschwinglichen Preisen. Einen guten Überblick über die Schlosshotels bietet **Lauku ceļotājs,** Vīlipa iela 12–21, 1083 Rīga, Tel. 67 61 76 00, Fax 67 83 00 41, www.celotajs.lv.

Urlaub auf dem Land

Auch zahlreiche Bauernhöfe bieten Unterkünfte an. Viele liegen in schönen Gegenden und sind relativ preiswert. Man bekommt das Leben der Letten hautnah mit und lernt so Land und Leute schneller und besser kennen. Verständigungsprobleme sind selten, da viele Vermieter Englisch oder Deutsch sprechen. Auf den meisten Bauernhöfen werden Aktivitäten wie Angeln, Reiten, Wandern, Vogelbeobachtung etc. organisiert. Auch wird häufig hausgemachtes, landestypisches Essen angeboten. Ein etablierter Spezialist für Urlaub auf dem Land ist Lauku ceļotājs (s. o.), aber auch die jeweiligen Touristeninformationen helfen gerne bei der Suche.

Ferienhäuser und Ferienwohnungen

Es gibt auch Ferienhäuser oder -wohnungen, viele davon in unmittelbarer Nähe zum Meer, zu Flüssen oder Seen. Von der einfachen Unterkunft mit Dusche auf dem Gang bis hin zum luxuriösen Ferienhaus ist alles dabei. Entsprechend groß sind die Preisunterschiede. Um nicht enttäuscht zu werden, sollte man sich vorab gut über die Unterkunft informieren. Auch sollte man sich eine Wegbeschreibung zuschicken lassen. Auskunft und Buchung über Lauku ceļotājs (s. o.) oder die Touristeninformationen.

Jugendherbergen

Wer sparen will, übernachtet in einer der vielen Jugendherbergen, die meisten gibt es in Riga. Man kann in Mehrbett-, aber auch in Zweibettzimmern nächtigen, Letztere sind aber nicht viel billiger als günstige Hotelzimmer. Die Ausstattung variiert stark, mittlerweile gibt es einige Jugendherbergen, die modernisiert oder neu eröffnet wurden und westlichen Standard haben. Der Internationale Jugendherbergsausweis wird anerkannt. Adressliste: www.hostellinglatvia.com; allgemeine Infos auf Englisch: www.hihostels.com.

Camping

Camping bedeutet in Lettland normalerweise Übernachtung in einfachen Holzhütten. So war es jedenfalls zu Sowjetzeiten. Mittlerweile gibt es aber immer mehr Campingplätze mit sogenanntem westlichen Komfort. Auf diesen werden neben Stellplätzen für Zelte und Wohnmobile zwar auch Holzhütten angeboten, allerdings in deutlich besserem Zustand als jene zu Sowjetzeiten.

Wildes Zelten ist wie in den skandinavischen Ländern überall erlaubt, wo es nicht ausdrücklich untersagt ist. Zur Sicherheit ist es jedoch immer besser, im nächstgelegenen Haus nach dem Stand der Dinge zu fragen. Aber u. a. aus Umweltschutzgründen spricht viel für die Nutzung der ohnehin günstigen Campingplätze. In Nationalparks ist das Campen nur auf den ausgewiesenen Plätzen gestattet. Die Ausstattung besteht in der Regel nur aus einem einfachen Toilettenhäuschen und einem Wasserhahn. Auch auf den meisten Bauernhöfen ist Zelten gegen ein kleines Entgelt kein Problem. Infos: www.baltikuminfo.de, www.celotajs.lv.

Essen und Trinken

Traditionen

Die lettische Küche hat ihre Wurzeln in der Bauernküche. Bis ins 19. Jh. hinein wurden die Letten wie Leibeigene behandelt und leisteten harte, anstrengende Feldarbeit. Für die Mittagspause auf dem Feld nahmen sie einfache, aber nahrhafte Gerichte mit. Wichtigstes Nahrungsmittel war Brot, vor allem Roggenbrot, das bis heute einen hohen Stellenwert im Speiseplan der Letten hat und in ländlichen Regionen häufig selbst gebacken wird. Hinzu kamen Hüttenkäse, Sauermilch, auch Pastetchen oder Erbsen mit Speck. *Zirņi un speķis,* Erbsensuppe mit Speck, gilt als Nationalgericht, wird allerdings eigentlich nur noch zu Weihnachten gegessen.

Kulinarischer Alltag

In der Regel wird dreimal täglich gegessen, meist warm. Zum Frühstück gibt es häufig warme Würstchen und Eierspeisen, zum Mittagessen eine Suppe und ein Fleischgericht. Das Abendessen fällt dagegen weniger üppig aus. Es wird viel Wert darauf gelegt, dass alles frisch und appetitlich angerichtet ist. Das lettische Essen ist ausgesprochen nahrhaft – vielleicht findet man in Lettland deshalb kaum Imbissbuden.

Neben proteinreichen Bohnen und Erbsen isst man gern alle Arten von Getreide sowie einfach zubereitetes Fleisch, vor allem Schwein, Lamm, Rind oder Geflügel. Kalorienmäßig zu Buche schlägt die meist mit Sahne verfeinerte Soße.

Frisches aus Garten und Wald – Grundlage so mancher lettischer Köstlichkeit

Kulinarische Souvenirs

Rīgas Melnais balzams: Der in Tonflaschen abgefüllte Kräuterschnaps galt ursprünglich als Allheilmittel und wurde in Apotheken verkauft. Er eignet sich auch zur Verfeinerung des Kaffees oder als Zutat zu Cocktails.

Geräucherter Fisch: Eine große Auswahl an geräuchertem Fisch findet man auf dem Rigaer Zentralmarkt.

Lettischer Wodka ist noch recht unbekannt. Es lohnt sich, die Marken Kristaldzidrais oder LB zu probieren.

Schwarzbrot *(lāči)* bleibt bis zu zwei Wochen frisch und ist in Supermärkten und auf Märkten erhältlich.

Die Letten waren schon immer große Liebhaber von Milchprodukten. Milch, Hüttenkäse, Sauerrahm und Käse wird zu fast jeder Mahlzeit gereicht. Markante Gewürze werden dagegen selten verwendet – mit drei Ausnahmen: Ob zu Salat, Fisch oder Kartoffeln, frischer Dill kommt immer auf den Tisch. Auch zum Kümmel haben die Letten eine ganz eigene Liebe entwickelt und so gibt es u. a. *ķimeņu cepumi,* süße Kümmelkekse, oder *ķimeņu sieriņi,* Kümmelkäse. Gebäck wird häufig mit Zimt zubereitet.

Beliebt sind auch Kartoffeln, gern als ›zweites Brot‹ bezeichnet, Gemüsesuppen und *blinys,* kleine Pfannkuchen, meist mit saurer Sahne, Fisch oder Hackfleisch gefüllt. Zu jeder Gelegenheit werden mit Speck und Zwiebeln gefüllte Hefebrötchen gereicht, die gut zu Bier oder Wein passen.

Frisch gepflückte Beeren, vor allem Walderdbeeren, Heidelbeeren, Himbeeren, Brombeeren und Moosbeeren, kommen ebenfalls häufig auf den Tisch sowie Pilze, insbesondere Pfifferlinge und Steinpilze, die in den Wäldern in großen Mengen wachsen, und

natürlich Honig – viele Bauern haben noch ihre eigenen Bienenstöcke.

Bei Fisch kann man den skandinavischen Einfluss schmecken: Geräucherte Strömlinge, Barsch, Zander und Neunaugen werden wieder sehr geschätzt, nachdem sie in der Sowjetzeit etwas in Vergessenheit geraten waren – lange dienten die reichen Vorkommen an Meeres- und Süßwasserfischen der Versorgung des russischen Herzlandes und waren den Letten nicht zugänglich.

Restaurants und Bistros

Besonders Riga glänzt mit einem breiten Angebot an gepflegten Restaurants und gestylten Cafés. Jamaikanisch, jüdisch, russisch, skandinavisch, transkaukasisch – die Stadt bietet für jeden Geschmack etwas. Bei aller Vielfalt gibt es immer auch die traditionelle lettische Küche in der Nähe. Außerhalb Rigas sieht die Sache schon anders aus: Während es in Städten wie Jūrmala, Liepāja und Ventspils gute Restaurants zur Genüge gibt, muss man in kleineren Orten mit einfachen Bistros vorliebnehmen.

Noch sind die Preise verglichen mit dem deutschsprachigen Raum moderat, seit einiger Zeit steigen sie allerdings kontinuierlich und in den Spitzenrestaurants haben sie ohnehin mitteleuropäisches Niveau.

Bistros, auf Lettisch *kafejnīcas,* sind in ganz Lettland weit verbreitet. Neben Tee, Kaffee und Kuchen bieten sie kalte und warme Speisen (ca. 2–3 LVL) sowie alkoholische Getränke an. Die Qualität der *kafejnīcas* ist unterschiedlich, die meisten haben aber einen guten Standard. Überall im Land entstehen immer mehr *krogs,* am ehesten mit Gaststätten vergleichbar, die im Durchschnitt noch etwas bessere Gerichte anbieten als die *kafejnīcas,* aber in der Regel auch etwas teurer sind.

Aktivurlaub, Sport und Wellness

Dank seiner dünnen Besiedlung und weitgehend intakten Natur bietet Lettland außergewöhnlich gute Bedingungen für Naturliebhaber und Aktivurlauber. Die Möglichkeiten sind sehr vielfältig, die Infrastruktur ist aber noch nicht überall perfekt, sodass man die Organisation von Unternehmungen zuweilen selbst übernehmen muss.

Angeln

Angeln ist in Lettland geradezu ein Volkssport, insbesondere weil die meisten der vielen Flüsse und Seen relativ sauber und sehr fischreich sind. In diesen Gewässern findet man u. a. Karpfen, Schlei, Brachse, Zährte, Rotauge und Barsch, in der Ostsee vor allem Flunder, Steinbutt und Aal. Angeln ist ganzjährig möglich, im Winter ist Eisangeln sehr populär. Zum Angeln in öffentlichen Gewässern braucht man einen Angelschein *(makšķerēšanas kartes)*, manchmal zusätzlich eine Lizenz. Beides kann man in Angelgeschäften oder bei Angelvereinen erwerben. Bei Gewässern in Privatbesitz sollte man sich vor Ort informieren und ggf. die Erlaubnis des Besitzers einholen. Infos: Staatliche Fischereiaufsichtsbehörde (Valsts Zivssaimniecibas parvalde, www.vzp.gov.lv, in Englisch).

Golf

Golf erfreut sich in Lettland zunehmender Beliebtheit. Vor allem in der Umgebung von Riga sind in letzter Zeit neue Golfplätze eröffnet worden. Eine Liste der größten Plätze findet man auf der Website der baltischen Tourismus-Zentrale (s. S. 14).

Jagen

Freunden dieses Sports dürfte eine Jagdreise nach Lettland sehr gefallen, schließlich gibt es dort in den Wäldern jede Menge Paarhufer, die gejagt werden dürfen, wie Elche, Hirsche, Rehe oder Wildschweine. Aber auch Gänse, Birkhähne, Füchse, Luchse, Marderhunde und Biber sind noch oft zu finden. Gejagt werden darf das ganze Jahr über. Bei der Ausfuhr einer Jagdtrophäe ist eine Abgabe entsprechend dem Wert des Tieres fällig (s. auch S. 19). Jagdreisen werden u. a. vom lettischen Reiseunternehmen Impro Travels organisiert (www.improtravels.lv).

Kanu- und Kajakfahren

Die zahlreichen Wasserläufe und Seen sowie die Küstengewässer laden zu ausgedehnten Bootstouren ein. Die meisten Reviere sind recht einfach zu befahren, Wildwasser sind wegen der geringen Höhenunterschiede in Lettland eher selten. Die beste touristische Infrastruktur – inklusive Bootsverleih, Streckenbeschreibungen, Rastplätzen, Angeboten lokaler Veranstalter und Unterkunftsmöglichkeiten – bietet der Gauja-Nationalpark, wo man Touren auf der Gauja (s. S. 266) unternehmen kann. Weitere empfehlenswerte Reviere sind die Salaca (zwischen Mazsalaca und Salacgrīva), die Abava (zwischen Kandava und Meeresmündung) und die Daugava (zwischen Krāslava und Daugavpils). Angebote renommierter Veranstalter findet man auf den Websites www.baili.lv, www.campo.laivas.lv, www.celotajs.lv, www.ezi.lv, www.juraslaivas.lv, www.makars.lv, www.plosti.lv, www.ramkalni.lv.

Radfahren

Sieht man einmal von Riga ab, das für Radfahrer ein ungeeignetes Terrain ist, kann man Lettland durchaus als Paradies für Fahrradtouristen bezeichnen. Ob Tagestour oder Fahrradrundreise – ruhige, kaum befahrene Straßen gibt es im ganzen Land. Nicht alle sind asphaltiert, aber mit einem geeigneten Rad kommt man auch auf den Schotterstraßen gut voran. Anstrengende Steigungen gibt es nicht, alle Straßen führen durch eine flache oder allenfalls leicht wellige Landschaft.

Die beste Zeit für Radtouren ist von April bis Oktober. Die beliebtesten Routen führen durch den Naturpark Urstromtal Abava, den Ķemeri- sowie den Gauja-Nationalpark, das Hochland von Alūksne und das Hochland von Latgale. Im Aufbau befindet sich der Europaweg R 1, der in Lettland von der litauisch-lettischen Grenze südlich von Liepāja über Kuldīga, Rīga und Cēsis bis zur estnisch-lettischen Grenze bei Valka verläuft (www.euroroute-r1.de).

Infos für den Fahrradurlaub

Sehr informativ ist die deutschsprachige Website von Baltic Cycle, einem Zusammenschluss verschiedener Gruppen aus Estland, Lettland, Litauen und Polen (www.bicycle.lt). Hier kann man u. a. die kostenlose 24-seitige Broschüre »Das Baltikum – per Rad!« bestellen. Für 6 € erhält man die Broschüre »Lettland per Rad!« – eine lohnende Investition, da auf 100 Seiten von bekennenden Fahrradfans ausführlich die schönsten Fahrradrouten durch Lettland beschrieben werden (u. a. eine Burgenroute von Riga bis zur Kurischen Nehrung in Litauen sowie Routen von Riga durch den Gauja-Nationalpark bis Estland).

Für Radtouren in Lettland ist eine gute Vorbereitung, vor allem gutes Kartenmaterial erforderlich, da die Ausschilderung der Straßen noch immer zu wünschen übrig lässt. Wer die Organisation nicht selbst übernehmen will, kann sich der Gruppenreise eines Spezialanbieters anschließen (s. S. 15).

Für Tagestouren lohnt sich u. U. die Mitnahme des eigenen Rades nicht. Es gibt vor Ort Fahrradvermieter, die meist Mountainbikes, seltener Tourenräder anbieten. Routenvorschläge findet man auf www.latviatourism.lv, www.celo tajs.lv oder www.balticlakes.com (Region Aukstaitija in Latgale). Auch der Allgemeine Deutsche Fahrrad-Club bietet nützliche Infos (www.adfc.de).

Reiten

Lettlands Natur auf dem Rücken eines Pferdes zu erleben ist ein besonders schönes Erlebnis. Da die Nachfrage nach derartigen Angeboten steigt, bieten immer mehr Bauernhöfe Reiterferien an. Zum Programm gehören neben Reitunterricht regelmäßige Reitausflüge. Außerdem gibt es einige Reiterhöfe, die sowohl einmalige Reitexkursionen wie auch mehrtägige Reitausflüge möglich machen. Immer beliebter werden Schlittenfahrten im Winter. Adressen und weitere Infos findet man auf den Websites www.celo tajs.lv sowie www.baltikuminfo.de.

Schwimmen, Strände

Lettlands Strände sind vor allem deshalb so schön, weil sie zu großen Teilen beinahe menschenleer sind. Hier lassen sich wunderbar einsame Strandspaziergänge unternehmen. Feinsandige Badestrände wechseln sich mit kleinen Buchten, Steilküsten und Steinstränden

Die Natur erkunden und aktiv sein – mit dem Kanu lässt sich das wunderbar verbinden

ab. Hervorragende Badestrände, die sowohl bewacht als auch mit der blauen Flagge, dem Qualitätszeichen für sauberes Badewasser, ausgezeichnet sind, findet man u.a. in Liepāja, Ventspils und Jurmāla. Unbesorgt schwimmen gehen kann man ebenfalls in den vielen sauberen und unverbauten Seen, insbesondere im großen Usma-See zwischen Talsi und Ventspils.

Segeln

Das Angebot für Segler ist deutlich größer geworden und dürfte sich auch in den kommenden Jahren noch verbessern. Bisher ist die Ausstattung der Häfen meist noch recht einfach und es besteht nur in Ausnahmefällen die Möglichkeit der Segelboot- oder Jachtmiete. Derzeit gibt es in Lettland insgesamt zwölf Anlegestellen, zwei weitere sind in Planung. Nähere Informationen findet man auf der Website www.latviancoast.lv.

Vogelbeobachtung

Vor allem in den Feuchtgebieten, an Seen, Flüssen und Küstenzonen können zahlreiche Vögel beobachtet werden, die in unseren Breiten selten geworden sind oder gar nicht mehr vorkommen, wie der Seeadler oder das Moorschneehuhn. Im Frühling und Herbst ist Lettland Zwischenstation unzähliger Vögel auf ihrer Reise nach Norden bzw. Süden. Dann lohnt es sich, mit einem Fernglas ausgerüstet die Aussichtstürme zu besteigen, die in der Nähe der schilfbestandenen Uferzonen von Seen oder an Feuchtwiesen errichtet wurden. Die besten Infos zu Beobachtungsplätzen und Vogelarten findet man unter www.fatbirder.com und www.putni.lv.

Wandern

Endlose Strandspaziergänge, geführte Ausflüge durch die Schutzzonen oder

Aktivurlaub auf dem Land

Ein umfangreiches Programm für Aktivurlauber bietet der lettische Verband für Urlaub auf dem Land, Lauku ceļotājs (s. S. 24). Ob es nun eine Wanderung, eine Auto-, Rad- oder Kanutour, ein Skiurlaub oder eine Reitwanderung sein soll – kein Problem, Lauku ceļotājs organisiert es zu erschwinglichen Preisen. Der Verband verkauft auch Broschüren mit Titeln wie »Urlaub auf dem Land«, »Natururlaub«, »Naturpfade« oder »Aktivurlaub« mit kurzen Beschreibungen und kommentierten Adressen zum jeweiligen Thema (www.celotajs.lv).

Wanderungen durch die dichten Wälder – in Lettland gibt es noch sehr viele Gebiete, in denen man ungestört in der Natur sein kann. Während man in den Wäldern auf keinen Fall ohne Karte wandern sollte – das Risiko, nicht mehr hinauszufinden, ist einfach zu groß –, sind die Wege in den Naturparks meist gut ausgeschildert und auch ohne Fremdenführer hervorragend zum Wandern geeignet. Einige Naturparks wie z. B. das Naturreservat Teiči bzw. einige Naturpfade wie der Slītere-Naturpfad sind allerdings ausschließlich mit einem Fremdenführer und nach Voranmeldung zugänglich. Internationale oder überregionale Wanderrouten existieren nicht.

Wellness, Kuren, Sauna

In Lettland setzt man im Touristik-Bereich seit einigen Jahren zunehmend auf Wellnessangebote. Man möchte an die Zeit um 1900 anknüpfen, als vor allem Jūrmala ein bedeutendes Heil- und Kurzentrum in Europa war. Auch heute befindet sich der Großteil der Hotels mit Spa in Jūrmala. Das angenehme Küstenklima, duftende Kiefernwälder, Mineralwasserquellen mit hohem Brom- und Schwefelgehalt, medizinischer Schlamm, Sonnenbaden und Schwimmen in der warmen, aber salzarmen Ostsee machen einen Kur- oder Wellnessurlaub in Kombination mit einer exzellenten medizinischen Versorgung zu einer echten Alternative zu den bekannten Adressen in Westeuropa (Infos: www.jurmala.lv). Mittlerweile findet man aber auch in entlegenen Landesteilen Kur- und Wellnesshotels. Viele davon residieren in restaurierten Gutshöfen und liegen in ansprechender Umgebung. Hält man sich nur für einige Tage in der Hauptstadt Riga auf, kann man die Dienste mehrerer sogenannter Tages-Spas in Anspruch nehmen (s. S. 131).

Großer Beliebtheit erfreuen sich auch die lettischen Saunas. Auch wenn die Letten nicht so ein leidenschaftliches Verhältnis zur Saunakultur haben wie die Finnen oder Esten, zum lettischen Alltag gehört ein Sauna-Besuch allemal (www.baltapirts.lv). Weitere Infos: www.baltikuminfo.de.

Wintersport

Obwohl Lettlands höchster Berg nur gut 300 m hoch ist, gibt es einige Skigebiete, die zumindest Anfängern Spaß machen dürften, da die Pisten recht kurz und nicht so steil sind. Ausgezeichnet eignen sich die lettischen Skigebiete auf jeden Fall für Langlauf- und Snowboardfahrer. Vorteile sind außerdem, dass Lettland als schneesicher gilt, man Touristenrummel wie in den Alpen im winterlichen Lettland nicht kennt und die Skipässe für die Skilifte durchweg preiswert sind. Bei Bedarf kann man in den Skigebieten auch Ausrüstungen leihen.

Feste und Unterhaltung

Feste und Traditionen

Einen hohen Stellenwert haben in Lettland nach wie vor die christlichen Feste, doch das bedeutendste Fest des Jahres beruht auf heidnischen Traditionen: Jāņi, das Johannisfest zur Sommersonnenwende, gilt als das Fest der Lebensfreude, bei dem im ganzen Land bis zum Morgengrauen um Sonnwendfeuer herum getanzt wird. Sehr beliebt sind auch die vielen Sänger- und Tanzfeste, deren Höhepunkt das Allgemeine Lettische Lieder- und Volkstanzfest in Riga ist. Und weil die Letten Musikliebhaber sind, finden vor allem im Sommer Konzerte und Festivals aller Musikrichtungen statt: Ob Klassik, Jazz, Pop oder Rock, insbesondere in Riga vergeht im Sommer kaum ein Tag, an dem man nicht irgendein interessantes Event besuchen kann. In den kleineren Städten und in den Dörfern locken regionale Veranstaltungen wie Fischer-, Wein- und Meeresfeste.

Internationales Opernfestival

Das alljährlich im Juni stattfindende, hochkarätig und international besetzte Sommerfestival der Lettischen Nationaloper ist einer der Höhepunkte der Klassiksaison in Lettland.

Feuer als Sonnensymbol: In der Mittsommernacht schläft in Lettland niemand

Festkalender

Januar
Ziemas mūsikas festivāls: Anfang Jan.–Anfang Feb., Wintermusikfestival, in ganz Lettland (www.hbf.lv).

April
Aile Jazz: Mitte April, internationales Jazz-Festival, Liepāja (www.ailejazz.lv).

Juni
Rīgas Operas festivāls: Anfang/Mitte Juni, Rigaer Opernfestspiele (www.opera.lv).
Stadtfest in Cēsis: www.tourism.cesis.lv
Jāņu svētki: Nacht auf den 24. Juni, Mittsommernachtsfest.

Juli
Dziesmu un deju svētki: das nächste Mal Anfang/Mitte Juli 2013, Lieder- und Volkstanzfest, Riga.
Zvejnieku un Jūras svētki: 2. Sa im Juli, Fischer- und Meeresfest, in Roja, Mērsrags, Liepāja, Pāvilosta, Salacgrīva.
Folkloras festivāls Baltica: alle drei Jahre Mitte Juli (2009, 2012 etc.), Folklorefestival, in ganz Lettland.
Vīna svētki: letztes Juli-Wochenende, Weinfest, Sabile.
Cēsu Mākslas festivāls: Mitte Juli–Mitte Aug., Kunstfest in Cēsis.

August
Lībiešu svētki: Anfang Aug., Fest der Liven in Mazirbe.
Jaunavas Marijas Debesīs uzņemšanas svētki: 15. Aug., Mariä Himmelfahrt, Basilika von Aglona.

September
Dzejas dienas: ca. 5.–17. Sept., Tage der Poesie, in ganz Lettland.

Im Rahmen des Festivals kann man auch Stars wie die lettische Sopranistin Elīna Garanča erleben, die mittlerweile auf den bedeutendsten Opernbühnen der Welt zu Hause ist. Da die Nachfrage für Eintrittskarten in der Regel groß ist, empfiehlt sich unbedingt eine rechtzeitige Reservierung (www.opera.lv).

Mittsommernachtsfest
Wer lettische Traditionen, zu denen vor allem Singen und Tanzen gehören, live und in Reinkultur miterleben will, sollte seine Lettland-Reise unbedingt in den Juni legen. In der Nacht vom 23. auf den 24. Juni werden im ganzen Land die Johannisfeuer entfacht. In dieser Nacht geht kaum jemand schlafen, schließlich wird es ja auch nicht richtig dunkel. Die ganze Nacht singt man gemeinsam die beliebten Līgo-Lieder und tanzt ausgelassen um das Feuer herum.

Viele Veranstaltungen finden schon ab dem 18. Juni statt. Eine ganz besonders feierliche Mittsommernachts-Stimmung kommt an Orten auf, an denen das historische Erbe der Letten bewahrt wird, z. B. in den Freilichtmuseen wie dem Ethnografischen Freilichtmuseum bei Riga, oder an archäologischen Fundorten. An der Küste und an den Seen sind die langen Sonnenuntergänge besonders stimmungsvoll. Sehr interessant ist es etwa, die Nacht am Strand von Jūrmala zu verbringen, wo nicht nur ein großes Feuer entzündet wird, sondern auch festliche Umzüge und feierliche Konzerte stattfinden.

Fischer- und Meeresfeste
Jedes Jahr finden am zweiten Samstag im Juli in einigen Küstenstädten und -dörfern traditionelle Fischer- oder Meeresfeste statt, mit denen u. a. Neptun, der Gott des Meeres, geehrt werden soll. Man kann vielen Konzerten beiwohnen, aber auch bei allen mögli-

chen mehr oder weniger skurrilen Aktionen wie dem Fischerstiefel- und Rettungsring-Weitwerfen zuschauen bzw. an ihnen teilnehmen. Auch für das leibliche Wohl ist gesorgt: Es gibt Fischsuppen-Verkostungen oder ein riesiger Lachs wird gebraten. Daneben werden alle möglichen Fischprodukte auf dem jeweiligen Fischmarkt angeboten. Am beliebtesten sind die Fischer- oder Meeresfeste in Roja, Mērsrags, Liepāja, Pāvilosta und Salacgrīva.

Allgemeines Lettisches Lieder- und Volkstanzfest

Schon seit 1873 wird alle fünf Jahre das Allgemeine Lettische Lieder- und Volkstanzfest (Vispārējo latviešu Dziesmu un Deju svētki) veranstaltet. Aus allen Teilen des Landes kommen Chöre und Volkstanzgruppen für einige Tage nach Riga. Am letzten Tag des Festivals findet ein großes Abschlusskonzert im Mežaparks in Riga statt mit bis zu 12 000 Sängerinnen und Sängern sowie Tausenden von Volkstänzern. Das letzte Allgemeine Lieder- und Tanzfestival fand 2008 statt, sodass man bis Sommer 2013 warten muss, will man dieses Fest selbst einmal erleben (www.songcele bration.lv). 2003 wurden die baltischen Sänger- und Tanzfestivals von der UNESCO als einzigartiges, schützens- und erhaltenswürdiges Kulturgut in die Liste des Weltkulturerbes aufgenommen.

Internationales Folklorefestival Baltica

Das Folklorefestival Baltica ist das größte Event für Folklore im Baltikum und findet jedes Jahr Mitte Juli abwechselnd in einem der drei baltischen Länder statt. Seit 1987 existiert das Festival, das vor allem in seinen Anfängen eine wichtige Rolle in der Entwicklung eines stärkeren Selbstbewusstseins der baltischen Bevölkerung und

eines anderen Verhaltens gegenüber der Sowjetmacht spielte.

Das nächste Festival findet 2009 in Lettland statt. Die meisten Veranstaltungen werden in Riga abgehalten, z. B. auf dem Domplatz, bei der Freiheitsstatue, in der Estrāde im Mežaparks und in den großen Konzertsälen der Stadt. Einige wenige Veranstaltungen gibt es auch an anderen Orten wie Sigulda oder Kuldīga. An einem Tag findet immer eine riesige Parade im Zentrum von Riga statt. Dann ziehen über hundert Musik- und Tanzgruppen – hübsch in ihre jeweiligen Trachten gekleidet – aus allen Regionen Lettlands durch die Straßen, hinzu kommen Festivalteilnehmer aus vielen europäischen Ländern.

Nachtleben

Ein interessantes Nachtleben findet eigentlich nur in Riga und in geringerem Umfang in der Hafenstadt Liepāja statt. Von coolen Bars bis zu gemütlichen Musikkneipen oder angesagten Diskotheken – Riga hat von allem etwas zu bieten. Besonders am Wochenende wird die Nacht zum Tage gemacht und bis zum Siedepunkt getanzt, gefeiert und geflirtet. In den frisch renovierten Häusern der Rigaer Altstadt entdeckt man immer wieder unerwartet hippe Kneipen. Ein Kennzeichen der Rigaer Kneipen-Kultur ist übrigens, dass man überall sehr gut essen kann.

Infos zu aktuellen Events

Eine ausführliche Übersicht findet man auf der Website des baltischen Fremdenverkehrsamtes (www.baltikuminfo. de). Aktuell informieren auch die örtlichen Touristenbüros und die Internetseite www.culture.lv/de/.

Reiseinfos von A bis Z

Alkohol

Der Genuss von Alkohol in der Öffentlichkeit ist untersagt – außer in Straßencafés etc.

Apotheken

In größeren Städten sind die Apotheken gut bestückt und haben meist westlichen Standard. In Riga gibt es eine Apotheke *(aptieka)* mit 24-Std.-Dienst (Audēju iela 20, Tel. 67 21 33 40). Eine homöopathische Apotheke findet man in der Skolas iela 14, Tel. 67 24 00 95. In den kleineren Orten sind viele Medikamente schwer oder gar nicht zu bekommen. Daher sollte man ggf. ausreichend Vorrat mitnehmen.

Ärztliche Versorgung

Die medizinische Versorgung ist gut, besonders in Riga. Viele Ärzte sprechen Englisch oder Deutsch, Polikliniken sind weit verbreitet. Die Europäische Krankenversicherungskarte wird zwar akzeptiert, meist müssen Behandlungen aber zunächst bar bezahlt werden. Nach der Rückkehr kann man sich die Kosten von seiner Krankenkasse erstatten lassen. Die Arztkosten sind erheblich niedriger als im deutschsprachigen Raum. Es empfiehlt sich, eine Auslandskrankenversicherung mit Rücktransport abzuschließen. Infos: Deutsche Verbindungsstelle für Krankenversicherung im Ausland (DVKA), Tel. 0228 953 00, www.dvka.de. Empfehlenswerte Poliklinik im Zentrum von Riga: **Medicīnas sabiedrība ARS,** Skolas iela 5, Tel. 67 20 10 07 (Rezeption), 67 20 10 03 (Notfall), www.ars-med.lv.

Diplomatische Vertretungen

…in Deutschland
Botschaft der Republik Lettland
Reinerzstr. 40/41, 14193 Berlin
Tel. 030 82 60 02 11
Fax 030 82 60 02 44
www.mfa.gov.lv/de/berlin

…in Lettland
Botschaft der Bundesrepublik Deutschland
Raiņa bulvāris 13, 1050 Rīga
Tel. 67 08 51 00, Fax 67 08 51 48
www.riga.diplo.de

Botschaft der Republik Österreich
Elizabetes iela 15-4, 1010 Rīga
Tel. 67 21 61 25, Fax 67 21 61 26
riga-ob@bmeia.gv.at

Schweizerische Botschaft
Elizabetes iela 2, 1340 Rīga
Tel. 67 33 83 51–53, Fax 67 33 83 54
www.eda.admin.ch/riga

Elektrizität

Netzspannung: 220 V, 50 Hertz. Euronorm-Stecker (dünne, flache Stecker ohne Schutzkontakt) passen, Schuko-Stecker hingegen nicht immer.

Feiertage

1. Jan. (Neujahr), Karfreitag und Ostern, 1. Mai (Tag der Arbeit; Tag der Konstituierung des Lettischen Parlaments), 4. Mai (Jahrestag der Unabhängigkeitserklärung 1922), 23. Juni (Līgo-Fest), 24. Juni (Johannistag), 18.

Nov. (Unabhängigkeitstag), 25./26. Dez. (Weihnachten), 31. Dez. (Silvester).

FKK

FKK ist in Lettland kaum verbreitet. Sich am Strand oder an einem anderen Badeort nackt auszuziehen oder ›oben ohne‹ wird nicht gern gesehen.

Fotomaterial

Fotozubehör nimmt man besser von zu Hause mit, da die Fotogeschäfte vor Ort, auch in Riga, meist nur über eine begrenzte Auswahl an Speicherkarten etc. verfügen. Außerdem können die Preise höher sein als in Deutschland.

Geld

Die lettische Währung Lats ist seit 2005 an den Euro gebunden. 1 Lats = 100 Santims. Banknoten gibt es in Werten zu 5, 10, 20, 50, 100 und 500 Lats. 1 € = 0,70 LVL, 1 LVL = 1,42 €; 1 CHF = 0,45 LVL, 1 LVL = 2,20 CHF.

In der Regel kann man mit EC-Karte und Geheimnummer am Automaten Bargeld abheben. Wechselstuben erheben nur eine geringe Gebühr. Die gängigen Kreditkarten sowie Reiseschecks werden in den meisten Banken, Hotels, Restaurants und Geschäften akzeptiert.

Internet

Internetcafés gibt es in Riga an jeder Ecke, manchmal versteckt in Hinterhäusern (0,50–1 LVL/Std.). WiFi ist vielerorts möglich (www.wifi.lv oder Tel. 800 80 40). In kleineren Orten wird Internet oft in Bibliotheken angeboten.

Kinder

Lettland ist ein sehr kinderfreundliches Land. Die Menschen gehen in der Regel liebevoll mit Kindern um und schenken ihnen viel Aufmerksamkeit.

Schifffahrtsgesellschaften und Fluglinien bieten ermäßigte Tarife für Kinder an. Kinder bis 12 Jahre zahlen meist nur die Hälfte und für Kinder bis zwei Jahre muss, sofern sie keinen eigenen Sitzplatz benötigen, nur ein geringer Zuschlag bezahlt werden.

Auch einige Hotels gewähren Preisnachlässe; oft stehen 3- oder 4-Bett-Zimmer zur Verfügung oder es werden ggf. Kinderbetten aufgestellt. In Riga vermittelt die Agentur Avalders deutschsprachige Babysitter und Kindermädchen (Kaļķu iela 11, Tel. 67 22 88 70, www.aupair.lv).

Notruf

Feuerwehr 01 oder 112; **Polizei** 02 oder 112; **Ambulanz** 03 oder 112.

Notfalldienst der deutschen Botschaft: Tel. 0049 30 5000 2000; **Notfall-Hotline der lettischen Tourismusagentur:** Tel. 22 03 30 00 (kostenfrei).

Sperr-Notruf für EC- und Kreditkarten, Handys usw. für Deutsche: Tel. 00 49 116 116 (www.sperr-notruf.de).

Öffnungszeiten

Geschäfte: Mo–Fr 10–19, Sa 10–16 Uhr, Lebensmittelgeschäfte häufig bis 22 Uhr, größere Supermärkte auch tgl. 24 Std. Bei kleineren Geschäften gibt es eine Mittagspause.
Banken: Mo–Fr 9/10–17/18 Uhr, vereinzelt auch Sa 9–12 Uhr.
Behörden: Mo–Fr 9–18 Uhr.
Post: Mo–Fr 8/9–16/19 Uhr, vereinzelt auch Sa 9–13 Uhr.

Polizei

Während der Sommermonate steht donnerstags und freitags auf dem Domplatz in Riga eine mobile Notfall-Polizeistation für Touristen.

Post

Luftpost ist maximal sieben Tage nach Westeuropa unterwegs, meist geht es schneller. Die Briefkästen sind hellgelb und tragen die Aufschrift *Pasts*.

Rauchen

Seit 2006 ist das Rauchen in öffentlichen Einrichtungen, an Haltestellen etc. verboten. In Restaurants, Cafés u. Ä. ist es nur noch in abgetrennten Räumen und an Stränden ebenfalls nur in gekennzeichneten Zonen erlaubt.

Reisende mit Handicap

Lettland-Reisen sind auch für Menschen mit Behinderung, z. B. Rollstuhlfahrer, möglich. Allerdings ist das Netz der behindertenfreundlichen Gebäude und Transportmittel noch nicht sehr dicht. Hotels der höheren Kategorie sind jedoch meist behindertengerecht konzipiert (Infos: Bundesverband Selbsthilfe Körperbehinderte e. V., Tel. 06294 42 81 50, www.bsk-ev.de).

Sicherheit

Lettland ist ein relativ sicheres Reiseland. Größere Geldbeträge, Reisepass und Flugticket sollte man dennoch in einem Brustbeutel oder Geldgürtel aufbewahren. Taschendiebe versuchen vor allem in Bussen und Straßenbahnen ihr Glück. Ist man allein unterwegs, sollte man bei Dunkelheit menschenleere Gassen meiden. Gepäck sollte man nicht im Wagen zurücklassen. Ratsam ist es, sein Fahrzeug auf einem bewachten Parkplatz abzustellen *(Apsargāta auto stāvvieta)*.

Souvenirs

Vor allem Kunsthandwerk steht hoch im Kurs. Am wichtigsten ist Bernstein, der in allen Variationen erhältlich ist – von unbearbeiteten Splittern bis hin zu hochwertigem Schmuck. Sehr beliebt sind Woll- und Leinenwaren wie Pullover, Mützen etc. Auch Keramik wird angeboten. Eine Spezialität sind überdies Produkte aus oder mit Leder, z. B. in Leder gebundene Bücher.

Pralinen der größten lettischen Schokoladenfabrik Laima eignen sich ebenfalls als Mitbringsel. In jedem Supermarkt bekommt man lettische Käse- und Brotspezialitäten, z. B. Kümmelkäse *(ķimeņu siers),* Roggen- *(rupjmaize)* und Sauerteigbrot *(saldskābmaize)* sowie Sprotten *(šprotes)* in Dosen. Von ausgezeichneter Qualität und sehr preiswert ist der lettische Wodka. Zu den Spezialitäten zählt auch der Kräuterlikör Rīgas Melnais balzams (s. S. 26).

Telefonieren

Seit Juli 2008 sind die Telefonnummern nicht mehr sieben-, sondern achtstellig. Festnetznummern beginnen mit einer 6, Handynummern mit einer 2. **Ländervorwahlen:** Lettland 00 371, Deutschland 00 49, Österreich 00 43, Schweiz 00 41.

Mobilfunk: Mit dem eigenen Mobiltelefon in Lettland zu telefonieren ist relativ teuer. Preiswerter ist es, sich vor Ort eine Prepaid-Karte zu kaufen. Die be-

kanntesten Anbieter sind amiga (www.
amiga.lv), TELE 2 (www.tele2.lv), bite
(www.bite.lv) und LMT (www.lmt.lv).
Englischsprachige Auskunft: 1188.

Trinkgeld

Im Restaurant ist das Trinkgeld bereits
im Preis enthalten. Trotzdem ist es sicher freundlich, wenn man bei gutem
Service 5–10 % mehr zahlt, als auf der
Rechnung steht. Im Taxipreis ist das
Trinkgeld dagegen nicht inbegriffen
und wird meist erwartet.

Umgangsformen

Wie den Esten und Litauern missfällt es
auch den Letten, als Balten bezeichnet
zu werden. Die Anerkennung der Eigenständigkeit ihres Landes ist ihnen
sehr wichtig. Mit Russischkenntnissen
sollte man etwas zurückhaltend sein,
da negative Reaktionen hervorgeru-
fen werden können.

Viele Letten legen großen Wert auf
Umgangsformen, z.B. Pünktlichkeit
und die Manieren der alten Schule, die
vor allem Frauen gegenüber zur Geltung kommen. Letten mögen kein bes-
serwisserisches Gehabe oder überzogene Selbstdarstellung. Viel Wert legen
sie dagegen auf ein gepflegtes Äußeres. Da die Letten Blumenliebhaber
sind, kann man nichts falsch machen,
wenn man Blumen schenkt.

Wasser

Das Leitungswasser ist manchmal stark
gechlort, außerdem sind die meisten
Wasserleitungen schon sehr alt. Deshalb ist es ratsam, zum Trinken Wasser
aus Plastikflaschen zu verwenden, die
man in jedem Supermarkt bekommt.

Preisniveau und Spartipps
Von einigen Westprodukten und Hotels in touristischen Orten abgesehen,
liegen die Preise etwas unter denen im
deutschsprachigen Raum. Das gilt z.B.
für Restaurantbesuche, Benzin, Museen und öffentliche Verkehrsmittel.
Allerdings steigen die Preise zurzeit
rasant. Sparen kann man mit der Riga
Card, die eine Vielzahl von Vergünsti-
gungen beinhaltet (s. S. 89). Für Stu-
denten lohnt sich die Mitnahme des Internationalen Studentenausweises (Infos: www.isic.de).

Wucher

Seit einiger Zeit häufen sich Berichte,
wonach von Touristen in Bars und Diskotheken Wucherpreise verlangt wurden. Verweigerten sie die Zahlung, soll
es z. T. zu Gewalt gegen sie gekommen
sein. Daher: Vorsicht bei der Auswahl
der besuchten Clubs und beim Einladen fremder Personen zu Getränken.
Man sollte sich vor der Bestellung nach
den Preisen erkundigen.

Zeit

Die Zeitdifferenz zu Deutschland beträgt plus eine Stunde. Wie in den übrigen Ländern der EU wird auf Som-
merzeit umgestellt.

Zeitungen

Deutschsprachige Tageszeitungen sind
nur an wenigen Kiosken – mit Verspä-
tung – erhältlich. Einmal im Monat erscheinen die deutschsprachige »Baltische Rundschau« und die englischsprachige »Baltic Times«, die über aktuelle
Themen im Baltikum berichten.

Panorama – Daten, Essays, Hintergründe

Gemeinschaftsevent mit Symbolcharakter: das Lettische Lieder- und Tanzfest

Steckbrief Lettland

Fläche: 64 589 km²
Hauptstadt: Riga
Größte Städte: Riga (717 000 Einwohner), Daugavpils (106 000), Liepāja (85 000), Jelgava (66 000), Jūrmala (56 000), Ventspils (43 000) und Rēzekne (36 000).
Einwohner: 2,2 Mio., 81,2 % der Bevölkerung besitzen die lettische Staatsbürgerschaft, 1,8 % sind Ausländer.
Amtssprache: Lettisch; Russisch ist weit verbreitet.
Zeitzone: MEZ +1 Std.
Vorwahl: +371

Geografie und Natur

Lettland ist der mittlere der drei baltischen Staaten und liegt im Nordosten Europas an der Ostsee. Im Norden grenzt es an Estland, im Süden an Litauen, im Osten an die Russische Föderation und im Südosten an Weißrussland. Mit 64 589 km² Landesfläche ist es etwas kleiner als Irland. 44,1 % des Landes sind bewaldet.

Lettland besteht größtenteils aus einer flachen Landschaft mit rund 3000 Seen (größter See: Lubans ezers 80,7 km²) und rund 12 000 Flüssen und Bächen. Die Daugava, der größte und längste Fluss, durchzieht das Land vom Südosten bis nach Riga und mündet kurz darauf in den Rigaer Meerbusen. Die Küste an der Ostsee und am Rigaer Meerbusen ist 497 km lang und größtenteils von Kiefernwäldern gesäumt. Die höchste Erhebung ist mit 312 m der Gaizinkalns. Rund 8,5 % des lettischen Staatsgebiets sind unter Naturschutz gestellt. Am bedeutendsten sind die vier Nationalparks, daneben gibt es vier Naturschutzgebiete, 28 Naturparks, neun Landschaftsschutzgebiete, ein Biosphärenreservat, neun Naturdenkmäler und diverse Mikroschutzzonen. In Lettland herrscht ein gemäßigtes Klima, allerdings können die Temperaturen stärker schwanken als in Westeuropa.

Geschichte und Kultur

Im ersten Drittel des 13. Jh. wurde ein Großteil des heutigen lettischen Gebiets vom Schwertbrüderorden unterworfen und die Livländische Konföderation gegründet. Bis 1558 blieb das Gebiet unter deutscher Vorherrschaft. Nach dem Livländischen Krieg fiel ein Großteil des Territoriums nacheinander an Polen-Litauen, Schweden und das russische Zarenreich. Zwischen 1918 und 1940 erlebte Lettland seine erste Unabhängigkeit, wurde dann aber zwangsweise in die Sowjetunion eingegliedert. Im Laufe des Zweiten Weltkriegs und in den Jahren danach wurden Zehntausende Letten nach Sibirien deportiert. Gleichzeitig sorgte die sowjetische Führung dafür, dass in Lettland Russen angesiedelt wurden. Im Jahr 1991 erkämpfte sich Lettland seine zweite Unabhängigkeit.

Obwohl Lettland ein kleines Land ist, hat es ein außergewöhnlich reiches Kulturleben, das sich hauptsächlich in seiner Hauptstadt Riga abspielt. Allein die baltische Metropole verfügt über 30 Museen, 26 Hochschulen sowie 12

Theater und Opernhäuser. Der bedeutendste Schatz der lettischen Kultur ist jedoch das lettische Liedgut, die Dainas.

Staat und Politik

Lettland ist eine parlamentarische Demokratie. Die Verfassung *(Satversme)* aus dem Jahr 1922 wurde 1999 wieder in Kraft gesetzt. Das Parlament *(Saeima)* setzt sich aus 100 Abgeordneten zusammen und wird alle vier Jahre gewählt. Der Staatspräsident (seit 2007 Valdis Zadlers) unterzeichnet die Gesetze, ernennt den Ministerpräsidenten und erfüllt repräsentative Aufgaben. Seit Dezember 2007 regiert eine Mitte-Rechts-Regierung unter Führung von Ministerpräsident Ivars Godmanis das Land. Seit 2004 ist Lettland Mitglied der NATO sowie Mitglied der Europäischen Union.

Wirtschaft und Tourismus

Lettlands Wirtschaft ist inzwischen zu 98 % privatisiert. Nach Jahren, in denen die Wirtschaft Wachstumsraten von rund 10 % vorweisen konnte, zeichnet sich nun ein Einbruch ab, der u. a auf die steigende Inflationsrate (über 15 %) zurückzuführen ist. Deshalb ist auch die ursprünglich für 2008 angestrebte Einführung des Euro auf unbestimmte Zeit verschoben worden. 70 % des Bruttoinlandsproduktes werden im Dienstleistungssektor erwirtschaftet, 25 % von der Industrie und 5 % von der Landwirtschaft. Die Arbeitslosenquote lag im September 2008 bei 6,3 %.

Der Tourismus nimmt in Lettland eine immer wichtigere Stellung ein. Vor allem in rückständigen Gebieten bemüht man sich mit dem Programm »Ferien auf dem Lande« Touristen anzulocken. Die meisten ausländischen Gäste besuchen in erster Linie die Hauptstadt Riga und kommen aus den Nachbarstaaten: 36 % aus Litauen und 23 % aus Estland, 7 % kommen aus Russland, 6 % aus Polen, jeweils 5 % aus Schweden und Deutschland und 3 % aus Finnland.

Bevölkerung, Sprache, Religion

59,2 % der Bevölkerung sind Letten, 28 % Russen, 3,7 % Weißrussen, 2,5 % Ukrainer, 2,4 % Polen, 1,4 % Litauer, 3,3 % andere Nationalitäten. Der Anteil der russischsprachigen Bevölkerung ist in Riga mit 42 % besonders hoch, der Anteil der Letten mit ebenfalls 42 % eher niedrig. 17,0 % der Bevölkerung sind sogenannte Nichtbürger (ohne Wahlberechtigung).

Die lettische Sprache gehört zum baltischen Zweig der indoeuropäischen Sprachen, zu dem u. a. auch die litauische Sprache zählt, und hat keine direkte Verwandtschaft zu slawischen Sprachen. Lettisch ist die Amtssprache, doch von einem Großteil der Bevölkerung wird auch Russisch gesprochen.

Die Mehrheit der Bevölkerung ist protestantisch (55 %). Katholiken (24 %) sind überwiegend im Osten des Landes zu finden. Viele Russen gehören dem russisch-orthodoxen Glauben an (9 %).

Lettland

Altertum

9. Jt. v. Chr. Nach dem Abschmelzen der eiszeitlichen Gletscher finden sich die ersten Siedler auf lettischem Territorium ein.

4. Jt. v. Chr. Finno-ugrische Stämme, die Vorfahren der Liven und Esten, wandern aus Asien in das Gebiet des heutigen Lettland ein.

2. Jt. v. Chr. Indogermanische Stämme aus dem Kulturkreis der Bandkeramiker erreichen lettisches Gebiet.

500 v. Chr. Bernsteinhandel; die ›Bernsteinstraße‹ führt von der Ostseeküste über die Alpen an die Adria, nach Rom, Griechenland und nach Ägypten.

**Zeiten-
wende** Die baltischen Völker besiedeln ein Gebiet, das weit ins heutige Russland und in die Ukraine reicht.

Die baltischen Stämme

1.–5. Jh. Blütezeit des Bernsteinhandels. Die unterschiedlichen baltischen Völker bilden sich heraus (Lettgaller, Kuren, Selen, Semgaller). Das finno-ugrische Volk der Liven lebt an der Westküste der Rigaer Bucht nördlich von Riga, im Süden dominieren die indogermanischen Stämme.

6. Jh. Die Wikinger durchqueren das Baltikum auf ihren Raubzügen. Die Balten unterhalten Handelsbeziehungen, u. a. in den Orient.

10.–13. Jh. Während die Kuren für ihre Beutezüge auf der Ostsee berüchtigt sind, betreiben die Semgaller und Selen Ackerbau und Viehzucht. Erste staatliche Strukturen bilden sich heraus.

Unterwerfung und Christianisierung durch die Deutschen

um 1180 Deutsche Kaufleute und christliche Missionare erreichen die baltische Küste und fahren die Daugava stromaufwärts, wo sie die baltischen und finno-ugrischen Stämme zum Christentum bekehren wollen.

1184 Unter Führung des Mönchs Meinhard von Segeberg (später von Uexküll) wird die offizielle Missionstätigkeit aufgenommen und die erste Steinkirche auf lettischem Gebiet gebaut. Die baltischen Stämme weigern sich jedoch, sich taufen zu lassen.

1188 Meinhard wird zum Bischof von Livland ernannt.

1198 Der Nachfolger Meinhards, Berthold von Loccum, kommt mit einem Heer von Pilgern ins Land. Bei einem Kampf mit den Einheimischen wird der Bischof getötet. Die Geistlichen verlassen das Land.

1201	Bischof Albert von Buxhoeveden kommt mit einem Kreuzfahrerheer nach Lettland und lässt sich an der Stelle des jetzigen Riga nieder.
1202	Gründung des Schwertbrüderordens. Bis 1206 wird ein Großteil des Gebiets der Liven und Lettgaller unterworfen und der geistliche Staat Livland geschaffen.
1210	Der Papst gesteht den Kreuzrittern die Herrschaft über ein Drittel des eroberten Gebiets zu.
1236/37	Nach der Niederlage bei Šiauliai wird der Schwertbrüderorden in den dem Papst gehorchenden Deutschen Orden integriert. Der Zweig des Deutschen Ordens in Lettland und Estland heißt von nun an Livonischer Orden (oder Livländischer Orden).

Die Föderation livländischer Staaten

13. Jh.	Das nun unter deutscher Herrschaft stehende Territorium wird zu einer Konföderation feudaler Kleinstaaten, Marienland Livland, zusammengefasst und ist Teil des Heiligen Römischen Reiches Deutscher Nation. An der Spitze des livländischen Staats steht der Ordensmeister.
1282	Riga und später auch die Städte Cēsis, Limbaži, Koknese und Valmiera werden in die Hanse aufgenommen.
1297–1330	Die bewaffneten Auseinandersetzungen zwischen dem Livländischen Orden und der Stadt Riga enden mit dem Sieg des Ordens.
1452	Der Erzbischof und der Ordensmeister einigen sich darauf, die Macht über Riga zu teilen.
15. Jh.	Die deutschen Herrscher führen die Leibeigenschaft ein.
1522–24	Die Reformationsbewegung gelangt nach Livland. Beim Aufstand der Bilderstürmer werden in Riga und anderen Städten viele Heiligenbilder zerstört. Die ersten lutherischen Gemeinden entstehen.

Unter polnischer Herrschaft

1558–83	Mit dem Einfall der Truppen Iwans des Schrecklichen in Livland beginnt der Livländische Krieg, an dem sich auch Schweden, Dänemark und Polen-Litauen beteiligen. Der größte Teil des heutigen Lettland fällt 1562 an Polen-Litauen. Am 5. März legt der letzte livländische Ordensmeister, Gotthard Kettler, sein Amt nieder, löst den Orden auf und wird erster Herzog des neu gegründeten, von Polen entlehnten Herzogtums Kurland und Semgallen.

Unter schwedischer Herrschaft

1600–29 Der polnisch-schwedisch-russische Krieg spielt sich hauptsächlich in Livland ab. König Gustav II. Adolf von Schweden erobert Riga und Livland. Lettgallen bleibt unter polnischer Herrschaft und wird in den kommenden Jahrhunderten katholisch geprägt.

ab 1621 Riga entwickelt sich zur größten und reichsten Stadt Schwedens. Livland wird zu dieser Zeit die ›Kornkammer Schwedens‹ genannt.

1642–82 Das Herzogtum Kurland erlebt unter Herzog Jakob Kettler eine wirtschaftliche Blütezeit. Es besitzt sogar zwei Kolonien: die Sankt-Andreas-Insel nahe der Mündung des Flusses Gambia und die Karibikinsel Tobago.

Unter russischer Herrschaft

1700–21 Mit Beginn des Nordischen Kriegs zwischen Schweden, Dänen, Sachsen, Polen und Russen wird die schwedische Vorherrschaft im Baltikum gebrochen.

1710 Dem russischen Zaren Peter I. gelingt es, Livland unter seine Kontrolle zu bringen. Damit erlangt Russland eine direkte Verbindung nach Europa.

1718 Eine erste russisch-schwedische Friedenskonferenz scheitert jedoch an der Weigerung Schwedens, Livland offiziell an Russland abzutreten.

1721 Erst mit dem Frieden von Nystad wird die baltische Frage voll und ganz zugunsten des Zarenreichs entschieden. Die Deutschen in der Region erhalten vom Zaren wieder mehr Rechte.

nach 1721 Der verheerenden Pestepidemie, die auf den Nordischen Krieg folgt, fallen große Teile der Bevölkerung zum Opfer.

Ende 18. Jh. Die Wirtschaft entwickelt sich und die Bevölkerungszahl steigt. Das heutige lettische Territorium wird zur fortschrittlichsten Provinz Russlands.

1816–19 Unter dem Einfluss der Aufklärung wird in Livland und Kurland die Leibeigenschaft abgeschafft.

Mitte 19. Jh. Die lettische Bildungsschicht emanzipiert sich vom deutschen Leitbild und gründet lettischsprachige Zeitungen, Theater und Vereine. Die gesellschaftlich und kulturell aktivsten Menschen (›Jungletten‹) fordern für das lettische Volk gleiche Rechte.

1861	Auch in Litauen und Latgale wird die Leibeigenschaft aufgehoben.
1873	In Riga wird das erste gesamtlettische Liederfest veranstaltet.
ab 1881	Unter Zar Alexander III. wird eine Politik der ›Russifizierung‹ Lettlands betrieben. Da auch die deutschbaltische Selbstverwaltung deutlich eingeschränkt wird, kehren viele Deutschbalten ins Deutsche Reich zurück.
Ende 19. Jh.	Lettland erlebt infolge der verstärkten Industrialisierung einen Wirtschaftsaufschwung. Riga wird zum wichtigsten Hafen Russlands.
1905	In Lettland finden vor allem gegen deutsche Großgrundbesitzer gerichtete Proteste statt. Sie werden vom russischen Militär brutal niedergeschlagen.
1914–18	Im Ersten Weltkrieg wird ein Teil Lettlands vorübergehend von deutschen Truppen besetzt.

Die erste Unabhängigkeit

1918	Am 18. November wird im Nationaltheater von Riga die Unabhängigkeit Lettlands proklamiert. Erster Präsident ist Kārlis Ulmanis.
1918/19	Sowjettruppen besetzen Lettland. Die lettische Regierung flieht nach Liepāja und billigt den Abwehrkampf der deutschen ›Baltischen Landwehr‹. Nach dem Abzug der Roten Armee kämpfen die Letten gegen die Deutschen und schlagen sie im Juni 1919 bei Cēsis.
1920	Im Zuge der Agrarreform werden deutschbaltische Großgrundbesitzer entschädigungslos enteignet. Tausende Deutschbalten verlassen das Land.
1934	Auf Bestreben von Kārlis Ulmanis wird am 15. Mai die Verfassung außer Kraft gesetzt und eine gemäßigte Diktatur unter seiner Führung errichtet.

Der Zweite Weltkrieg

1939	Am 23. August werden der Hitler-Stalin-Pakt und ein geheimes Zusatzprotokoll zwischen dem Deutschen Reich und der Sowjetunion unterzeichnet. Deutschland überlässt die Baltischen Staaten der sowjetischen Interessensphäre.
1939	Die Sowjetunion zwingt die lettische Regierung im Oktober, ein Beistands- und Stützpunktabkommen zu unterzeichnen.

Rückblende: Dokumente zur Sowjetzeit im Rigaer Okkupationsmuseum

1939–41	Die Deutschbalten werden ins Reichsgebiet umgesiedelt.
1941	Mitte Juni werden 15 000 Beamte, Oppositionelle und Militärs mitsamt ihren Familien nach Sibirien deportiert.
1941–45	Am 22. Juni 1941 beginnt der deutsche Überfall auf die Sowjetunion. In nur zwei Wochen besetzt die deutsche Wehrmacht Lettland. Lettische Freiwillige, später Zwangsrekrutierte, kämpfen auf deutscher Seite. Bis zum Ende des Kriegs vernichten die Nazis fast die gesamte jüdische Bevölkerung Lettlands.
Herbst 1944	Auf lettischem Boden finden schwere Kämpfe zwischen deutschen Verbänden und der sowjetischen Armee statt, in denen die sowjetischen Truppen die Oberhand gewinnen. Letten werden von beiden Besatzungsmächten zum Militärdienst einberufen und gegeneinander eingesetzt.

Unter sowjetischer Herrschaft

1949 In einer groß angelegten Aktion werden Ende März fast 43 000 Einwohner, vorwiegend aus der Landbevölkerung, von Lettland nach Sibirien verschleppt. Arbeitskräfte aus der UdSSR werden nach Lettland gebracht.

seit 1945 Wegen der massiven Sowjetisierung sinkt der Anteil der Letten an der Gesamtbevölkerung Lettlands bis 1993 auf 54 %.

Erneuter Kampf um die Unabhängigkeit

1988 Im Zuge der Liberalisierung in der Sowjetunion bildet sich die lettische Volksfront, an der sich auch Kommunisten beteiligen. Sie fordern zunächst nur die Unabhängigkeit, nicht aber die Loslösung von der Sowjetunion.

1989 Am 50. Jahrestag der Unterzeichnung des Hitler-Stalin-Pakts bildet die Bevölkerung von Lettland, Estland und Litauen eine 600 km lange Menschenkette von Tallinn durch Riga bis nach Vilnius.

1990 Bei Wahlen im März gewinnt die Volksfront Tautas Fronte die meisten Stimmen. Am 4. Mai beschließt das Parlament die Wiederherstellung der alten Republik Lettland.

1991 Am 20. Januar stürmen Einheiten des sowjetischen Innenministeriums das lettische Innenministerium in Riga und töten fünf Menschen. Bei einem Referendum Anfang März stimmen 73,6 % der lettischen Bevölkerung für die Unabhängigkeit.

Die zweite Unabhängigkeit

1991 Am 20./21. August wird die Unabhängigkeit Lettlands erklärt und die Verfassung von 1922 wieder in Kraft gesetzt.

1993 Die lettische nationale Währung – der Lats – wird wieder eingeführt.

1994 Ende August verlassen die letzten russischen Armee-Einheiten Lettland.

2003 Bei einem Referendum im September stimmen die Letten für einen Beitritt zur Europäischen Union.

2004 Am 2. April wird Lettland in die NATO aufgenommen. Seit dem 1. Mai desselben Jahres ist Lettland souveränes Mitglied der Europäischen Union.

2005 Das lettische Parlament ratifiziert im Juni die EU-Verfassung.

2007 Valdis Zatlers wird am 31. Mai zum neuen Präsidenten Lettlands und damit zum Nachfolger der populären Vaira Vīķe-Freiberga gewählt. Im Dezember tritt Ministerpräsident Aigars Kalvītis zurück, die Mitte-Rechts-Koalition bleibt jedoch an der Regierung. Neuer Ministerpräsident wird Ivars Godmanis.

2008 Das lettische Parlament ratifiziert den EU-Reformvertrag.

Strände, Störche, Steinpilze – Lettlands Natur

Auf den ersten Blick bietet Lettlands Natur bis auf die knapp 500 km lange Küste wenig Spektakuläres. Doch wer warten kann und gern genau hinsieht, findet durchaus Bemerkenswertes und Einzigartiges.

Wie ganz Nordeuropa war auch Lettland 1 Mio. Jahre lang von einer 2 km dicken Eisschicht bedeckt, deren Gewicht eine Absenkung der Landmassen bewirkte. Die gegenwärtigen Landschaften bildeten sich erst im 12. Jt. v. Chr. infolge des Abschmelzens der riesigen Gletscher heraus. Sie formten sich auf den vom Inlandeis zurückgelassenen Moränen – steinigen, sandigen oder lehmigen Ablagerungen, die in Form von Hügelland, aber auch von Flachland vorkamen. Es entstand eine typische Grund- und Endmoränenlandschaft aus Wäldern und Wiesen sowie Hoch- oder Tiefmooren.

Während die Gletscher im Westen und Norden überwiegend arme Sand- und Kiesböden hinterließen, bildeten sich im flachen Landesinnern fruchtbare Erdböden heraus, wie z. B. in der Tiefebene von Zemgale südlich von Riga. In Lettlands Osten wurden dagegen infolge der sich zurückziehenden Gletschermassen mit ihrem sich ständig verlagernden Eisrand die Hochebenen von Vidzeme und Latgale mit ihren zahlreichen Seen geformt.

Sandig und von Kiefern gesäumt – die Küste bei Ventspils

Empfindliches Ökosystem – Lettlands Küste

Die Küste, die sich über 497 km entlang der Ostsee und des Rigaer Meerbusens erstreckt, ist natürlich ein wichtiger Bestandteil des lettischen Naturraums. Die endlosen Sandstrände bilden mit den angrenzenden Dünen, Lagunengewässern, Nadelwäldern, Sümpfen und Seen ein empfindliches Ökosystem, das von der Wechselbeziehung zwischen Land und Meer geprägt ist. Während der sowjetischen Besatzung war der größte Teil der Küstenregion militärisches Sperrgebiet. Da nur einige wenige Küstenabschnitte der Öffentlichkeit zugänglich waren, konnte sich die Natur bis auf die Gebiete, die intensiv vom Militär genutzt wurden, ungestört entwickeln. Die salzhaltigen Lagunen oder Feuchtwiesen an der Küste sind beliebte Zwischenstationen zahlreicher Vögel. Im Herbst durchziehen z. B. Millionen Vögel und – was sehr ungewöhnlich ist – Zehntausende Fledermäuse das Gebiet des Pape-Sees.

Verirren möglich – die Wälder

Dass einer der größten Schätze der lettischen Natur die von Menschen unberührten Wälder sind, kann man schon beim Anflug auf Riga gut sehen: 44,1 % von Lettlands Territorium sind

Scheuer Waldvogel – der Schwarzstorch

Die Chance, einen der seltenen Schwarzstörche zu sehen, ist in Lettland größer als in jedem anderen Land Europas. Etwa 10 % der Weltpopulation dieses Storchs (ca. 1000 Paare) leben hier. Der kleinere Verwandte des Weißstorchs nistet in ungestörten Gebieten, z. B. nahe Waldseen, Flüssen und Mooren. Deshalb richten Tierschützer rund um die Nistplätze Mikroschutzzonen ein, in denen das ganze Jahr über keine wirtschaftlichen Arbeiten verrichtet werden dürfen – der Schwarzstorch würde im Fall von Veränderungen in der Umgebung sein Nest verlassen. Vor allem in der Nistzeit dürfen die schwarzen Störche mit der weißen Brust nicht gestört werden: Ihre Jungen könnten beim Anblick von Menschen versuchen, aus dem Nest zu fliehen, obwohl sie noch nicht fliegen können. Die lettischen Schwarzstörche und Weißstörche gehören im Gegensatz zu den mitteleuropäischen Störchen zu den ›Ostziehern‹, die zum Überwintern im August oder September über die Bosporus-Sinai-Niltal-Route bis nach Ostafrika fliegen.

von Waldflächen bedeckt – die größten Wälder sind in Nordkurzeme zu finden. Kiefern, Fichten und Birken sind die wichtigsten Baumarten, Eichen, Linden und Buchen kommen seltener vor. Sie spielten aber eine bedeutende Rolle in den vorchristlichen Religionen der Letten, die diesen Bäumen besondere Kräfte zuschrieben. Ungefähr die Hälfte der Wälder erstreckt sich auf trockenem Mineralboden, ein Viertel sind Feuchtwälder, die im übrigen Europa nur selten vorkommen. Die Waldböden sind in den Kiefernwäldern mit Preisel- und Heidelbeeren sowie Heidekräutern, in den Fichtenwäldern mit Moos und in den Birkenwäldern mit Riedgräsern bedeckt. In den Wäldern wachsen Unmengen von Pilzen, und so verwundert es nicht, dass die Letten eine große Leidenschaft für das Pilzesammeln hegen.

Wurden die Wälder in den 1990er-Jahren noch erbarmungslos abgeholzt, so trat mit der Gründung der staatlichen Wald AG, die 50 % der lettischen Wälder besitzt, 1999 eine Besserung ein, da gleichzeitig ein von Ugis Rotbergs, dem Direktor des WWF Lettland, entwickeltes Konzept zur nachhaltigen Bewirtschaftung der Wälder umgesetzt wurde. Seither entspricht das Verhältnis von Rodung und Aufforstung dem internationalen Durchschnitt.

Wertvolle Schutzzone – die Moore

Die Moore machen 10 % der gesamten Bodenfläche aus, ein überdurchschnittlicher Wert innerhalb Europas. Davon sind 42 % Hochmoore mit Moos, 49 % Tiefmoore mit Gras und 9 % Übergangsmoore. Die Hälfte der Moorfläche ist bisher von Menschenhand fast unberührt und bietet vielen seltenen

Pflanzen und Tieren Unterschlupf. Mehr als 20 geschützte Pflanzenarten gedeihen hier. Außerdem leben mindestens 15 Vogelarten in den Mooren und Sümpfen, u. a. Kranich, Goldregenpfeifer, Birkhahn, Merlin und Wanderfalke. Vor allem während des Vogelzuges sind die Moore wichtige Rastplätze für Kraniche und Gänse. Moore und Sümpfe werden auch von Beerensammlern geschätzt, da hier eine große Vielfalt an Beeren zu finden ist, u. a. Moosbeeren, Preiselbeeren, Heidelbeeren und die seltenen Moltebeeren.

Leider sind manche der Hochmoore Opfer der Torfwirtschaft geworden und drohen nun, wie es früher in Deutschland geschah, auszutrocknen. Der lettische Torf wandert, in Plastiksäcke verpackt, meist in westeuropäische Länder, wo Kleingärtner damit ihre Böden aufbessern, obwohl der gleiche Effekt auch mit heimischer Baumrinde oder Komposterde erzielt werden könnte.

Früchte mit Sammlerwert: Moosbeeren

Infos im Internet
www.celotajs.lv/cont/wrth/natu ra2000_de.html – Die Website des Verbands für Tourismus auf dem Land, Lauku ceļotājs, gibt einen guten Überblick über alle geschützten Zonen Lettlands.
www.lvm.lv – Website der staatlichen Wald AG Latvijas valsts meži.

Arm und reich – die Tierwelt

Trotz der Abgeschiedenheit mancher Landstriche ist Lettlands Tierwelt insgesamt gesehen relativ artenarm. Während es in Deutschland 48 000 Tierarten gibt, sind es in Lettland nur etwa 13 000. Allerdings konnten manche in Europa selten gewordene Tiere wieder angesiedelt oder ihre Population vergrößert werden. Bei vielen weltweit bedrohten Tierarten trägt die Population in Lettland einen bedeutenden Anteil zur Gesamtzahl bei, z. B. bei Wachtelkönig, Schreiadler, Weißrückenspecht, Schwarzstorch, Biber, Fischotter, Wolf und Luchs. Gegenwärtig werden Versuche unternommen, Bären, Wisente, Auerochsen und Wildpferde (s. S. 52) wieder anzusiedeln.

Naturschutz im Aufwind

Dem (Natur-)Tourismus kommt in Lettland wirtschaftlich eine immer größere Bedeutung zu. Dies trägt dazu bei, dass dem Naturschutz heute mehr Aufmerksamkeit geschenkt wird. Eigentlich hat Naturschutz in Lettland eine lange Tradition: Die ersten Regeln zum behutsamen Umgang mit den Wäldern traten schon im 16. und 17. Jh. in Kraft.

Heute sind mehr als 10 % der lettischen Naturareale gesetzlich geschützt. Erst 2007 wurde mit dem fast 600 km² großen Rāznas nacionālais parks der vierte Nationalpark des Landes eingerichtet. Neben den großen geschützten Gebieten (s. S. 40) gibt es z. B. in den Wäldern auch Mikroschutzzonen für seltene Pflanzen und Tiere, vor allem Vögel.

Vorbildlicher Umweltschutz – Wildpferde am Pape-See

In Lettland scheint sich langsam ein Bewusstsein dafür zu entwickeln, dass die weitgehend unberührte Natur einer der größten Schätze des Landes ist, den man auf keinen Fall zerstören sollte. Als gelungenes Beispiel für nachhaltigen Umweltschutz kann man die Projekte des WWF Lettland im Naturpark Pape-See betrachten.

Im lettischen Küstentiefland blieben einige Feuchtgebiete erhalten, die zu den faszinierendsten Naturräumen des Landes gehören. In dem Gebiet rund um den ca. 1200 ha großen Pape-See südlich von Liepāja wechseln sich Feuchtwiesen mit Waldflächen, Strandlagunen, Mooren, Sandstränden und Dünen ab. Jedes Jahr ziehen Millionen von Zugvögeln und Tausende von Zug-Fledermäusen durch den schmalen Landstrich zwischen dem Pape-See und der Ostsee. Insgesamt konnte man bisher 271 Vogelarten zählen, die das Areal des Naturparks für sich nutzen. Aber auch viele andere Tierarten wie Wölfe, Luchse, Otter, Biber und Elche suchen die Ruhe dieser Gegend.

Hufe statt Sense

Eine vorbildliche Methode, das Gebiet des Pape-See für die Zukunft zu schützen, hat sich der WWF Lettland ausgedacht: Früher sorgten die Bauern der Region dafür, dass die Wiesen um den durchschnittlich nur 30 cm tiefen Pape-See erhalten blieben. Sie wurden gemäht und das Heu diente als Viehfutter. Mit dem Rückgang der Landwirtschaft drohten die brachliegenden Flächen jedoch vom vordringenden Wald überwuchert zu werden. Nach der Abwanderung der Bauern kam man vor ein paar Jahren auf die Idee, den Ufersaum mithilfe wild lebender Grasfresser zu erhalten bzw. zurückzugewinnen: Auf einem etwa 200 ha großen Territorium begann man 1999, 18 Rückzüchtungen des 1887 ausgestorbenen Wildpferds Tarpan auszusetzen. Das Experiment glückte: Die Pferde passten sich der neuen Umgebung schnell an und die Herde wuchs – schon zwei Jahre später zählte man 35 Tiere.

Anspruchslos und widerstandsfähig

In früheren Zeiten waren Tarpane in ganz Europa und Westasien verbreitet. Sie hatten sich vor allem in Europa dem Leben im Wald angepasst. Doch im Mittelalter wurden sie in Mitteleuropa infolge des Bevölkerungswachstums und der Bodenkultivierung verdrängt.

Ein Tarpan war nur ca. 1,30 m groß, hatte einen kurzen Kopf mit einer aufrecht stehenden Mähne, die dunkel war, ebenso wie der kurze Schweif. Auf dem Rücken hatte er einen dunklen Haarstreifen. Von seinem Charakter her war das Pferd anspruchslos, widerstandsfähig, schnell und ausdauernd. Die letzten lettischen Tarpane wurden 1808 von polnischen Bauern gefangen, die sie mit ihren Arbeitspferden kreuzten, woraus die sogenannten Konik-Polski-Pferde entstanden. Im Jahr 1936 begann ein polnischer Wissenschaftler mit ausgewählten Konik-Polski-Pferden eine Pferdeart zu züchten, die dem ursprünglichen Tarpan sehr nahe kam.

Zeitgleich mit den Wildpferden wilderte der WWF 1999 auch fünf Wisente und 25 rückgezüchtete Auerochsen aus. Der Auerochse ist der Vorfahre

aller europäischen Hausrindrassen. Kreuzungen von ca. 15 verschiedenen Hausrindern aus ganz Europa waren erforderlich, bis eine Art entstand, die dem ursprünglichen Auerochsen weitgehend entspricht.

Früher Skepsis, heute Akzeptanz

Nach anfänglicher Skepsis ist die einheimische Bevölkerung inzwischen vom Nutzen des WWF-Projekts überzeugt: Es dient nicht nur dem Naturschutz, sondern lockt auch Touristen an und hilft damit, die wirtschaftliche Situation einer armen Region zu verbessern. Auch andere Maßnahmen des WWF leisten hierzu einen Beitrag. Beispielsweise führte der WWF das Riedgras-Schneiden wieder ein, um der Verlandung des Pape-Sees entgegenzuwirken. Das Riedgras wird nach Dänemark verkauft, wo es als Reet zum Dachdecken verwendet wird.

Daten und Fakten
www.pdf-pape.lv, www.pdf.lv: Die Websites des Naturparks Pape-See und des WWF Lettland bieten Informationen auf Englisch.
Führungen: Zu den Wildpferden, die auf der östlichen Seite des Pape-Sees leben, darf man sich nur im Rahmen einer Führung begeben, Tel. 29 48 97 75 (Velta Küpele), 2 LVL/Pers.
Dabas mäja/Nature House: Im ›Haus der Natur‹ befindet sich ein vorbildliches Informationszentrum. Pape, Tel./Fax 63 49 48 59, wwf@com.latnet.lv (auch Übernachtungsmöglichkeit, s. S. 186).

Bernstein – das baltische Gold

Das Wort ›dzintars‹, Bernstein, begegnet einem häufig im lettischen Alltag: Lettische Vokalmusik wird dem Publikum von dem berühmten Dzintars-Chor dargebracht. Genauso bekannt ist das Kindertanzensemble Dzintariņš. Der Name der größten lettischen Kosmetikfirma lautet Dzintars, Dzintars heißt aber auch ein Schmelzkäse. Manche lettischen Männer tragen den Namen Dzintars, Frauen heißen oft Dzintra. Und nicht zuletzt wird auch das Meer vor der lettischen Westküste Dzintara jura genannt – Bernsteinmeer.

Bernstein ist fossiles Harz, das vor etwa 40–50 Mio. Jahren von Bäumen abgesondert wurde, deren Rinde verletzt war. Obwohl Bernstein zu den Edelsteinen gezählt wird, ist er kein Mineral, sondern besteht aus organischen Strukturen und ist daher brennbar. Diese Eigenschaft war den Menschen schon in früheren Zeiten bekannt. Der Name Bernstein leitet sich von dem niederdeutschen *börnen* (brennen) ab. Die Griechen entdeckten die elektromagnetische Wirkung, die von kräftig geriebenem Bernstein ausgeht, und nannten ihn *elektron,* wovon sich das Wort Elektrizität ableitet.

Niemand weiß genau, wo sich der Wald erstreckte, dessen Bäume jenes flüssige Harz absonderten, aus dem der heutige baltische Bernstein entstand. Vermutet wird dieser Bernsteinwald im Bereich der nördlichen Ostsee,

Jeder Stein eine Überraschung: Manche Fundstücke bergen kleine Pflanzen oder Tiere

vor allem in Schweden oder Finnland. Sicher ist nur, dass das Harz in einem Gemisch aus Lehm- und Tegelböden eingeschlossen wurde – der sogenannten Blauen Erde. Mit der Zeit versteinerte das Harz zum Bernstein und wurde durch tektonische Verschiebungen unter dem Meeresboden der Ostsee und deren Küstenzonen abgelagert. Wenn das Meer bei Stürmen in starke Bewegung gerät, werden die Steine ausgewaschen und – da sie eine geringere Dichte als Salzwasser haben – an die Küste gespült.

Was schmückt, hilft auch heilen

Bereits um die Zeitenwende führten Handelswege der Wikinger durch das heutige lettische Gebiet entlang der Daugava nach Russland und Byzanz. Schließlich war der Bernsteinreichtum des Baltikums in weiten Teilen Europas bekannt. Schon bei Tacitus ist zu lesen, dass das hoch im Norden lebende germanische Volk der Ästier den Bernstein zwar kenne und zur Vermarktung nach Rom sammle, ihn selbst aber weder nutze noch um seine Entstehung wisse. Unzählige römische Münzfunde in den baltischen Staaten, vor allem in Litauen, lassen auf rege Handelsbeziehungen entlang der Bernsteinstraße zwischen Ostseeküste und Mittelmeer schließen.

Viele Jahrhunderte lang war den einfachen Fischern in Lettland das Sammeln und Bearbeiten des Bernsteins unter Androhung des Galgens verboten. Erst als im Laufe des 19. Jh. das Verbot aufgehoben wurde, konnten die Küstenbewohner ihre Tradition der Bernsteinbearbeitung wieder aufnehmen. Auch heutzutage wird Bernstein vorwiegend zu Schmuckstücken verarbeitet. Daneben dient er – wie früher schon – medizinischen Zwecken: Die in ihm enthaltene Bernsteinsäure ist ein hervorragender Biostimulator.

Echt oder unecht?

Bearbeiteter Bernstein ist in ganz Lettland in vielen Souvenir- und Kunstläden erhältlich. Während der Urlaubszeit wird Bernstein auch von Straßenhändlern angeboten. Immer wieder wird allerdings auch unechter Bernstein in Umlauf gebracht. Echten Bernstein erkennt man vor allem an seiner Fähigkeit, sich elektrisch aufzuladen: Reibt man ihn z. B. an der Kleidung, sollte man danach damit kleine Papierschnipsel aufheben können. Echter Bernstein enthält auch fast immer kleine Lufteinschlüsse unterschiedlicher Größe und ist schwerer als entsprechend große Kunststoffstücke.

Infos zu Bernstein
www.li.lv – Website des Lettischen Instituts mit ausführlichen Infos zum Bernstein in Lettland.
Bernstein im Museum: Die größte Ausstellung von Bernstein aus dem Baltikum ist im Bernsteinmuseum von Palanga (Litauen; www.pgm.lt), ca. 18 km hinter der lettisch-litauischen Grenze, zu sehen. Eine große Sammlung besitzt auch das Naturmuseum in Riga (www.dabasmuzejs.gov.lv).
Phosphorstücke: Vor allem in der Umgebung von Liepāja findet man mitunter Phosphorstücke, die zwar wie Bernstein aussehen, aber leicht entflammbar sind. Bei der Suche nach Bernstein ist also durchaus Vorsicht geboten.

Preise oben, Wachstum unten – Lettlands Wirtschaft

Mit bis zu zweistelligen Wachstumsraten konnte Lettlands Wirtschaft in den ersten Jahren seiner EU-Mitgliedschaft glänzen. Doch jetzt wächst mehr oder weniger nur noch eins: die Inflation. Dass sich die lettische Wirtschaft abkühlen wird, gilt als sicher, ob es aber, wie von einigen vorausgesagt, zu einer ›harten Landung‹ kommen wird, ist ungewiss.

Lettland – das war noch vor wenigen Jahren eines der Urlaubsländer, in das man fuhr, um nach der Rückkehr erstaunt von den niedrigen Preisen zu erzählen. Doch das gehört nun der Vergangenheit an: Die Preise sind in letzter Zeit enorm gestiegen, von Lettland als Billigurlaub-Destination kann keine Rede mehr sein. Mögen auch die jetzigen Preise für Reisende aus dem Ausland noch bezahlbar sein, für die Letten

selbst, deren Durchschnittseinkommen immer noch deutlich unter dem EU-Durchschnitt liegen, stellen sie ein echtes Problem dar. Vor allem die Kosten für Lebensmittel und Dinge des täglichen Bedarfs scheinen immer neue Höhen zu erreichen. Bekam man früher 1 Liter Milch für weniger als 0,30 LVL, wetteifert er heute mit dem Liter Benzin um den Sprung über die Ein-Lats-Hürde (auch Benzin kostete mal weniger als 0,40 LVL). Hochwertige Brotsorten kann man inzwischen preislich mit Delikatessen vergleichen und die ehemals sehr günstigen Äpfel aus Polen haben sich innerhalb eines Jahres gleich um das Vierfache verteuert.

Der Handel mit Immobilien ist ein weiterer Preistreiber. Die große Nachfrage nach Wohnungen und Eigenheimen macht Riga mittlerweile zu einem teuren Pflaster: Selbst in den grauen

Plattenbausiedlungen findet man kaum noch 1-Zimmer-Eigentumswohnungen unter 35 500 LVL (rund 50 000 EUR). Und das Ende der Fahnenstange ist noch nicht erreicht: Insider gehen davon aus, dass schon bald mit einer Angleichung der Immobilienpreise an jene in Kopenhagen und Stockholm zu rechnen ist.

Im Abwärtstrend

Vielleicht war der Wirtschaftsboom der letzten Jahre einfach zu viel für das kleine Land. Die Steigerungsrate des BIP (Bruttoinlandsprodukt) lag regelmäßig über 10 %, eine Quote, die in Deutschland, Österreich oder der Schweiz undenkbar wäre. Die aktuellen Preissteigerungen sind nicht nur für die Konsumenten ärgerlich: Die zweistelligen Inflationsraten bringen die gesamte Wirtschaft aus dem Gleichgewicht. Im April 2008 erreichte die Inflation nach einer Anhebung der Stromtarife den Europarekord von 17,5 %. So stark war die lettische Inflation zuletzt 1996, als das Land noch mit den Folgen der Sowjetzeit zu kämpfen hatte.

Die hohe Inflation geht mit einem dramatischen Leistungsbilanzdefizit (mehr Importe als Exporte) einher: 23 % des BIP. Und auch die vormals so erfreuliche Wachstumsrate bereitet Sorgen. Während die Regierung noch an ein Wachstum von bis zu 6 % in 2009 glaubt, sagt der Internationale Währungsfonds 0,5 % voraus – eine Rezession zeichnet sich ab.

Immerhin – der lettische Haushalt ist zurzeit ausgeglichen, es werden keine neuen Schulden gemacht. Eines ist jedoch sicher: Der Boom der letzten Jahre hat vorerst ein Ende gefunden.

Ursachenforschung

Die Gründe für die Inflation sind vielfältig und eine Korrektur des wirtschaftlichen Ungleichgewichts hat sich
als kompliziert erwiesen. Als wichtigste
Ursache für die Probleme wird immer
wieder die leichtfertige Vergabe von
Krediten genannt. Ohne Prüfung wurden in den letzten Jahren große und
kleine Kredite mit niedrigen Zinsen von
den Banken vergeben, was zu einem
regelrechten Konsumrausch der lettischen Bevölkerung führte. Es wurde
mehr konsumiert als produziert. Ein
weiterer Grund für den rasanten Preis-
anstieg sind die ebenfalls steigenden
Löhne. Qualifizierte Angestellte und
Arbeiter in bestimmten Berufsgruppen
wie z. B. Bauhandwerker konnten nur
mit einer deutlichen Lohnerhöhung im
Land gehalten werden. Berufsgruppen
wie Lehrer, Polizisten oder Sanitäter
werden vom Staat dagegen immer
noch mit extrem niedrigen Gehältern
abgespeist und Senioren können von
ihrer schmalen Rente gar nicht mehr
leben – sie sind fast immer auf die Un-
terstützung durch Verwandte ange-
wiesen.

Die Preiserhöhungen speziell im Le-
bensmittelbereich haben auch stark
mit den höheren Lebensmittelpreisen
innerhalb der EU zu tun. Von diesen
profitieren zwar auch die lettischen
Bauern, vor allem aber die wenigen
marktbeherrschenden Großbetriebe.

Soll der Staat eingreifen?

Die Regierung gelangt nur widerstre-
bend zu der Einsicht, dass Lettland
wahrscheinlich auf eine Wirtschafts-
krise zusteuert. Solange das Wirt-
schaftswachstum bei 10 % liege und
die Gehälter um 30–35 % stiegen, sei
man vor allem auf einen ausgeliche-
nen Haushalt bedacht, heißt es, und
Nachfrage und Inflation würden sich
irgendwann von selbst ausgleichen.
Viele gehen davon aus, dass die Inflation bereits nach der letzten Welle der
Energieverteuerung wieder auf ein
einstelliges Niveau sinken wird. Und
selbst wenn die Regierung eingreifen
wollte – sie befände sich in einem Dilemma: Eine drastische Sparpolitik
könnte die Konjunktur abwürgen und
die soziale Misere weiter verschärfen.
Staatliche Mehrausgaben würden die
Inflation dagegen weiter anheizen.

Rücktritt vom Beitritt

Vom Euro-Beitritt spricht heute niemand mehr. Ursprünglich für 2007 an-
gestrebt, wurde er auf 2010 verschoben, doch auch diesen Termin nimmt in
Lettland keiner mehr ernst. Der Euro-
Beitritt ist, das kann man getrost behaupten, in weite Ferne gerückt. Von
den lettischen Politikern wird dem
Thema Euro derzeit jedenfalls keine
Priorität beigemessen, zu groß sind die
Probleme im eigenen Land.

Spuren deutscher Geschichte – Burgen, Schlösser und Gutshöfe

Über 700 Jahre lang lebten deutsche Einwanderer und ihre Nachkommen in Lettland – ein Großteil in prunkvollen Schlössern. Lange standen diese Architekturdenkmäler leer und verfielen, doch inzwischen sind einige von ihnen restauriert.

Auf einer Reise durch die lettischen Provinzen kommt man unweigerlich an dem einen oder anderen Schloss, einer Burg oder einem Gutshof vorbei. Nach wie vor sind diese historischen Bauten die Hauptattraktionen gerade in ländlichen Gegenden, in denen es oft bis auf die beeindruckenden Naturlandschaften kaum bemerkenswerte Sehenswürdigkeiten gibt. Manchmal prunklos, manchmal prächtig – die architektonische Vielfalt ist immens. Die meisten Bauten gehörten jahrhundertelang Deutschbalten, von denen seit Beginn des 13. Jh. bis zum Jahr 1939 immer eine beträchtliche Anzahl in der Region des heutigen Lettland lebte.

Aus Kreuzrittern werden Gutsbesitzer

Die ersten Deutschen kamen im Zuge der ›Christianisierung‹ des letzten noch heidnischen Gebiets zwischen dem ka-

Kämpfen wie zu alten Zeiten: Freizeitritter vor der Burgruine in Cēsis

59

Für Generationen von Nachkommen gebaut: die Gutshöfe in Lettland (Gut Ungurmuiža)

tholischen Westen und dem orthodoxen Osten in die Region. Schnell wurde das Gebiet durch Eroberung, Kauf und Lehen in Besitz genommen. Die Ordensherren des Schwertbrüderordens, der später im Deutschen Orden aufging, wurden für ihre Kriegsdienste mit Landgütern belohnt. Auf diese Weise entstand der deutschbaltische Landadel, der über Jahrhunderte die Geschichte und Gestalt Lettlands prägte. Zeitweise besaß er bis zu 80 % des Landes – und das, obwohl die Deutschbalten nur einen Anteil von etwa 5 % an der Gesamtbevölkerung hatten.

In der ersten Hälfte des 13. Jh. wurden auf lettischem und estnischem Bo-den etwa 200 Burgen zur Verteidigung des eroberten Gebiets errichtet. Ein großer Teil kennzeichnet auch heute noch die Landschaft, entweder als Ruine oder – durch spätere Umbauten verändert – als Schloss.

Die ersten befestigten Städte, Riga, Cēsis, Valmiera, Limbaži, Koknese, Straupi und Ventspils, blühten schnell auf und traten schon bald der Hanse bei. Die Bewohner waren ausschließlich Deutsche – die Letten mussten vor den Toren der Stadt wohnen und wurden nur tagsüber zur Arbeit hineingelassen. Noch bedrückender war die Situation für die Letten auf dem Land: Die Gutsherren betrachteten die Einheimischen

Amtssprache bleiben und die deutschen Kultureinrichtungen weiterexistieren konnten. Diese Privilegien bestanden bis Ende des 19. Jh. fort und wurden auch während der gut 200-jährigen zaristischen Herrschaft respektiert.

Im 19. Jh. erreichte der Bau deutschbaltischer Landgüter seinen Höhepunkt. Man legte viel Wert auf Kunst und Kultur im Allgemeinen und Architektur im Besonderen. Und man plante weit voraus: Die Bepflanzung des Parks war ebenso wie das Interieur der Gebäude für mehrere Generationen bestimmt. Viele Landgüter entwickelten sich zu wahren Museen, ausgestattet mit wertvollen alten Kunstschätzen.

Gegen Ende des 19. Jh. mehrte sich der Widerstand der Deutschbalten gegen die russische Vorherrschaft, da die Stadt- und Regionalverwaltung, aber auch die gesetzlichen Angelegenheiten in die Hände russischer Beamter gelegt wurden.

Der Anfang vom Ende

Für die Architektur Lettlands war die Revolution 1905 ein ›Schicksalsschlag‹. Der Protest wandte sich überwiegend gegen die ungeliebten Deutschbalten: Mehr als 200 ihrer Schlösser und Gutshäuser wurden von den Aufständischen geplündert, zerstört und niedergebrannt.

Zumindest einige der zerstörten Gebäude konnten schon bald wieder aufgebaut werden (Schloss Lielstraupe, Schloss Dundaga und Schloss Jaunpils). Doch während des Ersten Weltkriegs fielen erneut viele Schlösser und Gutshäuser Plünderungen und Verwüstungen (Landgut Ungurmuiža) zum Opfer. Manche Baudenkmäler wurden komplett und unwiederbringlich zerstört (Schloss des Landguts Eleja).

als ihre Leibeigenen und häuften durch Ausbeutung von deren Arbeitskraft schnell große Reichtümer an.

Krieg verloren, Macht behalten

Trotz der Niederlage im Livländischen Krieg und des Zusammenbruchs des Ordensstaats 1561 konnten die Deutschbalten unbehelligt auf lettischem Gebiet weiterherrschen. Als Gegenleistung für die Unterwerfung Livlands und Kurlands unter die polnische Krone hatte der letzte Ordensmeister Gotthard Kettler erreicht, dass Deutsch

Enteignung der Enteigner

Die Situation der Deutschbalten änderte sich durch die Agrarreform der mittlerweile unabhängigen lettischen Republik am 20. September 1920 schlagartig: Alle deutschbaltischen Grundbesitzer wurden entschädigungslos enteignet und das Land an lettische Bauern verteilt. Vor der Agrarreform hatten dem deutschbaltischen Adel mehr als 48 % der Fläche Lettlands gehört, während sich die Gesamtheit der lettischen Bauern mit gerade einmal 40 % begnügen musste. Der Reichtum einiger Deutschbalten war schier unermesslich gewesen, viele Familien besaßen gleich mehrere Landgüter. Zu den wohlhabendsten gehörte zweifellos die Familie von Wolf (s. S. 254), die in Vidzeme fast 90 Landgüter mit einer Gesamtfläche von 289 894 ha besaß.

Von den 1479 Landgütern blieben den Deutschbalten nach der Agrarreform nicht einmal ein Zehntel. Die annektierten Gebäude wurden zu einem großen Teil in Schulen (Schloss Cesvaine) oder Krankenhäuser (Schloss Durbe und Schloss Bīriņi) umgewandelt. Zur gleichen Zeit kehrten viele Deutschbalten ihrer Heimat Lettland den Rücken – die erste Auswanderungswelle setzte ein. Hatte man 1897 noch etwa 120 000 Deutsche in Lettland gezählt, so waren es 1925 nur noch etwa 70 000.

›Heim ins Reich‹

Auf viele im Land zurückgebliebene Deutsche übte der aufkeimende Nationalsozialismus eine große Anziehung aus. Man hatte sich noch nicht damit abgefunden, dass die jahrhundertealten Privilegien endgültig verloren waren. Als dann im Oktober 1939 Hitler die Deutschbalten zur »Heimholung der nicht haltbaren Splitter des deutschen Volkstums« aufrief, folgten etwa 50 000 der Deutschbalten, rund 80 %, seinem Ruf und ließen sich im besetzten Polen, vorwiegend in Westpreußen und im Warthegau, nieder. Etwa 2000 Menschen weigerten sich, ihre Heimat zu verlassen; sie konnten sich nach dem Zweiten Weltkrieg nur durch Angabe falscher Namen und Nationalität vor der stalinistischen Verfolgung retten. Was damals kaum einer wusste: Die Heimholung der Deutschbalten war die Konsequenz aus einem geheimen Zusatzprotokoll zum Hitler-Stalin-Pakt, in dem vereinbart worden war, dass das Deutsche Reich die baltischen Staaten der sowjetischen Interessensphäre überlassen würde. Mit diesem unumkehrbaren Einschnitt endete die jahrhundertelange Geschichte der Deutschbalten in Lettland.

Gründlich restauriert, dienen viele Schlösser und ehemalige Landgüter heute als komfortable Hotels (Mārcienas muiža)

Gutsherren-Sozialismus

Auch im Zweiten Weltkrieg wurden durch Kriegshandlungen, Plünderungen und Verwüstungen zahlreiche bedeutende Architekturdenkmäler zerstört, beispielsweise Schloss Vecgulbene. Doch noch schlimmer erging es den Schlössern und Gutshöfen während der Sowjetokkupation, als sie entweder wissentlich aufgrund der sowjetsozialistischen Ideologie oder aus purer Unkenntnis zerstört wurden. In dieser Zeit brachte man in den Gebäuden Kultureinrichtungen, Verwaltungen und Wohnungen unter – das ursprüngliche Interieur wurde dabei übermalt, verändert oder sogar vollständig entfernt. Erst Ende der 1970er-Jahre änderte sich die Einstellung der Sowjets gegenüber kulturgeschichtlich wertvollen Objekten, mit der Folge, dass immerhin die Schlösser Rundāle, Mežotne, Šlokenbeka und Jaunmokas restauriert wurden.

Neue Hotels in alten Mauern

Der Zustand der meisten Schlösser und Gutshäuser war Anfang der 1990er-Jahre so bedenklich, dass man nur rund 30 % aller Herrenhäuser für restaurierungsfähig befand. Doch mit dem Wirtschaftsaufschwung nach dem EU-Beitritt verbesserte sich die Situation etwas. Viele lettische Investoren spekulieren auf den Tourismus und haben in Landgütern und Schlössern schicke Hotels eingerichtet, z. B. in Gut Mārciena, Gut Kukšas, Schloss Dikļi und Schloss Bīriņi. Bei der Instandsetzung werden keine Kosten gescheut, damit das Ergebnis dem Originalbau möglichst nahe kommt. Die steinernen Überreste deutscher Vergangenheit in Lettland sind nun also fest in lettischer Hand und werden behutsam behandelt – sie sind eben auch bedeutende Zeugnisse des lettischen Schicksalswegs.

Die ›Singende Revolution‹

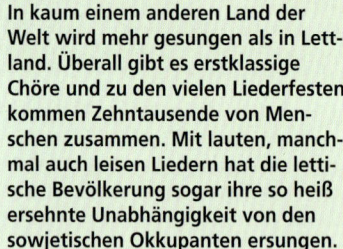

In kaum einem anderen Land der Welt wird mehr gesungen als in Lettland. Überall gibt es erstklassige Chöre und zu den vielen Liederfesten kommen Zehntausende von Menschen zusammen. Mit lauten, manchmal auch leisen Liedern hat die lettische Bevölkerung sogar ihre so heiß ersehnte Unabhängigkeit von den sowjetischen Okkupanten ersungen.

Es überrascht nicht, dass die von Krišjānis Barons zusammengetragene Sammlung lettischer Dainas (»Latvju dainas«, s. S. 80) mit einem Abschnitt über Lieder und Gesang beginnt. Die 1052 Vierzeiler erzählen variantenreich vom Singen in jeder Lebenslage. Da die Letten bis zum Ende des 19. Jh. daran gehindert wurden, eine nationale Kultur zu entwickeln, galt ihre Kreativität und Schaffenskraft der Folklore. Das Singen

wurde den Letten quasi zur zweiten Natur und so singen die Menschen in Lettland zu allen erdenklichen Anlässen. Und gibt es gerade keinen Anlass, ein Grund zu singen findet sich immer, mag er auf den ersten Blick vielleicht auch nicht nachvollziehbar sein.

Das Freiheitsdenkmal als Insel der Hoffnung

Mehr als nachvollziehbar waren jedoch die Gründe, die zum gemeinsamen Singen der Letten Ende der 1980er-, Anfang der 90er-Jahre führten: Während ihrer Bemühungen, von der Sowjetunion unabhängig zu werden, bekam das Singen eine politische Dimension.

Mit Michail Gorbatschows Machtantritt im März 1985 und seiner Politik von Glasnost (Offenheit) und Perestroika

(Umgestaltung) erwachte die Hoffnung auf mehr Eigenständigkeit. Im Sommer 1987 begannen in allen drei baltischen Republiken erste Demonstrationen. In Lettland läutete ein bestimmtes Ereignis diese Form von Widerstand ein: Am 14. Juni 1987 legten Mitglieder der Gruppe Helsinki '86 vor dem Rigaer Freiheitsdenkmal Blumen nieder. Auf diese Weise wollten sie an die mehr als 15 000 Letten und Juden erinnern, die am 14. Juni 1941 von den Sowjets in die unwirtlichen Sonderzonen Sibiriens deportiert worden waren. Schon bald nach dieser Aktion wurde das Freiheitsdenkmal zum zentralen Versammlungsort für die Teilnehmer nun folgender Demonstrationen und zum bedeutendsten Symbol des Protestes.

Im September 1988 führte der öffentliche Druck zu einem ersten Erfolg: Das kommunistische Regime erlaubte das Tragen und Zeigen ehemals verbotener nationaler Symbole wie der lettischen Flagge. Im gleichen Jahr entstanden in allen drei baltischen Ländern die sogenannten Volksfront-Bewegungen, Koalitionen aus radikalen Systemgegnern, Umweltschützern und Reformkommunisten, die zunächst nur die Unabhängigkeit und Demokratisierung, nicht aber die Loslösung von der Sowjetunion forderten.

Eine 600 Kilometer lange Menschenkette

Der Weg in die Freiheit begann am 23. August 1989, als 1 Mio. Letten, Esten und Litauer auf der Via Baltica, die Vilnius, Riga und Tallin verbindet, eine 600 km lange Menschenkette bildeten und die Demonstranten den Austritt aus der UdSSR forderten. An diesem Tag jährte sich die für das gesamte Baltikum so verhängnisvolle Verabschie-

dung des geheimen Zusatzprotokolls zum Nichtangriffspakt zwischen Stalin und Hitler zum 50. Mal. Mit ihrer einzigartigen Aktion erregten die baltischen Länder auch international Aufmerksamkeit. Vor allem weckten sie das Interesse der ausländischen Presse, wodurch weiterer Druck auf das Sowjetregime ausgeübt werden konnte. Am 18. November 1989 fand in Riga dann unter dem Motto »Für ein unabhängiges Lettland« eine Demonstration mit über 500 000 Menschen statt.

Die Liederwelle aus Tallin erreicht Riga

Mit dem Liederfest in Tallin im Sommer 1990 nahm die ›Singende Revolution‹ ihren Lauf: Eine halbe Million Esten, ein Drittel der estnischen Bevölkerung, kam bei dem Fest zusammen, um singend die Unabhängigkeit Estlands zu fordern. Schnell schwappte die Welle der Begeisterung nach Lettland und Litauen über und der Glaube an die Macht des Gesangs wurde immer stärker.

Bei den Wahlen im März 1990 erhielt in Lettland die Volksfront Tautas Fronte die meisten Stimmen und am 4. Mai 1990 beschloss das lettische Parlament – ohne vorherige Zustimmung Gorbatschows – die Wiederherstellung der alten Republik Lettland. Hunderttausende von Letten, darunter auch viele lettische Russen, zogen daraufhin auf Rigas Straßen, um ihrem Wunsch nach Eigenständigkeit singend Nachdruck zu verleihen. Und als endlich aus Moskau die Nachricht kam, dass der Weg zur Unabhängigkeit frei sei, versammelten sich alle am Ufer der Daugava. Bald hielten sich eine halbe Million Letten an den Händen und sangen gemeinsam jenes Volkslied, das in dem halben Jahrhundert Sowjetokkupation

Skulptur auf dem Freiheitsdenkmal

Daten und Fakten

Dokumente der ›Singenden Revolution‹ findet man im Okkupationsmuseum (s. S. 98) und im Kriegsmuseum (s. S. 89).
Im Internet: u. a. auf der Website des lettischen Instituts, www.li.lv.

für sie die heimliche Nationalhymne gewesen war – übersetzt: »Nehmt lieber meinen Kopf als mein Vaterland«.

Musikalische Barrikadenkämpfe

Die Freude währte jedoch nicht lange, denn die Sowjets wollten die drei baltischen Länder nicht ohne Weiteres aus ihrem Machtbereich entlassen. Sie fürchteten – zu Recht – den Vorbildcharakter, den die Loslösung der baltischen Staaten von der Sowjetunion haben würde. Als es in der Nacht des 13. Januar 1991 zu blutigen Ereignissen in Vilnius kam, bei denen sowjetische Militärs das litauische Fernsehen besetzten und 13 Demonstranten töteten, war klar, dass es in absehbarer Zeit auch in Riga zu gewalttätigen Auseinandersetzungen kommen würde. Die lettischen Demonstranten traten die Flucht nach vorn an und verbarrikadierten

sich in der Altstadt – mit Panzersperren aus Betten und Bäumen, darüber hinaus hielten sie den russischen Panzern nichts weiter als ihre Lieder entgegen. Tage- und nächtelang harrten sie in der eisigen Kälte aus – nichts geschah. Dann, nach einer Woche, am 20. Januar 1991, kam es doch noch zum Einsatz von Gewalt: Spezialeinheiten des sowjetischen Innenministeriums, die sogenannten OMON-Truppen, stürmten die Innenstadt, wobei fünf Menschen erschossen wurden. Letztendlich gelang es den Sowjets aber nicht, die Kontrolle über Riga zu gewinnen. Sie sahen ein, dass Waffengewalt hier nicht mehr half, und zogen ihre Truppen zurück.

Besinnung auf die eigenen Stärken

Als vom 18. bis 21. August 1991 in Moskau gegen Gorbatschow geputscht wurde, rechnete man erneut mit dem Schlimmsten. Die friedliche Revolution in den baltischen Ländern drohte zu scheitern. Wieder wurden in Riga, Tallin und Vilnius Barrikaden errichtet. Um vollendete Tatsachen zu schaffen, wurde am 20./21. August 1991 die Unabhängigkeit Lettlands proklamiert und die Verfassung von 1922 wieder in Kraft gesetzt. Wie zur Zeit des nationalen Erwachsens im 19. Jh., als Krišjānis Barons Dainas zu sammeln begann und das erste lettische Liederfest organisiert wurde, bekräftigten die Letten auch dieses Mal ihren Willen zur nationalen Unabhängigkeit mithilfe ihrer Volkslieder, in denen sie über die Jahrhunderte der Fremdherrschaft hinweg ihre kulturelle Identität bewahrt hatten. Die gewaltfreie ›Singende Revolution‹ im Baltikum wurde beispielhaft für den Loslösungsprozess in anderen Republiken der Sowjetunion.

Heimatlos im eigenen Land – die lettischen Russen

Seit Jahren sorgt die Lage der Russen in Lettland für Verstimmungen zwischen Riga und Moskau. Unter der derzeitigen Situation leidet vor allem die russische Minderheit in Lettland, die sich Letten gegenüber in vielen Belangen benachteiligt fühlt. Tief verankerte Vorbehalte der Russen und der Letten der jeweils anderen Bevölkerungsgruppe gegenüber erschweren den Integrationsprozess.

Tagtäglich kommen Letten und Russen in öffentlichen Verkehrsmitteln, am Arbeitsplatz oder beim Einkaufen miteinander in Kontakt. Doch dieser beschränkt sich häufig auf das Nötigste. Dabei sprechen oder verstehen zumindest die meisten Letten Russisch, die Lettischkenntnisse vieler Russen halten sich dagegen in Grenzen. Doch wichtiger ist: Kaum jemand interessiert sich für die Situation des jeweils anderen, niemand weiß wirklich genau, was in den Zeitungen in der anderen Sprache geschrieben oder im Fernsehen in der anderen Sprache gesprochen wird – dass es nichts Gutes sein kann, davon sind die meisten allerdings überzeugt.

Alte und neue Wunden

Die Ursache für die schlechten Beziehungen zwischen Letten und lettischen Russen liegt vor allem in der über

Latviešu, Lettisch – bald sollen alle Russen die Sprache ihres Heimatlands beherrschen

zweihundertjährigen russischen Vorherrschaft in Lettland. Die Russen haben den Letten in dieser Zeit viel Leid angetan, insbesondere nach dem Zweiten Weltkrieg, als Zehntausende von Letten nach Sibirien deportiert wurden. Im Gegenzug siedelten die Sowjets in großem Maßstab Arbeitskräfte aus anderen Sowjetrepubliken in Lettland an.

Zur Verbesserung der Beziehungen zwischen Letten und Russen hat die lettische Politik seit der Unabhängigkeit 1991 kaum beigetragen – im Gegenteil: Aus Angst vor einer möglichen erneuten Okkupation – und sei es in noch so ferner Zukunft – hat man die in Lettland wohnhaften und zumeist auch geborenen Russen vor allem in den ersten Jahren der Unabhängigkeit konsequent ausgegrenzt. In dem Bestreben, den lettischen Anteil der Bevölkerung wieder zu erhöhen, verfolgte die politische Führung eine äußerst restriktive Staatsbürgerschaftspolitik. Anfangs erhielten nur diejenigen russischstämmigen Einwohner, die vor 1940 ihren Wohnsitz in Lettland hatten, sowie deren Nachkommen automatisch die lettische Staatsbürgerschaft. Für einen großen Teil der russischsprachigen Bevölkerung bedeutete dieses Gesetz die Staatenlosigkeit, womit die Betroffenen von den Wahlen ausgeschlossen waren und keinen politischen Einfluss mehr geltend machen konnten.

Im Laufe der Beitrittsverhandlungen zwischen Lettland und der EU entwickelte sich die Lage der russischsprachigen Bevölkerung zu einer entscheidenden Frage: Aufgrund des internationalen Drucks, vor allem aus Moskau und aus der EU, liberalisierte Lettland im Laufe der Zeit schrittweise die Staatsbürgerschaftsregelung. Nach harten Auseinandersetzungen wurde letztendlich eine Staatsbürgerschaftsprüfung eingeführt, die den Nachweis von Sprachkenntnissen, Kenntnissen der lettischen Geschichte und Verfassung, die Beherrschung der Nationalhymne, einen Loyalitätseid gegenüber dem Staat und einen fünfjährigen Mindestaufenthalt in Lettland verlangte. Dennoch streben viele Russen bis heute nicht die lettische Staatsbürgerschaft an. Denn so wie für lettische Staatsbürger Visafreiheit in den anderen EU-Staaten besteht, nicht jedoch in Russland, besteht für lettische Nichtstaatsbürger – d.h. in Lettland lebende ehemalige Sowjetbürger ohne lettische Staatsangehörigkeit – Visafreiheit in Russland.

Kein Russisch mehr an den Schulen

Die Verdrängung der russischen Sprache ist ein weiteres wichtiges Ziel der lettischen Regierung. Während der Sowjetperiode war Russisch in Lettland wie in allen Sowjetrepubliken Amtssprache, Lettisch wurde erst 1989 offiziell als gleichberechtigte Sprache anerkannt. Heute ist es genau umgekehrt: Amtssprache ist ausschließlich Lettisch, öffentliche Schilder werden nur in lettischer Sprache aufgestellt, obwohl z. B. in Riga fast genauso viele Russen wie Letten wohnen. Vorläufiger Höhepunkt der Auseinandersetzung über den Umgang mit der russischen Sprache war 1998 ein Gesetzentwurf, der vorsah, dass ab Sommer 2004 stufenweise damit begonnen werden sollte, an russischsprachigen Schulen Unterricht auf Lettisch einzuführen und letztendlich mindestens 70 % des Schulunterrichts in Lettisch abzuhalten. Erwartungsgemäß stießen diese Pläne auf Widerstand in der russischsprachigen Bevölkerung, fürchtete sie doch einen weiteren Verlust ihrer kulturellen Identität. Im Sommer 2004 kam es kurz vor Inkrafttreten des Gesetzes zu großen Protesten, an denen sich sowohl Lehrer als auch Schüler beteiligten. Doch allen Protesten zum Trotz wird der Schulunterricht in Zukunft wohl fast nur noch auf Lettisch abgehalten.

Emigration ist keine Lösung

Die lettischen Russen befinden sich in einem echten Dilemma: Vor allem die in Lettland geborenen Russen sind ihrem Geburtsland durchaus sehr verbunden, zugleich fühlen sie sich von der lettischen Mehrheit nicht angenommen. Natürlich rezipieren sie russisches Fernsehen und Radio, lesen russische Zeitungen und Bücher, hören russische Musik und empfinden sich als der russischen Kultur angehörig. Gleichwohl können sich die meisten ein Leben in Russland nicht vorstellen. Russland bleibt für viele lettische Russen ein Land, mit dem sie zwar Sprache und Kultur verbindet, das sie aber dennoch nicht besonders gut kennen. Und selbst die Sprache scheint nicht ganz dieselbe zu sein: Russische Russen erkennen lettische Russen an ihrem baltischen Akzent und einigen Entlehnungen aus dem Lettischen. Fragt man lettische Russen nach Unterschieden zwischen ihnen und in Russland aufgewachsenen Russen, bekommt man zudem immer wieder zu hören, es gebe einen Mentalitätsunterschied. Die lettischen Russen seien viel ruhiger, langsamer, verschlossener und zurückhaltender, aber auch toleranter, ›multikultureller‹ und ›europäisierter‹ als die russischen Russen. Vor allem viele junge lettische Russen haben sich mittler-

weile mit einem Verbleib in Lettland arrangiert und lernen fleißig Lettisch – eine wichtige Voraussetzung, um einen vernünftigen Job zu finden.

Der Nationalismus nimmt ab

Dennoch: Konflikte werden wohl auch in Zukunft nicht ausbleiben. Sie gehören eben auch zu dem Umwandlungsprozess, den alle Bevölkerungsgruppen in den letzten Jahren durchmachen mussten und in dessen Verlauf sich die Machtverhältnisse verschoben haben. Der Nationalismus der 1990er-Jahre ist auf jeden Fall schwächer geworden – die Letten haben verstanden, dass sie die Russen nicht so einfach hinauswerfen können, und die Russen, dass sie nicht einfach Russen sind, sondern ›lettische‹ Russen.

Zusammensetzung der Bevölkerung
Lettland insgesamt – 1935: Letten 77 %, Russen 8,8 %, Weißrussen 1,4 %, Ukrainer 0,1 %; **1989:** Letten 52 %, Russen 34 %, Weißrussen 4,5 %, Ukrainer 3,5 %; **2008:** Letten 59,2 %; Russen 28 %, Weißrussen 3,7 %, Ukrainer 2,5 %.
Nach Regionen – Riga: Letten 42,3 %, Russen 41,7 %, Weißrussen 4,3 %, Ukrainer 3,9 %; **Kurzeme:** Letten 73,9 %, Russen 15,5 %, Weißrussen 2,2 %, Ukrainer 2,8 %; **Zemgale:** Letten 68,1 %, Russen 18,7 %, Weißrussen 4,2 %, Ukrainer 2 %; **Latgale:** Letten 43,8 %, Russen 39,5 %, Weißrussen 5,5 %, Ukrainer 1,4 %; **Vidzeme:** Letten 85 %, Russen 10 %, Weißrussen 1,5 %, Ukrainer 1 %.

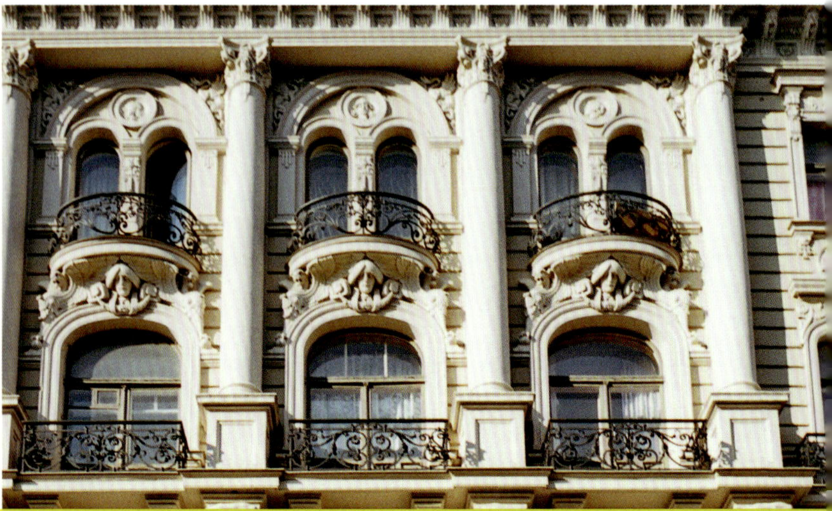

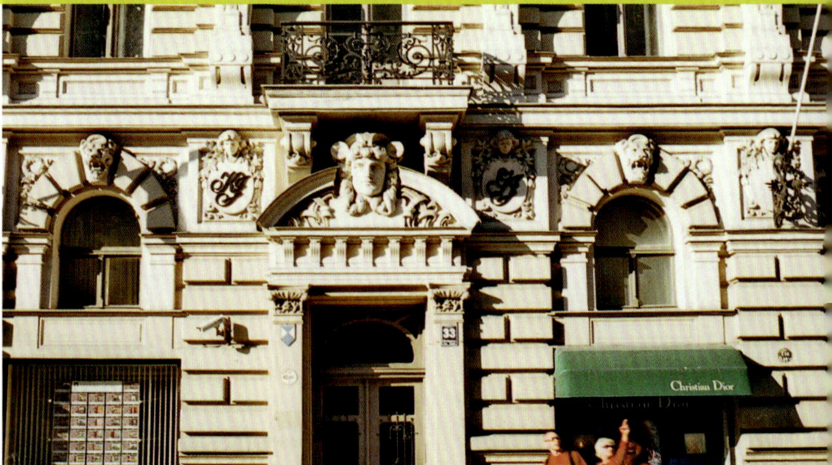
Christian Dior

Etwa jedes dritte Haus im Zentrum von Riga lässt sich dem Jugendstil zurechnen – eines schöner als das andere. Eine derartige Ansammlung von Jugendstilgebäuden ist vermutlich einzigartig auf der Welt. Dies ist auch einer der Gründe, warum die UNESCO das Rigaer Stadtzentrum 1997 zum Welterbe erklärt hat.

Die meisten Menschen verbinden mit Jugendstilarchitektur nur die großartigen Baudenkmäler in Wien, Brüssel, Barcelona oder Paris. Dabei gibt es auch in Riga rund 800 erhaltene Häuser dieser Stilrichtung. Dass sie das Stadt-

Riga als Spielwiese

Wegen der Wohnungsknappheit setzte schon bald ein Bauboom ein. Sowohl innerhalb als auch rund um die Altstadt schossen in kürzester Zeit Wohngebäude wie Pilze aus dem Boden. Und da die meisten Architekten dieser Mietshäuser im Ausland studiert hatten und dort bereits mit den Ideen des Jugendstils konfrontiert worden waren, orientierten sie sich bei ihren Entwürfen an der neuen ›Mode‹.

In den nachfolgenden Jahrzehnten – vor allem während der Sowjetokkupation – hatte man glücklicherweise

Aufbruch in die Moderne – Jugendstil in Riga

bild von Riga so entscheidend prägen konnte, liegt daran, dass gerade zur Zeit der vorigen Jahrhundertwende, als sich der Jugendstil europaweit einer großen Popularität erfreute, die Wirtschaft der Hansestadt an der Daugava boomte. Zu jener Zeit stand Riga nach St. Petersburg und Odessa wirtschaftlich an dritter Stelle im Russischen Reich – nicht zuletzt wegen seines florierenden Hafens. Dieser zog weitere Industrie an, wodurch wiederum viele neue Arbeitsplätze entstanden. Ein sprunghafter Bevölkerungsanstieg Ende des 19. Jh. war die Folge: Innerhalb von 14 Jahren wuchs Rigas Bevölkerung von 300 000 auf 500 000 Einwohner an.

Musterbeispiel des Rigaer Jugendstils: Bau von M. Eisenstein (Elizabetes iela)

nicht genug Geld in der Stadtkasse, denn sonst wären sicher viele der wunderschönen Gebäude dem Abriss anheim gefallen und an ihrer Stelle sozialistische Hochhäuser errichtet worden.

Bis Anfang der 90er-Jahre des 20. Jh. verfielen die dekorativ verspielten Bauten aus der Zeit der vorigen Jahrhundertwende allmählich. Inzwischen werden sie jedoch nach und nach restauriert, zumindest dort, wo es sich finanziell lohnt, beispielsweise am Brīvības bulvāris, in der Elizabetes iela oder der Strēlnieku iela, einem mittlerweile bevorzugten Wohnviertel. Weiter abseits vom Zentrum hingegen stehen noch zahlreiche Jugendstildenkmäler, für die vermutlich jede Rettung zu spät kommt.

Art nouveau in Riga
Retro tramvajs: Jugendstil-Tour in einer Straßenbahn von 1901, Abfahrt Di–So 12–18.30 Uhr in der Radio iela, 3 LVL.
Jānis-Rozentāls-Gedenkmuseum: Museum in der einstigen Wohnung des bedeutendsten Vertreters der lettischen Jugendstilmalerei (s. a. S. 115); seine Werke sind auch im Kunstmuseum (s. S. 112) zu sehen.
Art Nouveau Centre: Alberta iela 12, www.jugendstils.riga.lv/lv, u. a. Veranstaltungen zum Thema Jugendstil.

Kunst im Alltag

Der Jugendstil entstand in der Zeit um 1900 und war vor allem eine Reaktion auf vorangegangene Zeitströmungen, u. a. den Historismus, der zunehmend in teils grotesken Schwulst ausuferte, während im Zuge der industriellen Revolution die Produktion kitschiger, maschinell hergestellter Massenware in Mode kam. Er war allerdings nie eine einheitliche Kunstrichtung mit festgelegter Ästhetik, vielmehr handelt es sich beim Jugendstil um unterschiedliche Richtungen, die sich nur in der Abwendung vom Historismus und der Forderung nach der Verschmelzung von Kunst und Leben einig waren. Die Kunst sollte in die Alltagswelt im Sinne einer umfassenden künstlerischen Neugestaltung der uns umgebenden Dinge einbezogen werden. Während im Historismus die großen europäischen Kunststile der vergangenen Jahrhunderte zitiert wurden, suchte man im Jugendstil nach neuen Verknüpfungen und fand sie u. a. in Motiven außereuropäischer Kulturen wie auch in der heimischen Volkskunst. Auffälligste Kennzeichen des Jugendstils sind dekorativ geschwungene Linien und flächenhafte florale Ornamente.

Neben der Suche nach neuen dekorativen Elementen war für die Künstler auch die Abkehr von den historischen Bauformen von fundamentaler Bedeutung. Man gab die strenge symmetrische Aufteilung der Gebäude auf und versuchte stattdessen, die Funktion eines Gebäudes auch in dessen Gestaltung sichtbar zu machen. So sollten vor allem die Fassaden nicht mehr wie im Historismus von axialen Aufteilungen bestimmt werden, sondern vielmehr einer aus dem Grundriss entwickelten Raumvorstellung folgen.

Dekorativer Jugendstil

Der frühe Jugendstil unterscheidet sich vom Historismus nur auf den ersten Blick. Der Fassadenschmuck ist zwar ein anderer – es dominieren ornamentale und florale Motive, Masken und Fantasiegebilde –, die Konstruktion der Gebäude hingegen ist unverändert. So sind z. B. die meisten Bauten noch sehr symmetrisch angelegt. Das erste Gebäude, das dem Jugendstil zugerechnet werden kann, entstand 1897 in der Altstadt von Riga – in der Audēju iela 7 – nach Plänen des Architekten Alfred

Aschenkampff. An seiner Fassade zeigen sich schon die typischen Elemente des Jugendstils wie stilisierte Pflanzenmotive oder dämonische Masken.

Als Vertreter der Generation am Übergang vom Historismus zum Jugendstil gilt Michail Eisenstein (1867–1921), der Vater des revolutionären Filmregisseurs Sergej Eisenstein (u. a. »Panzerkreuzer Potemkin«), der seine Ausbildung zum Bauingenieur am St. Petersburger Polytechnikum erhielt. Von ihm stammt die Mehrzahl der Häuser in der Alberta iela, die zu den schönsten Straßen mit Jugendstilbauten in Europa zählt: Figuren, Reliefs, tierische und menschliche Gestalten aus der Götter- und Sagenwelt, Ornamente mit Motiven aus der Volkskunst, bunte Kacheln, Schmiedeeisengitter und riesige ovale Fenster – die sprühende Fantasie des Architekten überträgt sich auch heute noch auf den Betrachter (s. a. S. 115).

Konstantīns Pēkšēns gehörte zu den ersten Architekten, die den Bruch mit dem Historismus konsequent vollzogen: Bei ihm wich der inflationäre Gebrauch von Ornamenten einem sehr bewussten Einsatz – seine Gebäude wurden schlichter.

Nationale Romantik

In den Folgejahren trat eine Architektengruppe hervor, die wie Pēkšēns ihre Ausbildung an der 1870 gegründeten Fakultät für Baukunst des Rigaer Polytechnischen Instituts erhalten hatte. Eižens Laube und Aleksandrs Vanags, seine Schüler und zeitweiligen Werkstattmitarbeiter, waren die Hauptvertreter der zweiten Generation der lettischen Jugendstilarchitekten, die sich für einen spezifisch lettischen Baustil einsetzten. Die »Nationale Romantik«,

wie diese lettische Jugendstilvariante genannt wird, erlebte ihre Blütezeit zwischen 1905 und 1911 und entwickelte sich mit der Steigerung des nationalen Selbstbewusstseins nach den Aufständen von 1905 und dem immer größer werdenden wirtschaftlichen und kulturellen Einfluss der Letten. Das Bestreben der lettischen Architekten war, endlich eine eigene, unverwechselbare Formensprache zu schaffen, die dem lettischen Nationalcharakter entsprach und die lettische Vergangenheit repräsentierte. Dafür wurden Elemente der lettischen Holzbauweise, der traditionellen lettischen Ornamentik und andere Elemente der lettischen Volkskunst in die Bauten integriert.

Besonderen Wert legte man auf die Verwendung natürlicher Materialien, nichts durfte imitiert werden. Typische Elemente dieser Häuser sind u. a. steile Giebel, oft mit Ziegeln aus Schiefer gedeckt, mittelalterliches Fachwerk und Ecktürme sowie Bruchsteinmauerwerk in den Erdgeschosszonen der Häuser. Ansonsten fallen die Asymmetrie und die nationalen Symbole Sonne und Junis (lettischer Gott) ins Auge. Viele Elemente entstammen aber auch dem ›Nordischen Stil‹ in Finnland.

Lotrechter Jugendstil

Um 1908 kristallisierte sich in Riga eine dritte Variante des Jugendstils heraus, der ›lotrechte Jugendstil‹, der seinen Ursprung in Berlin hatte, wo das Kaufhaus Wertheim zum Vorbild für zahlreiche andere Gebäude wurde. Ein Merkmal dieser Richtung war, dass die Gebäude immer hochstrebender gebaut wurden. Auch die Fenster und ornamentalen Reliefs erhielten eine vertikale Ausrichtung. Viele dieser Gebäude zitieren die gotische Formensprache.

Reisen im Kopf – lettische Gegenwartsliteratur

Was liegt näher, als eine Lettland-reise mit einem Blick in lettische Gedanken- und Empfindungswelten zu verbinden und in erlebte Geschichte(n) einzutauchen? Dazu gibt es diverse Gelegenheiten – sowohl zu Hause als auch vor Ort.

Wie eine jede Nationalliteratur ist auch die lettische ein vollständiger Organismus: Es gibt den Volksmund und die Klassiker, die in aller Munde sind, aber kaum gelesen werden, Hausmannskost und Experimentelles, Prosa und (viel) Lyrik, Sachbücher und (wenig) Essayistisches, ein solides Repertoire von Theaterstücken und natürlich aus allen Sprachen ins Lettische übersetzte Weltliteratur. Einzigartig sind die berühmten Dainas – ebenso kurze wie streng geformte Vierzeiler (s. S. 80). Jedes Jahr betreten neue Autoren die Bühne – im Schnitt etwa ein Dutzend Lyriker, ebenso viele Prosaiker und höchstens ein Dramatiker –, von denen ein bis zwei bei der Stange bleiben und allmählich in die Oberliga aufsteigen. Dreh- und Angelpunkte der lettischen Literaturszene sind zum einen das monopolistische Monatsjournal für Literatur »Karogs«, zum anderen die einmal jährlich stattfindenden Prosalesungen *(Prozas lasījumi),* Lyriktage *(Dzejas dienas)* und Dramawerkschauen *(Skate).*

Lettische Literatur bekommt eine Stimme: bei einer Lesung im Klub Hamlets in Riga

Es wäre also müßig und aussichtslos, die Geschichte und die gegenwärtigen Tendenzen der lettischen Literatur auf knappem Raum umreißen zu wollen. Begnügen wir uns daher mit dem, was für den neugierigen Leser auf Deutsch greifbar ist.

Lettisches beim Buchhändler

Derzeit sind im deutschsprachigen Raum sechs Titel lettischer Literatur lieferbar, die ein breites historisches Spektrum abdecken. Mit dem laut Welt am Sonntag »rasanten, intelligenten und elegant ins Operettenhafte spielenden« Künstlerroman »Homo Novus« von Anšlavs Eglītis (1906–93), Anfang der 1940er-Jahre geschrieben und 1946 im US-amerikanischen Exil erschienen, liegt ein echter lettischer Klassiker auf Deutsch vor (Übersetzung: Berthold Forssman, Weidle 2006). Er lässt ahnen, wie bohèmehaft es in Riga, dem ›Paris des Nordens‹, in der Zwischenkriegszeit zugegangen sein könnte, obgleich der Roman Literatur pur ist und nicht als dokumentarisch oder gar exemplarisch bezeichnet werden darf – im Gegensatz zu den beiden folgenden Werken.

Im Herbst 1944 sahen sich angesichts der wieder vorrückenden Roten Armee rund 200 000 Letten veranlasst, aus ihrer Heimat in Richtung Westen zu flüchten, unter ihnen auch Anšlavs Eglītis und Jānis Jaunsudrabiņš (1877–1962), ein weiterer Altmeister der lettischen Literatur. Die Geschichte der Flucht, die Ankunft in einem westfälischen DP-Lager und das Zurechtkommen mit dem Alltag im Exil schildert Jaunsudrabiņš nicht tragisch, sondern mit feinem Humor. »Ich erzähle meiner Frau von der Flucht aus Lettland und dem Exil in Westfalen« (deutsch von Ojārs J. Rozītis,

Waxmann 2006) ist nicht nur ein wichtiges Stück deutscher Nachkriegsgeschichte, sondern auch ein Beleg der urlettischen Fähigkeit, aus harten Schicksalsschlägen das Beste zu machen.

Im Fokus: die eigene Geschichte

Es waren das in Lettland bis heute als »Jahr des Grauens« (*Baigais gads*) apostrophierte Jahr der ersten sowjetischen Okkupation und deren Höhepunkt, die erste Massendeportation vom 14. Juni 1941, die rund ein Zehntel der Vorkriegsbevölkerung Lettlands zur Flucht nach Westen motivierten. Wie begründet diese Angst war, veranschaulicht Sandra Kalnietes (geb. 1952) autobiografisches Buch »Mit Ballschuhen im sibirischen Schnee« (deutsch von Matthias Knoll, Herbig 2005; Taschenbuchausgabe, ohne Übersetzerangabe, Knaur 2007). Die Geschichte ihrer Familie erzählt sie teils dokumentarisch, teils fiktiv: Drei ihrer Großeltern, die in den sowjetischen Konzentrationslagern bzw. der sogenannten Sonderansiedlung zugrundegingen und die kennenzulernen der Autorin nicht vergönnt war, erweckt sie für sich selber (und für den Leser) literarisch zum Leben. »Kalniete forschte in Archiven nach, führte Interviews mit Überlebenden, unter anderem mit ihrer Mutter, und verarbeitete die Sekundärliteratur über die sowjetische und deutsche Besatzungspolitik in Lettland und über die Straf- und Sonderlager des Gulag«, schrieb Jasper von Altenbockum in der F.A.Z. und Hubertus Knabe stellte im Tagesspiegel fest: »Die frühere lettische Außenministerin hat […] das lückenhafte Geschichtsbild Europas vervollständigt.«

liegt ein schwungvoller, mit zahlreichen Originalrezepten für Pilzgerichte angereicherter Roman aus dem Milieu lettischer Gastarbeiter in Irland vor (deutsch von Berthold Forssman, Weidle 2008) – denn lettische Historie vollzieht sich in der Ära der Globalisierung selbstverständlich nicht nur in Lettland. »Das Buch [...] ist von einer erfrischenden Modernität: vielschichtig, vielstimmig, poetisch, vulgär und beseelt von einem märchenhaften Lebenshunger in einer wenig sympathischen europäischen Wirklichkeit. [...] Champignons kauft man nach seiner Lektüre mit Ehrfurcht und einem Anflug von Festmahlsheiterkeit«, stellte Ulrich Selich im Handelsblatt fest.

Tierische Kurzprosa

Die vom Lettischen Literatur Centrum herausgegebene Anthologie »lettische literatur #2« (deutsch von B. Forssman, N. Nau und M. Knoll, LLC 2007) bietet unter dem Stichwort »tierisch!« aktuelle Kurzprosa von acht Autorinnen und Autoren (Inga Ābele, Pauls Bankovskis, Guntis Berelis, Māris Čaklais, Nora Ikstena, Laima Muktupāvela, Dace Rukčāne und Kārlis Vērdiņš).

Die Erzählung »Das Taschentuch, das weiße« von Nora Ikstena (geb. 1969) macht auf berührende Weise den Verlust der (Sprach-)Identität eines lettischen Exilanten in den USA erlebbar, womit sich der thematische Kreis der lieferbaren Bücher in gewisser Weise schließt.

Matthias Knoll

Liebe im Kaukasus, Schweiß in Irland

Auch in der jungen Belletristik ist die Geschichte präsent. Stilistisch überraschend wie überzeugend zeigt Dace Rukšāne (geb. 1969) in ihrem Roman »Warum hast du geweint« (deutsch von Matthias Knoll, Ammann 2007) nicht nur, wie die erste Liebe einer 16-Jährigen deren ganzes Leben prägen kann: »Der Roman liefert nebenbei ein pointiertes Bild jener Übergangszeit, in der die Sowjetunion immer schneller zerfiel. [...] Die sozialistische Welt gerät aus den Angeln, der Mensch erfährt Gewalt ebenso wie Gleichgültigkeit und Hilfsbereitschaft«, schrieb Judith Leister in der F.A.Z., und weiter: »Dace Rukšāne erzählt in einer Weise von der Liebe, die ein Stück vom Paradies, ein Stück wunderbar ungeteilter, naturhafter Erfahrung in sich birgt«.

Mit »Das Champignonvermächtnis« von Laima Muktupāvela (geb. 1960)

Der Autor lebt als freier Übersetzer für lettische Literatur und LiteraTour(ver-)führer in Riga und Berlin. Er betreibt das Internetportal www.literatur.lv.

Zwei Theater mit Weltruf

Die Rigaer Theater- und Musikszene fand schon zu Sowjetzeiten überregional Beachtung. Immer wieder wurden Schauspieler, Musiker, Regisseure, Ensembles oder ganze Inszenierungen nach Moskau eingeladen. Auch heute gibt es mindestens zwei Theater, die über eine große internationale Reputation verfügen: das Neue Rigaer Theater und die Lettische Nationaloper.

Bis 1997 nannte man das Neue Rigaer Theater (Jaunais Rīgas teātris) immer erst an vierter oder fünfter Stelle, wenn es um Rigas Theaterszene ging. Das Rigaer Russische Theater (Rīgas Krievu teātris), das Lettische Nationaltheater (Latvijas Nacionālais teātris) und das Dailes Theater (Dailes teātris) – sie alle waren nicht nur räumlich größer, sondern hatten auch ein größeres künstlerisches Potenzial. 1997 jedoch erhielt der damals noch unbekannte Regisseur Alvis Hermanis das Angebot, das Neue Rigaer Theater zu übernehmen. Er wagte es – und hatte Erfolg: Seit dem Jahr 2000 ist der 1965 geborene Lette, der am Lettischen Staatskonservatorium Schauspiel studiert und u. a. zwei Jahre in New York als Schauspieler gearbeitet hat, mit seinem Ensemble bei den wichtigsten internationalen Theaterfestivals zu Gast. Zweimal im Jahr arbeitet er außerdem als Gastregisseur an renommierten deutschsprachigen Bühnen, u. a. in Frankfurt und Zürich, zuletzt in Köln.

Hyperrealismus als Stilmittel

In den letzten Jahren hat Alvis Hermanis das, was seine Arbeit ausmacht – das immer neue Ausloten der Grenzen von Wirklichkeit – verfeinert: Erregte er 2003 noch mit einer grotesken Insze-

Infos und Ticketkauf
Tickets für das Jaunais Rīgas teātris (s. Abb oben; Lāčplēša iela 25, Tel. 67 28 07 65, www.jrt.lv, Trolleybus 1 bis R. Blaumāna iela) und für die Latvijas Nacionālā opera (Aspazijas bulvāris 3, Tel. 67 07 37 77, www.opera.lv, Tram 5, 7, 9 bis Nacionālā opera) sollte man etwa zwei Monate im Voraus reservieren.

nierung des berühmten »Revisor« von Nikolai W. Gogol die Aufmerksamkeit der Zuschauer, so beschäftigt er sich heute eher mit der Entwicklung von Stücken aus Improvisationen oder er nimmt eine Romanvorlage wie »Das Eis« von Vladimir Sorokin und probiert mit diesem Stoff neue Theaterformen aus, wie z. B. das gemeinsame Vorlesen bzw. lesende Nachspielen durch einzelne Schauspieler. Bei seinen aus Improvisationen entwickelten Stücken interessiert ihn vor allem die extrem detailgenaue Wiedergabe von ganz gewöhnlich erscheinenden Alltagssituationen, die, auf der Bühne der Öffentlichkeit dargeboten, an unvermuteter Dramatik oder aber auch an Lächerlichkeit gewinnen.

Eine der erfolgreichsten Inszenierungen von Alvis Hermanis war in den letzen Jahren »Long life«. Darin spielen junge Schauspieler vereinsamte Rentner, die in einer Kommunalwohnung leben – Theater ohne Worte, aber mit überwältigender Situationskomik.

Erstklassige, innovative Inszenierungen haben die Rigaer Oper weltberühmt gemacht

Sprungbrett zur Weltkarriere

Ein ganz anderes Kaliber ist die Lettische Nationaloper (Latvijas Nacionālā opera). Zum einen gehörte sie schon immer zu Rigas führenden Theaterhäusern, zum anderen ist sie mit einem um ein Vielfaches höheren Budget ausgestattet als das Neue Rigaer Theater. Zahlreiche großzügige Sponsoren ermöglichen es der Oper außerdem,

auch in der Ausstattung mit westeuropäischen Bühnen mitzuhalten, wenngleich das Gesamtbudget immer noch deutlich unter dem von A-Häusern in Deutschland liegt.

Seit im Jahr 1996 der bekannte Schauspieler und seit 2002 auch Opernregisseur Andrejs Žagars die Operndirektion übernahm, hat sich das Haus konsequent von einem vor allem der Tradition verpflichteten Opernhaus zu einem innovativen Operntheater gewandelt, das im Gegensatz zu den Opernhäusern in Tallinn und Vilnius auch einmal Experimente wagt.

Viele weltberühmte Künstler haben in der Nationaloper ihre Karriere begonnen: die Sopranistinnen Inese Galante und Elīna Garanča sowie der Bass Egils Siliņš, die Tänzer Alexander Godunow, Michail Baryschnikow und Māris Liepa. Eines der jüngsten Talente, das erste Erfahrungen an der Nationaloper sammeln konnte, ist der 1978 geborene Dirigent Andris Nelsons, der innerhalb kürzester Zeit zum Shootingstar der internationalen Musikszene wurde und mittlerweile Chefdirigent des Sinfonieorchesters von Birmingham ist.

Prunk und Pracht

Wer einer Aufführung in der Nationaloper beiwohnt, wird unweigerlich auch von ihrem prunkvollen Interieur in den Bann gezogen. Das nordische Fin-de-Siècle-Dekor stammt aus dem Jahr 1887 und wurde von Reinhold Schmaeling entworfen. Fünf Jahre zuvor hatte ein Brand den 1000 Menschen fassenden Zuschauerraum zerstört. Im Zuge eines Anbaus wurde 2001 ein Saal mit 300 Plätzen hinzugefügt. Jedes Jahr im Juni findet in beiden Sälen das Internationale Rigaer Opernfestival statt.

Mehr als nur Volkslieder – die lettischen Dainas

Dainas sind kurze – meist nur vierzeilige – Gedichte, die die sprachliche Grundlage der meisten traditionellen lettischen Volkslieder bilden. Jahrhundertelang nur mündlich überliefert, gelten sie heute als das bedeutendste kulturelle Erbe der Letten.

Bis heute haben die Daina-Lieder nichts von ihrer Popularität verloren. Fast jeder Lette, ob jung oder alt, kennt irgendein Daina, und wenn er es nicht vorsingen kann, so vermag er doch wenigstens den Text aufzusagen. In der Schule stehen Dainas auf dem Lehrplan und auch in Literatur, Kunst und Musik werden sie häufig zitiert.

Da sie nur geringfügig und erst spät von der Christianisierung beeinflusst wurden, dienen sie darüber hinaus Wissenschaftlern zur Erforschung der lettischen Mythologie und der frühen indogermanischen Sprachgeschichte.

Wurzeln lettischer Identität

Den Stellenwert der Dainas kann man nicht hoch genug einschätzen. Sie sind das Lebenselixier des lettischen Volkes – mehr noch: Aus den Versen bezieht es seine Legitimität. Denn bis auf diese alten, meist gesungenen Kurzgedichte

Blatt für Blatt ein Stück lettische Identität: die Daina-Sammlung von Krišjānis Barons

ist von der lettischen Kultur nur wenig übrig geblieben, zu sehr wurde sie von den jeweiligen Herrschermächten unterdrückt bzw. zerstört. Hinzu kam, dass die meisten Letten auf dem Land wohnten und eine Schriftkultur erst sehr spät entstand. Die mündlich weitergegebenen Dainas waren daher die einzige Möglichkeit, die eigenen Mythen, Geschichten und Werte an die nachfolgende Generation weiterzugeben.

Die Ethnologin und ehemalige lettische Präsidentin Vaira Vīķe-Freiberga, die zu den Kennern der lettischen Dainas zählt, unterstreicht mit folgenden Worten die Bedeutung der Dainas für das lettische Volk: »Es muss bemerkt werden, dass für den Letten die Dainas mehr bedeuten, als nur eine literarische Tradition. Sie sind für ihn die Verkörperung des von Vorvätern überlieferten kulturellen Erbes, denen die Geschichte greifbarere Ausdrucksformen verweigerte. Diese Lieder bilden die Grundlage der lettischen Identität und Singen wird zu einer identifizierbaren Eigenschaft eines Letten.«

Kollektive Erinnerung im Archivierschrank

Während des ›Nationalen Erwachens‹ (Atmoda), der lettischen Unabhängigkeitsbewegung im 19. Jh., erkannte man, dass dieses wichtige lettische Kulturgut für immer verloren gehen würde, falls man es nicht systematisch sammelte und sortierte. Es war der mittlerweile als ›Vater der Dainas‹ geltende Krišjānis Barons (1835–1923), der die lettische Bevölkerung per Zeitungsannonce dazu aufrief, ihm Texte mündlich überlieferter Dainas zukommen zu lassen. Innerhalb kurzer Zeit erhielt er Zehntausende von Zuschrif-

Daten und Fakten

Im Internet: Auf www.dainus kapis.lv findet man unzählige Dainas, allerdings auf Lettisch. Übersetzungen gibt es auf www.li.lv und www.literatur.lv/knoll/narra tive.htm.

Daina-Schrank: Eine Kopie des Daina-Schranks steht im K.-Barons-Museum in Riga (K. Barona muzejs, K. Barona 3, 5. Stock, Tel. 67 28 42 65, www.baronamuzejs.lv, Mi–So 11–18 Uhr, 0,60 LVL).

Dainaberg: Im Museumspark Turaida bei Sigulda wurde 1985 der Dainaberg (Dainu kalns) bzw. ein Liedergarten (Dziesmu dārzs) mit 26 Skulpturen nach Motiven aus Dainas eröffnet (s. S. 261).

ten mit Liedtexten, die er, in verschiedene Kategorien sortiert, in einem eigens dafür konstruierten Archivierschrank mit unzähligen kleinen Schubladen aufbewahrte. Der Schrank von Krišjānis Barons wurde übrigens 2001 in die Liste der Weltkulturgüter der UNESCO aufgenommen. Zwischen 1895 und 1915 gab er dann in sechs Bänden die »Latvju dainas« heraus, die bis heute bedeutendste Sammlung lettischer Dainas. Dass gerade sein Abbild als einziges menschliches Gesicht eine lettische Banknote – die 100-Lats-Note – ziert, verdeutlicht nur zu gut, mit welcher Hochachtung Barons immer noch verehrt wird.

Auch nach Krišjānis Barons' Tod wurde seine Arbeit fortgeführt: Bis zum heutigen Tag hat man mehr als 1,2 Mio. Texte und 30 000 Melodien zusammengetragen, die teilweise über tausend Jahre alt sind – und das bei einer Bevölkerungszahl von gerade einmal 2,2 Mio. Menschen.

Von klein auf gehört das gemeinschaftliche Singen von Volksliedern in Lettland dazu

Dainas als politisches Werkzeug

Während der ersten Unabhängigkeit in den 20er- und 30er-Jahren des 20. Jh. bemühten sich die Letten darum, den zu Beginn der lettischen Unabhängigkeitsbewegung im 19. Jh. eingeschlagenen Weg fortzusetzen und eine eigenständige lettische Kultur zu formen, wobei dem gemeinsamen Singen, den im Jahr 1873 erstmals veranstalteten Liederfesten und den Dainas als Grundlage all dessen eine herausragende Rolle zukam.

Unter der Sowjetherrschaft wurde die lettische Volksliedkultur dann pervertiert. Das ›sozialistische Daina‹ wurde erfunden und die Liederfeste nahmen immer größenwahnsinnigere Züge an. Im Rigaer Bezirk Mežaparks errichtete man z. B. 1955 eine Freilichtbühne für 30 000 Zuschauer und 12 000 Sänger (s. S. 120). Auch während des Widerstands gegen die Sowjetbesatzung Ende der 1980er- und Anfang der 1990er-Jahre spielte das kollektive Singen eine äußerst wichtige Rolle. Nicht zuletzt deshalb wurden die friedlichen Proteste mit dem Beinamen ›Singende Revolution‹ bedacht (s. S. 64).

ein Refrain eingefügt. Thematisch beziehen sich die Dainas vor allem auf das Alltagsleben im Jahreslauf – Arbeiten, Feste und Rituale – sowie die wichtigsten Stationen eines Menschenlebens: Geburt, Kindheit, Hochzeit, Alter und Tod. Einen besonderen Stellenwert haben die Lieder zur Winter- und Sommersonnenwende. Der hohe Wert der Dainas liegt auch darin, dass sie kaum durch die christliche Religion manipuliert wurden, wie es bei den folkloristischen Traditionen anderer Völker der Fall war. Die diversen Bedeutungsebenen dieser Kurzgedichte erschließen sich dem Fremden nicht auf Anhieb. Nicht immer sind die Texte rational erfassbar, Intuition spielt eine zentrale Rolle bei ihrer Entschlüsselung. Daher werden Übersetzungen in andere Sprachen wohl immer unvollkommen sein.

Herders Begeisterung

Die ersten Versuche, Dainas zu sammeln, unternahm übrigens Johann Gottfried Herder, der 1764–69 an der Domschule von Riga als Lehrer und Prediger tätig war. 1815 veröffentlichte er in seiner Volkslied-Anthologie »Stimmen der Völker in Liedern« einige Beispiele lettischer Dainas und bemerkte: »Die Dichtkunst und Musik der Letten ist besonders, und zeugt von der Natur, die ihr Lehrmeister gewesen und noch ist. […] ihre meisten Poesien [machen sie] aus dem Stegreif. Diese haben alle den satyrischen, manchmal auch boshaften Witz der englischen Gassenlieder. Hingegen haben sie in ihren Liebesliedern alle das Zärtliche, […] sie wissen die kleinen nachdrücklichen Nebenumstände, die ersten einfältigen Bewegungen des Herzens so geschickt anzubringen, dass ihre Lieder ungemein rühren.«

Mythologisches Lebenskaleidoskop

Die Texte der Dainas widmen sich allen Aspekten des Lebens und sind spontaner Ausdruck von Gefühlen, Beobachtungen oder Erkenntnissen. Das Besondere an ihnen ist, dass sie mit ihrer vitalen und treffenden Ausdrucksweise ziemlich abstrakte, oft philosophische Gedanken äußerst poetisch darstellen können. Beim Singen wird mit dem vorhandenen Textmaterial sehr variantenreich umgegangen: Der Text wird aufgeteilt und wiederholt oder bisweilen

Unterwegs in Lettland

Schloss Rundāle bei Bauska in der Provinz Zemgale

Riga und Umgebung

Highlight !

Riga: Die größte Stadt des Baltikums hat viele Gesichter: eine gut erhaltene Altstadt mit backsteingotischen Kirchen und hanseatischen Speicher- und Gildehäusern, aber auch grüne Boulevards mit prächtigen Wohnhäusern aus der Zeit um 1900. Mit etwa 800 erhaltenen Jugendstilgebäuden muss Riga den Vergleich mit anderen europäischen Jugendstilmetropolen nicht scheuen. Ein vitales Nachtleben und eine lebendige Kulturlandschaft mit ausgezeichneten Museen, einer international beachteten Musikszene und hervorragenden Theatern machen die Stadt lebens- und liebenswert. S. 88

Auf Entdeckungstour

Skulpturen am Stadtkanal: Rigas Zentrum zeichnet sich durch einen reichen Skulpturenschmuck aus. Bei einem Spaziergang durch die Parkanlagen am Stadtkanal lernt man exemplarisch einige bedeutende bildhauerische Werke kennen. S. 104

Lettische Kunst im Nationalen Kunstmuseum: Bei einem Besuch dieses Museums wird man feststellen, dass es sich lohnt, der lettischen Kunst Aufmerksamkeit zu schenken. Die Jugendstilgemälde von Jānis Rozentāls oder die impressionistischen Landschaftsbilder von Vilhelms Purvītis hinterlassen einen bleibenden Eindruck. 44 S. 112

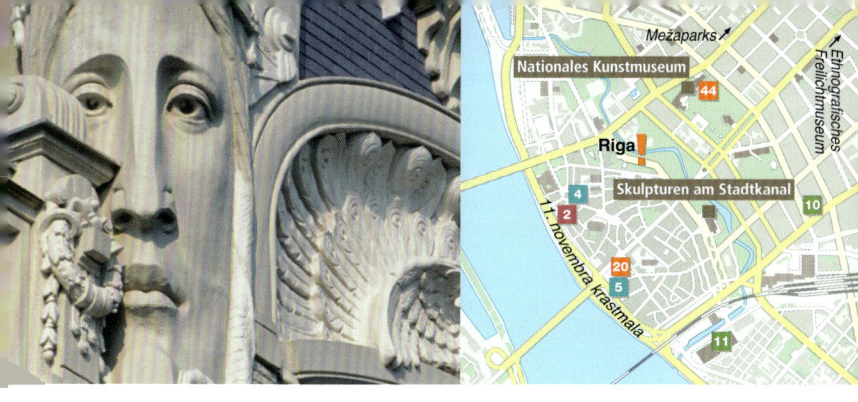

Kultur & Sehenswertes

Okkupationsmuseum: Das Museum dokumentiert sehr anschaulich das Schicksal Lettlands zwischen 1940 und 1991. **20** S. 98

Zentralmarkt: Fünf riesige Hallen hinter dem Hauptbahnhof beherbergen einen der größten Märkte ganz Europas. **11** S. 124, 130

Aktiv & Kreativ

Mežaparks: Das Villenviertel und der gleichnamige Waldpark am Stadtrand von Riga eignen sich ausgezeichnet für erholsame Spaziergänge und kleine Fahrradtouren. S. 120

Ethnografisches Freilichtmuseum: Vor den Toren Rigas erstreckt sich auf einem riesigen Gelände eines der ältesten Freilichtmuseen Europas. Zu Fuß gelangt man quasi in einem halben Tag durch alle historischen Provinzen Lettlands. S. 121

Genießen & Atmosphäre

Berga bazārs: In den schicken Passagen etwas abseits der Altstadt kann man nicht nur gut einkaufen, sondern auch exzellent Essen gehen. **10** S. 110

Gutenbergs: Das Restaurant in der Nähe des Doms hat sich in den letzten Jahren einen exzellenten Ruf erarbeitet. Im Sommer ist die Dachterrasse einer der beliebtesten Plätze in der Stadt. **2** S. 126

Abends & Nachts

Tequila Boom: Tequila ist mittlerweile auch in Riga ›in‹. In dieser beliebten Bar bestellt man ihn per Fahrradklingel, die auf einer Metallplatte installiert ist. **4** S. 133

Pulkvedim Neviens Neraksta: Ein bunt gemischtes Publikum sorgt in dieser alternativen Diskothek in der Altstadt für gute Stimmung, manchmal gibt es auch Live-Konzerte. **5** S. 133

Riga! ▶ G 4

Mit rund 717 000 Einwohnern ist Riga (Rīga) die größte Stadt des Baltikums und die drittgrößte Hafenstadt an der Ostsee. Schon die backsteingotischen Kirchen im Zentrum lassen erahnen, auf welch lange Geschichte und Tradition sie zurückblickt. Die Altstadt hat die Jahrhunderte weitgehend unbeschadet überstanden. 1201 von Bischof Albert an der Stelle einer livischen und kurischen Siedlung gegründet, entwickelte sich Riga innerhalb weniger Jahrzehnte zu einer bedeutenden Handelsstadt, die wegen ihrer günstigen Lage an der Mündung der Daugava in die Rigaer Bucht schnell zu Reichtum kam. Die Mitgliedschaft in der Hanse ab dem Jahr 1282 machte Riga einmal mehr zu einem begehrten Ort, um den sich jahrhundertelang Deutsche, Schweden, Polen und Russen stritten.

Um 1900 erlebte Riga einen unvergleichlichen Bauboom, in dessen Zuge auch die knapp 800 heute noch erhaltenen Jugendstilbauten errichtet wurden. Eher unbekannt ist, dass es in Riga auch zahlreiche Holzhäuser aus dem 18. und 19. Jh. gibt, die der Stadt ebenfalls besonderen Charme verleihen. Seit 1997 gehört Rigas gesamter Stadtkern zum UNESCO-Welterbe.

Auf den Boulevards der Neustadt und in den Altstadtgassen reihen sich neue Boutiquen aneinander. Nicht nur die Rigaer lieben es, durch die recht belebten Straßen zu flanieren und in einem der gemütlichen Straßencafés auf dem Dom-, Līven- oder Rathausplatz zu sitzen. Auch für Reisende bietet sich die

Infobox

Karten
Altstadt: S. 90; **Neustadt:** S. 107; **Außenbezirke und Umgebung:** Rückseite der Extra-Reisekarte

Touristeninformation
Rīgas Tūrisma koordinācijas un informācijas centrs: Rātslaukums 6 (im Schwarzhäupterhaus), Tel. 67 03 79 00, Fax 67 03 79 10, www.rigatourism. com, tgl. 10–19 Uhr. Unterkunftsvermittlung, Verkauf von Karten, Reisebüchern sowie der Riga Card (s. u.).

Anreise und Parkmöglichkeiten
Der Flughafen liegt ca. 14 km von Rigas Altstadt entfernt (s. a. S. 134). Diese ist weitgehend autofrei und darf nur gegen recht hohe Gebühren befahren werden. Um die Altstadt erstreckt sich ein Bereich mit relativ teuren Parkplätzen. Außerhalb dieser Zone kann man in der Regel kostenlos parken. Hotels im Zentrum bieten meist eigene, kostenpflichtige Parkplätze an. Man sollte den Wagen nur auf bewachten Parkplätzen abstellen (*apsargāta auto stāvvieta*).

Riga Card
Wer die Riga Card erwirbt, kann gratis Straßenbahnen, Busse und Trolleybusse benutzen, hat freien bzw. ermäßigten Zutritt zu den meisten Museen und kann an einer Altstadtführung teilnehmen. Die Karte ist u. a. in der Touristeninformation erhältlich (24 Std. 10 LVL, 48 Std. 14 LVL, 72 Std. 18 LVL, Infos: Tel./Fax 67 21 72 17, www.rigacard.lv).

Stadt immer mehr als Einkaufs- und Erlebnisstadt an. Die große Mehrheit der Rigaer lebt jedoch immer noch in den grauen Vorstädten, die sich seit der Unabhängigkeit kaum verändert haben. Der Alltag ist schwer, nur wenige verdienen gut und vor allem die älteren Menschen können kaum von ihrer schmalen Rente leben. Davon bekommt man im gepflegten Stadtzentrum nur wenig mit – ein Grund mehr, den Blick über den Tellerrand von Vecrīga in die Außenbezirke zu wagen.

Altstadt

Die Altstadt (Vecrīga), die sich am rechten Ufer der Daugava erstreckt, ist für eine Metropole von über 700 000 Einwohnern relativ klein und gut zu Fuß zu besichtigen. Sie beherbergt die meisten Sehenswürdigkeiten der Stadt, die Mehrzahl empfehlenswerter Hotels, Restaurants sowie Shopping- und Nightlife-Spots. Vor allem hanseatisches Flair – backsteingotische Kirchen, Gilden- und Speicherhäuser – zeichnet das Zentrum von Riga aus. Doch auch Gebäude aus anderen Epochen, vor allem dem Jugendstil, lassen sich hier finden. Trotz der beiden Weltkriege, die in Riga gewütet haben, sind in der einst von einer Stadtmauer und einem Wall von den Außenbezirken getrennten Altstadt recht viele Gebäude erhalten geblieben. Und was beschädigt oder zerstört wurde, hat man in den letzten Jahrzehnten detailgetreu wieder aufgebaut.

Rund um die St.-Jakobs-Kathedrale

Pulverturm 1
Ein guter Ausgangspunkt für die Erkundung der Altstadt ist der Pulverturm (Pulvertornis). Er wurde vermutlich Anfang des 14. Jh. errichtet und war einer der mächtigsten der 28 Festungstürme, die einst die Hauptverkehrsader der Stadt, die Sandstraße (Smilšu iela), bewachten. Die Schweden zerstörten den Turm 1621 bis auf das Kellergeschoss. 1650 wurde darauf der mit rotem Ziegelstein verkleidete Pulverturm errichtet. Der Name soll vom Pulvergeruch herrühren, der sich beim Abfeuern der Turmkanonen über die Umgebung legte. Heute befindet sich im Turm und im 1939 erbauten Nebengebäude das **Kriegsmuseum** (Latvijas kara muzejs, www.karamuzejs.lv, Mi–So 10–18 Uhr, Eintritt frei), das den lettischen Unabhängigkeitskampf dokumentiert und eindrucksvolle Fotos der Ereignisse Anfang der 1990er-Jahre zeigt.

Torņa iela
Die rechts vom Pulverturm abgehende Torņa iela stellt in ihrer Gesamtheit ein Architekturdenkmal dar, denn hier befinden sich Reste der ehemaligen Schutzmauer. Nachdem man im 17. Jh. eine Verteidigungslinie aus Erdwällen errichtet hatte, kam der Mauer keine besondere Bedeutung mehr zu und der Platz zwischen Wall und Schutzmauer wurde bebaut. Die rechte Seite wird von den **Jakobskasernen** 2 (Jēkaba kazarmas) eingenommen, drei im 18. Jh. im Stil des Klassizismus erbauten, zweigeschossigen Häusern. Heute beherbergen sie Boutiquen, Cafés und Souvenirläden. Auf der anderen Straßenseite erkennt man den in den 1970er-Jahren rekonstruierten Rahmerturm (Rāmera tornis) mit einem kleinen Stück Stadtmauer.

Das **Schwedentor** 3 (Zviedru vārti) verbindet die Torņa iela mit der eigentlichen Altstadt. Es stammt aus dem Jahr 1698 und blieb als einziges der ehemals 25 Rigaer Stadttore erhalten. Der ›Bau‹ verlief etwas ungewöhnlich: Da

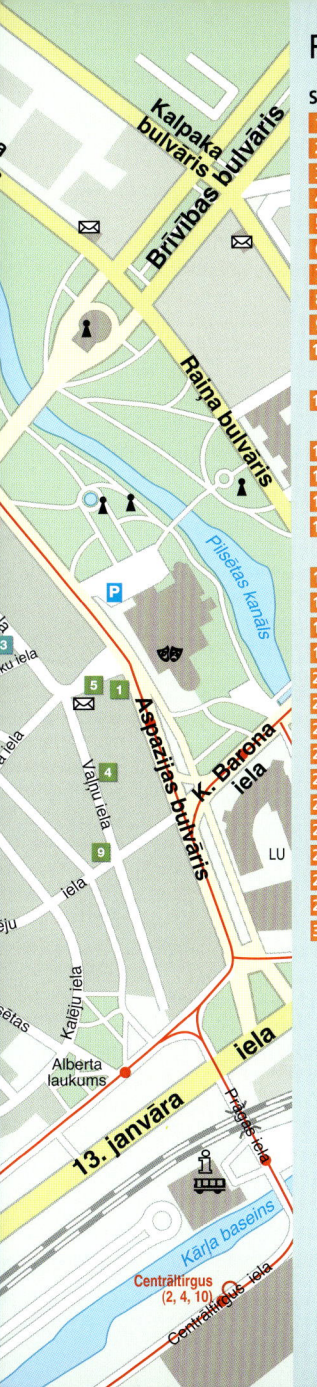

Riga – Altstadt

Sehenswert

1 Pulverturm
2 Jakobskasernen
3 Schwedentor
4 Arsenal
5 Saeima
6 St.-Jakobs-Kathedrale
7 Drei Brüder
8 Rigaer Schloss
9 Dom
10 Johann-Gottfried-Herder-Denkmal
11 Museum für Stadtgeschichte und Schifffahrt
12 Rigaer Börse
13 Gildehäuser
14 Katzenhaus
15 Rigaer Russisches Theater
16 Wagnersaal
17 Roland-Statue
18 Rathaus
19 Schwarzhäupterhaus
20 Okkupationsmuseum
21 Mentzendorffhaus
22 Dannensternhaus
23 Reuternhaus
24 Ältestes Speicherhaus
25 Synagoge
26 Johanniskirche
27 Eckes Konvent
28 Georgskirche
29 Konventhof
30 Petrikirche

Übernachten

1 Hotel Centra
2 Hotel Konventa Sēta
3 Radi un Draugi

Essen & Trinken

1 Otto Schwarz
2 Gutenbergs
3 Rozengrāls
4 Juffin's 12
5 Alus arsenāls
6 Alus Sēta

Einkaufen

1 Emihls Gustavs chokolate
3 Jumava
4 Upe
5 Valters un Rapa
7 Chapurin
9 Galerija Centrs

Aktiv & Kreativ

1 Aqua Villa SPA

Abends & Nachts

1 B-Bars
2 I love you
3 Lounge 8
4 Tequila Boom
5 Pulkvedim Neviens Neraksta

Weitere Adressen
s. Neustadtplan S. 107

die schwedischen Besatzer einen möglichst direkten Weg von der Altstadt zu den neueren Befestigungsanlagen benötigten, brachen sie kurzerhand ein Loch in ein Wohnhaus.

Arsenal 4

Das Arsenal (Arsenāls) am Pils laukums, 1832 als Zolllager an der Stelle des abgetragenen schwedischen Zeughauses gebaut, ist mit seinen ausgewogenen Proportionen und der Klarheit der Komposition ein Musterbeispiel des russischen Klassizismus. Im renovierten Gebäude zeigt heute das sehr interessante **Kunstmuseum ›Arsenāls‹** (Mākslas muzejs ›Arsenāls‹, www.lnmm.lv, April–Sept. Di–Mi 11–17, Do 11–19, Fr–So 11–17, Okt.–März Di–So 11–17 Uhr, 2,50 LVL) in wechselnden Ausstellungen moderne Kunst ab den 40er-Jahren des 20. Jh. bis in die Gegenwart. Auch eine Dependance des Goethe-Instituts ist in dem Bau untergebracht.

Saeima 5

Das repräsentativ-monumentale Gebäude der Saeima ist seit 1920 Sitz des lettischen Parlaments. Ironischerweise diente der 1863–67 von Jānis Frīdrihs Baumanis und Robert Pflug im Stil der florentinischen Renaissance-Paläste errichtete Bau vor Lettlands erster Unabhängigkeitsphase viele Jahre als Versammlungsort der von den Deutschen bestimmten livländischen Landtage.

St.-Jakobs-Kathedrale 6

Sv. Jēkaba katedrāle, Mo–So 7–19 Uhr
Obwohl mehrfach umgebaut, hat die 1225 erstmals erwähnte Kathedrale ihre alte Baustruktur bewahrt, in der sich romanische Elemente mit Elementen der Früh- und der Hochgotik verbinden. Meisterhaft gestaltet ist die achtseitige Kirchturmspitze, an der – außerhalb des Turms unter einer Überdachung – eine Glocke hängt. Sie ist ein

Wahrzeichen Rigas und läutete früher bei Feuer, Überschwemmungen und der Legende zufolge auch, wenn eine untreue Ehefrau vorüberging, weshalb sie recht häufig zu hören gewesen sein soll. Der Innenraum ist von Kreuzgewölben überdacht. Kunsthistorisch bedeutend sind die Grabplatten aus dem späten Mittelalter, der geschnitzte Orgelprospekt (1763, von Heinrich Andreas Kontius) und die mit Einlegearbeiten geschmückte Kanzel im Stil des Klassizismus (1810, von August Gotthilf Heubel). 1886 wurden während Restaurierungsarbeiten im Chorgewölbe dekorative Malereien aus der ersten Hälfte des 15. Jh. entdeckt.

Drei Brüder 7

In der Mazā Pils iela steht ein unter dem Namen Drei Brüder (Trīs brāļi) bekanntes Bauensemble, benannt ist es in Anlehnung an die ›Drei Schwestern‹ in Tallin. Im Gegensatz zu diesen entstanden die ›Drei Brüder‹ jedoch zu unterschiedlichen Zeiten: Das Haus rechts mit dem gotischen Stufengiebel (Nr. 17) wurde Ende des 14. Jh. gebaut und gilt als ältestes Wohnhaus der Stadt. Die Frontfassade ist ein wenig nach hinten versetzt. Der so entstandene kleine Vorplatz war typisch für die Häuser jener Zeit. Ab dem 16. Jh. wurde dagegen jeder freie Raum bebaut, auch zu den Straßen hin, die dadurch immer enger wurden. Das gelbe Haus in der Mitte (Nr. 19) ist fast genauso alt; allerdings wurde die Fassade laut Giebelinschrift 1646 im holländischen Barockstil erneuert. Das Haus links mit dem Barockgiebel (Nr. 21) ist der ›jüngste Bruder‹ und erhielt sein heutiges Aussehen Anfang des 18. Jh. Wirft man einen Blick in das **Architekturmuseum** (Arhitektūras muzejs, www.archmuseum.lv, Mo 9–18, Di–Do 9–17, Fr 9–16 Uhr, Eintritt frei) im rechten Haus, kann man die gut erhaltenen Stuben erkennen.

Rigaer Schloss 8

Das Rigaer Schloss (Rīgas pils), eine ehemalige Burg, war jahrhundertelang Hauptsitz des Deutschen Ordens. Seine Baugeschichte ist von Krieg und Zerstörung geprägt: Eine erste Burg bei der Georgskirche (s. S. 101) war 1297 von den Rigaer Bürgern zerstört worden, die sich damit gegen die Vorherrschaft des Deutschen Ordens zur Wehr setzten. Der Orden gewann seine Macht jedoch zurück und zwang die Stadt 1330, dem Orden außerhalb der Stadtgrenzen eine neue Burg zu bauen – ein festungsähnliches, dreistöckiges Gebäude mit einem Innenhof und vier Türmen. 1484 zerstörten die Bürger aber auch diesen Bau. Erneut wurden sie gezwungen, die Burg wieder aufzubauen, was bis 1515 unter der Aufsicht des Baumeisters Nyggels aus Tallin geschah. Aus dieser Zeit stammen die beiden Wehrtürme, die noch heute die Silhouette der Stadt prägen. Im 18. und 19. Jh. wurde die Hauptfassade im frühklassizistischen Stil umgestaltet und erhielt dabei ihren Schlosscharakter. Der Bau war zeitweise Sitz der schwedischen und später der russischen Gouverneure. Seit 1995 dient er dem Präsidenten der lettischen Republik als Residenz.

Ein Teil des Ensembles ist frei zugänglich und beherbergt drei Museen: das Museum für ausländische Kunst, das Jānis-Rainis-Museum für Literatur und Kunstgeschichte sowie das **Museum für lettische Geschichte** (Latvijas nacionālais vēstures muzejs, www.history-museum.lv, Mi–So 11–17 Uhr, 0,70 LVL, Mi Eintritt frei), das einen hervorragenden Überblick über die Geschichte des Landes gibt. Besonders interessant sind die Räume für Ur- und Frühgeschichte sowie die Ausstellung lettischer Trachten.

Höchst unterschiedliche ›Geschwister‹: Gebäudeensemble Drei Brüder

Dom und Umgebung

Dom 9

www.doms.lv, Mai–Sept. Mi–9–17, Do 9–18, Fr 9–17, Sa–Di 9–18, Okt.–April tgl. 10–17 Uhr

Der Dom (Doma baznīca) ist mit einer Grundfläche von 187 x 43 m das größte mittelalterliche Gotteshaus des Baltikums. Die unterschiedlichen Stile – von Romanik bis zu Barock – spiegeln seine wechselvolle Baugeschichte. 1211 legte Stadtgründer Bischof Albert den Grundstein. Erst sieben Jahrhunderte später sollte sich herausstellen, dass die Kirche auf kurischen Gräbern errichtet wurde. Die ältesten Gebäudeteile sind Chor und Querschiff. Sie stammen aus dem 13. Jh., ebenso wie das beeindruckende gotische Nordportal, das sich zum Domplatz öffnet und früher als Haupteingang diente. Aus Geldmangel musste man sich mit einem Turm statt der ursprünglich vorgesehenen zwei begnügen, der brannte aber 1547 aus. 1595 errichtete man einen 140 m hohen Turm, damals der höchste in Riga. Da die hölzernen Teile dieser Konstruktion jedoch morsch wurden und sich die Turmspitze bei starkem Wind zur Seite neigte, ersetzte man sie 1776 durch einen 90 m hohen Turm im Barockstil.

Die ursprüngliche Innenausstattung fiel 1524 Bilderstürmern und 1547 einem Brand zum Opfer. Heute dominieren Kunstwerke des Barock und des Manierismus. Besonders sehenswert sind der Gedenkstein der Kleinen Gilde (19. Jh.), die Schnitzereien an der Holzkanzel (1641) und das Grab Meinhards, des ersten Bischofs von Livland. Ein Meisterwerk der Schnitzkunst ist der Orgelprospekt von Jacob Raab (1602).

Höhepunkt einer Besichtigung ist sicher die prächtige Walcker-Orgel von 1884, die zu ihrer Entstehungszeit die größte Orgel der Welt war und immer noch durch ihre 6718 Pfeifen, 124 Register, vier Manuale, vor allem aber durch die Schönheit ihres Klangs besticht. Ein Konzertbesuch ist sehr zu empfehlen (www.gewalcker.de; Mi, Fr oft Konzerte, www.doms.lv/koncerti).

Rechts neben dem Haupteingang in den Dom liegt der Eingang zum romanischen **Kreuzgang** (1215) mit schönen Arkaden und mittelalterlichen Grabsteinen.

Herdera laukums

Auf dem Herdera laukums erinnert das **Johann-Gottfried-Herder-Denkmal** 10 an den Schriftsteller und Philosophen, der 1764–69 an der Domschule unterrichtete und lettische Dainas sammelte (s. S. 83).

Im Domkloster bietet das **Museum für Stadtgeschichte und Schifffahrt** 11 (Rīgas vēstures un kuģniecības muzejs, www.rigamuz.lv, Mai–Mitte Okt. Mi 10–19, Do–Di 10–17, Mitte Okt.–April Mi–So 11–17 Uhr, 3 LVL) mit ca. 300 000 Exponaten, etwa die Hälfte archäologische Fundstücke, einen interessanten Überblick über die Entwicklung der stolzen Hansestadt. Die Highlights sind Schiffsteile, die man bei Ausgrabungen am Albertplatz entdeckte, und der **Große Christoph,** Wahrzeichen der Stadt: Er soll ein um Hilfe weinendes Kind durch die Daugava getragen und beherbergt haben. Anstelle des Kindes fand er am nächsten Tag einen Goldschatz vor – Rigas ›Gründungskapital‹.

Domplatz

Auf dem weitläufigen Domplatz (Doma laukums) vertreiben sich vor allem im Sommer die Touristen in den hübschen Straßencafés und Kneipen die Zeit. Von der Platzmitte aus, wo eine Plakette im Pflaster an die Aufnahme Rigas in das UNESCO-Welterbe erinnert, kann man die goldenen Hähne von gleich drei Rigaer Kirchen sehen.

Mein Tipp

Von oben herab – die besten Aussichtspunkte in Riga

Der **Rigaer Fernsehturm** (Rīgas radio un televīzijas tornis) ist einige Kilometer vom Zentrum entfernt, doch lohnt sich der Weg dorthin, schließlich ist das auf der Südspitze der schmalen Daugava-Insel Zaķusala stehende Bauwerk von 1989 mit einer Gesamthöhe von 368,5 m der höchste Turm der EU. Die für sowjetische Verhältnisse recht gewagte Konstruktion ruht auf drei schrägen, fast 90 m hohen Pfeilern, in denen auch die Aufzüge untergebracht sind. Diese bringen den Besucher zu einer Plattform in 97 m Höhe, von der man einen fantastischen Blick auf die Stadt und das Umland hat. Bei klarer Sicht kann man die Rigaer Bucht, den Daugava-Staudamm bei Salaspils sowie die höheren Punkte von Sigulda im Gauja-Nationalpark erkennen (15. Mai–30. Sept. tgl. 10–20, sonst Mo–Sa 10–17 Uhr, www.tvtornis.lv, Trolleybus 19 oder 24 ab Centrāla stacija bis Zaķusala, dann 15–20 Min. Fußweg). Weitere beliebte Aussichtspunkte sind: die **Petrikirche** (s. S. 101), die **Akademie der Wissenschaften** (s. S. 116), die **Skyline Bar** (s. S. 134) und das **Restaurant im Albert Hotel** (Dzirnavu iela 33, s. Abb. unten).

Um den Domplatz herum und entlang der sieben einmündenden Straßen stehen prächtige Gebäude. Besonders ins Auge fällt die **Rigaer Börse** 12 zwischen Jēkaba und Pils iela, die 1852–55 nach einem Entwurf von Harald Bosse im Stil der venezianischen Renaissance gebaut wurde. In der nahen Smilšu iela stehen besonders viele Jugendstilbau-

ten. Die Jauniela ist wegen ihrer sehenswerten Fassaden – zu Sowjetzeiten gern als Kulisse für historische Streifen genutzt – und wegen einiger gemütlicher Restaurants einen Abstecher wert.

Gildehäuser 13

Anziehungspunkt ist in der schmalen Amatu iela das Ensemble der Rigaer

Eigentlich zu schön, um vorbeizugehen: das Schwarzhäupterhaus

Gildehäuser. Anfang des 14. Jh. schlossen sich deutsche Kaufleute zur Großen Gilde und deutsche Handwerker zur Kleinen Gilde zusammen – Letten waren in beiden Gilden nicht zugelassen. Vor allem die Große Gilde hatte lange Zeit maßgeblichen Einfluss auf das politische Geschehen in Riga. Die heutigen Bauten wurden im 19. Jh. an der Stelle der früheren Gildehäuser errichtet.

Die **Große Gilde** (Liela ģilde, Nr. 6), die heute den Konzertsaal der Philharmonie beherbergt, wurde 1857 nach einem Entwurf von Karl Beine im Stil der englischen Gotik erneuert. Integriert sind Räume des ursprünglichen, in der ersten Hälfte des 14. Jh. errichteten Gildehauses: die Münsterstube – ein zwei-schiffiger Versammlungsraum – und die im 15. Jh. daran angebaute Brautkam-mer. 1903 wurden auch die benachbar-ten Gebäude abgetragen und durch das von Wilhelm Bockslaff entworfene, spätgotisch anmutende **Wohnhaus der Großen Gilde** (Nr. 4) ersetzt. Den Giebel schmückt die Figur eines lesenden Jun-gen, sie stammt aus der Werkstatt von August Volz (s. S. 105).

Das erste Gebäude der **Kleinen Gilde** (Mazā ģilde, Nr. 5) entstand Mitte des 14. Jh. An seiner Stelle erhebt sich heute ein 1866 nach einem Entwurf von Jo-hann Daniel Felsko ebenfalls in den For-men der englischen Gotik errichtetes Haus. Es beherbergt viele Zeugnisse der Hansezeit: Rundgemälde von Hanse-städten, Porträts der ›Eltermänner‹ und Wappen der Hansestädte.

Livenplatz

Auf dem meist sehr belebten Livenplatz (Livu laukums) kann man eine Pause einlegen. Der Platz wurde erst 1974 nach Plänen des Gartenarchitekten Kārlis Barons an der Stelle eines im Zweiten Weltkrieg zerstörten Viertels angelegt. Vor allem im Sommer zieht es Einheimische und Touristen in die vielen Bars und Gaststätten am Platz. Schön anzusehen sind die kleinen Häuser an der am Livenplatz verlaufenden Mei-staru iela. Besonders sehenswert ist das **Katzenhaus** **14** (Kaķu nams; Ecke Zirgu iela), das 1909 nach einem Entwurf von Friedrich Scheffel erbaut wurde. An-geblich ließ ein reicher lettischer Kauf-mann, dem der Beitritt in die Gilde ver-wehrt wurde, aus Wut darüber 1909 auf dem Dach seines Hauses schwarze Kat-zenfiguren anbringen – mit dem Hin-terteil in Richtung Gildehäuser. In der Folge kam es zu einem Gerichtsprozess, den der Händler verlor. Die Katzen wur-den umgedreht und müssen seither den Anblick der Gildehäuser ertragen. Am

Livenplatz steht auch das **Rigaer Russi-sche Theater** **15** (Rigas Krievu teātris), 1882 von Reinhold Schmaeling erbaut.

Im **Wagnersaal** **16** (Vāgnera koncert-zāle) in der Riharda Vāgnera iela gas-tierten einst Größen der Musikgeschich-te, u. a. Anton Rubinstein, Franz Liszt, Robert Schumann, Clara Wieck-Schu-mann und Hector Berlioz. 1837–39 war Richard Wagner hier als Theaterdiri-gent beschäftigt. Der Saal, der seinen Namen trägt, wurde 1988 wieder her-gerichtet. Auch heute finden hier Kon-zerte statt, vor allem Kammermusik.

Rathausplatz und Umgebung

Im 13. Jh. als Marktplatz entstanden, war der Rathausplatz (Rātslaukums) bis ins 19. Jh. das wirtschaftliche und admi-nistrative Zentrum der Stadt. Das histo-rische Ensemble aus Rathaus und Schwarzhäupterhaus, im Zweiten Welt-krieg zerstört, ist mittlerweile komplett rekonstruiert. Ein Blickfang auf dem Platz ist die **Roland-Statue** **17**, die einen mit dem Rigaer Wappen und einem Schwert ausgestatteten Ritter zeigt – Symbol einer Freien Hansestadt.

Rathaus **18**

Der Holsteiner Johann Friedrich von Öttinger errichtete das Rathaus (Rāts-nams) 1750–65 mit Portikus und Turm im Stil des Frühklassizismus, 1850 setz-te Johann Daniel Felsko das dritte Geschoss auf. Das rekonstruierte Ge-bäude weist aber auch moderne Ele-mente auf: In den unteren Räumen be-findet sich u. a. eine Einkaufspassage mit kleinen Läden.

Schwarzhäupterhaus **19**

Melngalvju nams, http://nami.riga. lv/mn/ (auf Lettisch), Mai–Sept. Di–So 10–17, Okt.–April 11–17 Uhr, 2 LVL

Das Schwarzhäupterhaus mit seiner Fassade im Stil der holländisch-flämischen Zunfthäuser, einst das prachtvollste Gebäude in ganz Riga, wurde 1334 in Chroniken erstmals als ›Neues Haus‹ der Großen Gilde (s. S. 96) erwähnt. Nach der Niederlage der Stadt im Kampf gegen den Orden hatte die Gilde für längere Zeit ihr Haus verloren, weshalb sie auf dem Marktplatz das ›Neue Haus‹ errichtete. 1477 vermietete es der Stadtrat an die Schwarzhäupter, 1713 ging es in deren Besitz über. Die Compagnie der Schwarzhäupter zu Riga war eine Vereinigung fahrender Kaufleute, die den hl. Mauritius als ihren Schutzpatron betrachteten. Der Überlieferung nach war dieser Afrikaner, daher der Name ›Schwarzhäupter‹. Das Haus diente den Schwarzhäuptern als Versammlungs- und Veranstaltungsraum.

Obwohl das heutige Gebäude ein Nachbau ist, fasziniert es durch seine vielen Details. Nicht nur die prachtvolle Fassade ist wiederhergestellt, auch um eine originalgetreue Rekonstruktion der Innenräume hat man sich bemüht. Zu Beginn des 17. Jh. wurde der Giebel von niederländischen Meistern im Stil des Manierismus umgestaltet. Die gotischen Giebelstufen wurden mit dekorativen Stein- und Metallelementen ergänzt. Ins Auge fällt eine astronomische Uhr, die außer Uhrzeit, Datum und Wochentag die Mondphasen und Tierkreiszeichen anzeigt. Unter der Uhr sind die Wappen der Hansestädte Riga, Bremen, Lübeck und Hamburg zu sehen. Im Anbau befindet sich die zentrale Touristeninformation (s. S. 89).

Okkupationsmuseum [20]

Latvijas okupācijas muzejs, www.occupationmuseum.lv, ganzjährig Di–So 11–17 Uhr, Eintritt frei (Spende erbeten)

Rechts neben dem Schwarzhäupterhaus steht ein Gebäude aus den späten 1960er-Jahren, von den Rigaern auch ›Schwarzer Sarg‹ genannt. Früher beherbergte es das Museum zum Andenken an die lettischen Schützen, die im Ersten Weltkrieg auf russischer Seite gekämpft, die Revolution unterstützt und u. a. eine Leibgarde Lenins gestellt hatten. Seit den 1990er-Jahren informiert hier das Okkupationsmuseum über die Besatzung Lettlands durch die Nationalsozialisten sowie die Sowjetrussen von 1940 bis 1991. Es ist eines der interessantesten Museen Lettlands, da es die systematische Verhinderung der nationalen Eigenständigkeit Lettlands und die Verbrechen am lettischen Volk sehr anschaulich dokumentiert.

Rund um die Mārstaļu iela

In der Altstadt von Riga stehen mehrere prunkvolle Häuser, die zu Wohlstand gelangte Bürger im 17. Jh. errichten ließen und die heute als hervorragende Beispiele barocker Architektur im Baltikum gelten können.

Mentzendorffhaus [21]

Mencendorfa nams, www.mencendor fanams.com, Mi–So 10–17 Uhr, 2 LVL
Das 1695 erbaute Haus hatte verschiedene Besitzer, bevor der Kaufmann August Mentzendorff es 1884 erwarb. Im heutigen Museum können Decken- und Wandmalereien bewundert werden, die bei einer Renovierung freigelegt wurden. Außerdem gewinnt man einen Eindruck vom Alltag eines reichen Rigaer Bürgers im 17./18. Jh.

Dannensternhaus [22]

Ein interessantes Beispiel für Rigas Bürgerarchitektur ist auch das ebenfalls nach einem Kaufmann benannte, leider noch nicht restaurierte Dannensternhaus (Dannenšterna nams). Es ist zugleich Stadtpalast und Speicherhaus. Neben dem zur Straße gelegenen Hauptflügel besitzt es zwei Hinterhofgebäude. Die beiden unteren Etagen des Vorderhauses dienten als Wohnräume, die darüberliegenden fünf Stockwerke mit vielen Luken und einer Aufzuganlage als Warenlager. Die Fassade ist mit Kalksteinplatten verkleidet und wird von acht Pilastern mit schönen Kapitellen geschmückt.

Reuternhaus 23

Seinen Namen, Reiterna nams, verdankt auch dieses Haus einem Kaufmann. 1684–88 wurde es nach einem Entwurf von Rupert Bindeschu erbaut. Johann von Reutern war seinerzeit der Älteste der Großen Gilde, später auch der höchste Handelsherr und Ratsherr. Seine Dankbarkeit dafür, dass ihn der schwedische König in den Adelsstand erhob, ist im Gesims des Hauses dokumentiert, wo ein steinerner schwedischer Löwe den russischen Bären besiegt. Reutern ließ auch sich selbst und seine Frau in den Kapitellen der korinthischen Säulen verewigen.

Speicherviertel

In der Peitavas iela, der Vecpilsētas iela und vor allem der Alksnāja iela stehen einige Speicherhäuser, die der Altstadt ihr unverwechselbares Kolorit geben und interessante Einblicke in die Blütezeit Rigas im 16. und 17. Jh. ermöglichen, als der Handel mit Gütern aus Übersee florierte und Riga als Umschlagplatz für Waren aus dem russischen Raum diente. 24 von ehemals 160 Gebäuden sind erhalten, leider sind bisher nur wenige restauriert worden. Das **älteste Speicherhaus** 24 (Alksnāja iela 7/9) entstand 1552–1559.

Ein Stück weiter liegt der **Albertplatz** (Alberta laukums), der nach dem Stadtgründer Bischof Albert benannt ist und als die Stelle gilt, an der Rigas Geschichte ihren Anfang nahm. Hier verlief früher die in die Daugava mündende Riga, die später versandete und zugeschüttet wurde; hier lag auch der natürliche Hafen der Liven. Bei Ausgrabungen fand man Knochen und zwei versunkene Schiffe, die im Museum für Stadtgeschichte und Schifffahrt ausgestellt sind (s. S. 94).

In der Peitavas iela befindet sich übrigens die Peitva Schul, die einzige **Synagoge** 25 in Riga, die die Nazizeit überstand.

Rund um die Johanniskirche

Johanniskirche 26

An der Stelle der heutigen Jāņa baznīca stand ursprünglich eine 1234 erbaute Kapelle. Nach ihrer Zerstörung während der Kämpfe mit dem Livländischen Orden im 15. Jh. entstand im 16. Jh. der heutige spätgotische Backsteinbau mit dem auffälligen Stufengiebel über der Nordfassade. 1849 wurde nach dem Entwurf von Johann Daniel Felsko der neogotische Glockenturm errichtet. An der Außenmauer in Richtung Petrikirche lassen sich zwei Steinmasken entdecken, die Mönche mit offenen Mündern darstellen. Laut Überlieferung stellten sich an Festtagen Dominikanermönche hinter die Masken und predigten.

Eckes Konvent 27

Der gelbe, zweistöckige Eckes Konvent (Ekes Konvents) hat die Jahrhunderte seit seiner Errichtung 1435 unbeschadet überstanden. Er diente zunächst als Nachtasyl, bis der bei der Bevölkerung recht unbeliebte Ratsherr Nikolaus Ecke das Gebäude 1592 erwarb und ein Witwenheim darin einrichten

ließ. Sehenswert ist ein 1618 vermutlich in Nürnberg geschaffenes Sandsteinrelief an der Fassade.

An der Skārņu iela

Die Skārņu iela ist eine der ältesten Straßen Rigas, bereits im 13. Jh. siedelten in diesem Gebiet die ersten Deutschen und hier wurde auch der erste städtische Markt abgehalten.

Georgskirche 28

Es verwundert nicht, dass man an der Skārņu iela auch auf das älteste erhaltene Gebäude der Stadt trifft, die Georgskirche (Jura baznīca). Sie wurde erstmals 1205 als Kapelle des Schwertbrüderordens erwähnt, der bis 1297 an dieser Stelle seine erste Ordensburg hatte. 1225 verband man die Kapelle mit dem Versammlungssaal der Ordensritter zum Kirchenraum. Ab dem 16. Jh. wurde die im romanischen Stil gestaltete Kirche 500 Jahre lang nur noch als Speicher genutzt. Erst Anfang des 19. Jh., mittlerweile unter drei Speichern verborgen, legte man sie wieder frei. Heute residiert in den Räumen das **Museum für angewandte Kunst** (Dekoratīvās mākslas un dizaina muzejs, www.dlmm.lv, Di, Do–So 11–17, Mi 11–19 Uhr, 2 LVL).

Konventhof 29

Hinter der Georgskirche gelangt man durch einen kleinen Durchgang in den Konventhof (Konventa sēta), einen in den 1990er-Jahren renovierten Gebäudekomplex mit Restaurants, Souvenirläden und einem Hotel. Seine Ursprünge reichen in das 13. Jh. zurück, als der Schwertbrüderorden an dieser Stelle eine Ordensburg errichtete, die

Ein Regenschauer hat die Straßen neu gestaltet: Rigas Altstadt bei Nacht

im Jahr 1297 von den Rigaer Bürgern niedergerissen wurde (s. S. 93). Danach richtete der Konvent des Heiligen Geistes hier ein Asyl ein. Ab Mitte des 16. Jh. bestand der Konventhof nur noch aus gewöhnlichen Wohn- und Speicherhäusern.

Petrikirche 30

Petera baznīca, Mai–Okt. Di–So 10–17.30, Nov.–April 10–17 Uhr, Aussichtsplattform 2 LVL

Mit ihrem ungewöhnlichen spitzen Turm beherrscht die Petrikirche das Altstadtpanorama. Die für das Baltikum typischen Elemente der Backsteingotik und des frühen Barock prägen die dreischiffige Basilika, die erstmals 1209 als zentrales Gotteshaus der Rigaer Bürger erwähnt wurde und der Gemeinde sowie den Zünften in Krisenzeiten auch als Zufluchtsort diente. Als die Rigaer 1297 den Kampf gegen den Livländischen Orden aufnahmen, befand sich hier ihr Waffenarsenal. Über die Jahrhunderte wurden verschiedene Veränderungen vorgenommen. So erneuerte man Ende des 17. Jh. die Westfassade und deren Portale im Barockstil und schuf einen neuen Turm mit der seinerzeit höchsten Holzturmspitze Europas (130 m). Anfang des 18. Jh. und erneut 1941 nach dem Beschuss durch deutsche Artillerie fiel er den Flammen zum Opfer. Die Rekonstruktion 1967–84 orientierte sich an den historischen Entwürfen, doch wurde Metall anstelle von Holz verwendet.

Ein Lift führt hinauf zur 72 m hohen Aussichtsplattform, von der sich ein schöner Panoramablick bietet. In rund 123 m Höhe bekrönt ein vergoldeter Hahn die Turmspitze. Auch die Inneneinrichtung des Gotteshauses wurde 1941 zerstört. Heute wird die Kirche sowohl für Gottesdienste als auch für Ausstellungen und Konzerte genutzt.

Jugendstil in der Altstadt – ein Spaziergang

Wer die Altstadt noch besser kennenlernen möchte, kann sich auf einem kurzen Rundgang den Jugendstilhäusern widmen. Es sind zwar weniger als in der Neustadt, aber immer noch so viele, dass hier nicht alle genannt werden können.

Südöstlich der Kaļķu iela

Haus **Audēju iela Nr. 25** war 1899 das erste Gebäude in Riga, das in dem neuen Stil errichtet wurde. An seiner Fassade zeigen sich bereits typische Elemente des Jugendstils wie stilisierte Pflanzenmotive oder dämonische Masken. Bei dem ein Jahr später erbauten Haus **Audēju iela Nr. 26** vermischen sich noch Historismus und Jugendstil. Ins Auge fällt das später häufig verwendete Sonnenmotiv im Giebel. Es taucht auch an dem viel opulenter gestalteten Eckgebäude **Kalēju iela Nr. 23** (1903) auf. Im gleichen Jahr entstand Haus **Teātra iela Nr. 9**. Auffällig ist hier die Kuppel mit Atlantenfiguren. Haus **Kalēju iela Nr. 6** gehört zu den unauffälligen Schönheiten: In schlichtem Grau gehalten, erfreut es mit Details wie einem Fahnenhalter in Form eines stilisierten Drachen.

Nordwestlich der Kaļķu iela

Das 1902 errichtete Haus **Šķūņu iela Nr. 10/12** ist überreich mit floralen Motiven dekoriert. Auf dem Giebel halten zwei Hundefiguren Wache. Pflanzenmotive weist das 1900 erbaute Haus **Tirgoņu iela Nr. 4** nicht auf, dafür ist es mit prächtigen Skulpturen sowie riesigen Schaufenstern versehen und beherbergt ein beliebtes Café.

Smilšu iela Nr. 2 ist eines der gelungensten Beispiele Rigaer Jugendstilarchitektur: Es beeindruckt mit einer ausgewogen komponierten Fassade und einer Frauen- und einer Männerfigur unter dem Erker.

Dem lotrechten Jugendstil (s. S. 73) ist das im Jahr 1910 errichtete Gebäude **Smilšu iela Nr. 3** zuzuordnen. Für das Haus **Smilšu iela Nr. 6** verwendete der Architekt dagegen Elemente des Neoklassizismus. Gleich daneben steht mit **Smilšu iela Nr. 8** ein Beispiel des dekorativen Jugendstils. Hier fallen vor allem der mit ornamentalen Formen ausgestattete Eingangsbereich und zwei Frauenplastiken unter dem Giebel ins Auge.

Vaļņu iela Nr. 2 mit schönen Reliefskulpturen im Eingangsbereich ist ein weiteres Gebäude, das dem lotrechten Jugendstil zuzuordnen ist.

Neustadt

Im Gegensatz zur Altstadt mit ihren verwinkelten, teils mittelalterlich anmutenden Straßen wird die Neustadt – von den Letten *Centrs* genannt – von schnurgeraden Boulevards geprägt, die von prächtigen Häusern aus der Zeit um 1900 gesäumt werden.

Rund um das Freiheitsdenkmal

Freiheitsdenkmal [31]

Ein guter Startpunkt für einen Rundgang durch die Neustadt ist das über 40 m hohe Freiheitsdenkmal (Brīvības piemineklis), das wichtigste lettische Monument und nationale Symbol für die Unabhängigkeit. Die Ehrenwache, die sich stündlich ablöst, schützt diesen würdevollen Ort. Am 18. November 1935, dem 15. Jahrestag der Ausrufung der Freien Republik Lettland, eingeweiht, steht das Denkmal für die Befreiung von der politischen und wirtschaftlichen Dominanz der Deutschen, Russen, Polen und Schweden. Die Bronzeskulptur auf dem schlanken Obelisken verkörpert die Freiheit. In ihren anmutig erhobenen Händen hält die Frauenfigur drei Sterne; sie symbolisieren die drei historischen Provinzen Latgale, Kurzeme und Vidzeme.

Die aus Granit gemeißelten Skulpturengruppen und -reliefs zu Füßen des Obelisken veranschaulichen Themen aus der Literatur und der Mythologie. Das Denkmal ist eine Gemeinschaftsarbeit des Architekten Ernests Štālbergs und des Bildhauers Kārlis Zāle. In der Nachkriegszeit versuchten die Sowjets immer wieder, das Denkmal zu entfernen oder umzudeuten. Als es schließlich aufgrund verkehrsbedingter Erschütterungen angeblich einzustürzen drohte und abgetragen werden sollte, leitete die Stadt den Verkehr einfach um und erklärte den Platz um die Statue zur Fußgängerzone. Während der Unabhängigkeitsbewegung Ende der 1980er-Jahre war der Platz regelmäßig Versammlungsort der Demonstranten (s. S. 65).

Stadtkanal und Bastionshügel

Geradezu beschützend umschließen die bei Rigaern und Touristen gleichermaßen beliebten Parkanlagen rund um den Rigaer **Stadtkanal** (Pilsētas kanāls) die Altstadt. Alte Bäume, Blumen, ein verzweigtes Wegesystem, Skulpturen, Brunnen und künstliche Wasserfälle machen sie zu Rigas grüner Lunge. Mittelpunkt der Anlage ist der **Bastionshügel** 32 (Bastejkalns). Er wurde 1863 aus dem Material aufgeschüttet, das beim Abtragen der Verteidigungswälle angefallen war.

Am Geländer der ›**Liebesbrücke**‹, einer kleinen Fußgängerbrücke, bringen seit einigen Jahren frisch vermählte Paare als Zeichen ihrer ewigen Liebe ein kleines Schloss an.

Die **Gedenksteine** beiderseits der Brücke erinnern an den Angriff von Spezialeinheiten des sowjetischen Innenministeriums auf das lettische Innenministerium im Januar 1991 (s. S. 66), bei dem der Dokumentarfilmer Andris Slapiņš, sein Kameramann Gvido Zvaigzne, ein Schuljunge namens Riekstņš sowie die Milizoffiziere Wladimir Gomonowitsch und Sergej Kononenko erschossen wurden.

Nationaloper 33

Internationalen Rang hat die Lettische Nationaloper (Latvijas Nacionālā opera, s. S. 77) erlangt. Besonders markant ist die Hauptfassade des prächtigen, in den 1860er-Jahren von Ludwig Bohnstedt als Deutsches Theater im Stil des Neoklassizismus erbauten Hauses: Sechs weiß gestrichene ionische Säulen tragen einen monumentalen Portikus, dessen Giebelfeld eine allegorische Figurengruppe um Apollo schmückt. Der 1882 nach einem Brand neu gestaltete Zuschauerraum fasst rund 900 Menschen.

Universität 34

Über eine kleine Brücke gelangt man zum Hauptgebäude der Universität (Latvijas Universitāte), das zwischen 1860 und 1885 erbaut wurde. An der Fassade aus gelbem Ziegelstein sind Formen sowohl der romanischen als auch der byzantinischen Baukunst zu erkennen. Die Hauptfassade wird von Reliefs geschmückt, die die ersten neun Fakultäten und die drei baltischen Provinzen symbolisieren.

Wöhrmannscher Garten 35

s. Lieblingsort S. 108

Rigaer Zirkus 36

Merķeļa iela 4, Tel. 67 21 32 79, www.cirks.lv, Vorstellungen um 12, 15 oder/und 18 Uhr

Auf Entdeckungstour

Skulpturen am Stadtkanal

Rigas Zentrum zeichnet sich durch einen reichen Skulpturenschmuck aus. Bei einem Spaziergang durch die Parkanlagen am Stadtkanal lernt man exemplarisch einige bedeutende bildhauerische Werke kennen.

Planung: Dauer rund 2 Std., Start am Nymphenbrunnen vor der National-oper.

Einkehrmöglichkeiten: die Straßen-cafés am Bastionshügel.

Die Anzahl der Skulpturen in Riga, die große und kleine Geschichten über die Stadt und ihre Menschen erzählen oder Themen aus der lettischen Kultur und Geschichte aufgreifen, scheint schier unendlich. Diese Entdeckungstour konzentriert sich auf einige ausgewählte Skulpturen am Stadtkanal.

Der Stadtverschönerer und die Liebe

Gleich zu Beginn des Spaziergangs begegnet uns mit der hübschen Figurengruppe aus Bronze am **Nymphenbrunnen** ein Werk des wohl produktivsten Bildhauers, der in Riga wirkte: August Volz (1851–1926). Geboren in Magdeburg, studierte er an der Berliner Akademie der Künste und kam 1875 als 25-Jähriger nach Riga, wo er bald eine Bildhauer- und Steinmetzfirma gründete. Überall im Stadtzentrum kann man seine Skulpturen entdecken, z. B. auf dem Wohnhaus der Großen Gilde (s. S. 97). Künstlerisch sind sie vielleicht nicht übermäßig raffiniert, doch handwerklich von hoher Qualität, und die meisten strahlen einen gewissen Charme aus. Am Nymphenbrunnen zieht vor allem die Figur in der Mitte die Blicke auf sich, sie scheint besonders liebevoll gestaltet zu sein. Kein Wunder: Das lettische Modell hatte es dem Künstler angetan und wurde später seine Frau.

Ein Engländer in Riga

Etwas näher an Oper und Kanal erinnert eine Figurengruppe – Mann, Frau und Hund – an den Balten englischer Herkunft **George Armistead** (1847–1912), der zwischen 1901 und 1912 Bürgermeister von Riga war und sich für eine stärkere Einbeziehung der lettischen und russischen Bevölkerung in die Gestaltung der bis dahin überwiegend von Deutschen geprägten Stadt einsetzte. Das Denkmal von Eugene Gombergs wurde im Oktober 2006 von Königin Elisabeth II. während eines Besuchs in Lettland enthüllt.

Kunst und Ideologie

Überquert man die kleine Timmbrücke, stößt man vor dem Hauptgebäude der Universität auf eine Bronzeskulptur der Lettin Aleksandra Briede (1902–1992): **»Mana Zeme«** (»Mein Land«). Enthusiastisch breitet eine nackte Frauenfigur ihre Arme in Richtung Himmel aus. Sie symbolisiert eine optimistische, von Glückserwartungen gekennzeichnete Haltung dem eigenen – sozialistischen – Land gegenüber, ein typisches Motiv in der Kunst der Sowjetzeit. Dekorative Skulpturen wie diese stellte man vor allem zwischen 1968 und 1970 am Stadtkanal auf. Weiter rechts sieht man auf einem Sockel die von Ļevs Bukowski (1910–1984) geschaffene **Büste von Mstislaw Keldisch** (1911–1978), lange Präsident der Akademie der Wissenschaften der UdSSR. 1978 aufgestellt, ist sie ein Beispiel für jene künstlerisch einfallslose, ideologisch motivierte Kunst der Sowjetperiode, die dem Personenkult diente und in Riga inzwischen größtenteils entfernt wurde.

Klassiker unter sich

Auf der anderen Seite des Freiheitsdenkmals (s. S. 102) kommt man, entlang der rechten Kanalseite, zur 1929 während der lettischen Unabhängigkeit enthüllten **Rūdolfs-Blaumanis-Skulptur**. Blaumanis (1863–1908), einer der bekanntesten lettischen Schriftsteller, machte sich vor allem durch seine realistischen Erzählungen und Theaterstücke einen Namen. Das Denkmal stammt von Teodors Zaļkalns (1876–1972), der zu den Klassikern der lettischen Bildhauerkunst zählt. Seine Werke zeichnen sich durch ihren monumentalen Charakter aus.

Riga – Neustadt

In der Merķeļa iela befindet sich mit dem Rigaer Zirkus (Rīgas Cirks) einer der ältesten Zirkusse der Welt. Er hat das Glück, ein festes Haus zu besitzen. Deshalb sind in dem 1888 errichteten Zirkusgebäude auch im Winter Vorstellungen möglich. Kinder bis fünf Jahre benötigen übrigens keine Eintrittskarte, sofern sie auf dem Schoß einer Person mit Eintrittskarte sitzen.

Blumenmarkt 37

Am Parkausgang verläuft u. a. die Tērbatas iela, auf der links der sehenswerte Blumenmarkt (Puķu tirgus) Tag und Nacht geöffnet hat. Er lässt die Liebe der Letten zu Blumen deutlich erkennen. Jedem Vorbeigehenden werden mit einem freundlichen *Nu ludzu* (»Bitte sehr«) frische, duftende und liebevoll zusammengestellte Blumengestecke angeboten.

Rund um die Brīvības iela

Zwischen Krišjāņa Valdemāra iela und Marijas iela stehen, auch in kleineren Seitenstraßen, Jugendstilbauten, die zu den schönsten der Stadt gehören. Während die Brīvības iela vor allem von Repräsentationsbauten gesäumt ist, finden sich in den Nebenstraßen überwiegend eindrucksvolle Wohnhäuser. Um die Tērbatas iela erstreckt sich eines der lebendigsten Viertel im Stadtzentrum. Neben nationalromantischen Jugendstilbauten sind hier zahlreiche interessante Geschäfte, Boutiquen, Restaurants und Bars zu entdecken. Anziehungspunkt für Kulturinteressierte ist in der Lāčplēša iela das von Alvis Hermanis geleitete **Neue Rigaer Theater** 38 (Jaunais Rīgas teātris), das seit einigen

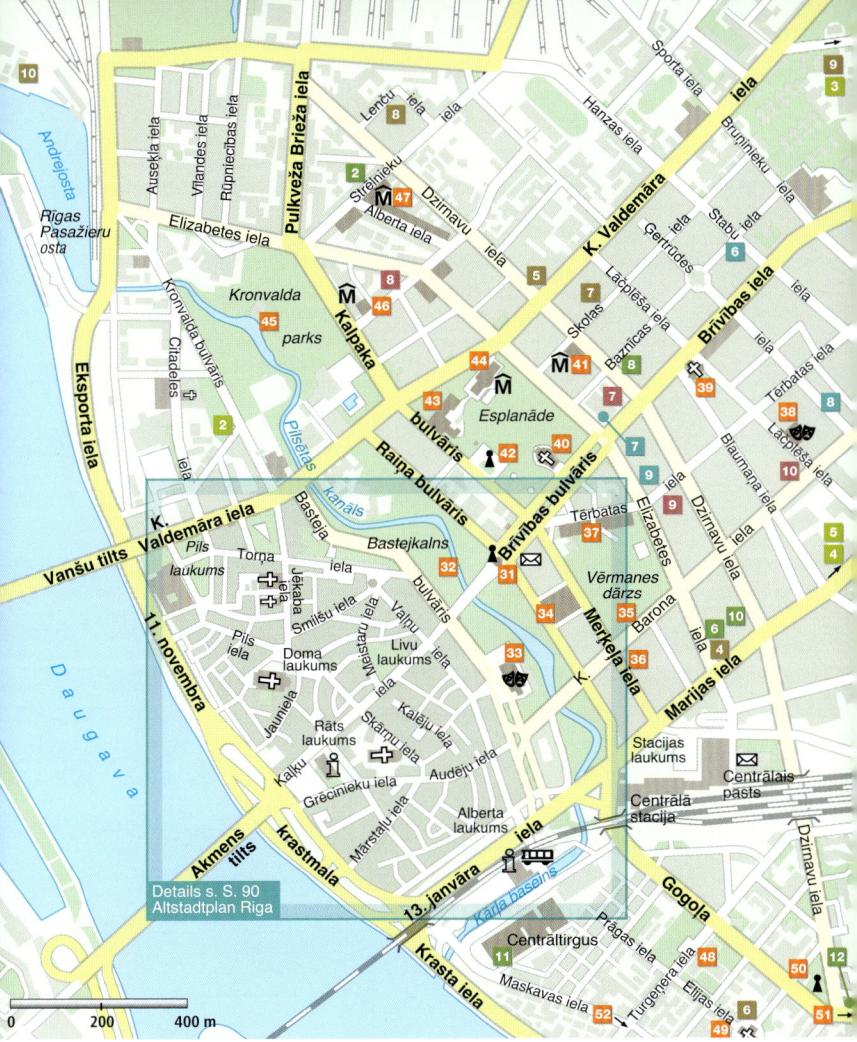

Details s. S. 90
Altstadtplan Riga

0   200   400 m

Jahren international große Beachtung findet (s. S. 77).

An der Tērbatas iela steht die schöne klassizistische **Alexander-Newski-Kirche** 39 (Alexandra ņevska pareizticīgo baznīca), die 1825 zur Feier des Sieges über Napoleon errichtet und nach dem Vorbild des römischen Pantheons gestaltet wurde.

Parkanlage Esplanāde

Wo sich heute die Parkanlagen Esplanāde erstrecken, erhoben sich einst Sanddünen. Im 18. Jh. wurden sie aus strategischen Gründen abgetragen. Die Fläche diente dann als Exerzierplatz und Ausstellungsgelände, bevor sie im Rahmen der Feier zum 700-jäh-

Lieblingsort

Wöhrmannscher Garten 35 **– Erholung mitten in der Stadt**

Nicht allein wegen seiner günstigen Lage ist der Wöhrmannsche Garten (Vērmanes dārzs) der vermutlich meistbesuchte Park von Riga. Hier kann man auf einer der zahlreichen Bänke oder im Café ganz wunderbar ausspannen und dabei dem Treiben der Rigaer zusehen: Viele verbringen hier ihre Mittagspause, nachdem sie in einem der umliegenden Kafejnīcas gegessen haben. Mittelpunkt des Parks ist ein hübscher Brunnen von August Volz mit mehreren Kinderfiguren. Auch sonst gibt es einiges zu entdecken, wie das Denkmal für den Schachspieler Michail Tal (1936–1992), der im Alter von nur 23 Jahren Weltmeister wurde. Im Wöhrmannschen Garten soll er als Kind häufig seinem Sport nachgegangen sein. Noch heute treffen sich Schachspieler zu inoffiziellen Wettbewerben rund um die Zuschauerbänke einer Freilichtbühne.

Mein Tipp

Mit Genuss einkaufen und Essen gehen – Berga bazārs 10

In der Nähe des Wöhrmannschen Gartens erstrecken sich an der Elizabetes iela die vermutlich elegantesten Einkaufspassagen der Stadt: In den restaurierten historischen Gebäuden des Berga Bazars (Berga bazārs) findet man hervorragende Cafés, Restaurants, Souvenirshops und nicht zuletzt auch das renommierte Boutique-Hotel Bergs mit seinem herausragenden Restaurant. In der geruhsamen Oase der Passagen erholen sich Fußgänger vom Sightseeing-Stress. Im 19. Jh. von Kristaps Bergs erbaut, fiel die Immobilie nach Jahren der Verstaatlichung im Zuge der wiedererlangten lettischen Unabhängigkeit in den 1990er-Jahren an seine Erben zurück (www.bergabazars.lv, unterschiedliche Öffnungszeiten, meistens Mo–Fr 10–19, Sa 10–17 Uhr, einige Shops haben auch So geöffnet; jeder 2. und 4. Sa im Monat 9–15 Uhr Antiquitätenmarkt und Biomarkt).

rigen Bestehen der Stadt 1901 begrünt und der Öffentlichkeit zugänglich gemacht wurde. Ein Spaziergang führt zu einigen Sehenswürdigkeiten.

Christi-Geburt-Kathedrale 40

Die von vier kleinen und einer großen Kuppel bekrönte russisch-orthodoxe Christi-Geburt-Kathedrale (Kristus dzimvanas katredrāle) im byzantinischen Stil entstand 1884 nach einem Entwurf von Robert Pflug, der auch am Bau der Saeima beteiligt war. Während der Sowjetokkupation war hier das Haus des Wissens untergebracht mit einem Planetarium und einem Café, das ausgerechnet ›Gottes Ohr‹ hieß.

Jüdisches Museum 41

Rīgas ebreju kopienas muzejs »Ebreji latvija«, Skolas iela 6, Mo–Do, So 12–17 Uhr, Spende erbeten

Ein Abstecher führt zum Jüdischen Zentrum von Riga in einer Nebenstraße der Esplanāde. In seiner Ausstellung »Juden in Lettland« informiert das Museum nicht nur über das

vielfältige jüdische Leben seit dem 18. Jh. und die Leiden der lettischen Juden während der deutschen Okkupation bis 1944 (s. S. 46), sondern gibt auch einen Überblick über das neue jüdische Leben seit der Unabhängigkeit Lettlands.

Jānis-Rainis-Denkmal 42

Im Zentrum des Parks steht das Denkmal von Jānis Rainis, dem Volksdichter Lettlands, das 1965 nach einem Entwurf von Kārlis Zemdega aus hellrotem Granit geschaffen wurde. Jedes Jahr um den 11. September, dem Geburtstag von Jānis Rainis, werden hier die »Tage der Poesie« (s. S. 74) veranstaltet.

Lettische Kunstakademie 43

Die Lettische Kunstakademie (Latvijas Mākslas akadēmija) ist in einem Backsteinbau mit asymmetrischer, gleichwohl harmonisch wirkender Fassade untergebracht. Errichtet wurde er 1902–05 als Kommerzschule nach einem Entwurf von Wilhelm Bockslaff. Die Kunstakademie befindet sich seit

1940 in diesem Gebäude. Es weist sowohl Merkmale des Eklektizismus wie auch des Jugendstils auf, die so meisterhaft verschmolzen sind, dass sich das eine ohne das andere gar nicht denken lässt. Im Innern sind das Vestibül und das Treppenhaus mit seinen bunten Fenstern und Schmiedearbeiten erhalten geblieben. Manchmal finden interessante Ausstellungen junger Künstler statt.

Kunstmuseum 44

s. Entdeckungstour S. 112

Rigas Jugendstilviertel

Das kleine Viertel nordöstlich des **Kronvaldparks** 45 ist eines der schönsten ganz Rigas. Ein sehenswertes Jugendstilgebäude reiht sich hier an das andere – auf wenigen hundert Metern begegnet man der ganzen Vielfalt dieser Bauepoche am Übergang vom Historismus zur Moderne.

Elizabetes iela

Bereits in der Elizabetes iela stößt man auf drei sehenswerte Häuser von Michail Eisenstein (1867–1921), dem Vater des großen Filmregisseurs Sergej Eisenstein (»Panzerkreuzer Potemkin«). Während **Haus Nr. 33** im Stil des Historismus erbaut ist und nur wenige Merkmale des Jugendstils aufweist, lässt sich **Haus Nr. 10 b** bereits dem frühen Jugendstil zurechnen. An der Fassade von **Haus Nr. 10 a** schließlich sind keinerlei historisierende Gestaltungselemente mehr zu entdecken.

Antonijas iela, J. Alunāna iela und A. Pumpura iela

Ein gutes Beispiel für den national-romantischen Jugendstil ist das 1906 errichtete Haus **J. Alunāna iela 2 a/ A. Pumpura iela 5:** Hier sind viele typische Elemente der lettischen Volksbaukunst und Ornamentik zu entdecken. Eine Querstraße weiter fällt an **Antonijas iela Nr. 8** (1903) das Eingangsportal mit stilisierten Drachenfiguren ins Auge. Das Gebäude beherbergt das **Museum für Medizingeschichte** 46 (Paula Stradiņa Medicīnas vēstures, www.mvm.lv, Di–Sa 11–17 Uhr, 1,50 LVL) mit einer Sammlung alter Medizingegenstände des berühmten lettischen Arztes Pauls Stradiņš. Das 1957 gegründete Museum ist heute eines der größten seiner Art in der Welt.

Alberta iela

In der Alberta iela stehen einige Häuser mit einer geradezu überbordenden Fassadengestaltung. Ein Großteil von ihnen wurde zwischen 1903 und 1906 von Michail Eisenstein erbaut (Nr. 2, 2a, 4, 6, 8 und 13). Sie sind glänzende Beispiele des frühen Jugendstils: An den Bauten, bei denen sich die unterschiedlichsten Stile mischen, finden sich flache Reliefs, stilisierte Pflanzenformen oder linear-abstrakte Muster. Eines der originellsten Gebäude ist **Haus Nr. 4,** dessen Fassade zwei Löwen sowie menschliche Masken krönen. Sie stehen im Kontrast zu den verschiedenen Fensterformen der darunterliegenden Etagen: schlüssellochförmige Fenster im obersten, eine riesige ovale Öffnung im darunterliegenden und T-förmige Fenster im untersten Stock.

An **Haus Nr. 2 a** zieht die oben weit über das Dach hinausragende Fassade die Blicke auf sich. Den Eingang und das sehenswerte Treppenhaus bewachen zwei Sphinxe. **Haus Nr. 11** (Eižens Laube, 1908) mit seinen beiden runden Erkern ist im Stil der Nationalen Romantik (s. S. 73) gehalten.

Das **Eckhaus Nr. 12** wurde 1903 von Konstantins Pēkšēns unter Mitarbeit von Eižens Laube erbaut und ist mit stilisierten Details in der Formensprache

Auf Entdeckungstour

Lettische Kunst im Nationalen Kunstmuseum

Im Nationalen Kunstmuseum 44 ist die weltweit größte Sammlung lettischer Kunst untergebracht. Diese Tour widmet sich der lettischen Kunst vom Ende des 19. Jh. bis zu den 30er-Jahren des 20. Jh.

Dauer: ca. 2 Std.

Infos: Latvijas Nacionālais mākslas muzejs, K. Valdemāra 10a, Tel. 67 32 50 51, www.lnmm.lv, April–Sept. Mi 11–17, Do 11–19, Fr–Mo 11–17, Okt.–März Mi–Mo 11–17 Uhr, 1,50 LVL

Die lettische Kunst ist im Vergleich zur Kunst der großen europäischen Länder relativ jung. Noch bis Ende des 19. Jh. erhielten lettische Künstler ihre Ausbildung in Russland oder Deutschland, wo sie in der Regel auch blieben, da es auf lettischem Boden kaum möglich war, sich mit Malerei oder Bildhauerei ein Einkommen zu sichern. Die Künstler fanden dank ihrer Fähigkeiten zwar Anerkennung in ihrer Heimat, eine besondere Affinität zu ihrem Heimatland war in ihren Werken aber nicht zu erkennen. Eine der wenigen Ausnahmen war Julijs Feders (1838–1909), dessen Bild »Gaujas leja« (»Gauja-Tal«) in der Ausstellung baltischer Kunst im Grundgeschoss des Kunstmuseums als das erste bedeutende Landschaftsbild Lettlands gilt. Es stellt einen ganz konkreten Ort dar und besitzt in Lettland den inoffiziellen Status eines ›Heimatbildes‹ – vielleicht wegen der dargestellten weiten Aussicht, die das ganze Land einzuschließen scheint.

Auftakt zu einer eigenständigen lettischen Kunst

Über die große Freitreppe geht es in das obere Stockwerk, wo sich rechter Hand zwei Säle mit Gemälden aus den Anfangsjahren nationaler lettischer Kunst befinden, deren Beginn sich auf das Jahr 1890 datieren lässt. Damals gründeten lettische Kunststudenten der Kunstakademie in St. Petersburg die Gruppe Rūķis (deutsch: Gnom) und proklamierten als das Hauptziel ihrer künstlerischen Tätigkeit die Bildung einer professionellen lettischen Kunst. Sie forderten von sich und anderen, nach Beendigung des Studiums in die Heimat Lettland zurückzukehren und sich bei der Motivwahl auf lettische Persönlichkeiten, die lettische Natur oder die lettische Bevölkerung zu beschränken, um damit einen Beitrag zur Entfaltung einer nationalen Identität zu leisten.

Die erste große Ausstellung lettischer Kunst in Lettland fand 1896 in Riga im Rahmen eines Kongresses für Archäologie statt. Zu den Mitgliedern von Rūķis, die ihre Werke zeigten, gehörten Jānis Valters, Jānis Rozentāls und Vilhelms Purvītis. Der Erfolg der Ausstellung war beachtlich – besonders große Aufmerksamkeit erlangte das 1894 erschaffene Bild »No baznīcas« (»Nach dem Gottesdienst«) von Jānis Rozentāls, auf dem zu sehen ist, wie lettisches Landvolk eine lutherische Kirche verlässt. Es ist das erste Bild überhaupt, auf dem einfache Menschen aus dem lettischen Volk abgebildet sind. Keiner hatte es zuvor offenbar für nötig befunden, sich künstlerisch mit der bäuerlichen Kultur Lettlands auseinanderzusetzen.

Einmal Paris und zurück

Die lettischen Künstler bemühten sich – im Bewusstsein, dass sich die nationale Kunst nur entfalten könne, wenn die allgemeinen Strömungen der europäischen Kunst aufgenommen würden – um einen eigenen, unverwechselbaren Stil, wie ihn z. B. das Bild »Tirgus laukums Jelgavā« (»Marktplatz in Jelgava«, 1897) von Jānis Valters (1869–1932; ab 1906 nannte er sich Johann Walter-Kurau) zeigt. Hier ist der Einfluss des Impressionismus zu erkennen – kein Wunder, unternahm Valters doch im gleichen Jahr eine Studienreise nach Paris und Berlin.

Der dritte im Bunde, Vilhelms Purvītis (1872–1945), widmete sich überwiegend der Landschaftsmalerei und stand den Großteil seiner Schaffenszeit dem Impressionismus nahe. Als Beweis seiner Meisterschaft lässt sich das Bild »Ziemas ainava« (»Winterlandschaft«, 1900) anführen. Mit dieser und ähnlichen Schneelandschaften erlangte er als einer der wenigen lettischen Künstler auch international Beachtung.

Mit den Ausdrucksformen des Symbolismus und besonders des Jugendstils tat sich vor allem Jānis Rozentāls hervor, dessen Werk **»Princese un pērtiķis«** (»Die Prinzessin und der Affe«, 1913; im zweiten Saal rechts des Treppenhauses) aufgrund seiner vollendeten Formensprache als eines seiner gelungensten Jugendstilbilder gilt.

Experimentierfeld Moderne

Impulse der ›Klassischen Moderne‹ in Westeuropa nahmen lettische Künstler etwa ab Beginn des Ersten Weltkrieges auf. Viele von ihnen wendeten sich dem Expressionismus zu, wie Jāzeps Grosvalds (1891–1920), der kein Kunststudium absolvierte, sondern sein Fachwissen während eines vierjährigen Paris-Aufenthalts 1910–14 in Zeichen- und Malkursen erwarb. Seine Werke aus der Zeit des Ersten Weltkriegs zeugen von stiller, introvertierter Dramatik, wie **»Vecais bēglis«** (»Der alte Flüchtling«, 1917, zu sehen im dritten und größten Saal rechts des Treppenhauses.

Mit dem Schicksal des lettischen Volkes während des Ersten Weltkriegs beschäftigte sich auch Jēkabs Kazaks (1895–1920), für den eine vereinfachende Bildsprache charakteristisch ist. Sein bekanntestes Bild, **»Bēgļi«** (»Flüchtlinge«, 1917), zeigt ebenfalls Menschen auf der Flucht.

Nach dem Ersten Weltkrieg begannen sich viele Künstler für den Kubismus zu interessieren, besonders jene, die sich zur Rigaer Künstlergruppe zusammenschlossen, nachdem sie in Paris die Arbeiten von Pablo Picasso kennengelernt hatten. Einer von ihnen war Niklāvs Strunke (1894–1966), dessen Bild **»Cilvēks, kas ieiet istabā«** (»Mann, das Zimmer betretend«, 1927)

ebenfalls im dritten Saal rechts des Treppenhauses zu sehen ist.

Kunst in der Zeit der ersten Unabhängigkeit

Ab Mitte der 1920er-Jahre wendeten sich die meisten lettischen Künstler aber wieder dem Realismus zu. Einige griffen sogar traditionelle Themen der bäuerlichen Lebenswelt auf bzw. auf das eigene ethnografische Kulturerbe zurück, um dem neu gewachsenen Nationalbewusstsein Ausdruck zu verleihen. Im zweiten Saal auf der linken Seite des Treppenhauses sind z. B. Bilder von Künstlern ausgestellt, die an der Lettischen Kunstakademie die Meisterklasse für Landschaftsmalerei bei Vilhelms Purvītis (s. S. 113) besucht hatten und dem Neorealismus zugetan waren.

Ein Saal davor sind Ausnahmen von dieser Richtung zu sehen. So ist bei Jānis Tīdemanis (1897–1964), der in Belgien Malerei studierte, der Einfluss des belgischen Expressionismus erkennbar, z. B. in **»Meitene tautas tērpā«** (Das Mädchen in Volkstracht, 1930). Als einer von wenigen lettischen Künstlern widmete er sich dem Thema Großstadt.

Auch Kārlis Padegs (1911–1940) war vom Expressionismus fasziniert. Noch während seines Studiums an der 1919 gegründeten Lettischen Kunstakademie schuf er das Bild **»Madonna ar ložmetēju«** (Madonna mit dem Maschinengewehr, 1932), in dem das Motiv – wie in vielen seiner Werke – beinahe schon grotesk überzeichnet ist.

Mit der Machtübernahme und der Schaffung einer gemäßigten Diktatur durch Kārlis Ulmanis 1933 und schließlich ab 1940 mit der Einverleibung Lettlands in die Sowjetunion nahm die kurze Blüte der lettischen Moderne ein trauriges Ende – sie musste sich fortan den propagierten Dogmen des Sozialistischen Realismus beugen.

Bau-Kunst, die den Blick fesselt und Riga unverwechselbar macht (Elizabetes iela 10 b)

der Renaissance und des Mittelalters geschmückt. Besonders sehenswert ist hier das Treppenhaus. Im Obergeschoss des Gebäudes erinnert das kleine **Jānis-Rozentāls- und Rūdolfs-Blaumanis-Museum** 47 (Jaņa Rozentāla un Rūdolfa Blaumaņa muzejs, www.rtmm.lv, Mi–So 11–18 Uhr, 0,70 LVL; auch Jugendstil-Führungen durch Riga) an Jānis Rozentāls, den bedeutendsten Jugendstilmaler Lettlands, und Rūdolfs Blaumanis, einen bekannten lettischen Schriftsteller.

Strēlnieku iela

Auch in dieser Straße steht mit **Haus Nr. 4a** ein prächtiges Jugendstilgebäude von Michail Eisenstein: 1905 erbaut, besticht es durch eine überbordende Fassadengestaltung, wie sie nur eine grenzenlose Fantasie hervorbringen kann. Die radikale Vermischung verschiedener historischer Stile mit den damals neuen Elementen des Jugendstils hinterlässt einen nachhaltigen Eindruck beim Betrachter. Der Bau beherbergt die Rigaer Wirtschaftshochschule.

Zentralmarkt und Moskauer Vorstadt

Hinter dem Hauptbahnhof und dem Zentralmarkt liegt die Moskauer Vorstadt (Maskavas Forštate), die so genannt wird, weil hier früher fast ausschließlich Russen und Juden wohnten und die Hauptstraße zur Landstraße nach Moskau führte. Noch immer hat dieses Viertel besonderen Charme, denn neben einigen russisch-orthodoxen Kirchen und Friedhöfen sind auch zahlreiche, meist allerdings recht verfallene Holzhäuser aus dem 19. Jh. erhalten geblieben. Deutlich spürbar ist die etwas deprimierte Stimmung innerhalb dieses von hoher Arbeitslosigkeit betroffenen Viertels.

Die beschriebenen Sehenswürdigkeiten liegen teilweise etwas weiter voneinander entfernt, sodass es sich empfiehlt, zuweilen die Straßenbahn zu nehmen. Zentrale Straße des Viertels ist die Maskavas iela, auf der die Straßenbahnen 3, 7 und 9 verkehren.

Zentralmarkt 11

s. Lieblingsort S. 124 sowie S. 130

Akademie der Wissenschaften 48

Zinātnu Akadēmija, Tel. 26 49 12 37, Aussichtsplattform tgl. 9 Uhr bis Einbruch der Dunkelheit, 1,50 LVL
Das auffallende Hochhaus hinter dem Zentralmarkt trägt den Beinamen ›Stalins Geburtstagstorte‹ und ist die Heimat der Akademie der Wissenschaften. Im Jahr 1958 wurde es ganz nach Stalins Geschmack erbaut – eigentlich als Haus für die Kolchosenbauern. Die sich mit jedem Stockwerk verjüngende, turmartige Dachkonstruktion sollte angeblich verhindern, dass das Gebäude gezielt aus der Luft bombardiert werden konnte. Mit einer Höhe

von 108 m war der Bau der erste und lange auch höchste Wolkenkratzer in Lettland. Von der 65 m hohen Aussichtsplattform im 17. Stock hat man einen tollen Rundblick auf die Moskauer Vorstadt, die Daugava und die Altstadt.

Jesuskirche 49

Folgt man der Elijas iela etwas weiter, gelangt man zur Jesuskirche (Jezus lut. Baznīca), dem mit 37 m höchsten klassizistischen Holzbau Lettlands. Die achteckige Kirche des Architekten Christian Friedrich Breitkreutz wurde 1822 eingeweiht. An jedem ersten Sonntag im Monat um 13 Uhr wird ein deutschsprachiger Gottesdienst abgehalten (www.jezusdraudze.lv, www.kirche.lv).

Denkmal für die von den Nazis ermordeten Juden 50

www.rumbala.org
An der Kreuzung der Dzirnavu iela mit der Gogola iela trifft man auf das Denkmal für die von den Nazis ermordeten Juden. An der Stelle, an der jetzt nur noch ein Fundament und einige Mauerreste zu sehen sind, stand früher die größte Synagoge Rigas, die Große Choralsynagoge (Greise Hor Shul). Am 4. Juli 1941, kurze Zeit nach der deutschen Okkupation, wurden darin etwa dreihundert Juden eingeschlossen, das Gotteshaus angezündet und niedergebrannt – es gab keine Überlebenden. Heute erinnern eine Gedenktafel und ein Gedenkstein an dieses Verbrechen.

Ehemaliges Rigaer Ghetto 51

Gogola iela/Ecke Lāčplēša iela, www.rumbala.org
Ein paar hundert Meter weiter gelangt man zu der auf einer Grünfläche stehenden Installation »Stundenglas«. Hier, wo heute nichts Auffälliges mehr darauf hinweist, begann das Rigaer

Ghetto, das zwischen Lāčplēša, Jēkab-pils und Maskavas iela lag und in das ab dem 25. Oktober 1941 knapp 30 000 Rigaer Juden von den deutschen Besatzern gesperrt wurden. Es existierte in dieser Form nur 35 Tage: Da die Konzentrationslager im Reichsgebiet bereits voll waren, entschloss sich die deutsche Führung, einen Teil der Juden nach Riga zu bringen. Zwischen dem Winter 1941 und dem Winter 1942 wurden mehr als 25 000 Juden nach Riga deportiert. Der erste Zug mit deutschen Juden traf hier am 30. November aus Berlin ein. Die 730 Verschleppten wurden, da das Ghetto in der Moskauer Vorstadt noch nicht geräumt war, am frühen Morgen in Rumbala erschossen. Noch am gleichen Tag, in Lettland als »Rigaer Blutsonntag« bekannt, sowie am 8. Dezember 1941, wurden, ebenfalls im Wald von Rumbala (s. S. 122) mindestens 25 000 Rigaer Juden aus dem Ghetto in der Moskauer Vorstadt von SS- und Polizeiangehörigen und lettischen Helfern erschossen. Danach bestand das Ghetto als Übergangslager bis zum Spätsommer 1943 fort.

Grebenschtschikow-Bethaus 52

Grebenščikova iela
Mithilfe der großzügigen Spenden des Kaufmanns Grebenščikov wurde 1814 das nach ihm benannte Bethaus erbaut. Es ist das zentrale Versammlungsgebäude der russischen Altgläubigen (s. S. 232) in Riga. Das mehrfach umgestaltete Hauptgebäude schmückt seit 1906 ein schlanker, in vereinfachten Formen der byzantinischen Baukunst errichteter Glockenturm mit einer vergoldeten Kuppel. Es ist die einzige vergoldete Kuppel in Riga – bei sonnigem Wetter ist sie schon von Weitem zu sehen. Im ersten Stock des Gebäudes befindet sich der große Gebetssaal mit kostbaren Ikonen aus dem 15. Jh.

Pardaugava

Pardaugava, der links der Daugava gelegene Teil Rigas, war jahrhundertelang sehr dünn besiedelt und galt als rückständig. Erst im 19. Jh., vor allem nach dem Bau von Steinbrücken, gewann dieses Gebiet an Bedeutung und es entwickelte sich ein städtisches Leben. Die Dichte der Sehenswürdigkeiten ist nicht groß, dennoch lohnt sich eine Besichtigung des Stadtteils. Gerade seine Uneinheitlichkeit, das Nebeneinander von alten, unrenovierten Holzhäusern, tristen sowjetischen Wohnsilos und hochmodernen Prestigebauten, vor allem am Ufer der Daugava, machen ihn interessant. Besuchenswert sind auch einige geschichtlich bedeutsame Orte.

Bahnhof Torņakalns

▶ Rückseite D 4
In der Nacht zum 14. Juni 1941 wurden rund 15 000 lettische Staatsbürger – darunter besonders viele Juden – als ›staatsfeindliche Elemente‹ in vergitterten Viehwaggons von Riga in den Gulag oder in die unwirtlichen Sonderansiedlungszonen Sibiriens deportiert. Einer zweiten Massendeportation um den 25. März 1949 fielen mehr als 42 000 Menschen zum Opfer. Die Fahrten in die Hölle begannen an den Bahnhöfen Rumbula sowie Torņakalns im gleichnamigen Stadtteil, wo ein Gedenkstein und ein Viehwaggon an dieses Verbrechen gegen die Menschheit erinnern.

Siegesdenkmal ▶ Rückseite D 4

Auf der anderen Seite der Bahngleise erstreckt sich der malerische Arkadien-Park mit seinen verschlungenen Wegen. Nicht weit von hier befindet sich im Siegespark (Uzvaras parks) das monumentale Siegesdenkmal (Uzvaras

Die Daugava im Abendlicht: Hansabanka-Hochhaus, Vanšu-Brücke und Großer Christoph

piemineklis). Es wurde 1985 von den Sowjets sozusagen als Gegenstück zum Freiheitsdenkmal (s. S. 102) errichtet und sollte dieses auch durch seine Dimension in den Schatten stellen. Mit 79 m Höhe ist es fast doppelt so hoch. Es erinnert an die Befreiung Lettlands von den Nationalsozialisten durch die Sowjetarmee. Eben deshalb ist es umstritten, denn die Letten betrachten die Sowjets keineswegs als Befreier. Alljährlich am 9. Mai versammeln sich hier Tausende russischsprachiger Anhänger der ehemaligen Sowjetunion, um ihrem Unmut über die Unabhängigkeit Lettlands Luft zu machen und rote Nelken niederzulegen.

Holzarchitektur in Āgenskalns
▶ Rückseite D 4

Vom Siegesdenkmal gelangt man über die Bariņu iela schnell ins Zentrum von Āgenskalns, das als historischer Mittelpunkt von Pardaugava gilt. Auf seinen kurvenreichen Straßen reihen sich viele hübsche, wenn auch größtenteils nicht restaurierte alte Holzhäuser aneinander, insbesondere auf der leider viel befahrenen **Nometņu iela.**

Seit 1997 gehört Riga nicht nur wegen seiner historischen Altstadt und der Jugendstilbauten in der Neustadt zum UNESCO-Welterbe, sondern auch wegen seiner Holzhäuser aus dem 18. und 19. Jh., die im gesamten Stadtzen-

Abends an der Daugava

Die stark befahrene Straße 11. novembra krastmala sollte einen nicht von einem Spaziergang entlang der Uferpromenade abhalten. Besonders schön ist es abends, wenn in der Ferne die Sonne untergeht und der Widerschein der nächtlichen Beleuchtung auf der Daugava schimmert. Ein guter Startpunkt ist beim Großen Christoph, einer Kopie des etwa 500 Jahre alten Originals (s. S. 94) – ein Wahrzeichen der Stadt. Ab hier wird die Promenade in Richtung Passagierhafen breiter. Hinter der Vanšu tilts finden – vor allem im Sommer – ab und an Märkte statt, manchmal legen auch historische Schiffe an. Geht man weiter in Richtung Eisenbahnbrücke, ist man näher an der Altstadt; in diesem Bereich liegen einige Ausflugsschiffe vor Anker.

trum rund um die Altstadt verteilt sind. Etwa 2000 gibt es, mehr als in jeder anderen europäischen Hauptstadt. Rund 500 von ihnen zählen zum Welterbe. Die große Anzahl verdankt sich dem Umstand, dass Zar Peter I. 1710 ein Verbot für den Bau von Steinhäusern außerhalb des Befestigungswalls erließ.

Leider ist heute ein Großteil der Holzhäuser dem Verfall preisgegeben. Den Eigentümern fehlt es meist an Geld für die teure Restaurierung. Eine neuartige Methode, die Holzhäuser zumindest vorläufig vor dem Verfall zu bewahren, ist eine Verblendung aus Glas. Mit einer solchen Schutzschicht wurden z. B. einige marode Bauten an der Kalnciema

iela versehen. Zwischen der Nometņu und der Melnsiela iela steht dort ein Ensemble von insgesamt 34 Gebäuden aus der zweiten Hälfte des 19. Jh., darunter auch das älteste Holzhaus der Stadt, das **Hartmana muižiņa** (Nr. 28). Sehr viele, teilweise jedoch recht verfallene Holzhäuser findet man übrigens auch in der Moskauer Vorstadt (s. S. 116).

Spaziergang auf der Insel Ķīpsala
▶ Rückseite D 3
Die kleine Insel Ķīpsala zwischen dem Passagierhafen und Pardaugava ist heute eher als Standort der Rigaer Messehallen bekannt. Dennoch lohnt es sich, auf dem Balasta dambis spazieren zu gehen, auf dem viele von reicheren Letten restaurierte Holzhäuser

stehen. Hier, wo bereits seit Anfang der 1970er-Jahre restauriert wird, kann man am ehesten erahnen, wie Riga aussehen könnte, wenn alle Holzhäuser restauriert wären. Außerdem hat man von hier einen wunderbaren Panoramablick auf den Passagierhafen und die Altstadt von Riga.

Außenbezirke

Zu einigen interessanten Friedhöfen und dem Villenvorort Mežaparks gelangt man mit der Straßenbahn Nr. 11 (ab K. Barona iela).

Friedhöfe

Großer Friedhof ▶ Rückseite E 3
Erster Halt der Straßenbahn ist nach ca. 10 Minuten an der Mēness iela der ehemalige Große Friedhof (Lielie kapi), auf dem viele bekannte Russen, Letten und Deutsche beerdigt sind. Die einst prächtige Friedhofsanlage wurde 1969 geschlossen und in einen Memorialpark umgewandelt.

Bruderfriedhof ▶ Rückseite E 3
Straßenbahn 8 oder 11 (Fahrzeit 15 Min.), Haltestelle Brāļu kapi
Der Bruderfriedhof (Brāļu kapi) ist nach dem Freiheitsdenkmal die bedeutendste lettische Gedenkstätte. Bereits während des Ersten Weltkriegs wurden hier gefallene lettische Soldaten bestattet. Die Gedenkstätte entstand 1924–36 nach einem Entwurf der Architekten Aleksandrs Birzenieks und Pēteris Feders, des Bildhauers Kārlis Zāle und des Landschaftsarchitekten Andrejs Zeidaks. Nach dem Zweiten Weltkrieg beerdigten die Sowjets auf dem Friedhof Gefallene der Roten Armee, später auch sowjetische Funktionäre, und schliffen von den Grabstei-

nen die Namenszüge lettischer Gefallener ab. Im Zuge der Restaurierung in den 1990er-Jahren wurden die Rotarmisten und Funktionäre auf einen anderen Friedhof umgebettet und die Grabsteine wieder hergestellt.

Mežaparks

Das schicke Villenviertel Mežaparks (Waldpark), vielen Deutschen auch als Kaiserwald bekannt, liegt am nordöstlichen Stadtrand Rigas links und rechts vom Kokneses prospekts. Anfang des 20. Jh. baute man hier eine Siedlung für reiche Leute, denen es im Zentrum zu eng und laut geworden war. In der Folge entstanden zahlreiche hübsche Villen unterschiedlicher Stilrichtungen. Besonders sehenswert sind jene in der rechts vom Kokneses prospekts abzweigenden Hamburgas iela.

Zoologischer Garten
▶ Rückseite E 2
Rīgas zooloģiskais dārzs, Haltestelle Mežparks, www.rigazoo.lv, Mitte April–Mitte Okt. tgl. 10–18, Mitte Okt.–Mitte April 10–16 Uhr, 4 LVL
Der idyllisch am Ķīžezers-See gelegene, 22 ha große Zoo wurde 1912 gegründet und gehört damit zu den ältesten Zoos in Europa. Fast 500 Tierarten sind hier zu sehen. Faszinierend ist u. a. die Reptiliensammlung im neuen Tropenhaus.

Waldpark ▶ Rückseite E 2/3
Am Zoo beginnt der Waldpark (Mežaparks), ein recht großer Kiefernwald mit einem gut ausgebauten Netz von Wegen, die sich nicht nur zum Spazierengehen, sondern auch zum Joggen, Fahrradfahren oder Inlineskaten eignen. Über die am Zoo verlaufende Atpūtas aleja gelangt man nach etwa 1 km zur riesigen, bis zu 12 000 Sänger und 30 000 Zuschauer fassenden **Frei-**

lichtbühne (Mežaparka lielā estrāde), in der u. a. alle fünf Jahre das lettische Liederfest veranstaltet wird. Biegt man auf dem Weg dorthin vorher rechts ab, gelangt man zum Ufer des Ķīžezers-Sees und zu einer Bootsanlegestelle (Laivu stacija), von der am Wochenende ein kleines Schiff nach Riga fährt (4 Std.; s. S. 131). Der **Ķīžezers-See** eignet sich außerdem gut für diverse Wassersportarten wie Wasserski-, Wakeboard- oder Jetskifahren (s. S. 131).

Museen

Ethnografisches Freilichtmuseum
▶ Rückseite F 3
Brīvības gatve 440, Bus bis Jugla, www.muzejs.lv, www.ltg.lv/deutsch/ brivdabas.muzejs, tgl. 10–17 Uhr, 1 LVL
Am Jugla-See (Juglas ezers) erstreckt sich das riesige Ethnografische Freilichtmuseum (Etnogrāfiskais brīvdabas muzejs), eines der bedeutendsten Museen Lettlands. Auf einer Fläche von ca. 80 ha stellt es mehr als hundert originale sowie rekonstruierte Gebäude der lettischen Bauernkultur aus. Das 1924 gegründete Museum ist das älteste Freilichtmuseum in Europa und gibt einen hervorragenden Einblick in die Entwicklung der kulturhistorischen Gebiete Lettlands, Kurzeme, Zemgale, Latgale und Vidzeme. Drei Holzkirchen, ein Wirtshaus, Windmühlen, Bauernhöfe, eine Schmiede und sogar ein komplettes kurisches Fischerdorf wurden aus allen Ecken des Landes hierher transportiert, die ältesten Häuser sind über 300 Jahre alt.

Motormuseum ▶ Rückseite E 3
Rīgas Motormuzejs, www.motor muzejs.lv, Bus 5 bis Motormuzejs, Bus 21 bis Pansionats oder Minibus 207, 216, 283 (Abfahrt an zentraler Minibus-Haltestelle Ecke Marijas iela/Elizabetes iela), tgl. 10–18 Uhr, 1,50 LVL

Handarbeitskultur wie ehedem: im Ethnografischen Freilichtmuseum von Riga

Das Motormuseum, das größte Museum seiner Art im Baltikum, ist für seine ausgezeichnete Sammlung über die Grenzen Lettlands hinaus bekannt. Mehr als 200 historische, meist sowjetische Fahrzeuge sind zu sehen, darunter Stalins Packard-Nachbau mit einer 5 cm dicken Panzerglasscheibe. Ein Besuchermagnet ist das Unfallauto des sowjetischen Parteichefs Leonid Breschnew. Auch Modelle aus der einst renommierten Fahrradfabrik von Riga gehören zur Sammlung.

Gedenkstätten bei Riga

Biķernieki ► Rückseite E 3

www.rumbula.org, mit Autobus 16 (z. B. ab Haltestelle Tērbatas iela) in 20 Min. bis Haltestelle Kapi im Biķernieki-Wald (Biķernieku mežs)
Etwa 100 m hinter der Haltestelle führt ein gepflasterter Weg nach rechts zu der 2001 eingeweihten Holocaust-Gedenkstätte (2. pasaules kara upuru kapi). Zwei Steine mit Inschriften informieren über die hier begangenen Verbrechen: Auf dem weitläufigen Gelände wurden zwischen 1941 und 1944 ca. 40 000 Juden aus ganz Europa sowie sowjetische Kriegsgefangene und andere ›staatsfeindliche Elemente‹ erschossen und in Massengräbern verscharrt. Im Zentrum der Gedenkstätte steht ein schwarzer Granitblock, um-

> **Buchempfehlung**
> **Andrej Angrick, Peter Klein:** Die ›Endlösung‹ in Riga, Darmstadt 2006. Eine sehr gut recherchierte Darstellung der grausamen Geschehnisse während der deutschen Besetzung Lettlands.

geben von Tausenden von Steinen, die an menschliche Gestalten gemahnen. Jenseits des Steinfelds führt ein Weg an den eingefassten Massengräbern im Wald entlang.

Rumbula ► Rückseite F 4

www.rumbula.org, ab Haltestelle gegenüber der Gedenkstätte Biķernieki mit Bus Nr. 15 (ca. 40 Min.)
Die Gedenkstätte Rumbula erinnert mit eindrucksvollen Skulpturen an fast 28 000 lettische Juden aus dem Rigaer Ghetto (s. S. 116), die am 30. November und 8. Dezember 1941 an dieser Stelle von den Nazis erschossen wurden.

Salaspils ► Rückseite G 5

Zug bis Dārziņi, dann ausgeschildert; per Auto über die Maskavas iela Richtung Daugavpils, vor Salaspils ausgeschildert
Das Polizei- und Arbeitserziehungslager Salaspils bestand von Ende 1941 bis Oktober 1944 und wurde von sowjetischen Kriegsgefangenen sowie deportierten Juden errichtet, von denen ein Großteil während des Arbeitseinsatzes starb. Nach seiner Eröffnung war es von seinen Bedingungen her einem deutschen Konzentrationslager vergleichbar. Die Opferzahlen sind bis heute nur schwer ermittelbar: Vermutlich haben etwa 12 000 Menschen das Lager durchlaufen, mindestens 3000 von ihnen kamen hier um. Der Anteil von Kindern soll dabei außergewöhnlich hoch gewesen sein. Um das Andenken an die Opfer des faschistischen Terrors für immer zu bewahren, wurde 1966/67 an der Stelle des Lagers die Gedenkstätte Salaspils errichtet. Sieben überdimensionale Steinfiguren erinnern heute auf dem Gelände, wo min-

destens 15 Baracken gestanden haben sollen, an die hier zu Tode Gekommenen. Mit beständigem dumpfem Klopfen durchbricht ein in einen schwarzen Marmorblock eingelassenes Metronom die Stille.

Übernachten

Während in Riga im Luxussegment viele neue Häuser entstanden sind, gibt es nach wie vor nur eine sehr begrenzte Anzahl preiswerter Hotels. Man sollte daher frühzeitig reservieren (www.all hotels.lv). Eine gute Alternative sind B & B-Unterkünfte (www.baltikuminfo. de) und Jugendherbergen (www.hostellinglatvia.com). Die angegebenen Preise gelten für die Hochsaison.

Altstadt

Kühle Eleganz – **Hotel Centra** **1**: Audēju 1, Tel. 67 22 64 41, www.centra.lv, Tram 5, 7, 9 bis Nacionālā opera, DZ 84 LVL. Das modern gestaltete Haus mitten in der Altstadt – in der Nähe zahlreicher Kneipen und Bars – besitzt schlichte, aber zweckmäßige und komfortable Zimmer.

Gediegen-komfortabel – **Hotel Konventa Sēta** **2**: Kalēju 9/11, Tel. 67 08 75 01, www.konventa.lv, Tram 5, 7, 9 bis Nacionālā opera, DZ ab 67 LVL. Mittelpunkt des historischen Konventhofs ist das Hotel mit seinen 141 Zimmern, die sich in neun miteinander verbundenen mittelalterlichen Gebäuden aus dem 14.–16. Jh. befinden. Die behaglichen Zimmer sind im skandinavischen Stil eingerichtet.

Einfach, aber zentral – **Radi un Draugi** **3**: Mārstaļu 1/3, Tel. 67 82 02 00, www. draugi.lv, Tram 5, 7, 9 bis Nacionālā opera, DZ 52 LVL. Von solchen Hotels müsste es mehr geben in Riga: 76 einfache, aber ordentliche und komfortable Zimmer in freundlicher Atmosphäre

Stadtmagazine

… mit Veranstaltungshinweisen sowie sonstigen wichtigen Infos und Adressen gibt es bei der Touristeninformation, an Hotelrezeptionen oder am Kiosk, z. B. »Riga in your pocket«, »Riga This Week«, »Welcome!« und »riga NOW!«. Sie erscheinen in regelmäßigen Abständen und sind sehr preiswert.

im Herzen der Altstadt. Das für sein gutes Preis-Leistungs-Verhältnis bekannte Hotel ist meist ausgebucht, deshalb unbedingt rechtzeitig reservieren!

Neustadt

Exquisites Design – **Hotel Bergs** **4**: Elizabetes 83/85 (Berga bazārs), Tel. 67 77 09 00, www.hotelbergs.com, Tram 1, 3, 6, 8, 11 bis Kalniņa iela, App. für 2 Pers. 173 LVL. Das Hotel in einem restaurierten Backsteingebäude (19. Jh.) präsentiert sich in modernem Design, aufgelockert mit afrikanischen Kunstwerken und alten Kaminen. Die Appartements sind sehr groß, die Preise halten sich, in Relation zum gebotenen Luxus, im Rahmen.

Skandinavisches Flair – **Hotel Valdemars** **5**: Valdemara 23, Tel. 67 33 44 62, www.valdemars.lv, Trolleybus 3 bis Lāčplēša iela, DZ ab 88 LVL. Hinter der beeindruckenden Jugendstilfassade des Hotels in Familienbesitz verstecken sich komplett renovierte Zimmer im skandinavischen Stil mit sorgfältig ausgesuchten Möbeln. Empfehlenswert sind auch Bar und Restaurant.

Modern mit Kirchblick – **Hanza Hotel** **6**: Elijas 7, Maskavas Forštate, Tel. 67 79 60 40, www.hanzahotel.lv, Tram 3, 7, 9 bis Turgeneva iela, DZ 75 LVL. Das 2006 eröffnete Hotel befindet sich in der Moskauer Vorstadt – genau gegenüber der hölzernen Jesuskirche (s. S. 116). Die geräumigen, hellen Räume

Lieblingsort

Zentralmarkt 11 – Paradies für kulinarische Entdecker

Auf dem Centrāltirgus, dem größten Markt Lettlands, einzukaufen ist ein Erlebnis: In fünf riesigen Hallen gibt es eine atemberaubende Auswahl an Fisch, Fleisch, Gemüse und Obst und auch sonst fast alles für das tägliche Leben. Wegen ihres überwältigenden Angebots ist die Fischhalle ganz besonders interessant. In einer der Hallen sollte man unbedingt etwas probieren, z. B. selbst gemachtes Sauerkraut, das in allen möglichen Varianten zu haben ist. Auch die 35 m hohen Hallen selbst sind bemerkenswert: Für die Dächer wurden Teile zweier Zeppelinhangars vom Luftschiffhafen Wainoden (Vaiņode, Kurzeme) verwendet, der nach dem Ersten Weltkrieg an Lettland gefallen war. Nach seiner Eröffnung 1930 war der Rigaer Markt der größte und modernste in ganz Europa (weitere Infos s. S. 130).

vermitteln eine angenehme Wohnatmosphäre und die Innenstadt ist zu Fuß in 15 Minuten zu erreichen.

Jugendstil im Hinterhof – **Hotel Laine**
7: Skolas 11, Tel. 67 28 88 16, www.laine.lv, Trolleybus 3 bis Lāčplēša iela, DZ ab 60 LVL. Etwas versteckt im Hinterhof eines Jugendstilgebäudes beim Park Esplanāde gelegen, bietet dieses kleine, ruhige Hotel guten Komfort. Die meisten Zimmer haben ein eigenes Bad. Die Zimmer in den oberen Stockwerken bieten teilweise einen schönen Blick auf die Stadt.

Gemütliche Stille – **Lenz Bed and Breakfast 8**: Lenču 2, Tel. 67 33 33 43, www.lenz.lv, Trolleybus 1, 19 bis Dzirnavu iela, DZ 45 LVL. Wer weiß schon, dass sich der Dichter Jakob Michael Reinhold Lenz, ein Zeitgenosse von Goethe, 1780 in Riga aufhielt? Hieran erinnern die Lenču iela und das Bed & Breakfast Lenz. Es liegt nur einen Steinwurf vom zentralen Jugendstilviertel entfernt und bietet 25 unterschiedlich gestaltete, angenehm ruhige und saubere Zimmer an.

Behaglich-familiär – **Homestay 9**: Stokholmas 1, Mežaparks, Tel. 67 55 30 16, mobil 26 46 41 13, www.homestay.lv, Tram 8, 11 bis Visbijas iela, Fahrzeit ca. 20 Min., DZ ab 28 LVL. Wer auf Reisen das Gefühl von Heimat oder Heimeligkeit haben möchte, sollte das Homestay wählen: Mitten im eleganten Villenvorort Mežaparks steht ein schmuckes Holzhäuschen, in dem die Lettin Diga mit ihrer Mutter und ihrem neuseeländischen Partner Ric lebt und Gästen drei gemütliche Zimmer zur Verfügung stellt. Gekocht und gegessen wird in einer Gemeinschaftsküche.

Alternativ-künstlerisch – **Singalong 10**: Andrejostas 4, mobil 26 34 50 98, www.singalong.lv, Tram 5, 7, 9 bis Auseķļa iela oder Petersalas iela, dann zu Fuß ca. 10 Min., DZ ab 25, Mehrbettzimmer ab 11 LVL/Pers. Aus einem ehemaligen Zollhaus am alten Exporthafen Andrejsala hat eine Künstlergruppe eine faszinierende Herberge für seine ›Artists in Residence‹, aber auch für interessierte Touristen erschaffen. Die zehn Zimmer des von alten sowjetischen Industrieanlagen umgebenen Gebäudes sind völlig unterschiedlich gestaltet. Luxus sieht sicher anders aus, aber die kreative Energie des Ortes inspiriert.

Essen & Trinken

In den meisten Restaurants hat sich auch die internationale Küche etabliert, dennoch überwiegen noch die einheimischen Speisen, die bei entsprechender Zubereitung ausgezeichnet schmecken. Die guten Restaurants sind vor allem am Wochenende und in der Spitzensaison oft ausgebucht. Daher empfiehlt sich eine Reservierung.

Altstadt

Gediegene Spitzenklasse – **Otto Schwarz 1**: Kaļķu 28 (im Hotel de Rome), Tel. 67 08 06 00, www.derome.lv, Tram 5, 7, 9 bis Nacionālā opera, tgl. 12.30–23 Uhr, Hauptgerichte um 15, Mittagsmenü ab 8 LVL. Auf der Speisekarte eines der elegantesten Restaurants Rigas finden sich überwiegend Rezepte aus der klassischen Küche, aber auch Kreationen von Küchenchef Roberts Smilga. Bei einem Wein aus dem vermutlich größten Weinkeller der Stadt lässt sich die einzigartige Aussicht auf das Freiheitsdenkmal noch besser genießen.

Gehobene Küche – **Gutenbergs 2**: Doma laukums 1, Tel. 67 81 40 90, www.gutenbergs.lv, Tram 1, 2, 4, 5, 8, 10 bis Grēcinieku iela, Mo–Fr 12–22, Sa/So 16–22 Uhr, Hauptgerichte um 13 LVL. Der Besuch des zum gleichnamigen Hotel gehörenden Lokals lohnt vor allem wegen der Terrasse im 5. Stock, von der man einen einzigartigen Blick auf Daugava, Dom und die Dächer der Altstadt genießt. Die Küche ist international, Küchenchef Krists Ulass und sein Team haben schon mehrere Wettbewerbe in Lettland gewonnen.

Echtes Mittelalter – **Rozengrāls** **3**: Rozena 1, Tel. 67 22 47 48, www.rozengrals.lv, Tram 1, 2, 4, 5, 8, 10 bis Grēcinieku iela, tgl. 12–24 Uhr, Hauptgerichte um 11 LVL. Das Restaurant ist in einem der schönsten Gewölbekeller der Stadt untergebracht, der in Rigas schmalster Straße liegt und schon 1293 als Weinkeller bzw. für Feierlichkeiten des Rathauses genutzt wurde. Heute serviert hier mittelalterlich gekleidetes Personal bis zu 150 Gästen ausschließlich Speisen aus jener Zeit: Reh, Hirsch,

Hase, Wildtaube, auch etliche Fischgerichte und vegetarische Menüs.

Europäische Küche – **Juffin's 12** **4**: Aldaru 10, Tel. 67 22 42 71, www.juffins12.lv, tgl. 11–23 Uhr, Tram 5, 7, 9, bis Nacionālais teātris, Hauptgerichte um 8 LVL. Ein wunderbarer Ort zum Ausspannen nach einem Altstadtspaziergang. Alte Holzbalken und freigelegte Backsteinmauern verleihen dem Lokal in einem Gebäude aus dem 15. Jh. eine freundliche Atmosphäre. Von den sechs Tischen an der Straße hat man einen bezaubernden Blick auf das Schwedentor und die Aldaru iela. Die europäisch ausgerichtete Küche wird in großzügigen Portionen angerichtet und ist ihren Preis wert.

Deftig-lettisch – **Alus arsenāls** **5**: Pils laukums 4 (Eingang Arsenāla iela), Tel.

Mein Tipp

1000-mal Lettland kulinarisch – LIDO atpūtas centrs

Jeder Lette kennt die Geschichte des LIDO-Gründers Gunārs Kīrsons, der es vom Barkeeper zum Multimillionär gebracht hat. Seine Restaurantkette ist quasi die lettische Antwort auf die internationalen Fastfood-Unternehmen. In allen LIDO-Restaurants ist das Ambiente ähnlich – eine Imitation des ländlichen Lettland: viel Holz, viel Volksmusik aus der Konserve. Einer der größten Rundholzblockbauten des Baltikums – mit Windmühle – beherbergt das LIDO Atpūtas centrs (LIDO-Erholungszentrum). Über 1000 lettische Speisen und Gerichte aus den ehemaligen Sowjetrepubliken, dazu herrliches, frisch gebrautes Bier werden angeboten – alles zu günstigen Preisen. Wer hier gegessen hat, kann von sich behaupten, einen Überblick über die lettische Küche gewonnen zu haben.

Damit es Kindern und Jugendlichen nicht langweilig wird, hat man außerhalb des Gebäudes einen großen Vergnügungspark mit Rollschuhbahn eingerichtet. Auch die Eltern kommen auf ihre Kosten: Ab 19, manchmal auch bereits 14 oder 18 Uhr gibt es Live-Musik. In einem Souvenirshop kann man alle handelsüblichen lettischen Souvenirs erwerben (**LIDO atpūtas centrs:** Krasta 76, Krasta rajons, Tel. 67 50 44 20, www.ac.lido.lv, tgl. 10–23, Vergnügungspark 12–21 Uhr, Tram 3, 7, 9 bis LIDO atpūtas centrs oder Bus 17E von 13. janvāra iela bis Endstation, z. B. Hühnerfilet mit Gemüse 2,30 LVL).

Vom (Blümchen-)Kleid bis zu Jugendstilmöbeln – in Riga bleibt kein Wunsch unerfüllt

67 32 26 75, www.alus-arsenals.lv, Tram 5, 7, 9 bis Nacionālais teātris, tgl. 11–24 Uhr, Hauptspeisen um 7 LVL. Das Kellerlokal mit überdachter Terrasse nahe dem Rigaer Schloss bietet eine große Auswahl typisch lettischer Gerichte, u. a. Schweineschnauze mit Sauerkraut oder Schweinekeule mit geschmortem Kohl und Bratkartoffeln, aber auch Vegetarisches.

Lettische Hausmannskost – **Alus Sēta 6**: Tirgoņu 6, Tel. 67 22 24 31, www.lido.lv, Tram 1, 2, 4, 5, 8, 10 bis Grēcinieku iela oder Tram 5, 7, 9 bis Nacionālā opera, tgl. 11–1 Uhr, Hauptgerichte um 4 LVL. Eigentlich ist Alus Sēta ein Selbstbedienungsrestaurant der LIDO-Kette (s. S. 127), in dem man gute lettische Kost zu akzeptablen Preisen bekommt. Im hinteren Teil befindet sich aber außerdem eine abgetrennte Kneipe, in der man das süßlich schmeckende LIDO-Bier probieren kann.

Neustadt

Modernes Fischrestaurant – **Gastronome 7**: Brīvības 31, Tel. 67 77 23 56, www.gastronome.lv, Trolleybus 7, 14 bis Tērbatas iela, tgl. 11–23 Uhr, Hauptgerichte um 12 LVL. Das Fischrestaurant im neuen Anbau des Reval Hotel Latvia gehört zu den Highlights der Rigaer Restaurantszene. Es zieht vor allem lettische und russische Geschäftsleute an, die hier trotz des elegantmodernen Interieurs eine gemütliche Atmosphäre vorfinden. Neben lokalen Spezialitäten werden frische Austern, Thun- oder Schwertfischsteaks und Hummer serviert.

Französisches Weinlokal – **Saint Germain 8**: Antonijas 9, Tel. 67 33 40 19, www.saintgermain.lv, Trolleybus 1, 19 bis Dzirnavu iela oder Tram 5, 7, 9 bis Ausekļa iela, tgl. 11–24 Uhr. Hauptgerichte um 10 LVL. Das im Souterrain eines Jugendstilhauses untergebrachte

Restaurant erinnert mit den auf alt gemachten Weinplakaten an einen Weinkeller. Ein Besuch lohnt besonders bei schönem Wetter, wenn man auf der Terrasse sitzen kann.

Nochmal LIDO-Hausmannskost – **Vērmanītis 9**: Elizabetes 65, Tel. 67 28 62 89, www.lido.lv, Tram 1, 3, 6, 8, 11 bis Kalniņa iela oder Trolleybus 1, 7, 14 bis Tērbatas iela, Mo–Sa 10–23, So 10–22 Uhr, Hauptgerichte um 4 LVL. Das vielleicht am schönsten gelegene Restaurant der LIDO-Kette (s. S. 127) liegt direkt am Wöhrmannschen Garten. Alles wird frisch zubereitet und ständig kontrolliert. Zur Mittagszeit ist das Lokal meist brechend voll.

Einfach günstig – **Osīriss 10**: Barona 31, Tel. 67 24 30 02, Tram 1, 3, 6, 8, 11 bis Gertrudes iela, Mo–Fr 8–24, Sa/So 10–24 Uhr, Hauptgerichte um 3 LVL. Osīriss ist auf Omelettes in allen Variationen spezialisiert, hat aber auch Sandwiches und sogar Hafergrütze im Programm. Viele Intellektuelle und Künstler, z. B. vom Jaunais Rīgas teātris, kommen hierher. Im Hintergrund läuft meist klassische Musik.

Einkaufen

Die meisten interessanten Geschäfte liegen in Vecrīga. Bis auf die neue, mehrstöckige Einkaufspassage Galerija Centrs (s. S. 130) haben sich hier vor allem kleinere Läden angesiedelt. Von Haute Couture bis hin zu antiquarischen Büchern ist alles zu finden. In der sich nordöstlich der Altstadt ausbreitenden Neustadt (Centrs), vor allem rund um die Brīvības, Tērbatas und K. Barona iela siedeln sich derzeit immer mehr Filialen bekannter Modelabels an. Hier einige typisch Rigaer Shops:

Süßes – **Emihls Gustavs chokolate 1**: Aspazijas bulvaris 24, Tel. 67 22 83 33, www.sokolade.lv, Tram 5, 7, 9 bis Na-

cionāla opera, Mo–Sa 9–22, So 11–21 Uhr. Die edle, in den 1990er-Jahren von einer jungen, ambitionierten Geschäftsfrau gegründete Konfiserie erfreut sich großer Beliebtheit. Ein guter Einfall war es, die Produktion hinter einem Schaufenster stattfinden zu lassen, um das Publikum von der Straße ins Café zu holen.

Jugendstil – **Art Nouveau Riga 2**: Strēlnieku 9, Tel. 28 36 71 12, www.art nouveauriga.lv, Trolleybus 1, 19 bis Dzirnavu iela oder Tram 5, 7, 9 bis Auseķļa iela, tgl. 8–19 Uhr. Rigas einziger Souvenirshop, der sich ausschließlich dem Thema Jugendstil widmet. Von Miniaturausgaben der attraktivsten Häuserfassaden über Postkarten und Bücher bis hin zu einigen originalen Jugendstilmöbeln ist hier fast alles zu haben, was mit Rigaer Jugendstil zu tun hat.

Bücher, Karten und CDs

Antiquariat – **Jumava 3**: Vāgnera 12, Tel. 67 22 76 29, Tram 5, 7, 9 bis Nacionālā opera, Mo–Fr 10–18, Sa 10–17 Uhr. Spannende Auswahl lettischer, russischer und deutscher Bücher, von denen einige vermutlich nur noch hier erhältlich sind.

Volksmusik und mehr – **Upe 4**: Vāgnera 5, Tel. 67 22 61 19, www. upett.lv, Tram 5, 7, 11 bis Nacionālā opera, Mo–Fr 11–19, Sa 10–16 Uhr. Überwiegend Volksmusik aus aller Welt

Virtueller Stadtrundgang

Eine ausgezeichnete Website hat die Stadt Riga in Zusammenarbeit mit der UNESCO eingerichtet: www.vecriga. info. Hier werden die wichtigsten Sehenswürdigkeiten der Rigaer Altstadt – visualisiert und mit Infotexten versehen – vorgestellt, bisher neben Lettisch und Russisch leider nur auf Englisch.

und lettische CDs, auch Verkauf von traditionellen Instrumenten und Souvenirs. Weitere Filialen: Vaļņu 26, Tel. 67 20 55 09, Mo–Sa 10–21, So 11–18 Uhr; K. Barona 37, Tel. 67 29 52 44, Mo–Sa 10–20, So 11–18 Uhr.

Lesestoff – **Valters un Rapa** `5`: Aspazijas 24, Tel. 67 22 74 82, www.valters unrapa.lv, Tram 5, 7, 11 bis Nacionālā opera, Mo–Fr 9–21, Sa 10–21, So 10–16 Uhr. Der dreistöckige Buchladen zählt zu den größten im Baltikum; riesige Auswahl an lettischer und russischer Literatur, aber auch englisch- und deutschsprachige Bücher.

Karten & Pläne – **Jāņa Sēta** `6`: Elizabetes 83/85, Tel. 67 24 08 92, www.kar tes.lv, Tram 1, 3, 6, 8, 11 bis Kalniņa iela, Mo–Fr 10–19, Sa 10–17 Uhr. Der bedeutendste Kartenverlag Lettlands bietet neben einer außerordentlich großen Auswahl an Landkarten und Stadtplänen – nicht nur vom Baltikum – auch Reise- und Stadtführer sowie Bildbände.

Mode

Modedesign – **Chapurin** `7`: Jēkaba 3/5, Tel. 67 22 88 62, www.chapurin.com, Tram 5, 7, 9, bis Nacionālais teātris, Mo–Fr 11–19, Sa 11–17 Uhr. Die stilvollen, eleganten Kollektionen des russischen Modedesigners Chapurin haben in den letzten Jahren alle großen Laufstege der Welt erobert. Bisher gibt es nur zwei Boutiquen von ihm, eine in Moskau, die andere in Riga.

Traditionell & modern – **Anna Led** `8`: Dzirnavu 57, Tel. 29 40 40 16, www. annaled.com, Trolleybus 1, 7 bis Tērbatas iela, Mo–Fr 10–19, Sa 10–18 Uhr. Anna Led, eine der bekanntesten lettischen Modedesignerinnen, hat sich auch international einen Namen gemacht. Ihre Spezialität ist die Verarbeitung traditionell gewebter Woll- und Leinenstoffe zu hochmodernen Kleidungsstücken.

Einkaufszentren und Märkte

Galerija Centrs `9`: Audēju 16, Tel. 67 01 80 18, www.galerijacentrs.lv, 1. Stock 8–22, 2.–4. Stock 10–22 Uhr. Rigas zentralstes Kaufhaus, mit einem RIMI-Supermarkt sowie zahlreichen trendigen Shops und Cafés.

Berga bazārs `10`: s. S. 110.

Zentralmarkt (Centrāltirgus) `11`: Centrāltirgus 1 (Maskavas Forštate), www. centraltirgus.lv, Di–Sa 7–18, So/Mo 7–17 Uhr, Tram 3, 5, 7 bis Centrāltirgus, s. Lieblingsort S. 124.

Latgales-Markt (Latgales tirgus) `12`: Sadovņikova 9 a (Maskavas Forštate), Trolleybus tgl. 8–17 Uhr. Wird einem in Riga etwas gestohlen – hier kann man es vielleicht zurückkaufen. Auf dem etwas zwielichtigen Markt bekommt man aber auch alte deutschsprachige Bücher, Souvenirs aus Sowjetzeiten, z. B. Militäruniformen, billige Software, Musik u. v. m.

Aktiv & Kreativ

Stadtführungen

Maik Habermann: www.riga-tour.de. Individuelle deutschsprachige Führungen zu verschiedenen Themen.

Faritour: www.sightseeing.lv. Altstadtführungen auf Deutsch; das ganze Jahr über findet man einige Faritour-Mitarbeiter zwischen 11.30 und 13 Uhr vor dem Okkupationsmuseum auf dem Rātslaukums (s. S. 98, unter einem gelben, großen Sonnenschirm, 8–15 LVL/ Pers. je nach Größe der Gruppe).

LiteraTour: Tel. 67 55 49 42 oder 29 50 67 19, www.literatur.lv. Dauer: ca. 2 Std., 7 LVL/Pers. In Altstadtgassen und Parks, auf Hinterhöfen, Plätzen und Brücken rezitiert Matthias Knoll (s. S. 76) aus seinen Übersetzungen von Werken lettischer Schriftsteller: Gedichte, Passagen aus Romanen, Erzählungen, Versepen und Theaterstücken.

Mein Tipp

Zur Massage ins Tages-Spa – Wellness in Riga

Nicht nur in Jūrmala, sondern auch in Riga knüpft man an die große Zeit der Bade- und Entspannungskultur Ende des 19. Jh. an. So wurden in letzter Zeit mehrere Tages-Spas eröffnet, die sehr gut ankommen, z. B.: **Aqua Villa SPA 1**, Tirgoņu 11, Tel. 67 81 46 86, www.aquavillaspa.lv, 1 Std. Ganzkörpermassage 31 LVL. Rigas neuestes Tages-Spa befindet sich in der obersten Etage der Galerija Centrs **9** im Herzen der Altstadt: **Kolonna SPA,** Audēju 16, Tel. 67 01 80 34, www.kolonnaspa.lv, 1 Std. Ganzkörpermassage 30 LVL. Ebenfalls relativ neu ist das am Kronvālda parks liegende **Taka SPA 2**, Kronvalda bulv. 3 a, Tel. 67 32 31 50, www.takaspa.lv, 1 Std. Ganzkörpermassage 45 LVL. Noch erwähnt sei, dass es in Riga außerdem zahlreiche Schönheitssalons gibt – die lettischen Frauen achten sehr auf ihr Äußeres und nehmen dafür in Relation zu ihrem Gehalt enorme Kosten in Kauf.

Stadtrundfahrten

Es gibt verschiedene Anbieter von Hop-on-Hop-off-Rundfahrten (man kann an verschiedenen Stationen ein- bzw. aussteigen). Die Rundfahrten von **Citytour** (www.citytour.lv) starten tgl. um 10, 12, 14 und 16 Uhr vom Rātslaukums. Mit einer Straßenbahn von 1901, der **Retro tramvajs,** (www.rigatourism.lv, Stichwort »Sehenswürdigkeiten«) werden zwei geführte Touren (auf Lettisch oder Englisch) zum Thema Jugendstil angeboten – eine in Richtung Auseķla iela, die andere nach Mežaparks. Abfahrt Di–So 12–16 Uhr etwa halbstündlich an der Nationaloper in der Radio iela.

Bootstouren

Ausflugsboot »Jelgava«: Tel. 29 55 44 05, Abfahrt zwischen Akmens tilts und Dzelzceļa tilts (Eisenbahnbrücke). Verkehrt nur Mai–Okt.: Mo–Fr 11–18.30 Uhr 1-stündige Panoramafahrten (3 LVL), Fahrten zur Rigaer Bucht tgl. 20 Uhr (5 LVL), Sa/So Panoramafahrten (11 und 12.30 Uhr) sowie Fahrten zur Rigaer Bucht (14, 17, 20 Uhr).

Ausflugsboot »Liepāja«: Tel. 29 53 91 84, Abfahrt zwischen Akmens tilts und Vanšu tilts gegenüber dem Supermarkt Maxima. Mai–Okt. Mo–Fr 11–17 Uhr 1-stündige Panoramafahrten (3 LVL), 2-stündige Ausflüge zur Rigaer Bucht tgl. 19 Uhr (5 LVL), Sa/So 4-stündige Fahrten nach Mežaparks (Villenviertel und Park am Ķīžezers-See, 10 LVL).

Wellness und Sport

Rad und Boot – **Aktīvās atpūtas centrs 3:** Pāvu iela (Stadtteil Mežaparks), Tel. 29 55 41 55, www.aac.lv, Tram 8, 11 bis Mežaparks (Fahrtzeit ca. 20 Min.), Mo–Sa 10–22 Uhr. Fahrräder und Boote jeglicher Art stellt AAC am Ufer des Ķīžezers-Sees in Mežaparks bereit, u. a. Ruder- und Paddelboote, Kanus, Surfbretter, Wasser-Motorräder. Auch Wasserski ist möglich.

Freizeitpark – **Go Planet 4:** Astras 2 b (Stadtteil Purvciems), Tel. 67 14 63 46, www.goplanet.lv, Trolleybus 17, 23 bis Haltestelle Mēbeļu nams, Mo, Mi–Do 14–24, Di 18–24, Fr 14–1, Sa 11–1, So 11–24 Uhr. Mit über 15 000 m² eines der

größten Entertainment-Zentren des Baltikums; u.a. Go-Kart-Bahn, Laser-Schild-Labyrinth, Formel-1-Simulator, das einzige 4D-Kino Osteuropas, Virtual-Reality-Geräte, Billardtische, Spiele für Kinder u.v.m. Drei Bars, ein Kindercafé und ein Restaurant.

Saunen – **Baltã pirts** 5: Tallinas 71, (Stadtteil Grīziņkalns), Tel. 67 27 17 33, www.baltapirts.lv, Trolleybus 5 bis Krāsotāju iela, Mi–So 8–21 Uhr (letzter Einlass 20 Uhr), 6 LVL. Die nach einer Renovierung kürzlich neu eröffnete Sauna existiert bereits seit 1908.

Abends & Nachts

In puncto Nachtleben kann sich Riga inzwischen mühelos mit den Metropolen Westeuropas messen. Da es keine Sperrstunde gibt, haben viele Bars, Clubs und Kneipen bis in den frühen Morgen geöffnet. In allen Kneipen kann man übrigens sehr gut essen.

Altstadt

Cocktails – **B-Bars** 1: Doma laukums 2, Tel. 67 22 88 42, www.balsambars.lv, Tram 1, 2, 4, 5, 8, 10 bis Grēcinieku iela, So–Mi 11–24, Do 11–1, Fr/Sa 11–3 Uhr. In der beliebten Bar sollte man unbedingt den berühmten Kräuterlikör »Rigaer Schwarzer Balsam« (s. S. 26) als Bestandteil eines Cocktails versuchen.

Relaxed – **I love you** 2: Aldaru 9, Tel. 67 22 53 04, www.iloveyou.lv, Tram 5, 7, 9 bis Nacionālais teãtris, Mo–Do 10–24, Fr 10–1, Sa/So 12–24 Uhr. Ein richtiger Insider-Tipp zum Wohlfühlen: Gemütliche Sofas, gute Cocktails und ausgesuchte alternative Musik sind die Stichwörter für die Bar, zu der man vermutlich nach dem ersten Besuch im Geiste sagen wird: I love you.

Relaxen oder das Discolife genießen – an Ausgehspots mangelt es in Riga nicht

Top – **Lounge 8** 3: Vaļņu 19, Eingang Gleznotāju iela, Tel. 67 35 95 95, www.lounge8.lv, Tram 5, 7, 9 bis Nacionālā opera, So–Mi 12–24, Do–Sa 12–3 Uhr. Eine der besten Cocktailbars Rigas. Sie ist geräumig, mit Palmen, modernen Sofas und farbigen Lampen ausgestattet und schafft die perfekte Atmosphäre zum Auspannen, z.B. bei einem Rhabarber-Martini.

Tequila mit Klingel – **Tequila Boom** 4: Mazā pils 11, Tel. 67 22 70 06, Tram 5, 7, 9 bis Nacionālais teãtris, Mo–Fr 11–2, Sa 12–2, So 12–1 Uhr. Beliebte Bar, die am Wochenende immer sehr voll ist. Mit dem Tequila bringt der Kellner auch eine Fahrradklingel auf einer Metallplatte, mit der die Gäste dem Wirt Bescheid geben, wenn sie Nachschub haben möchten.

Jenseits des Mainstream – **Pulkvedim Neviens Neraksta** 5: Peldu 26/28, Tel. 67 21 38 86, www.pulkvedis.lv, Tram 1, 2, 4, 5, 8, 10 bis Grēcinieku iela, Mo–Do 20–3, Fr/Sa 20–5 Uhr, Fr/Sa 3 LVL. Für Bars oder Clubs wählt man im Baltikum gern ungewöhnliche Namen – dieser bedeutet: ›Der Oberst hat niemand, der ihm schreibt‹ und zitiert den Titel eines Romans von Gabriel García Márquez. Der Club bedient die Anhänger von Musik jenseits des Mainstreams und organisiert hin und wieder Live-Konzerte. Doch in erster Linie ist er eine alternative Disco mit einem bunt gemischten Publikum. Im Keller gibt es einen Chillout-Raum.

Neustadt

Promi-Treff – **Sarkans** 6: Stabu 10, Tel. 67 27 22 86, www.sarkans.lv, Trolleybus 4, 7, 14, 17, 21 bis Lāčplēša iela, Mo–Do 10–24, Fr 10–4, Sa 12–4 Uhr. Sarkans ist einer der coolsten Plätze in Riga; regelmäßig finden sich hier auch lettische Prominente ein. Die stilvolle, etwas kühle Einrichtung verleiht dem Ganzen einen edlen, selbstbewussten

Charakter. Neben einer Bar gibt es auch eine Disco und ein Restaurant.

Riga aus der Luft – **Skyline Bar** `7`: Elizabetes 55, Tel. 67 77 23 45, www.revalhotels.com Trolleybus 1, 7 bis Tērbatas iela, So–Do 15–2, Fr/Sa 15–3 Uhr. Reval Hotel Latvija, das größte Hotel des Baltikums, kann nicht mit individuellem Flair dienen, dafür mit einer grandiosen Aussicht aus der Skylinebar im 26. Stock, die auch Nicht-Hotelgäste genießen dürfen. Allein die Fahrt mit dem Panorama-Fahrstuhl hinauf ist ein Erlebnis. In der schicken Konzeptbar einen Cocktail zu schlürfen und Riga aus der Vogelperspektive zu betrachten ist den recht hohen Preis allemal wert.

Jeder nach seinem Gusto – **Golden Bar** `8`: Ģertrūdes 33/35, Tel. 25 50 50 50, www.goldenbar.lv, Tram 1, 3, 6, 8, 11 bis Ģertrudes iela, So–Do 17–2, Fr/Sa 17–5 Uhr. Laut dem Motto der Betreiber soll dies ein Ort sein, an dem kulturelle Vielfalt und Offenheit herrschen. Homowie Heterosexuelle sind in der Bar willkommen; stilvolles Interieur, Tanzfläche, Lounge, in der Chillout-Klänge zu hören sind, sowie separate Raucher-Lounge.

Unterhaltung

Kino ›Riga‹ `9`: Elizabetes 61, Tel. 67 28 11 05, www.cinema-riga.lv, Trolleybus bis Tērbatas iela. Filme aus den USA, Russland und Lettland.

Lettische Nationaloper `33` (Latvijas Nacionālā Opera): s. S. 79 und 103.

Neues Rigaer Theater `38` (Jaunais Rīgas teātris): s. S. 77 und 106.

Infos & Termine

s. auch S. 89

Termine

Handwerkerjahrmarkt (Anfang Juni): im Ethnografischen Freilichtmuseum (s. S. 121). Kunsthandwerker aus allen Provinzen Lettlands präsentieren ihre Arbeiten. Auch Musik- und Tanzaufführungen sowie traditionelle Speisen.

Internationales Opernfestival (Mitte Juni): Tel. 67 07 38 20, www.opera.lv. Hochkarätig besetztes Sommerfestival der Nationaloper.

Kremerata Baltica Festival (Ende Juni): Tel. 67 97 25 46, www.kremerata-baltica.com. Das von dem berühmten Geiger Gidon Kremer gegründete, international renommierte Kammerorchester gastiert in Riga (und Sigulda).

Folklorefestival Baltica: Jedes Jahr findet in einem der drei baltischen Länder das Folklorefestival Baltica statt, das nächste Mal in Lettland, und zwar Mitte Juli 2009 in Riga.

Rīgas svetki (Mitte Aug.): www.rigas svetki.lv. Konzerte, Tanz, Wettbewerbe, Straßenperformances – ein bunter Mix, bei dem sich jeder das aussucht, was ihm gefällt.

Handwerkertage (Anfang/Mitte Sept.): Im Ethnografischen Museum (s. S. 121) arbeiten Weber, Schmiede, Töpfer etc. und laden die Besucher zum Mitmachen ein.

Weihnachtsmarkt (Dez.): auf dem Domplatz.

Verkehr

Anreise per Flugzeug: s. S. 19

Flughafentransfer

Taxis warten vor der Ankunftshalle. Den ungefähren Preis (bis Zentrum ca. 8 LVL) sollte man unbedingt vor der Abfahrt erfragen. In jedem Taxi gibt es aber auch ein Taxameter.

Busse: Linie 22 und 22a (Abfahrt vor der Ankunftshalle) verbinden Flughafen und Innenstadt in rund 30 Min. Linie 22 (alle 15–20 Min.) kommt direkt an der Altstadt und am Hauptbahnhof vorbei. Die etwas schnellere Linie 22a hält nicht an jeder Haltestelle und en-

Am Schach-Treff im Wöhrmannschen Garten können sich auch Riga-Besucher unters Volk mischen – selbst wer des Lettischen nicht mächtig ist, kommt hier ›zum Zuge‹

det vor der russisch-orthodoxen Kirche am Brīvības bulvāris. Alternativ dazu bietet airBaltic in Kooperation mit dem Reval Hotel Latvija einen Flughafentransfer an (Abfahrt vor dem Flughafenausgang, 3 LVL bis Zentrum, tgl. 5–24 Uhr, zur vollen und zur halben Stunde). Ausstieg ist nur am Reval Hotel Latvija am Rand der Altstadt möglich, dort fahren auch die Transferbusse Richtung Flughafen ab.

Stadtverkehr

Innerhalb von Riga bedienen **Trolleybusse, Busse** und **Straßenbahnen** die Strecken, eine Fahrt ohne Umsteigen kostet 0,50 LVL. Es empfiehlt sich, Kleingeld bereitzuhalten, da im Bus bei einem Fahrkartenkontrolleur bezahlt werden muss. Ausnahmen bilden die Straßenbahnen, für die man an einem Automaten, an Vorverkaufsstellen (z. B. Kiosk) oder beim Fahrer Tickets löst und selbst abstempelt (Abfahrtszeiten etc.: www.rigassatiksme. lv, Auskunft in Lettland: Tel. 8000 19 19). **Auto:** Riga ist für Autofahrer ein Alptraum, die Hauptverkehrsstraßen sind fast zu jeder Tageszeit verstopft. Nur die Altstadt (Vecrīga) ist weitgehend autofrei, denn die Zufahrt dorthin kostet hohe Mautgebühren (1. Std. 5 LVL, 2. Std. 6 LVL, 3. Std. 7,50 LVL, etc.; Tickets an den Einfahrten zur Altstadt). **Taxi:** Es gibt mindestens fünf größere Taxiunternehmen. Empfehlenswert sind u. a. die roten Taxis des Rīgas Taksometru parks (Tel. 8000 13 13, www. rtp.lv), die auch an vielen Standplätzen zu finden sind, sowie die Taxis von Lady Taxi, die ausschließlich von Frauen gefahren werden (Tel. 27 80 09 00).

Jūrmala und Umgebung

Highlight!

Jūrmala: Der Strand von Jūrmala ist die Riviera des Baltikums. Vor allem im Hochsommer strömen neben Touristen aus dem In- und Ausland auch die Rigaer scharenweise in den größten Kurort des Baltikums, um an dem von Kiefernwäldern geschützten Strand zu baden, Sport zu treiben oder spazieren zu gehen. S. 138

Auf Entdeckungstour

Historische Villen in Jūrmala: Jūrmala besitzt wahre Perlen der Bäderarchitektur. 408 Häuser umfasst die Liste der Architekturdenkmäler. Insgesamt zählen sogar 4000 noch existierende Gebäude zur historischen Bebauung der Stadt. Bei einem Spaziergang entlang der Jūras iela bekommt man einen guten Eindruck von der Vielfalt der Villen in Jūrmala. S. 146

Historische Villen in Jūrmala

Kultur & Sehenswertes

Stadtmuseum: Über die Geschichte Jūrmalas erfährt man mehr im Stadtmuseum, wo außerdem wechselnde Ausstellungen lettischer Künstler zu sehen sind. S. 139

Villenviertel: Die Ortsteile östlich von Majori sind mit zahlreichen Villen bebaut. Vor allem an den am Meer verlaufenden Straßen lassen sich prächtige Bauten entdecken. S. 142

Aktiv & Kreativ

Dzintari-Waldpark: Der Park lädt mit Holzbohlenwegen zum Spazierengehen, mit Cafés zum Entspannen und mit Skatepark und Streetballfeldern zum Sporttreiben ein. S. 149

Moor-Wanderung: Eine Wanderung durch das Große Moor im Ķemeri-Nationalpark führt auf einem Holzsteg durch eine interessante Landschaft mit vielen kleinen Seen. S. 153

Genießen & Atmosphäre

Hotel Vēju Roze: Das in bester Lage am schicken Bulduru prospekts gelegene Gasthaus bietet Platz in sieben Doppelzimmern und eine familiäre Atmosphäre. S. 144

Restaurant Zangezur: Auf der großen Sommerterrasse kann man Schaschlikspieße aus verschiedenen Fleischsorten und andere typisch armenische Speisen genießen. S. 145

Abends & Nachts

Dzintaru-Konzertsaal: Hier finden vor allem im Sommer viele hochkarätig besetzte Veranstaltungen mit klassischer Musik, aber auch Pop- und Jazzkonzerte statt. S. 148

Seaside Bar: Vom 11. Stock des schicken Hotels Jūrmala Spa bietet sich ein fantastischer Ausblick auf Jūrmala, die Kiefernwälder und die Rigaer Bucht. S. 149

Jūrmala und Umgebung

Nur 25 km von Riga entfernt erstreckt sich am Südufer der Rigaer Bucht der größte Kurort des Baltikums. Mildes Seeklima, Heilquellen und elegante Sommerhäuser laden in Jūrmala zum Verweilen ein. Die meisten Besucher zieht jedoch der endlos scheinende Badestrand mit seinem weißen Quarzsand an, der von schmalen Kiefernwäldern geschützt wird. Jūrmala ist Rigas Lunge – ohne Jūrmala könnten die meisten Rigaer nicht leben, denn immer noch können sich die wenigsten eine teure Auslandsreise leisten. Während der Sommerferien mieten sich viele Rigaer eine Datscha in Jūrmala. Und wer sich auch das nicht leisten kann, fährt zumindest an jedem halbwegs sonnigen Tag morgens hin und abends zurück. In dieser Zeit sind nicht nur die Strände, sondern auch die Züge und Busse überfüllt.

Westlich von Jūrmala liegt der Ķemeri-Nationalpark mit seinen Hochmooren und Seen – ein gutes Terrain für Wanderer, Fahrrad- und Kanufahrer. Das Dorf Ķemeri zählte Anfang des 20. Jh. zu den beliebtesten Heilbädern Nordosteuropas; an diese Tradition versucht man heute anzuknüpfen.

Infobox

Tūrisma informācijas centrs: Majori, Lienas 5, Tel. 67 14 79 00, www.jurmala.lv, Mo–Fr 9–19, Sa 10–17, So 10–15 Uhr. Infos und Unterkunftsvermittlung.
Jūrmalas tūrisma birojs: Jomas 42, Tel. 67 76 44 93, www.jurmalatour.lv. Organisation von Exkursionen, Vermittlung von Privatzimmern und Ferienhäusern.

Internet

www.jurmalainfo.lv: Auf dieser Website werden Stadtrundgänge und Rundfahrten durch Jūrmala angeboten sowie Busausflüge nach Riga, Rundāle, Sigulda und Kuldīga oder geführte Kanutouren im Ķemeri-Nationalpark.

Anreise und Weiterkommen

Wer mit dem Auto nach Jūrmala fährt, muss vor der Brücke über die Lielupe an einem Automaten einen zeitlich begrenzten Passierschein lösen (1 LVL/24 Std.). Auch mit Zügen, (Mini-)Bussen (Richtung Dubulti, Sloka, Ķemeri oder Tukums) ist Jūrmala von Riga aus gut zu erreichen. Seit dem Sommer 2008 verkehrt ein Shuttlebus zwischen dem Flughafen von Riga und Jūrmala.

Jūrmala❗ ▶ F/G 4

Etwa 56 000 Menschen leben in der 25 km langen Stadt Jūrmala. Im Sommer sind es allerdings weitaus mehr, die sich auf dem teilweise nur wenige hundert Meter breiten Streifen zwischen dem Fluss Lielupe und der Rigaer Bucht aufhalten. Stadtatmosphäre kommt eigentlich nur in der zentralen Fußgängerzone im Ortsteil Majori auf. Alle anderen Ortsteile bestehen aus ruhigen, idyllischen Wegen und Alleen mit recht hübschen Villen aus der Zeit um 1900 oder niedlichen hölzernen Sommerhäuschen. War Anfang der 1990er-Jahre noch beinahe alles dem Verfall preisgegeben, so ist Jūrmala heute zu einem der begehrtesten Orte für die reichen Letten geworden, die mit restaurierten Holzvillen und schicken Neubauten ihr Vermögen zur Schau stellen.

Viele Jahrhunderte lang existierten auf dem Gebiet des heutigen Jūrmala nur einige kleinere Fischerdörfer. Erst Anfang des 19. Jh. begannen die Rigaer die Küstenregion als Erholungsort für sich zu entdecken, vor allem, nachdem Zar Nikolai I. 1838 die kleine Ortschaft Ķemeri wegen ihrer schwefelhaltigen

Schnellen Schrittes durch den Badeort Jūrmala – im Hintergrund das Hotel Majori

Quellen zum Kurort ernannt hatte. Einen regelrechten Bauboom erlebte Jūrmala nach der Eröffnung der Eisenbahnstrecke nach Riga 1877: Innerhalb von 25 Jahren wurden zwischen den Ortsteilen Lielupe und Vaivari mehr als 2600 Wohnhäuser gebaut. Namhafte Architekten gaben sich die Ehre und hinterließen mehr als 400 Architekturdenkmäler.

Majori

Der Ortsteil Majori ist das Herzstück von Jūrmala. Hier reihen sich Restaurants, Bars und Souvenirgeschäfte aneinander, auch die meisten Hotels sowie die Touristeninformation findet der Besucher hier.

Jomas iela und Jūras iela

In Majori verläuft die einzige Fußgängerzone der Stadt, die 1,5 km lange Jomas iela, die vor allem im Sommer zur manchmal etwas provinziell anmutenden Flaniermeile wird. Bei näherem Hinsehen lassen sich hier einige prächtige neoklassizistische und neogotische Gebäude entdecken.

Mehr über die Geschichte Jūrmalas erfährt man im **Stadtmuseum** 1 (Tel./Fax 67 76 47 46, Mi–So 11–17 Uhr, 0,50 LVL, Fr kostenlos), wo darüber hinaus auch wechselnde Ausstellungen mit Werken lettischer Künstler zu sehen sind.

Wem es auf der Jomas iela zu laut und zu hektisch ist, der sollte auf die näher am Meer verlaufende Jūras iela ausweichen, in der einzigartige Villen aus dem 19. und beginnenden 20. Jh. stehen (s. Entdeckungstour S. 146). Hier gibt es auch einige Hotels, die Kurbehandlungen und Wellness im Programm haben.

In einer hübschen Holzdatscha in einer der kleineren Verbindungsstraßen

zwischen Jomas und Jūras iela befindet sich die **Rainis- und Aspazija-Gedenk-stätte** 2 (Raiņa un Aspazijas memoriālā vasarnīca, Mi–So 11–18 Uhr, 0,70 LVL). In diesem Haus verbrachte der berühmte lettische Poet Jānis Rainis mit seiner Frau Aspazija, selbst eine erfolgreiche Dichterin, 1927–29 seine letzten drei Sommer.

In Richtung Dzintari endet die Jomas iela auf der quer verlaufenden, im Sommer ebenfalls sehr belebten Turaidas iela. An dieser Straße liegt auch der **Dzintaru-Konzertsaal** 4 (s. S. 148).

Jūrmala

Sehenswert

1 Stadtmuseum
2 Rainis- und Aspazija-
   Gedenkstätte
3 Ehemalige
   Badeanstalt
4 Seepavillon
5 Ehemaliges Sanatorium
   Marienbad

6 ART Residence »INNER
   LIGHT«
7 Sommerhaus von
   Kristaps Morbergs
8 Bahnhof von
   Lielupe
9 Freilichtmuseum im
   Naturpark Ragakāpa
10 Jugendstilkirche

Übernachten

1 Villa Joma
2 Hotel Eiropa
3 Vēju Roze
4 Alba
5 Campingplatz Nemo

Essen & Trinken

1 Aquarius
2 Sue's Asia
3 Orients-Sultāns
4 Orients-Jūra
5 Zangezur

Einkaufen

1 Markt
2 Brown Sugar

Aktiv & Kreativ

1 Fahrradverleih Hotel
   Pegasa pils
2 Fahrradverleih ABC
3 Dienvīdu parks
4 Eislaufbahn
5 Waldpark Dzintari
6 Reiten
7 Līvu Akvaparks
8 Wassersportzentrum
   Stūris
9 Jachtklub Simekss
10 Saliena Golf

Abends & Nachts

1 Double Coffee
2 Retro Bar
3 Seaside Bar
4 Dzintaru-Konzertsaal

Am Strand

Der Strand von Majori ist im Sommer bei schönem Wetter natürlich häufig überfüllt. Nicht selten finden auch hier Open-Air-Konzerte statt. Ein Strandspaziergang führt an einigen historischen Gebäuden vorbei. Ins Auge fällt vor allem die **ehemalige Badeanstalt** 3 von 1916, die während der Sowjetzeit die örtliche Poliklinik beherbergte – Bäderarchitektur par excellence. In der Nähe steht der 1909 im Stil des Historismus erbaute **Seepavillon** 4. Das **ehemalige Sanatorium Marienbad** 5 von 1870 war das erste Sanatorium Jūrmalas. Im Zweiten Weltkrieg wurde das Gebäude stark beschädigt und daraufhin umgebaut. Unverändert blieben nur das Eingangstor, der Turm und die Anbauten an die Galerie.

Östlich von Majori

Die ruhigen Wohnviertel **Dzintari, Bulduri** und **Lielupe** sind mit vielen großzügigen Villen bebaut. Hier findet man – vor allem auf dem Bulduru, dem Meža und dem Vienības prospekts – wunderbar anzusehende Sommervillen aus dem 19. Jh., die überwiegend im neoklassizistischen, neogotischen oder historisierenden Stil erbaut wurden – viele in der für Jūrmala typischen Holzbauweise. Nicht ausschließlich aus Holz, aber dennoch sehenswert ist z. B. das 1883 im neogotischen Stil errichtete **Sommerhaus des Bauunternehmers Kristaps Morbergs 7** .

Bulduri
Besonderer Beliebtheit erfreut sich der Strand von Bulduri, der im Sommer bei gutem Wetter hoffnungslos überfüllt ist, da er nur wenige Gehminuten von der Bahnstation entfernt liegt. Direkt an den Bahngleisen wird der **Markt 1** von Bulduri abgehalten. Hier bekommt man vor allem frisches Obst und Gemüse und kann sehr gut beobachten, wie gespalten die lettische Gesellschaft ist: Arme Großmütterchen, die von weither kommen, verkaufen geduldig ihre Waren an eilig aus Luxuslimousinen aus- und wieder einsteigende Männer und Frauen.

Lielupe und Buļļuciems
Der an Bulduri grenzende Ortsteil Lielupe ist von gediegenen Wohnhäusern geprägt. Auch hier wohnen recht wohlhabende Letten. Der Strand ist

nicht mehr so überlaufen – dafür gibt es ›adäquate‹ Angebote für die Einwohner: Am Ufer des gleichnamigen Flusses befinden sich gleich mehrere Jachtclubs, eine Tennisanlage, auf der der Daviscup ausgetragen wird, und etliche Wassersportmöglichkeiten. Für gewöhnliche Touristen bleibt als Anziehungspunkt nur noch der charmante, gut erhaltene **Bahnhof von Lielupe 8** vom Ende des 19. Jh., eine der schönsten der vielen kleinen Bahnstationen von Jūrmala.

Fährt man weiter nach Buļļuciems, gelangt man zum **Naturpark Ragakāpa** (s. Lieblingsort S. 150), auf dessen Ge-

länder sich auch das **Freilichtmuseum Jūrmala** (Di–So 10–17 Uhr, 0,50 LVL) befindet, u. a. mit einem sehenswerten Fischerhof aus dem 19. Jh.

Westlich von Majori

Dubulti

Eine Bahnstation westlich von Majori liegt Dubulti, das verglichen mit Majori sehr viel beschaulicher ist. Hier und vor allem weiter außerhalb wohnen viele Einheimische oder Rigaer, die sich im Sommer eine Datscha mieten. In Dubulti beträgt der Abstand

zwischen der Lielupe iela und dem Meer nur noch ganze 320 m. Sehenswert ist in Dubulti die lutherische **Jugendstilkirche** in der Nähe des Bahnhofs. 1909 von Wilhelm Bockslaff errichtet und mit Elementen der Nationalen Romantik geschmückt, dient sie heute u. a. als Veranstaltungsort für klassische Konzerte.

Weitere Ortsteile

Kaum noch Badeortcharakter haben die Ortsteile **Jaundubulti, Pumpuri, Melluži, Asari** und **Vaivari.** Nur hier und da stößt man in der Nähe des Meeres auf etwas zu groß geratene Hotel-

Architektonischer Glücksfall: Jūrmalas einstige Badeanstalt ist der Blickfang am Strand

Mein Tipp

Bilder mit Leuchtkraft
Eine große Faszination haben die Bilder, die der russischstämmige Künstler Vitali Jermolajev in seiner **Galerie ART Residence »INNER LIGHT«** 6 zeigt. Jermolajev verwendet eine spezielle Maltechnik, durch die sich die Bilder je nach Licht stark verändern, vor allem in Bezug auf die Farbgebung. Dabei scheinen sie immer von innen heraus zu leuchten, worauf der Name der Galerie anspielt. Jermolajev, der Russisch und Englisch spricht, thematisiert in seinen Bildern das Zusammenspiel von Bewusstsein und Unterbewusstsein. Auf Vorbestellung fertigt er Bilder nach Wunsch an (ab 100 LVL). Die Galerie befindet sich in einer eleganten Villa nahe der Jomas iela (Omnibusa 19, Tel. 67 87 19 37 oder 29 62 85 17, www.jermolajev.lv, Juni–Aug. Mo–Fr 12–18, Sept.–Mai Sa/So 12–17 Uhr).

anlagen aus der Sowjetzeit. Während an der parallel zum Meer verlaufenden Straße mittlerweile etliche schicke Villen zu sehen sind, wohnen jenseits der Bahngleise, also weiter vom Meer entfernt, viele Einheimische in relativ einfachen Verhältnissen. Hier ist noch die entspannte und unaufgeregte Ferienatmosphäre spürbar, die den unvergleichlichen Charme Jūrmalas ausmacht.

Die Ortsteile **Sloka** und **Kauguri** mit ihren Plattenbauten sind nicht weiter sehenswert, es sei denn, man möchte in Augenschein nehmen, wie wenig sich die gewöhnlichen lettischen Wohnbezirke seit der Unabhängigkeit verändert haben.

Übernachten

Die Übernachtungspreise in Jūrmala gehören neben jenen in Riga zu den höchsten in Lettland und haben westeuropäisches Niveau. Da sie je nach Saison sehr schwanken können, sind Preisspannen angegeben.

Ruhe in zentraler Lage – **Villa Joma** 1 : Majori, Jomas 90, Tel. 67 77 19 99, www.villajoma.lv, DZ 45–95 LVL. Modernes, aber in traditioneller Holzbauweise errichtetes Hotel in der Fußgängerzone. Dennoch strahlt das Hotel mit seinen eher kleinen, jedoch komfortablen Zimmern, z. T. mit Fachwerkbalken, Ruhe aus. Das Restaurant im Erdgeschoss ist eines der besten in Jūrmala.

Modernisierte Holzvilla – **Hotel Eiropa** 2 : Majori, Jūras 56, Tel. 67 76 22 11, www.eiropahotel.lv, DZ 45–82 LVL. Recht elegantes Hotel in einem restaurierten Holzhaus in einer ruhigen Wohngegend nahe dem Meer. Auch wenn die Einrichtung einige Stilbrüche aufweist – sauber und bequem ist das Hotel allemal.

Familiäres Ambiente – **Vēju Roze** 3 : Bulduri, Bulduru prosp. 41, Tel. 67 75 17 46, www.vejuroze.lv, DZ 50–70 LVL. Die in bester Lage hinter den Dünen gelegene Unterkunft bietet sieben Doppelzimmer in einem familiär wirkenden Häuschen mit großem Garten.

Einfach schlafen – **Alba** 4 : Melluži, Dārzu 9, Tel. 67 51 26 32, www.alba hotel.viss.lv, DZ 25–55 LVL. Das 2007 eröffnete Hotel im ruhigen Ortsteil Melluži steht nicht für Luxus, die einfachen Zimmer sind aber sauber und günstig. Nebenan gibt es ein kleines Bistro; drei Minuten bis zum Meer.

Strandnaher Wasserspaß – **Campingplatz Nemo** 5 : Vaivari, Atbalss 1, Tel. 67 73 23 50, www.nemo.lv, Mai–Sept., Übernachtung für 2 Pers.: im Zelt 8–9 LVL, im Wohnmobil 14 LVL, im DZ 11,50–14 LVL. Gut ausgestatteter Platz in einem Waldgebiet, nah am Meer und mit zahlreichen Wassersportmöglichkeiten; Sauna, Schwimmanlage mit Rutsche. Übernachtung ist auch in kleinen Häuschen möglich.

Essen & Trinken

Feine Fische – **Villa Joma 1** : Majori, Jomas 90, Tel. 67 77 19 99, Tel./Fax 67 77 19 90, www.villajoma.lv, tgl. 8–23 Uhr, Hauptgericht 12 LVL. Beliebtes Restaurant des gleichnamigen Hotels – hier kocht einer der besten Köche Lettlands. Neben lokalen Spezialitäten gibt es erstklassige internationale Küche. Besonders gefragt: arktischer Fisch. Auch die Cocktails und Desserts sind nicht zu verachten.

Europäische Küche – **Aquarius 1** : Bulduri, Bulduru prosp. 33, Tel. 67 75 10 71, Hauptgericht 10 LVL. Das im Erdgeschoss eines schicken neuen Wohngebäudes gelegene Restaurant mit modernem, kühlem Interieur hat internationale Gerichte mit osteuropäischem Einschlag auf der Speisekarte. Hervorzuheben sind die große Weinauswahl, die elegante Terrasse, die ruhige Lage und die Strandnähe.

Asiatisches Allerlei – **Sue's Asia 2** : Jomas 74, Tel. 67 75 59 00, Zug bis Majori, tgl. 12–23 Uhr. Hauptgericht 6 LVL. Während viele Restaurants auf der Jomas iela enttäuschen, hält Sue's Asia, was es verspricht. Indische, thailändische und chinesische Küche.

Deftig – **Orients-Sultāns 3** : Majori, Jomas 31, Tel. 67 76 20 82, www.restoran-orient.lv, tgl. 11–1 Uhr, Hauptgericht 6 LVL. Das traditionsreiche Restaurant zieht schon seit Jahren Prominente an. Deftige, aber leckere kaukasische, russische und europäische Speisen sowie viele Fischgerichte.

Gediegene Hausmannskost – **Orients-Jūra 4** : Dzintari, Dzintaru prosp. 2, Tel.

67 76 14 24, www.restoran-orient.lv, tgl. 12–24 Uhr, Hauptgericht 6 LVL. Zweistöckiges Restaurant mit nautischem Interieur. Auf der Speisekarte stehen wie in der Filiale Orients-Sultāns (s. links) neben Fischgerichten überwiegend kaukasische, russische und internationale Speisen.

Echtes Armenien – **Zangezur 5** : Majori, Jomas 80, Tel. 67 76 11 88, tgl. 11–23 Uhr, Hauptgericht 5 LVL. Auf der großen, gemütlichen Sommerterrasse kann man Schaschlikspieße aus diversen Fleischsorten und andere typisch armenische Speisen genießen. Die Innenräume des Restaurants sind klein, strahlen aber eine ursprüngliche Atmosphäre aus.

Einkaufen

Vitaminnachschub – **Markt 1** : Vienbas prospekts, tgl. 8–18 Uhr, s. S. 142.

Essen zum Mitnehmen – **Brown Sugar 2** : Bulduri, Bulduru prosp. 33, Tel. 67 75 10 40, tgl. 8–20 Uhr. In dem kleinen Café mit interessantem Design gibt es Fleisch, Käse, Pasta, Salate, Torten und Kaffee in bester Qualität – auf Wunsch wird alles zum Mitnehmen eingepackt.

Aktiv & Kreativ

Drahtesel – **Fahrradverleih:** Fahrräder werden u. a. im **Hotel Pegasa pils 1** vermietet, Majori, Jūras 60, Tel. 67 76 11 49, www.hotelpegasapils.lv, ab 3 LVL/Std. Ein Stück weiter gibt es eine zweite Fahrradvermietung: **ABC 2** , Jūras 24, Tel. 29 11 90 91.

Für Kinder – Im **Dienvidu parks 3** können Kinder u. a. auf pseudo-nostalgischen Pferde-Karussells ihre Kreise ziehen: Majori, Pilsoņu 14/16, Tel. 67 76 22 11, www.dienviduparks.lv, April–

Auf Entdeckungstour

Historische Villen in Jūrmala

Jūrmala besitzt wahre Perlen der Bäderarchitektur: 408 Häuser umfasst die Liste der Architekturdenkmäler. Insgesamt zählen sogar 4000 Gebäude zur historischen Bebauung der Stadt. Bei einem Spaziergang entlang der Jūras iela bekommt man einen guten Eindruck von der architektonischen Vielfalt der Villen in Jūrmala.

Planung: Informationen erhält man im Stadtmuseum, s. S. 139.

Start: am Bahnhof von Majori.

Seit einigen Jahren erlebt Jūrmala einen regelrechten Bauboom: Die »Stadt auf der Welle« – wie der Kur- und Badeort sich selbst in seinem Werbeprospekt betitelt – erstrahlt mittlerweile in neuem Glanz. Neben historischen Bauten entdeckt man, abgesehen von zahlreichen neuen Hotels, auch immer mehr moderne Wohnblocks mit exklusiven Eigentumswohnungen oder ultraschicke Designervillen.

Lettische Bäderarchitektur

Den eigentlichen Reiz Jūrmalas machen die Villen aus dem 19. und der ersten Hälfte des 20. Jh. aus. Diese lettische Bäderarchitektur unterscheidet sich in einiger Hinsicht von der Bäderarchitektur in deutschen Ostseebädern wie z. B. Binz auf Rügen. So überwiegt der Baustoff Holz und die Häuser sind insgesamt schlichter gehalten.

Auch in puncto Farbgebung und Stil gibt es Unterschiede: Während man an der deutschen Ostsee vorzugsweise weiß getünchte, zwei- bis dreigeschossige Häuser errichtete, bei denen man Renaissance- oder klassizistische Elemente verwendete, gab es in Jūrmala kaum Beschränkungen bei Farbwahl und Stil. Auf diese Weise entstand eine sehr abwechslungsreiche Bebauung: In unmittelbarer Nachbarschaft entdeckt man Villen mit Stilelementen des Klassizismus oder des Historismus ebenso wie des Jugendstils, der Nationalromantik oder des Funktionalismus. In puncto Bauhöhe gibt es stärkere Kontraste: So kann eine einfache Datscha neben einer Prachtvilla stehen. Vor allem in den weiter von Riga entfernten Ortsteilen Pumpuri, Melluži, Asari und Vaivari zeigt sich, dass Strandurlaub in Jūrmala nicht ausschließlich den privilegierten Kreisen vorbehalten war. Die Oberschicht, die vor allem aus Deutschbalten, aber auch aus einigen wohlhabenden Letten und Russen bestand, baute hingegen überwiegend in Majori, Dzintari, Bulduri oder Lielupe.

Wo sich der Adel erholte ...

Der Spaziergang beginnt am **Bahnhof von Majori:** Überquert man die Lienes iela und eine kleine Parkanlage, gelangt man an den Anfang der zentralen Fußgängerzone von Jūrmala und zum **Hotel Majori,** einem 1925 im Stil des Historismus erbauten Haus, dessen Hauptturm durch sein wellenförmiges Dach besonders ins Auge fällt. Das als Hotel Jūrmala eröffnete Haus war lange Zeit die populärste Unterkunft der Stadt. Es verfügte damals über 100 Zimmer und war von einem Park mit Springbrunnen umgeben. Nach einer gründlichen Renovierung soll das Hotel 2009 oder 2010 wiedereröffnet werden.

Eleganz am Strand

Weiter geht es auf der Jomas iela Richtung Dubulti und bald darauf nach rechts in die Ērglu iela, von der wiederum die Jūras iela abzweigt. Die idyllisch direkt hinter den Dünen verlaufende Straße wurde vor allem Anfang des 20. Jh. mit eleganten Sommervillen bebaut, nachdem am Strand einige Badeanstalten und Sanatorien entstanden waren. Schon damals gehörte die Straße zu den exklusivsten Wohnlagen ganz Lettlands.

Gleich am Anfang der Jūras iela fallen mehrere hübsche Häuser auf, wie das im Stil des Neoklassizismus erbaute **Haus Nr. 2** sowie **Haus Nr. 6,** das von 1913 stammt. Das leider schwer einsehbare, luxuriöse **Haus Benjamin** (Nr. 13) wurde 1939 von dem deutschen Architekten Lange errichtet und diente während der Sowjetzeit viele Jahre als Residenz für Staatsgäste, bis es 1995 den Nachfahren des Verlegers Benjamin zurückgegeben wurde.

Geschnitzte Baukunst

Dass Holz das beliebteste Baumaterial in Jūrmala war, lag vor allem an der guten Verfügbarkeit. Es gab aber noch einen weiteren Vorzug: Die schnell wechselnden Wetterverhältnisse am Meer machen Holz weniger aus als anderen Baustoffen. Neben den funktionalen kamen auch die dekorativen Möglichkeiten des Materials zum Tragen: Kunsthandwerker fertigten detailreiche Dach- und Fassadenschnitzereien. Diese lassen sich nicht nur an extravaganten Villen, sondern auch an vielen einfachen Sommerdatschen bewundern, z. B. dem Holzhaus **Jūras iela 14,** in dem der in der Sowjetunion sehr populäre Komödiant Arkadij Raikin einige Jahre den Sommer verbrachte.

Sehenswert sind auch das im neogotischen Stil errichtete **Haus Nr. 29** und **Haus Nr. 39** mit einem zweistöckigen Säulenportikus, **Haus Nr. 41/45** sowie das im Stil der Nationalen Romantik erbaute **Haus Nr. 53.** In **Haus Nr. 54,** ebenfalls mit detailreichen Holzschnitzereien geschmückt, residiert seit Mitte der 1990er-Jahre die polnische Bot-schaft und in **Jūras iela Nr. 56** das Hotel Eiropa, dessen Hauptgebäude im Gesims, an den Fenstern und der Veranda mit verschnörkelten Schnitzereien dekoriert ist. Eines der fotogensten Holzhäuser in Jūrmala ist Jūras iela Nr. 60 (Ecke Turaidas iela). Es beherbergt das **Hotel Pegasa pils** (s. Abb. S. 146). Das 2003 renovierte Gebäude wurde Anfang des 20. Jh. im späten Jugendstil erbaut. Auffällig sind die beiden großzügigen Balkone und der spitze Eckturm.

Musik am Meer

Die Jūras iela – und damit dieser Spaziergang – endet beim 1936 aus Holz errichteten **Dzintaru-Konzertsaal** [4] (www.dzk.lv), der mit seinen schlanken Säulen und seinem Portikus neoklassizistisch anmutet. An der Fassade und im Innern lassen sich aber auch Elemente der Nationalen Romantik entdecken. 1960 wurde eine große Freilichtbühne angebaut. Sie bietet – inzwischen modernisiert – eine hervorragende Akustik für die hochkarätig besetzten Klassik-, Pop- und Jazz-Veranstaltungen, die hier vor allem im Sommer stattfinden.

Eines der Häuser, das Jūrmala seinen besonderen Charme verleiht: Jūras iela Nr. 6

Juni Mo–Fr 11–21, Juni–Aug. tgl. 11–24, Sept./Okt. Mo–Fr 12–21 Uhr.

Ganz neu – **Eislaufbahn** : Majori, Rīgas 1, Tel. 28 64 60 55, 11. Oktober–31. Mai. Neue Eislaufbahn in der Nähe des Bahnhofs Majori, mit Dach, aber offenen Seitenwänden.

Dzintari-Waldpark 5: s. rechts.

Ausritte – **Reiten** 6: Asaru prospekts 61, Tel. 29 41 59 16, 29 40 69 55. Das Reittherapiezentrum Kavalkāde beim Rehabilitationszentrum Vaivari bietet geführte Reittouren durch Jūrmala an; empfehlenswert: Ausritte am Strand.

Schwimmbad – **Līvu Akvaparks** 7: Lielupe, Viestura iela 24 (am Ortsausgang von Jūrmala Richtung Riga), Tel. 67 75 56 40, www.akvaparks.lv, Mo–Fr 12–23, Sa/So 10–22 Uhr, 8 LVL/Pers./Std. Lettlands größtes Erlebnisschwimmbad mit mehreren langen Rutschen.

Auswahl – **Wassersport:** Am Fluss Lielupe gibt es mehrere Anbieter für Wassersportausrüstungen. Eine besonders große Auswahl hat das **Wassersportzentrum Stūris** 8, Tel. 69 79 29 72, www.udensklubs.lv. Eine Jacht oder wenigstens ein Jetboot mieten kann man im **Jachtklub Simekss** 9: Lielupe, Vikingu 8, Tel. 67 75 19 16.

Golf – **Saliena Golf** 10: Egļuciems, Bezirk Babītes, Tel. 67 16 03 00, www.salienagolf.com, tgl. 9–18 Uhr, Eintritt: Clubkurs 20–25 LVL/Pers. (18-Loch), 12–20 LVL (9-Loch), 9-Löcher-Gartenkurs 10–15 LVL/Pers. (1 x 9 Loch) bzw. 15–20 LVL(2 x 9 Loch), Tageskarte 30–35 LVL/Pers. Der größte und neueste Golfplatz Lettlands liegt nahe der Schnellstraße zwischen Riga und Jūrmala.

Entspannen – **Wellness** wird in mehreren Hotels angeboten, z. B. im **Baltic Beach Hotel** (www.balticbeach.lv) oder im **Hotel Jūrmala Spa** (s. rechts: Seaside Bar). Das exklusivste Spa-Zentrum befindet sich im teuersten Hotel von Jūrmala, dem **Hotel TB Palace Hotel & Spa** (www.tbpalace.com). Sehr viel preis-

Mein Tipp

Bewegung oder Muße

Seit 2008 gibt es im Kiefernwald von Dzintari den rund 3 ha großen **Dzintari-Waldpark** 5 (Dzintaru mežaparks), in dem man wunderbar spazieren gehen oder sich die Zeit in Cafés vertreiben kann. Es gibt Spielplätze und im Skatepark oder auf Streetballfeldern kann man seine Tauglichkeit für diverse Bewegungs- und Ballspiele unter Beweis stellen (Parkplatz beim Eingang am Dzintaru prospekts).

günstiger ist es im **Wellnesszentrum Amber Spa:** Bulduri, Meža prosp. 49, Tel. 67 75 53 31, www.amberspa.lv, klassische Massage 20 LVL/Std.

Abends & Nachts

Kaffee am Abend – **Double Coffee** 1: Majori, Jomas 63/65, Tel. 67 76 31 50, www.doublecoffee.lv, tgl. 9–23 Uhr. In Jūrmala hat die größte lettische Coffeeshop-Kette eine Filiale, die auch abends ihre Reize hat: Von ihrer leicht erhöhten Terrasse kann man auf das Treiben in der belebten Jomas iela blicken.

Retro Bar 2: Majori, Jūras 23/25 (Hotel Baltic Beach), Tel. 67 77 14 00, www.balticbeach.lv, tgl. 12–2 Uhr. Im Zuge der langjährigen Umbauarbeiten des ehemaligen Massen- und heutigen Spa-Hotels Baltic Beach hat man die Retro Bar ganz bewusst im Stil der 1970er- und 1980er-Jahre gestaltet.

Seaside Bar 3: Majori, Jomas 47/49 (Hotel Jūrmala Spa), Tel. 67 78 44 20, www.hoteljurmala.lv, 15–3 Uhr. Im 11.

Lieblingsort

Naturpark Ragakāpa – tief durchatmen

Frische Seeluft und das angenehme Klima eines Kiefernwalds – im Naturpark Ragakāpa (Ragakāpas dabas parks) am östlichsten Zipfel von Jūrmala kann man diese Mischung besonders intensiv erleben. Rund um eine 800 m lange und bis zu 100 m hohe Dünenkette verlaufen – teilweise auf Holzbohlenwegen – vier thematisch unterschiedliche Naturpfade, auf denen man mit der Pflanzen- und Tierwelt des Parks bekannt gemacht wird. Sprichwörtlicher Höhepunkt ist die große Aussichtsplattform, von der man die Schönheit der teilweise gut 300 Jahre alten Kiefern besonders gut wahrnehmen kann. Gleich am Eingang des Naturparks lädt das Freilichtmuseum von Jūrmala zu einem Besuch ein (s. S. 143). Auf der anderen Seite verlockt die Ostsee zu einem erfrischenden Sprung ins kühle Nass.

Stock des schicken Hotels Jūrmala Spa hat man einen fantastischen Ausblick auf Jūrmala, die Kiefernwälder und die Rigaer Bucht. In der kühl und modern gestalteten Bar bekommt man neben Cocktails auch Sushi-Gerichte.
Dzintaru-Konzertsaal 4 : s. S. 148

Infos & Termine

Touristeninformationen
s. S. 138

Termine
Einstimmung zur Johannisnacht: Am 22. Juni gibt es in der Jomas iela einen Festumzug, im Dzintaru-Konzertsaal ein Konzert und am Strand ein Feuer.
›**Neue Welle**‹ (Ende Juli): im Dzintaru-Konzertsaal, internationaler Gesangswettbewerb, www.newwavestars.com.
Festivals im August: Opernmusikfestival, Ballettfest und Jazzfestival »Summertime«, Infos: www.dkz.lv.
Handwerkermarkt (Mitte Aug.): im Freilichtmuseum (s. S. 143).
Brotfest (Ende Aug.): in Kauguri.
Weihnachtsmarkt (8.–31. Dez.): im Horn-Garten in der Jomas iela.

Verkehr
Bahn: mehrmals stdl. Züge von/nach Riga, aber auch in Richtung Sloka,

Schiffstouren
Im Sommer verkehrt ein kleines Schiff zwischen Riga und Jūrmala (4 Std.). Es legt um 11 Uhr beim Großen Christoph (Lielais Kristaps, s. S. 119) ab und startet um 17.30 Uhr wieder in Majori Richtung Riga. In der Zwischenzeit macht es eine Rundfahrt auf der Lielupe (einfache Fahrt 10 LVL, hin und zurück 15 LVL/Pers., www.jurmala.lv/en/home/turistiem/HOW/W/default.aspx).

Ķemeri und Tukums. In jedem Ortsteil gibt es einen Bahnhof; man steigt am besten am Bahnhof von Majori aus. **Busse** sind das billigste Verkehrsmittel, verkehren aber relativ unregelmäßig. **Minibusse** fahren dagegen sehr häufig und sind das schnellste Verkehrsmittel. Sie halten wie Taxis auf Handzeichen und sind kaum teurer als Züge oder Busse, allerdings sollte man auf das angeschriebene Fahrziel achten.

Ķemeri und Umgebung ►F4

Kaum zu glauben, aber mittlerweile gibt es Investoren, die dem einstigen Kurort Ķemeri wieder zu neuem Glanz verhelfen wollen. Das großzügig angelegte ehemalige **Sanatorium**, früher Mittelpunkt des Kurgeschehens (s. S. 138), wird zurzeit restauriert und soll Mitte 2009 als 5-Sterne-Hotel (www.kempinski.com) wiedereröffnet werden. Das fünfgeschossige Haus, früher auch ›Weißes Schiff‹ genannt, wurde 1936 nach einem Entwurf von Eižens Laube im klassischen Stil mit Elementen des Modernismus erbaut und gilt als eines seiner Meisterwerke.

Durch den **Kurpark** verläuft in malerischen Schleifen der Fluss Vēršupīte, über den sich zahlreiche Brücken spannen. An einer der Quellen sollte man unbedingt die angenehme Wirkung des schwefelsauren Mineralwassers genießen. Es wird seit Jahrhunderten zur Heilung von Nierensteinen, Gelenkschmerzen, Verdauungsbeschwerden und Hautkrankheiten verwendet.

Ķemeri-Nationalpark ►F4

Der Kurort Ķemeri ist vom 1997 gegründeten Ķemeri-Nationalpark umgeben, einer urwüchsigen Moor- und Sumpflandschaft. In den feuchten Auenwäldern nistet u. a. der Weißrückenspecht und auf den kalkhaltigen Wiesen entdeckt man hier und da Orchideen. Die Strandseen und Moore sind Brutplätze verschiedener Wasser- und Wattvögel. Vor allem in Zugzeiten rasten hier Tausende von Gänsen und Kranichen. Der flache **Kaņieris-See** (Kaņieris ezers) eignet sich am besten für die Vogelbeobachtung. Hier und vor allem am **Valgum-See** (Valguma ezers) kann man Ruderboote mieten und angeln.

In den Wäldern stößt man hin und wieder auch auf Spuren des Ersten und des Zweiten Weltkriegs, z. B. erhalten gebliebene Schützengräben und abgelegene Soldatengräber.

Wanderungen

Sehr reizvoll ist eine zwei- bis dreistündige Wanderung durch das **Große Moor** (Lielais ķemeru tīrelis) ca. 3 km südlich von Ķemeri. Auf einem 2,8 km langen, schmalen Holzsteg wird man durch eine eindrucksvolle Landschaft mit vielen kleinen Seen geleitet.

Ein kürzerer, näher an Ķemeri beginnender Naturpfad führt zum **Sloka-See** (Slokas ezers) und einigen Schwefelquellen.

Übernachten

Modern und zentral – **Motelis Ķemeri:** Ķemeri, Tukuma 2, Tel. 67 51 26 22, www.kemerimotel.lv, DZ 40 LVL. Neue Unterkunft direkt in Ķemeri, die sich gut für Bahnreisende eignet. Schmucklose, aber bequeme Zimmer; Sauna und Solarium.

Familienfreundlich am Meer – **Melnais Starkis:** Jaunķemeri, Kolkas 12, Tel. 67 73 90 12, www.melnaisstarkis.viss.lv, DZ 30 LVL. Das kleine Hotel, nur 400 m vom Meer entfernt, eignet sich gut für

Familien, da es vor dem Haus eine schöne große Wiese zum Spielen gibt.

Für Aktive – **Valguma pasaule:** bei Smarde, Tel. 63 18 12 22 oder 29 41 40 22, www.valgumapasaule.lv. DZ 30–55 LVL. Recht großer Erholungskomplex direkt am Valgums-See mit zahlreichen Möglichkeiten für Aktivurlaub – bestens geeignet für Fahrradtouristen. Von außen schlicht, innen überraschend komfortabel.

Essen & Trinken

Beliebtes Strandrestaurant – **Kurins:** Kaugurciems (bei Kauguri), Kaugurciems 47, Tel. 67 73 65 98, Do–So 12–23 Uhr, Hauptgericht 4 LVL. Restaurant am Strand von Kaugurciems. Die lettischen und westeuropäischen Gerichte bestellt man am Tresen und erhält einen Kochlöffel mit einer Nummer, der nach der Lieferung des Bestellten von der Bedienung eingesammelt wird.

Aktiv & Kreativ

Am Bahnhof – **Fahrradverleih:** Ķemeri, Tel. 67 20 42 28, www.velonoma.lv, pro Fahrrad 4 LVL/2 Std., 7 LVL/Tag.

Infos

Nationalpark-Information »Meža māja«: Ķemeri, außerhalb des Ortes gelegen (Hauptstraße Richtung Jaunķemeri, nach ein paar hundert Metern nach links abbiegen), Tel. 67 73 00 78, www.kemeri.gov.lv, Mai–Okt. tgl. 9–18 Uhr. Unterschiedliche Führungen durch den Nationalpark.

Verkehr

Bahn: mehrmals stdl. nach Riga und Tukums.

Kurzeme

Highlights!

Kuldīga: Die ehemalige Hauptstadt von Kurland beeindruckt mit schmucken Holzhäusern aus dem 18.–20. Jh. Die Attraktion ist der Wasserfall der Venta. S. 168

Liepāja: Die Hafenstadt Liepāja besticht durch ihr lebendiges Stadtzentrum, die hübschen Jahrhundertwende-Sommervillen in Strandnähe und viel Kultur. S. 175

Ventspils: Die kleine Stadt an der Ostsee ist dank ihres Ölhafens zu ansehnlichem Wohlstand gelangt, was man u. a. an den restaurierten Fassaden, gepflegten Parks und zahlreichen Freizeitangeboten erkennen kann. S. 188

Auf Entdeckungstour

Karosta – vom Kriegshafen zum Stadtteil der Kreativen: Der einstige Kriegshafen von Liepāja war viele Jahre von den anderen Stadtteilen isoliert. Heute stehen seine Gebäude überwiegend leer – nur ein paar Kreative versuchen diesem geschichtsträchtigen Ort neues Leben einzuhauchen. S. 178

Die Liven am Kap Kolka: Rund um das Kap Kolka, Lettlands nordwestlichsten Zipfel, reihen sich mehrere Fischerdörfer mit einer einzigartigen Kulturgeschichte aneinander. Sie sind die Heimat der finno-ugrischen Liven, eines der kleinsten Völker Europas. S. 196

Slītere-Nationalpark
Mazirbe
Die Liven am Kap Kolka
Roja
Ventspils
Mērsrags
Talsi
Freilichtmuseum
Engure
Wasserfall der Venta Pedvāle
Kuldīga
Kandava
Cinevilla
Turkums
Karosta
Liepāja
Jaunpils

Kultur & Sehenswertes

Freilichtmuseum von Pedvāle: Mehr als 150 wechselnde Objekte verschiedener internationaler Künstler stehen unter freiem Himmel auf dem etwa 100 ha großen Gelände des Museums für Moderne Kunst. S. 169

Wasserfall der Venta (Kuldīga): Mit 249 m ist der Wasserfall der Venta wohl der breiteste Wasserfall in ganz Europa! Faszinierend, wie gleichmäßig das Wasser über die 2 m hohe Granitbarriere stürzt. S. 170

Aktiv & Kreativ

Kinostädtchen Cinevilla Backlot: Hier kann man Kulissen bewundern, die Lettland Anfang des 20. Jh. zeigen, außerdem gibt es Mitmach-Spiele. S. 160

Fahrradtour durch den Slītere-Nationalpark: Über Schotterstraßen geht es zu Livendörfern, Kap Kolka und dem Leuchtturm von Slītere – ein tolles Erlebnis. S. 199

Genießen & Atmosphäre

Promenāde Hotel: Das erste Design-Hotel in Liepāja überzeugt durch die gelungene Mischung aus historischen und modernen Elementen, sein hauseigenes Restaurant sowie eine Kunstgalerie. S. 181

Restaurant Melnais sivēns (Ventspils): Ein Restaurant namens ›Schwarzes Ferkel‹ weckt vielleicht zunächst keine besonderen Erwartungen. Doch die hier servierten mittelalterlichen Speisen schmecken hervorragend. S. 193

Abends & Nachts

Fontaine Palace: Der über die Grenzen Liepājas hinaus bekannte Musikclub befindet sich in einem Speicher aus dem 18. Jh. an der stimmungsvollen Hafenpromenade. S. 185

Pablo (Liepāja): Das erste Rockcafé Lettlands ist u. a. wegen der häufigen Live-Auftritte lettischer Rockbands nach wie vor sehr beliebt. S. 185

Menschenleere Sandstrände, verträumte Fischerdörfer sowie die aufblühenden Hafenstädte Liepāja und Ventspils kennzeichnen die 300 km lange Küste von Kurzeme. Im Landesinnern lädt eine reizvolle Mischung aus dichten Wäldern, blühenden Wiesen und malerischen Flüssen zu Wanderungen oder Radtouren ein. Bis zum Ende der sowjetischen Okkupation waren große Teile von Kurzeme militärisches Sperr-

Infobox

Kurzemes Tūrisma asociācija: Baznīcas 5, Kuldīga, Tel. 63 32 22 59, www.kurze me.lv, Mai–Sept. Mo–Fr 9–17, Sa 10–16, So 10–14, Okt.–April Mo–Fr 9–17 Uhr.

Internet
www.balticcoast: sehr übersichtliche deutschsprachige Website mit Infos zur lettischen und litauischen Westküste (Ventspils, Liepāja, Klaipėda).
www.ziemelkurzeme.lv: ausführliche englischsprachige Seite über Nordkurzeme (die Region westlich von Ventspils und nördlich von Talsi).
www.kurzeme.lv: offizielle Seite für Kurzeme, leider nur auf Englisch und nicht besonders informativ. Eher interessant als Überblick und Linksuche.
www.latviancoast.lv: Seite für Segler mit Infos über lettische Jachthäfen.

Anreise und Weiterkommen
Für Autoreisende eignet sich der Grenzübertritt südlich von Liepāja. Ventspils hat Fährverbindungen nach Rostock und zur estnischen Insel Saarema (www.scandlines.de). Züge fahren zwischen Riga und Tukums und zwischen Riga und Liepāja; Ventspils wird nicht angefahren (www.ldz.lv). Flugverbindungen s. S. 20.

gebiet. Daher war die Region viele Jahre nahezu sich selbst überlassen – mit dem positiven Nebeneffekt, dass sich Pflanzen und Tiere relativ ungestört entfalten konnten und ökologische Nischen entstanden bzw. erhalten blieben. In den zahlreichen Naturschutzgebieten lassen sich vor allem im Herbst seltene Vögel und andere Tiere beobachten.

Kurzeme ist nach dem Volk der Kuren benannt, die für ihre Beutezüge auf der Ostsee berüchtigt waren und u. a. auch auf der Kurischen Nehrung siedelten. Nach der gewaltsamen Unterwerfung durch den Deutschen Orden gingen die Kuren aber in den Völkern der Ostpreußen, Niederlitauer und Letten auf. In den folgenden Jahrhunderten siedelten sich viele Deutschbalten in der Region an und bildeten von da an die gesellschaftliche Oberschicht. Ihre Spuren – vor allem zahlreiche mehr oder weniger erhaltene Gutshäuser und Schlösser – sind noch gut zu erkennen.

Vielen Menschen ist Kurzeme auch als Kurland bekannt, wie es während der deutschen Vorherrschaft genannt wurde. Seine Blütezeit erlebte Kurland ab Mitte des 15. bis ins 18. Jh. hinein, als es von den anderen lettischen Provinzen getrennt war. Nach dem Zusammenbruch des Livländischen Ordensstaates 1455 kam die Region zwar unter polnische Lehnsherrschaft, konnte in der Folgezeit jedoch eine recht unabhängige Politik betreiben. Unter Herzog Jakob Kettler, dem Enkel des letzten Ordensmeisters des Deutschen Ordens, Gotthard Kettler, baute Kurland seine Flotte aus, intensivierte die Handelsbeziehungen nach Übersee und trachtete sogar nach eigenen Kolonien: Tatsächlich kamen ein Teil von Gambia und die Karibikinsel Tobago in kurländische Hand. Bis heute erinnert auf Tobago die Great Courland Bay an diese Zeit.

Tukums ▶ E 4

Aus Riga kommend, erreicht man nach etwa 65 km Fahrt auf der A 10 die rund 19 000 Einwohner zählende Stadt Tukums an dem kleinen Fluss Slocene. Vor 1000 Jahren waren die Liven hier ansässig und betrieben Bernsteinhandel. Aus dieser Zeit stammt der Name der Stadt: Tukku mägi, zu Deutsch »ein Haufen Hügel«. Tatsächlich liegt Tukums auf mehreren leichten Erhebungen in einer ansonsten flachen Landschaft. Stadt und Umgebung warten mit einer Reihe sehenswerter Schlösser und Gutshöfe auf.

Stadtzentrum

In das Zentrum der kleinen Stadt führt die **Pils iela,** in der einige hübsche Wohnhäuser aus der Zeit um 1900 stehen. Die Straße endet am **Brīvības laukums,** der den Menschen aus der Umgebung über 600 Jahre als Marktplatz diente. Heute schmücken ihn zahlreiche Blumenbeete, Sitzbänke und ein Brunnen. Hier steht auch der viereckige Turm der **Ordensburg** (Pils tornis), neben dem Fragment einer Ringmauer der einzige Überrest einer einstmals mächtigen Burganlage aus dem 14. Jh. Seit 1995 beherbergt er ein kleines **Museum zur Stadtgeschichte** (Tukuma pilsētas vēstures muzejs, Di–Sa 10–17, So 11–16 Uhr, 0,50 LVL).

Unweit des Burgturms erhebt sich die **evangelische Kirche der hl. Dreieinigkeit** (Sv. Trīsvienības luterāņu baznīca) aus dem Jahr 1644, deren Grundgestalt trotz mehrerer Umbauten erhalten blieb. Im Kircheninnern sind vor allem das Altargemälde »Christus am Kreuz«, Glasgemäldefenster aus den

Eines der sehenswerten Schlösser in der Umgebung von Tukums: Jaunmoku pils

Mein Tipp

Ländlicher Luxus

Der erst vor wenigen Jahren komplett und bemerkenswert gründlich restaurierte **Gutshof Kukšas** aus dem 16. Jh. ist eines der exklusivsten Hotels in Kurzeme. Er liegt idyllisch an einem kleinen See, fernab von befahrenen Straßen. Hier wählt der Gast zwischen völlig unterschiedlich gestalteten Zimmern, von denen einige sogar noch Deckenmalereien vom Ende des 18. Jh. aufweisen. Anfahrt: Westlich von Pūre (▶ E 4) führt eine kleine, teils unbefestigte Straße Richtung Süden nach Kukšas, dann den Schildern folgen. Auch Reisende, die das Gebäude nur besichtigen möchten, sind willkommen (Kukšas, Tel. 63 18 15 45, www.kuksumuiza.lv, DZ ab 100 LVL).

1930er-Jahren und die Orgel von 1769 sehenswert. Der Aufstieg zur Spitze des Kirchturms lohnt, denn von hier aus genießt man eine schöne Aussicht auf die Stadt (Anmeldung: Tel. 63 12 23 05).

Das historische Zentrum von Tukums umfasst die Straßen Liela, Harmonijas, Dārza, Zirgu, Jauno und Talsu iela. Am besten erhalten ist die **Harmonijas iela**, die man bei ihrer Restaurierung 2002 bewusst wieder mit alten Pflastersteinen versah. Besonders eindrucksvoll sind die von Tischlern und Schmieden meisterlich ausgearbeiteten Türen der Wohnhäuser aus dem 18.–19. Jh. In der gleichen Straße lädt das **Kunstmuseum** (Mākslas muzejs, Harmonijas 7, Di–Sa 10–17, So 11–16 Uhr, 0,40 LVL) Besucher zur Besichtigung einer der bedeutendsten Sammlungen von moderner Kunst in Lettland aus der ersten Hälfte des 20. Jh. ein.

Schloss Durbe
Durbes pils, Mazā Parka 7, Ausstellungen Di–Sa 10–17, So 11–16 Uhr, Töpferei Do–Sa 10–17 Uhr, 1 LVL

Zu dem am Stadtrand von Tukums auf einer Anhöhe gelegenen Schloss gelangt man am besten über die Pasta und die Rīgas iela und anschließend rechts ab durch die Durbes iela. Das gut erhaltene Gebäude wurde im 17. Jh. errichtet und 1820 nach einem Entwurf des Architekten Johann Georg Berlitz im Stil des Klassizismus umgestaltet. Sehenswert ist auch der etwa 25 ha große Schlosspark mit einer Rotunde aus dem 19. Jh. Im Herrenhaus kann man sich in einer Ausstellung mit dem Alltag der Gutsherren in der zweiten Hälfte des 19. Jh. vertraut machen, in einem der Wirtschaftsgebäude informiert außerdem eine Ausstellung über den Alltag der lettischen Bauern im 19. Jh. Ein Nebengebäude beherbergt die Töpferei von Velga Melne, wo man an Schnellkursen in lettischer Keramikkunst teilnehmen kann.

Übernachten

Einfacher Komfort – **Tukuma ledus halle:** Stadiona 3, Tel. 63 10 74 68, www.thl.lv, DZ 30 LVL. Die zweckmäßig ausgestatteten Zimmer im Gebäudekomplex der Eishalle von Tukums dürften für einen Kurzaufenthalt bei durchschnittlichen Ansprüchen genügen.

Aktive Entspannung – **Hotel Harmonija:** Jāņa 3 a, Tel. 63 12 57 75 oder 26 12 57 77, www.harmonija.lv, DZ 29 LVL. Spa-Hotel mit Schwimmbad und Sauna sowie vielen Sport- und Wellnessangeboten. Die Zimmer sind sauber und in Ordnung, allerdings nicht besonders fantasievoll eingerichtet.

Einkaufen

*Kunstgalerie & Souvenirs – **Durvis:***
Brīvības laukums 21, Tel. 63 12 43 12,
Mo 9–13, Di–Fr 9–17, Sa 9–13 Uhr. Ne-
ben dem Verkauf von Souvenirs (z. B.
Keramik) aus der Region gibt es regel-
mäßig Kunstausstellungen.

Infos

Touristeninformation
**Tukuma rajona Tūrisma informācijas
centrs:** Pils 3, Tel. 63 12 44 51, www.
tukums.lv.

Internet
www.tukumamuzejs.lv: Infos zu den
Museen in Tukums und Umgebung.

Verkehr
Bahn: Es gibt zwei Bahnhöfe in Tu-
kums, Tukums I und Tukums II; für das
Zentrum am Bahnhof Tukums I aus-
steigen. Zwischen Riga und Tukums
verkehren etwa alle 90 Minuten Züge.
Bus: von/nach Riga, Talsi, Kuldīga und
Ventspils.

Umgebung von Tukums

Gut Schlockenbeck ▶ F 4
*Šlokenbekas muiža, Milzkalne, 5 km
östlich von Tukums (über die Rīgas
iela erreichbar), www.muiza.lv*
Der rechteckige, nach dem Vorbild der
befestigten römischen Siedlungen gestaltete Gebäudekomplex stammt aus
dem 15. Jh. und wurde im 17. und
18. Jh. umgebaut. Interessant ist u. a.
die mit zahlreichen Schießscharten sowie zwei – ursprünglich vermutlich vier
– Toren versehene Ringmauer. Sie
schützt die einzige freie Seite der Anlage. Heute beherbergt das Gut ein
Hotel (s. S. 161) und ein Restaurant.

Schloss Neu-Mocken ▶ E 4
*Jaunmoku pils, ca. 7 km nordwestlich
von Tukums (an der A 10 Richtung
Talsi), www.jaunmokupils.lv, tgl. 9–17
Uhr, Erw. 1,50, Schüler 0,50 LVL, Führung auf Deutsch 10 LVL*
Das 1901 fertiggestellte Schloss aus
rotem Backstein gefällt durch seine Mischung aus Jugendstil- und neogotischen Elementen. Es wurde im Auftrag
des Rigaer Bürgermeisters Armistead
(s. S. 105) nach einem Entwurf des renommierten Rigaer Architekten Wilhelm Bockslaff als Jagdschloss und
Sommersitz errichtet. Innen ist u. a. der
Kachelofen im Vestibül sehenswert: 50
bemalte Kacheln erzählen vom Leben
in Riga und Jūrmala Anfang des 20. Jh.
Im Schloss befinden sich außerdem ein
Hotel (s. S. 161) und ein Restaurant; der
Schlosspark lädt zu Spaziergängen ein.

Schlossgut Jaunpils ▶ E 4
*Jaunpils pils, ca. 28 km südlich von
Tukums, www.jaunpilspils.lv, Museum
tgl. 10–18 Uhr, 0,50 LVL*
Das Schlossgut in der gleichnamigen
Ortschaft wurde 1301 als Ordensburg
errichtet. Matthias von der Recke erwarb die Burg 1576 und ließ sie zu
einem Schloss mit manieristischen Elementen umgestalten. Der Abkömmling
eines der bedeutendsten Adelsge-
schlechter Westfalens war nach dem
Zerfall des Deutschen Ordens 1561 zu
einem der mächtigsten Männer des
Herzogtums Kurland aufgestiegen. Die
Stuckverzierungen und Wandbema-
lungen des Schlosses fielen 1905 einem
Feuer zum Opfer, erhalten ist der wuch-
tige Rundturm aus den Anfangszeiten.
Ein Museum dokumentiert die Geschichte des Schlossguts. Darüber hinaus gibt es ein Hotel (s. S. 161) und
eine regige Bierkneipe. An jedem zweiten Samstag im August findet ein mittelalterliches Spektakel statt mit Tanz,
Musik etc. Für Gruppen werden auch

Kontrastprogramm im Grün der Wälder: Birken bilden über 25 % des Baumbestandes

sonst Veranstaltungen arrangiert, z. B. Burgbesichtigungen mit Führern in historischen Gewändern. Reizvoll sind in der Umgebung der Mühlenteich und eine evangelisch-lutherische Kirche von 1592 mit einem Altar und einer Kanzel im Stil des Manierismus.

Kinostädtchen Cinevilla Backlot
▶ E 4

www.cinevilla.lv, tgl. 10–19 Uhr,
2 LVL, Kinder 1 LVL, Kinder bis 6 Jahre
haben freien Eintritt
Fährt man auf der Landstraße P 98 von Tukums nach Süden Richtung Slampe,

zweigt nach etwa 10 km eine kleine Straße nach rechts ab, die zum Kinostädtchen Cinevilla führt, dem neuesten Filmstudio Lettlands. Es wurde eigens für einen der teuersten Filme der lettischen Geschichte gebaut: den Historienfilm »Rīgas sargi« (Die Wächter von Riga). Der Film handelt von den Kämpfen Ende des Ersten Weltkriegs, die zur lettischen Unabhängigkeit führten – nach immerhin über 700 Jahren Fremdherrschaft. Die Kulissen, die inzwischen für andere Filme zum Einsatz kommen, können von Touristen besichtigt werden. Sie vermitteln eine gute Vorstellung davon, wie Riga Anfang des 20. Jh. und während des Ersten Weltkriegs ausgesehen haben könnte. Verschiedene Führungen und sogar Mitmach-Spiele werden angeboten, bei denen man z. B. mit entsprechender Uniform zum Wächter von Riga wird. In einem Wirtshaus kann man sich stärken.

Übernachten, Essen

Gediegen oder schlicht – **Hotel Jaunmoku pils:** an der Landstraße von Riga nach Ventspils, km 75, Tel. 63 10 71 25, www.jaunmokupils.lv, DZ ab 35 LVL. Das Hotel im Schloss Neu-Mocken ermöglicht die Übernachtung in eher gediegenen Zimmern im Schloss oder in schlichteren Zimmern im Gutsgebäude; Restaurant.
Nett im Himmelbett – **Hotel Jaunpils:** Jaunpils, Pils, Tel. 29 44 25 39, www.jaunpilspils.lv, DZ 15-60 LVL. Ob »Weißes« oder »Blaues«, »Baroness« oder »Baron-Zimmer« – in allen Räumen ist das Burgflair inklusive und die Übernachtung erschwinglich. Vor allem die prächtigen Betten in den unterschiedlich eingerichteten Zimmern verleihen dem kleinen Hotel im Schlossgut Jaunpils Charme; Restaurant.

Provisorisch – **Hotel Šlokenbekas muiža:** Šlokenbeka, Milzkalne, Tel. 63 18 23 35, www.muiza.lv, DZ ab 20 LVL. Das Hotel im Gut Schlockenbeck bietet recht einfache, mit schlichten Fichten- und Kiefernholzmöbeln ausgestattete Zimmer an – auf jeden Fall gut genug für eine Nacht; Restaurant.

Talsi ▶ D/E 3

Die etwa 45 km lange Wegstrecke auf der E 22/A 10 zwischen Tukums und Talsi ist nicht unbedingt mit Sehenswürdigkeiten gesegnet. Der Weg lohnt sich dennoch, denn die 12 000 Einwohner zählende Stadt Talsi (Talsen) liegt auf neun Hügeln, die sich im Wasser zweier Seen spiegeln, und ist, nicht zuletzt aufgrund ihrer vielen Parks und Gärten, eine der malerischsten Städte Lettlands.

Rund um den Talsi-See

Die verträumte Atmosphäre des Städtchens verdankt sich vor allem den zahlreichen verwinkelten Gassen mit einigen Holz- und Steinhäusern aus dem 19. Jh., vor allem an der Lielā iela. Sie führt über den zentralen Pilsētas laukums mit der Touristeninformation hinauf auf einen der neun Hügel, wo sich die weiß getünchte **evangelische Kirche** (Mai–Sept. tgl. 10–18 Uhr) erhebt. Zwischen 1802 und 1836 war Karl Ferdinand Amenda, ein enger Freund Beethovens und Lehrer der Kinder Mozarts, Pastor in dem 1567 erbauten Gotteshaus.

Auf dem Dzirnavkalns, der von der Kirche aus über die Dzirnavu iela in wenigen Schritten zu erreichen ist, stand bis 1659 die **Ordensburg,** von der nur noch Fragmente des Fundaments verblieben sind.

Zum Burgberg

Auf der anderen Seite der Kirche gelangt man über die K. Mīlanbaha iela zum Tiguļu kalns mit einem **Arboretum** und der um 1885 erbauten ehemaligen Stadtresidenz des Freiherrn von Firck, in der heute das **Kreismuseum von Talsi** (Talsu novada muzejs, Di–So 10–17 Uhr, 1,50 LVL) untergebracht ist. In dem neoklassizistischen Gebäude werden neben der ständigen Ausstellung zur Stadtgeschichte auch Kunstwerke regionaler Künstler gezeigt.

Von hier ist es nicht weit zum Pilskalns, dem **Burgberg** von Talsi, auf dem im vorchristlichen Lettland eine der größten kurischen Holzburgen gestanden haben soll. Überreste sind leider nicht erhalten. Vom Burgberg bietet sich aber ein schöner Ausblick auf den **Talsi-See** (Talsu ezers), die Stadt und das Denkmal »Koklespieler« (die Kokle ist ein zitherähnliches Instrument) am gegenüberliegenden Seeufer, das Lettlands Freiheitskämpfern gewidmet ist.

Am Vilkmuiža-See

Der zweite See der Stadt, der **Vilk-muiža-See** (Vilkmuižas ezers), ist ein bedeutender archäologischer Fundort. Auf seinem Grund sowie an seinen Ufern wurden im Jahr 1936 ca. 3500 Gegenstände aus der Zeit der Kuren gefunden, darunter auch metallische Schmuckstücke sowie einer der ältesten europäischen Öfen für Metallbearbeitung. Die Funde bewiesen, dass es bei den Kuren Feuerbestattungen gegeben hat, und bestätigten die Vermutung, dass die finno-ugrische Kultur großen Einfluss auf die kurische hatte. Ausgewählte Fundstücke sind im Kreismuseum von Talsi zu sehen.

Einen Besuch wert ist auch die **Kupfersche Familiengruft** (Kupfera kapliča) in der Zvaigžņu iela 1, einer Seitenstraße der K. Valdemāra iela. Der klassizistische Bau aus dem Jahr 1806, der für den Stadtarzt Heinz Kupfer errichtet wurde, beeindruckt vor allem wegen seiner ungewöhnlichen Bauweise in Form eines gleichseitigen Dreiecks.

Museum für Agrartechnik

Lauksaimniecības muzejs, Celtnieku 11, www.kaleji.et.lv, Mai–Sept. Mo–Fr 9–17, Sa/So 10–15, Okt.–April Mo–Fr 9–17 Uhr, 1 LVL

Etwa 2 km südwestlich des Zentrums von Talsi befindet sich unweit der Raiņa iela das eigentümliche, aber sehenswerte Museum für Agrartechnik, auch bekannt als Museum Kalēji, mit einer interessanten Sammlung landwirtschaftlicher Geräte wie Traktoren oder Dampflokomotiven, aber auch Autos aus sowjetischer Produktion. Zwei kleine Ausstellungen bringen den Besuchern zwei ganz unterschiedliche Themen nahe: die Messgerätetechnik Ende des 19. Jh. sowie die Brotherstellung.

Übernachten

Gemütliche Gastlichkeit – **Martinelli:** Lielā 7, Tel. 63 29 14 30, www.martinelli.lv, DZ 39–55 LVL. Das kleine Gästehaus an der zentralen Lielā iela besticht durch seine heimelige Atmosphäre – was bei nur vier Betten allerdings auch kein Wunder ist. Die neuen Zimmer sind mit sorgfältig ausgewählten Holzmöbeln ausgestattet.

Anonymer Komfort – **Hotel Talsi:** Kareivju 16, Tel. 63 23 20 20, www.hoteltalsi.lv, DZ ab 35 LVL. Das über 100 Betten zählende Hotel direkt am Vilkmuiža-See ist das größte Hotel des Ortes. Die persönliche Note fehlt zwar, aber dafür liegt es zentral und ist mit einer Bar und einem Restaurant ausgestattet.

Behaglich – **Saule:** Saules 19, Tel. 26 12 04 17, www.saulehotel.lv. DZ ab 25 LVL. Wie ein Privathaus wirkt die Herberge am Fuß des Burgbergs. Die mit hellen Holzmöbeln ausgestatteten Zimmer strahlen viel Wärme aus. Zelten möglich; Fahrradverleih.

Essen & Trinken

Erlesene Weine – **Martinelli:** Lielā 7, Tel. 63 29 14 30, www.martinelli.lv, Hauptgericht 8 LVL. Die Kafejnīca des gleichnamigen Hotels ist wahrscheinlich das beste Restaurant von Talsi. Ob selbst gemachte Torten oder Austern – alles wirkt frisch und ist appetitlich angerichtet; exzellente Weinkarte.
Regionale Küche – **Brasili-x:** K. Valdemāra 90, Tel. 63 22 44 29, Hauptgericht 6 LVL. Hier bekommt man Speisen aus der Region, beispielsweise den Gemüsekuchen Slandrauši, den man auf Wunsch sogar selber backen kann.

Infos

Touristeninformation
TIC für die Region Talsi: Lielā 19/21, Tel. 63 22 41 65, www.talsi.lv, www.talsurajons.lv, Hauptsaison Mo–Fr 9.30–13, 13.30–17.30, Sa 10–14, Nebensaison Mo–Fr 9.30–13, 13.30–17.30 Uhr.

Verkehr
Bus: mehrmals tgl. nach Riga, Ventspils und Kuldīga; Busbahnhof: Dundagas 15, Tel. 63 22 21 05.

Umgebung von Talsi

Gut Dižstende ▶ D 3
Dižstendes muiža, ca. 6 km südlich von Talsi, kurz hinter der Kreuzung von P 120 und E 22/A10

Gut Dižstende wurde im Jahr 1528 durch Ordensmeister Walter von Plettenberg als Lehen an Philipp von der Brüggen übergeben und danach mehrfach umgebaut und erweitert. Bemerkenswert sind das alte Wohnhaus aus dem 16. Jh. und der im 18. und 19. Jh. im Stil des Klassizismus erbaute Gebäudekomplex mit Wohnhaus, Wagenschuppen und Stall sowie der 18 ha große Park.

Landgut Pastende ▶ D 3
Pastendes muiža, 5 km südwestlich von Talsi

Über mehrere Jahrhunderte befand sich das in der gleichnamigen Ortschaft gelegene Gut Pastende im Besitz der Familie von Hahn. Das zweistöckige, Ende des 18. Jh. im klassizistischen Stil erbaute Gebäude gefällt besonders durch die Kolonnade vor dem Haupteingang, bemerkenswert sind auch die weit hervorragenden Simse.

Usma-See ▶ D 3
Rund 25 km weiter westlich führt die E 22/A 10 zum Usma-See (Usmas ezers), dem größten See Kurzemes. Mit seinen Sandstränden und guten Angelmöglichkeiten ist er ein ideales Erholungsgebiet und vor allem bei Campingurlaubern beliebt. Die von einem pilz- und moosreichen Urwald überzogene **Moricsala-Insel**, eine von neun Inseln im See, steht seit 1912 unter Naturschutz und ist damit das älteste Naturschutzgebiet Lettlands. Betreten werden darf das Eiland jedoch nicht (www.usmas.lv).

Rund um Talsi – Infos im Internet
Ausführliche Informationen über die Umgebung von Talsi findet man auf der Website www.talsurajons.lv (bisher nur auf Englisch).

In den frühen Morgenstunden besonders idyllisch: das Tal der Abava

Ugāle ► D 3
Durch die 10 km hinter dem Usma-See liegende kleine Ortschaft sollte man nicht einfach hindurchbrausen, denn hier ist ein Juwel barocker Baukunst zu bestaunen: Die Ende des 17. Jh. erbaute **evangelisch-lutherische Kirche** fasziniert vor allem durch die gelungene Gestaltung ihres Innenraums. Zur Ausstattung gehört u. a. die aus dem Jahr 1701 stammende und damit älteste Orgel Lettlands. Sie ist mit einem meisterhaft geschnitzten Orgelprospekt von Michael Marquart geschmückt.

Übernachten

Moderne Wellnessanlage – **Spa Hotel Usma:** »Priežkalni«, Umgebung von Usma, Tel. 63 67 36 54, www.usma.lv, DZ ab 35 LVL. Das neue, von der EU subventionierte Spa-Hotel am Usma-See bietet nicht nur die üblichen Wellnessbehandlungen, sondern auch viele Möglichkeiten für Aktivurlauber, die sich hier z. B. Fahrradtouren und dem Wassersport widmen können.
Komfortabel – **Usmas kempings:** »Priežkalni«, Usma-See, Tel. 63 67 36 54, www.usma.lv, 5 LVL/Zelt, 1 LVL/

torbooten und anderen Wassersport-
geräten.

Naturpark Urstrom-
tal Abava ► C 3–E 4

Im Vergleich zu anderen Regionen des
Landes ist die Gegend zwischen Talsi,
Sabile und Kandava geradezu hügelig,
weshalb sie auch den Beinamen »Kurländische Schweiz« trägt. Das ist allerdings ein wenig übertrieben, da die
höchsten Hügel gerade einmal rund
200 m hoch sind. Westlich von Kandava
erstreckt sich einer der schönsten Landstriche Lettlands; das malerische, von
vielen lettischen Dichtern besungene
Tal der Abava, das als Naturpark Urstromtal Abava (Dabas parks »Abavas
senleja«) ausgewiesen ist. Der von dem
abfließenden Schmelzwasser der eiszeitlichen Gletscher in den Stein gewa-
schene Fluss mit seinen von kleinen
Schluchten durchzogenen Ufern schlängelt sich durch eine liebliche Landschaft
mit Blumenwiesen und kleinen Wäldern. Hin und wieder erblickt man
Sandsteinfelsen und Höhlen, zuweilen
Stromschnellen. Für Kanufahrer – auch
Anfänger – ist die meist ruhig dahinfließende Abava ein gutes Revier.

Kandava ► E 4

Nicht versäumen sollte man einen Besuch des idyllischen Städtchens Kandava (Kandau). Gleich am Ortseingang
erhebt sich der alte **Burgberg** der Kuren, die hier bis zum Beginn des 13. Jh.
ihre Festung hatten. Doch dann übernahm der Deutsche Orden die Macht
und baute seinerseits etwas weiter im
Zentrum an der Lielā iela eine Burg,
von der allerdings kaum noch etwas
erhalten ist. Nur der zweigeschossige

Pers., Holzhütte 24 LVL/2 Pers. Gehört
zum Spa Hotel Usma. Moderner Campingplatz nahe der E 22/A 10 in der
Nähe der Ortschaft Usma; gute Ein-
kaufsmöglichkeiten. Ein Platz liegt am
Strand, ein anderer weiter abseits.
Gut ausgestattet – **Bukdangas:** Usma-
See, über die E 22/A 10 erreichbar, bei
km 136 links abbiegen, dann noch etwa 4 km, Tel. 29 25 64 87, www.buk
dangas.lv, Zelt 1 LVL/Pers., Cottage-
häuschen ab 30 LVL. Vom einfachen
Zeltplatz bis zum schicken Cottage-
häuschen gibt es hier alles, außerdem
Vermietung von Fahrrädern sowie Mo-

Viehwirtschaft im Kleinen in Kurzeme – wichtig zur Deckung des Grundbedarfs

Pulverturm und ein paar Mauerreste zeugen noch von einer mächtigen Befestigungsanlage, die hier gestanden haben muss.

Sehenswert ist auch die historische **Altstadt** mit ihren engen Gassen und Gebäuden aus dem 18. und 19. Jh. Zwei Häusertypen sind für Kandava charakteristisch: Häuser, deren Balkone mit detailliertem Schnitzwerk verziert sind, und – an einer Schräge stehende – Steinhäuser, die zu einer Straßenseite hin zwei und zur anderen drei Stockwerke besitzen.

Man sollte Kandava nicht verlassen, ohne einen Blick auf die romantische alte **Steinbrücke** geworfen zu haben. Sie liegt etwas außerhalb des Zentrums in der Verlängerung der Lielā iela und überspannt die Abava. Sie ist eine der ältesten Steinbrücken Lettlands und beeindruckt durch ihre harmonische Gestaltung.

Übernachten

Zweckmäßig – **Kandava:** Sabiles 3, Tel. 26 40 67 33, www.hotelkandava.lv, DZ ab 25 LVL. Ein wenig 1970er-Jahre-Touch hat das 40-Betten-Hotel in einem historischen Gebäude im Zentrum von Kandava. Die Einrichtung der Zimmer ist recht schlicht und zweckmäßig.

Praktisch – **Sumbrs:** an km 92 der E 22/A 10 Riga–Ventspils, Tel. 63 18 10 70, www.sumbrs.viss.lv, DZ ab 20 LVL. Kleines, noch recht neues Motel, das aussieht wie ein Fertighaus; helle, mit Holzmöbeln eingerichtete Zimmer; Bistro, Sauna und Spielplatz.

Aktiv & Kreativ

Fahrradverleih – **Velotūre:** Sabiles 6, Tel. 29 41 58 42.

Infos

Touristeninformation

TIC Kandava: Kūrortu 1 b, Tel. 63 18 11 50, www.kandava.lv, Mai–Sept. Mo–Fr 9–18, Sa/So 10–17, Okt.–April Mo–Fr 9–17, Sa 10–14 Uhr.

Verkehr

Bus: mehrmals tgl. von der Lielā iela in Kandava nach Riga, Talsi und Kuldīga.

Von Kandava nach Sabile ▶ E–D 4

Verlässt man Kandava auf der P 130 Richtung Sabile, gelangt man schon nach etwa 1 km zum **Schwefelquellen-Moor** (Cuču purvs), einer für das Abava-Tal völlig untypischen Landschaftsform. Früher nutzte man die Schwefelquellen und Süßwasserkalk-Vorkommen der Gegend für Kuranwendungen. Von ihrer schönsten Seite zeigt sich die Landschaft im Juni und Juli, wenn das seltene Strauchfingerkraut blüht.

Etwa auf halbem Weg zwischen Kandava und Sabile liegt an der Landstraße das **Touristenzentrum Plosti,** wo man essen, übernachten und auch Kanus mieten kann. Außerdem bekommt man hier ausführliche Informationen über Wanderrouten.

Spaziergang zu Teufelsstein und Teufelshöhle

Das Touristenzentrum Plosti ist ein hervorragender Ausgangspunkt für Wanderungen in der herrlichen Landschaft. Ein schöner Spaziergang führt z. B. zum **Teufelsstein** (Velna akmens) und zur **Teufelshöhle** (Velna ala) auf der anderen Seite der Abava, alten rituellen Stätten der Letten, die ihre Namen einer Legende verdanken: Einst grollte der Teufel den Bewohnern der Gegend und wollte mit einem großen Felsbro-

cken die Abava blockieren. Genau in dem Moment, als er den Felsbrocken anhob, vernahm er den Schrei eines Hahns. Vor Schreck und Angst ließ er den Brocken fallen und versteckte sich in der nahe gelegenen Höhle, aus der er nie wieder herauskam.

Übernachten

Ideal für Aktivurlauber – **Plosti:** zwischen Kandava und Sabile (an der P 130), Tel. 63 12 32 37, www.plosti.lv, DZ 28 LVL, Ferienhäuschen 50 LVL. Großes Informations- und Erholungszentrum mit Sportplätzen, Fahrrad- und Bootsverleih. Auch Reiten ist möglich sowie Zelten bzw. das Abstellen von Trailern möglich. Mit Restaurant.

Bäuerlich-gemütlich – **Imulas:** zwischen Kandava und Sabile, Tel. 63 12 36 47 oder 29 27 89 28, www.imulas.lv, DZ ab 20 LVL. Unterkunft in Blockbauweise mit zwölf Zimmern. Restaurant, Sauna und kleiner Swimmingpool.

Sabile ▶ D 4

Im malerischen Herzen des Abava-Tals, liegt die romantische Kleinstadt Sabile. Seit dem 16. Jh. ist der Ort ein Zentrum des Weinbaus und noch immer wird hier Wein angebaut. Laut Guinness-Buch der Rekorde ist die Region das nördlichste Weinanbaugebiet der Welt. Die Anbaufläche ist allerdings ziemlich klein und der Wein nicht mit einem französischen Spitzenwein zu vergleichen. Dennoch: Im Juli feiert man zu Ehren des besonderen Tropfens ein Weinfest. Vom **Weinberg** (Vīna kalns) hat man einen hübschen Blick auf die Stadt und die Umgebung. Den Nachbarhügel (Sabiles pilskalns) krönte früher eine kurische Burg, von der allerdings nur noch ein Erdhügel zeugt.

Bis zum Einmarsch der Deutschen im Zweiten Weltkrieg war Sabile ein bedeutendes Zentrum der Juden in Lettland. Daran erinnert die 1890 erbaute **Synagoge** (Sinagoga) in der Ortsmitte, die heute als Ausstellungsraum und Konzerthalle dient.

Voller Überraschungen ist die eigenwillige **Privatsammlung** des Sabiler Einwohners Alfons Elerts. Neben 2000 verschiedenen Socken stellt er einen Krawattenteppich, alte Werkzeuge, antike Motorräder, eine Sammlung von Witzen, Tonbandaufnahmen, diverse Handarbeiten und von Kindern gemalte Bilder aus. Außerdem verkauft er seinen Hauswein (Blaumaņa 4, Tel. 63 25 27 89, Mai–Nov. tgl. 8–22 Uhr, Spenden willkommen).

Umgebung von Sabile

Etwa 4 km westlich von Sabile weist auf der Landstraße P 130 nach Kuldīga ein Schild auf den kleinen Wasserfall **Abavas rumba** hin, der weniger zum Anschauen als zum Baden einlädt. Nach ein paar Kilometern gelangt man zu den ebenfalls ausgeschilderten **Māras kambari,** mehreren Sandsteinhöhlen am Ufer der Abava, die nach der Erdmutter Māra, einer der drei wichtigsten Götter in der lettischen Mythologie, benannt sind.

Übernachten

Kreativ schlafen – **Pedvāle:** bei Sabile, Tel. 63 25 22 49, www.pedvale.lv, DZ ab 14 LVL. Liebevoll gestaltete Unterkunft (16 Betten) auf dem Gelände des Kunstmuseums (s. rechts). Im Sommer unbedingt reservieren! Auch Zelten möglich.
Natur pur – **Abavas rumba:** bei Sabile, Tel. 26 45 24 59 oder 63 25 28 26, 2–3 LVL/Pers. Campingplatz direkt am Wasserfall Abavas rumba, 4 km hinter Sabile Richtung Kuldīga.

Essen & Trinken

Künstlerisch – **Dāre:** bei Sabile, Tel. 63 25 22 73, Mai–Okt. tgl. 9–23, Nov.–April Sa/So 9–23 Uhr, z. T. wechselnde Öffnungszeiten, Hauptgericht 5–8 LVL. Geschmackvoll eingerichtetes Restaurant im Freilicht-Kunstmuseum (s. rechts).

Infos & Termine

Touristeninformation

TIC Sabile: Pilskalna 6, Tel. 63 25 23 44, www.sabile.lv, Mo–Fr 10–12.30, 13–17, Sa/So 10–14 Uhr.

Termine

Weinfest (4. Juli-Wochenende): Weinproben, Spiele, Musik und Theater.

Rodeln und Reiten auf der Schwedenmütze

Piltiņi, zw. Sabile und Matkule,
Tel. 26 40 54 05, www.zviedrucepure.lv
Am südlichen Ufer der Abava (ca. 3 km Richtung Matkule) erhebt sich die **Schwedenmütze** (Zviedru cepure; ▶ E 4), ein Hügel mit einer 300 m langen, ganzjährig betriebenen Rodelbahn – ein großer Spaß für Groß und Klein; im Winter gibt es auch eine Skipiste mit Skilift. Wer sich statt auf einen Schlitten lieber in einen Pferdesattel schwingt, kann Reitexkursionen mit und ohne Führer unternehmen.

Kuldīga! ▶ C/D 4

Ziemlich genau im Herzen von Kurzeme liegt das rund 14 000 Einwohner zählende Kuldīga (Goldingen), das wirkt, als sei die Zeit stehen geblieben. In dem von den Sowjets vernachlässigten Ort entwickelte sich keinerlei In-

Mein Tipp

Kunst unter freiem Himmel

Im **Freilicht-Kunstmuseum Pedvāle** (Pedvāles Brīvdabas mākslas muzejs) etwas außerhalb von Sabile zeigt der lettische Bildhauer Ojārs Arvīds Feldbergs seit 1991 Werke von Künstlern aus aller Welt. Auf einer 100 ha großen Fläche hat er über 150 Objekte installiert, die mit der natürlichen Umgebung eine faszinierende Beziehung eingehen. Die Ausstellung verändert sich ständig – die meisten Objekte sind nur vorübergehend zu sehen, andere dagegen dauerhaft (www.pedvale.lv, Tel. 63 25 22 49, 29 13 33 74, 1. Mai–12. Okt. tgl. 10–18, 13. Okt.–30. April tgl. 10–16, Erw. 2,50 LVL, Kinder 1,50 LVL).

dustrie oder Infrastruktur – bis heute existiert beispielsweise keine Bahnverbindung. Die Stadt blickt jedoch auf glanzvolle Zeiten zurück: Im 17. Jh. war sie zeitweise die Hauptstadt von Kurzeme. Heute konzentriert man sich ganz auf den Tourismus – zu Recht: Allein schon die Lage am **Wasserfall der Venta** (s. Lieblingsort S. 170) gibt Kuldīga etwas Besonderes, aber auch die Altstadt mit ihren engen Gassen und ihrem nahezu geschlossenen Ensemble von Bauten aus dem 18. und 19. Jh. machen den Ort zu einem reizvollen Ziel.

Sehenswertes

Zum harmonischen Stadtbild trägt die **Backsteinbrücke** (Senais ķieģeļu tilts) über die Venta am östlichen Ortseingang bei. Sie stammt aus dem Jahr 1874 und ist mit 165 m eine der längsten Brücken ihrer Art in Europa.

Lieblingsort

**Wasserfall der Venta –
eine besondere Badestelle**
Nur 2 m tief ist der Wasserfall der
Venta (Ventas rumba) – das klingt
nicht gerade spektakulär. Beachtlich ist hingegen seine Breite: Mit
249 m ist er wohl der breiteste
Wasserfall Europas! Faszinierend,
wie gleichmäßig das Wasser über
die Granitbarriere stürzt. Ein
besonders eindrucksvoller Anblick
bietet sich vom Nordufer aus, das
man bequem über die alte Backsteinbrücke erreicht.

Kurzeme

Burghügel

Auf der begrünten Anhöhe jenseits der Brücke stand einst eine mächtige Ordensburg, die während des Nordischen Kriegs 1701 von den Schweden weitgehend zerstört wurde. Heute sind nur noch Reste des Kellergewölbes zu erkennen. Auf dem ehemaligen Burggelände wurde vor einigen Jahren ein **Skulpturengarten** mit Werken der Bildhauerin Livija Rezevska (1926–2004) eingerichtet.

Städtisches Museum

Kuldīgas novada muzejs, Pils 5, Tel. 63 35 01 29, Di–So 11–17 Uhr, 0,50 LVL Das Museum der Stadt Kuldīga lädt in einem hübschen Holzhaus mit interessanter Geschichte zu einem Besuch ein: Zuerst diente das Gebäude bei der Weltausstellung 1900 in Paris als russischer Pavillon. Einem Unternehmer aus Liepāja gefiel es so gut, dass er es kaufte und in Einzelteile zerlegt nach Kuldīga transportieren ließ, um es hier wieder aufbauen zu lassen und seiner Verlobten zu schenken. Das Museum zeigt u. a. archäologische Fundstücke aus der Region und dokumentiert die Stadtgeschichte, organisiert darüber hinaus aber auch Kunstausstellungen.

Zur Katharinenkirche

Die Baznīcas iela führt ins Stadtzentrum: Gleich rechts kann man eine ehemalige **Wassermühle** entdecken, die 1807 erbaut wurde und bis 1956 in Betrieb war.

Rechts der Alekšupīte, die sich in schmalen Kanälen durch die Stadt schlängelt, macht die Baznīcas iela einen Bogen um die stolze, erstmals 1252 als Holzkirche erwähnte **Katharinenkirche** (Sv. Kātrinas baznīca). Ihre heutige Gestalt erhielt sie zwischen 1555 und 1565, der älteste Gebäudeteil ist das Südportal. Im Innern ist das Gotteshaus weitgehend im Stil des Ma-

nierismus und des Barock gestaltet. Aufmerksamkeit verdienen vor allem der Altar und die Kanzel des Holzschnitzers Nikolaus Soeffrens d. Ä. sowie eine deutschsprachige Tafel von 1801, die von den Feierlichkeiten zur Jahrhundertwende berichtet. Vom 45 m hohen Kirchturm (1866) hat man eine wunderbare Aussicht auf die Stadt (Mai–Sept. tgl. 10–17 Uhr, sonst nur nach Absprache, Tel. 63 32 43 94).

Historische Häuser

Geht man auf der Baznīcas iela weiter, kommt man an einigen historischen Häusern vorbei. Haus Nr. 17 war das **Wohnhaus des Bürgermeisters Steffenhagen** (Stafenhāgena nams). Auf dessen Einladung hin soll hier 1702 der schwedische König Karl VII. übernachtet haben. Die ehemalige herzogliche **Hofapotheke** (Hercoga Jēcaba galma aptieka; Nr. 8) ist das einzige Haus in Kuldīga und eines der wenigen in Lettland überhaupt, das in deutscher Fachwerktechnik erbaut wurde. Baznīcas iela Nr. 7 ist das älteste Holzhaus von Kurzeme, es wurde 1630 errichtet. Von der Baznīcas iela zweigt rechts die Liepāja iela ab, die zentrale Fußgängerzone der Stadt. Schön kann man hier an einigen historischen Gebäuden, die z. T. noch aus dem 17. Jh. stammen, die für Kuldīga typischen Haustüren sehen, über denen ein kleines Fensterchen eingefügt ist.

Rund um das neue Rathaus

Am Ende der Baznīcas iela stehen das 1860 im Stil der Neorenaissance erbaute **Neue Rathaus,** von dem aus die Stadt heute verwaltet wird, sowie das **Alte Rathaus** (Kuldīgas vecais rātsnams) aus dem 17. Jh., in dem sich die Touristeninformation befindet. Sehr sehenswert ist die 1640 erbaute katholische **Dreifaltigkeitskirche** (Sv. Trīsvienības baznīca) – vor allem wegen ihrer

Innenausstattung, darunter eine Madonnenskulptur aus dem 16. Jh. und ein bemalter Beichtstuhl von 1649 sowie der von Zar Alexander I. 1818 gestiftete Hauptaltar.

Übernachten

Freundlich und komfortabel – **Jāna nams:** Liepājas 36, Tel. 63 32 34 56, www.jananams.lv, DZ ab 30 LVL. Sauberes, freundliches und komfortables Hotel in einem renovierten Gebäude; gutes Restaurant.
Klein und gemütlich – **Aleksis:** Pasta 5, Tel. 63 32 21 53, www.aleksis.viss.lv, DZ ab 30 LVL. Kleine gemütliche Herberge in einem alten Holzhaus mit persönlicher Atmosphäre in der Nähe des Rathauses (Rātsnams), manche Zimmer sind allerdings ziemlich klein.
Badenah und billig – **Ventas rumba:** Stendes iela, Tel. 63 32 41 68 oder 29 36 46 23, ab 6 LVL/Pers. im Mehrbettzimmer, DZ 25 LVL. Das alte Holzhaus, in dem sich die Jugendherberge befindet, scheint zwar beinahe zu zerfallen, aber die tolle Lage am Wasserfall der Venta (s. S. 170) entschädigt für einiges. Außerdem sieht's im Innern ein wenig besser aus.

Essen & Trinken

Große Auswahl – **Jāna nams:** Liepājas 36, Tel. 63 32 34 56, tgl. 7–23 Uhr, Hauptgericht 6 LVL. Eines der besten Restaurants der Stadt; lettische, russische und internationale Küche, vor allem gute Fischgerichte. Es gehört zum gleichnamigen Hotel (s. o.).
Mit großer Terrasse – **Stender's:** Liepājas 3, Tel. 63 32 27 03, Di–Do 11–23, Fr–Sa 11–4, So–Mo 11–22 Uhr, Hauptgericht 4 LVL. Bar und Restaurant im ersten Stock eines Gebäudes im Block-

hausstil. Gutes Essen – spezialisiert auf Suppen und Pfannkuchen, viel junges Publikum, im Sommer große Terrasse.

Infos

TIC Kuldīga: Baznīcas 5, Tel. 63 32 22 59, www.visit.kuldiga.lv, Mai–Sept. Mo–Fr 9–17, Sa 10–16, So 10–14, Okt.–April Mo–Fr 9–17 Uhr.

Verkehr
Bus: Der Busbahnhof *(autoosta)* liegt 15 Min. zu Fuß vom Zentrum entfernt in der Stacijas iela 2; Busse fahren u. a. nach Riga, Liepāja und Ventspils. Näher ist es, an der Haltestelle in der Mucenieku iela einzusteigen. Infos: Tel. 63 32 20 61 und 67 50 71 76. Nach Riga verkehren auch die schnelleren Minibusse, Tel. 29 10 22 86 und 67 50 71 76.

Umgebung von Kuldīga

Sandsteinhöhlen
im Naturpark Riežupe ▶ D 4
Tel. 29 26 73 08 oder 29 55 50 42, Führungen: 15. April–15. Okt. tgl. 11–18 Uhr, 2 LVL
Zu den zahlreichen interessanten Zielen in der Umgebung von Kuldīga gehören die Sandsteinhöhlen im Naturpark Riežupe (Riežupes dabas parks). Sie entstanden durch den Abbau von weißem Quarzsand für die Glasproduktion. Das brachliegende, 500 m lange Höhlenlabyrinth, das man im Rahmen von interessanten Führungen kennenlernt, ist heute eine Touristenattraktion (Anfahrt: über die Backsteinbrücke Richtung Sabile, dann die erste Straße links, nach knapp 4 km ist ein Parkplatz erreicht, von dort führt ein ausgeschilderter Weg durch ein Waldstück zu den Höhlen).

Hier müssen die Blumen nicht Spalier stehen: im Park von Schloss Ēdole

Schloss Ēdole ▶ C 4

Verlässt man Kuldīga auf der P 119 nach Westen in Richtung Jūrkalne, gelangt man nach ca. 20 km in den Ort Ēdole, in dem am Ufer der Vanka das auch heute noch bewohnte Schloss von Ēdole zu besichtigen ist. Der Bau wurde 1264 zunächst als Deutsche Ordensburg errichtet. Sein heutiges schlossartiges Aussehen im neogotischen Stil erhielt das Bauwerk 1840. In dem öffentlich zugänglichen, etwas verwilderten Landschaftspark stehen viele schöne alte Bäume.

Alsunga ▶ C 4

Die Bewohner des Dorfs Alsunga sind dafür bekannt, dass sie traditionelle Bräuche pflegen. Ihre Trachten, Musikinstrumente und folkloristischen Aufführungen haben sie in ganz Lettland berühmt gemacht. Aber auch die 1341 gebaute Ordensburg ist einen Blick wert. Von der ursprünglichen Burg selbst sind nur Teile des Kellers erhal-

ten. Zu sehen sind noch die im 15. Jh. angebauten Wirtschaftsgebäude und zwei im 16. Jh. hinzugefügte Türme.

Aizpute ▶ C 4

Die heute gut 5000 Einwohner zählende ehemalige Hansestadt Aizpute, einst Sitz der Ordensritter und des kurländischen Domkapitels, verlor an Bedeutung, als der Hafen der Stadt versandete. Sehenswert sind die Überreste einer im 13. Jh. errichteten **Burg des Livländischen Ordens** (Livonijas ordenņa pils) und die benachbarte **Wassermühle** (Pilsmuižas Ūdens dzirnavas) sowie die evangelisch-lutherische Kirche (Sv. Jāņa ev. lut. baznīca) mit einem Grabstein von Bischof Heinrich Basedow aus dem Jahr 1523 und dem Altarbild »Das heilige Abendmahl« von 1692 (Besichtigung nach Absprache mit Pastor Sigurds Sproģis, Tel. 29 15 63 50).

In der Atmōdas iela 16 ist eine originelle **Puppenausstellung** mit mehr als 400 Exemplaren zu sehen (Tel. 29 76 19 28 oder 26 85 30 62, Mo–Fr 10–14 Uhr oder nach Voranmeldung).

Infos

TIC Aizpute: Skolas 1, Tel. 63 44 88 80, www.aizpute.lv, Mo–Fr 10–17 Uhr; der Bau beherbergt auch das örtliche Museum für Stadtgeschichte und Natur.

Umgebung von Aizpute

Apriķi ▶ C 4
In dem kleinen Ort Apriķi nördlich von Aizpute ist vor allem die Ende des 17. Jh. errichtete **evangelische Kirche** sehenswert. Im Innern des einschiffigen, größtenteils im Rokokostil gehaltenen Baus kann man Deckenmalereien von Christian Bernhard Rode bewundern; Kanzel, Altar und Orgelempore sind mit meisterhaften Holzschnitzereien verziert. Das 1745 erbaute **Herrenhaus des Landguts von Apriķi** mit einem prachtvollen Fassadenrelief liegt nur wenige Schritte entfernt und ist ebenfalls einen Besuch wert.

Kazdanga ▶ C 4
In der ansonsten unbedeutenden, abseits aller Touristenrouten liegenden Ortschaft Kazdanga östlich von Aizpute erstreckt sich am Fluss Alokste ein majestätisches Schloss aus dem Jahr 1804. Der zweistöckige klassizistische Bau von Johann Georg Berlitz entstand im Auftrag des Barons Karl Gustav von Manteuffel. Heute befindet sich in dem Gebäude, das ein mächtiger Portikus mit sechs ionischen Säulen ziert, eine Landwirtschaftsschule. Der zum Schloss gehörende, etwas verwilderte Schlosspark ist aber offen zugänglich.

Liepāja❗ ▶ B 5

Liepāja (Libau) ist mit 86 000 Einwohnern die drittgrößte Stadt des Landes und nach Riga sicher die spannendste, da sie scheinbar Unvereinbares in sich vereint: Auf der einen Seite ist es ein traditioneller Kurort mit einem feinsandigen Strand, auf der anderen eine traditionelle Handels- und Hafenstadt. Wegen des ganzjährig eisfreien Hafens musste Liepāja während der russischen Herrschaft und der Sowjetokkupation als Militärbasis herhalten, wovon noch heute u. a. die Bauten im Stadtteil Karosta (s. Entdeckungstour S. 178) zeugen. 45 Jahre lang war Liepāja nach dem Zweiten Weltkrieg von der Außenwelt abgeschottet und für Ausländer und Einheimische ohne Sondergenehmigung gesperrt. Es verfiel regelrecht und musste Anfang der 90er-Jahre ganz von vorn anfangen. Mittlerweile hat sich Liepāja erholt. Wirtschaftlich und vor allem kulturell geht es steil bergauf und immer häufiger finden Touristen den Weg in die reizvolle Stadt. Zwischen Ostsee und Liepāja-See (Liepājas ezers) gelegen, bietet sie nicht nur viele Möglichkeiten zur aktiven Erholung, sondern auch sehenswürdige Geschichts- und Kunstobjekte zur näheren Betrachtung. Zur angenehmen Atmosphäre tragen u. a. der Strandpark und die davor liegenden Sommervillen aus der Zeit um 1900 sowie der Jachthafen mit seiner neuen Promenade bei.

Stadtzentrum

Dreifaltigkeitskirche **1**
Ein guter Ausgangspunkt für die Besichtigung von Liepāja ist die evangelische Dreifaltigkeitskirche (Sv. Trīsvienības baznīca). Zwischen 1742 und 1758 vom Königsberger Architekten Johann

Liepāja

Christoph Dorn für die deutsche Gemeinde der Stadt errichtet, erinnert sie mit ihren Sandsteinverzierungen von außen eher an ein Schloss. Das Innere des dreischiffigen Baus, dessen Turm erst 1866 ergänzt wurde, ist reich verziert mit Stuckelementen und Schnitzwerk im Stil des Rokoko. Besonders die Kanzel und die Herzogsloge ziehen die Blicke der Besucher auf sich. Prunkstück ist jedoch die riesige Orgel, die der von Johann Sebastian Bach sehr geachtete Orgelbauer Heinrich Andreas Koncius 1773 eingerichtet hat. Mit ihren 131 Registern, vier Manualen und über 7000 Orgelpfeifen gehört sie noch immer zu den größten Orgeln in Europa.

Rosenplatz

Der Rosenplatz (Rožu laukums) in der Nähe der Kirche wurde erst vor wenigen Jahren wieder so hergerichtet, wie der Rigaer Gartenarchitekt Georg Kuphaldt sie 1911–13 gestaltet hatte. Wie damals schmücken den Platz 1100 Rosenstöcke und Rosenbüsche. Nur wenige Schritte weiter lädt die Tirgoņu iela, die kurze, aber lebhafte Fußgängerzone von Liepāja, mit kleinen Läden und Cafés zum Verweilen ein.

Haus Peter I. 2

Das älteste Haus von Liepāja, Haus Peter I. (Pētera I namiņš), steht in der Kungu iela. In der ehemaligen Herberge aus dem 17. Jh., einem Holzhaus mit steilem Ziegeldach, soll sich 1697 Zar Peter der Große tatsächlich einige Tage aufgehalten haben, bevor er nach Westen weiterreiste. Gegenüber im **Haus der Kunsthandwerker** 1 (Amatnieku nams; s. S. 184) hängt die mit 123 m längste Bernsteinkette der Welt.

Annenkirche und Umgebung

Die 1587 erbaute **Annenkirche** 3 (Sv. Annas baznīca, tgl. 9–17 Uhr) erhielt ihr neogotisches Aussehen 1893 bei einer Umgestaltung durch den in Liepāja viel beschäftigten Architekten Max Paul Bertschy. Das Außergewöhnliche dieser Kirche befindet sich im Innern: Der barocke, 9,70 m hohe Altaraufsatz, 1697 von Nikolaus Soeffrens d. J. geschaffen, gehört zu den bedeutendsten Schnitzkunstwerken Lettlands. Auf der anderen Straßenseite gelangt man zum ebenfalls von Max Paul Bertschy entworfenen **Petermarkt** 4 (Pētertirgus, s. S. 184), dem Zentralmarkt der Stadt, mit einer beeindruckenden Jugendstilfassade an der Kurvu iela.

Strandpark und Umgebung

Der **Strandpark** (Jūrmalas parks) ist ein vortreffliches Zeugnis der goldenen Zeiten, als Liepāja ein beliebter Kurort war und man 1893 sogar mit der ersten Straßenbahn des Baltikums prahlen konnte. Jeden Sommer findet auf der **Open-Air-Bühne Pūt vējiņi** 5 das größte Rockfestival ganz Lettlands statt: »Liepājas Dzintars«. Erhalten ist auch die **Badeanstalt** 6 mit ihren dorischen Säulen, die Zar Alexander II. als Dank dafür stiftete, dass sein Sohn, Kronprinz Nikolai, in Liepāja von einer Krankheit geheilt wurde. Von der Badeanstalt führt ein schmaler Weg zu einem kleinen Schwanenteich mit einem **Pavillon** 7 auf einer Insel. Rundherum und in den vier abgehenden Straßen, vor allem aber in der Dzintaru und der Liepu iela, stehen einige schicke, z. T. in Holzbauweise errichtete Villen aus der Zeit um 1900.

Geschichts- und Kunstmuseum 8

Vēstures un mākslas muzejs, Tel. 63 42 26 04, www.liepajasmuzejs.lv, Mi–Do 10–18, Fr 11–19, Sa/So 10–18 Uhr, 1 LVL

In einem eleganten Gebäude ist auch das Geschichts- und Kunstmuseum mit einer Sammlung von mehr als 100 000 Exponaten untergebracht. Sie erzählen sehr anschaulich die wechselvolle Geschichte der Stadt und der Umge-

Auf Entdeckungstour

Karosta – vom Kriegshafen zum Stadtteil der Kreativen

Der ehemalige Kriegshafen von Liepāja war viele Jahre von den anderen Stadtteilen isoliert. Heute stehen seine Gebäude überwiegend leer – nur ein paar Kreative versuchen diesem geschichtsträchtigen Ort neues Leben einzuhauchen.

Planung: Dauer 4–8 Std. Die Tour macht auch mit dem Fahrrad Spaß. Radverleih beim TIC Liepāja (s. S. 185).

Infos: www.liepaja.lv/turismus, www.karosta.lv. **Kunstgalerie**

K. Māksla?: Atmodas bulvāris 6, Tel. 29 59 51 31, www.karosta.lv/kmaksla, tgl. 14–19 Uhr. **Gefängnis** (Karostas cietums): Invalīdu 4, Tel. 26 36 94 70, www.karostascietums.lv; Museum Mai–Sept. 10–18 Uhr, Okt.–April nach Voranmeldung, 2 LVL; alle Veranstaltungen ganzjährig nur nach Anmeldung, Show 5 LVL, Übernachtung 9 LVL, Fackeltour 1 LVL.

Anfahrt: mit dem Auto von der Altstadt aus über Brīvbas und Cukura iela; mit dem Bus Linie 3, 4, 7 oder 8.

Hier die goldenen Zwiebeltürme der Nikolai-Kathedrale, dort verfallene sowjetische Wohnsilos; hier zaristische Militärbauten und teils verödete Hafenanlagen, dort Treffpunkte von Künstlern und Umweltschützern – Karosta, der ehemalige Kriegshafen von Liepāja, ist einer der widersprüchlichsten Orte Lettlands. Nirgendwo sonst wird die Geschichte der Fremdbestimmung, aber auch die Orientierungslosigkeit nach der errungenen Unabhängigkeit des Landes so deutlich wie hier.

Der im Norden von Liepāja gelegene Stadtteil diente ursprünglich als Stützpunkt der russischen Ostseeflotte. Ab dem Jahr 1890 entstand er auf Geheiß von Zar Alexander III. und dessen Sohn Nikolai II. Anfangs ›Hafen des Imperators Alexanders III.‹ genannt, erhielt er den Namen Karosta (Kriegshafen) erst zu Zeiten der Eigenstaatlichkeit Lettlands. Dass Liepāja als Standort ausgewählt wurde, lag nicht nur an seinem eisfreien Hafen, sondern auch an der unmittelbaren Nähe zu Nimmersatt (litauisch: Nemirseta), dem nördlichsten Ort der bis 1918 zum Deutschen Reich gehörenden Provinz Ostpreußen.

Eine Stadt in der Stadt

Anfang des 20. Jh. bildete Karosta einen von Liepāja völlig unabhängigen russischen Stadtteil – er war zeitweise das größte militärische Areal im Baltikum. Hier gab es eine eigene Post, eine eigene Energieversorgung und überhaupt eine für damalige lettische Verhältnisse überdurchschnittlich gute Infrastruktur. Karostas damalige Sonderrolle wird auch durch die Dimensionen der 1900–1903 auf Anordnung von Zar Nikolai II. errichteten orthodoxen **Nikolai-Kathedrale** (Sv. Nikolaja pareiztic. Katedrāle) deutlich: Das mit weithin sichtbaren goldenen Kuppeln ausgestattete Gotteshaus ist bis heute das höchste Kuppelgebäude an der Ostseeküste. Bemerkenswert ist, dass es im Innern ohne stützende Säulen auskommt. Nachdem die Kathedrale während der Sowjetzeit u. a. als Kino genutzt und ein Großteil der Innenausstattung zerstört wurde, erstrahlt sie heute wieder im alten Glanz.

Kunst mit Fragezeichen

Auch während der Sowjetokkupation diente Karosta als Militärbasis und war nicht für die Öffentlichkeit zugänglich.

In dieser Zeit entstanden zahlreiche Plattenbauten, die nach dem Abzug der etwa 20 000 sowjetischen Soldaten 1994 mit einem Schlag leer standen. Seither ist Karosta ein nur noch zu etwas mehr als einem Drittel bewohnter Stadtteil, der sich mittlerweile jedoch als Lieblingsort der Kreativen etabliert hat. Diese erleben den seltsamen Zwischenzustand eines scheinbar zukunftslosen Stadtviertels vermutlich als inspirierenden Freiraum.

Doch die Investoren und Immobilienunternehmer stehen schon in den Startlöchern – mehr noch: Sie haben begonnen, das Terrain in Besitz zu nehmen. So musste Ende 2008 das Kultur- und Informationszentrum K@2, eine der bekanntesten Initiativen von Karosta, seine Pforten schließen. Es befand sich im ehemaligen **Haus der zwei Admirale** (Divu admirālu māja), einem üppig dekorierten, in seinen architektonischen Formen aber klar und schlicht gehaltenen Bau, der ursprünglich für den Zaren errichtet worden war. Tatsächlich stieg der Zar mit seiner Familie und seinem Gefolge hier 1901 und 1902 auch ab. Erst danach wurde das Gebäude zum ›Haus der zwei Admirale‹, nämlich des Festungskommandanten und des Kommandeurs des Kriegshafens.

Anders als das Kunst- und Informationszentrum K@2 existiert die **Galerie K. Mäkslas?** noch: Sie versteht sich als Experimentierbühne für lokale Künstler, die noch am Anfang ihres Weges stehen (daher das Fragezeichen, *Mäkslas* heißt übersetzt ›Kunst‹). Die häufig wechselnden Ausstellungen geben dennoch oder gerade deshalb einen guten Eindruck davon, welche Strömungen in der Kunstszene von Liepāja gerade vorherrschen.

Ganz in der Nähe der Galerie erhebt sich inmitten eines alten Parks das **Haus der Marineoffiziere** (Jūras virsnieku saietu nams), das zu den sehenswertesten Überresten der zaristischen Kasernenanlage gehört und einst für die Marineelite nach dem Vorbild der St. Petersburger Vorstadtpaläste in Form eines Hufeisens erbaut wurde. Es ist ein Musterbeispiel des russischen Jugendstils. Seine wertvolle Inneneinrichtung wurde im Frühjahr 1915 nach Moskau und Petersburg gebracht. Leider befindet sich der Palast heute in einem so schlechten Zustand, dass er für Besucher nicht zugänglich ist.

Geschichte hautnah

Ein ganz besonderer Ort ist in Karosta das **ehemalige Gefängnis** (Karostas cietums), ein um das Jahr 1900 errichteter Backsteinbau. Bis 1997 diente es verschiedenen Herrschern und Regierungen – den Russen, Letten, Sowjets und dann wieder den Letten – als Strafvollzugsanstalt für Militärangehörige. Bis heute gilt es als eines der sichersten, aber auch brutalsten Gefängnisse, die es in Lettlands jüngerer Geschichte gegeben hat. Über 50 Häftlinge sollen hier erschossen worden und nicht ein einziger Gefangener entflohen sein.

Heute kann man das Gefängnismuseum besichtigen und auch das Gefängnis selbst bei einer Führung erkunden. Eine besondere Möglichkeit, sich mit der Geschichte des Gefängnisses zu beschäftigen, ist die Realityshow »Hinter Gittern« (»Aiz restēm«), die für Gruppen angeboten wird. Am eigenen Leib erfährt man dabei die Schrecken der Haft und bekommt z. B. Strafen auferlegt wie 20 Liegestützen oder Bodenschrubben. Für Hartgesottene gibt es sogar die Möglichkeit, die Nacht in einer Zelle auf einer Holzpritsche oder einem eisernen Bett zu verbringen und die Schikanen der Wärter über sich ergehen zu lassen.

bung, außerdem erfährt man viel über Deutsche, die in Liepāja gelebt und aktiv am gesellschaftlichen Leben der Stadt teilgenommen haben, wie z. B. den Architekten Max Paul Bertschy. Wechselnde Ausstellungen mit Werken lettischer Künstler runden das Museumsprogramm ab.

Spaziergang am Handelskanal

Die nachts hübsch illuminierte **Hafenpromenade** (Vecā ostmala) hat sich in letzter Zeit dank des Musikclubs **Fontaine Palace** 1 (s. S. 185) zum Zentrum des Nachtlebens in Liepāja gemausert. Aber auch tagsüber verlockt der Weg am Handelskanal (Tirdzniecības kanāls) mit einer riesigen Sandsteinuhr-Installation aus Millionen von Bernsteinen und einem originellen Springbrunnen zu einem Spaziergang. Der Blick auf Fischerboote, Militärschiffe, den Turm der Lotsen und alte Speicherhäuser ist natürlich ebenfalls lohnend. Zurück in die Altstadt geht es über die Graudu iela, in der u. a. einige der wenigen Jugendstilhäuser von Liepāja zu entdecken sind.

Nördlich von Karosta

Nördlich von Karosta (s. Entdeckungstour S. 178), fast schon außerhalb von Liepāja, liegt der **Nördliche Pier** 9 (Ziemeļu mols), der rund 2 km ins Meer ragt und einen herrlichen Blick auf den Hafen ermöglicht. Von hier sind die noch weiter stadtauswärts gelegenen **Nördlichen Befestigungsanlagen** 10 (Ziemeļu forti) zu sehen (s. Lieblingsort S. 182).

Übernachten

Individueller Charme – **Promenāde Hotel** 1: Vecā ostmala 40, Tel. 63 48 82

88, www.promenadehotel.lv, DZ 65–75 LVL. Neues Designhotel mit vier Sternen, das sich direkt am Handelskanal in einem ehemaligen, 1870 erbauten Getreidespeicher befindet. Die stilvoll in einer Mischung aus historischem und zeitgenössischem Interieur eingerichteten Zimmer bieten hohen Komfort; auch Kunstgalerie.

Komfortabel – **Hotel Amrita** 2: Rīgas 7/9, Tel. 63 40 34 34, www.amrita.lv, DZ ab 64 LVL. Eine moderne Unterkunft, die vielleicht etwas unpersönlich wirkt, aber mit gutem Service und komfortabler Ausstattung punktet.

Strandnah – **Pension Roze** 3: Rožu 37, Tel. 63 42 11 55, www.parkhotel-roze. lv, DZ ab 42 LVL. Die Pension in einer repräsentativen Villa aus der Zeit der vorigen Jahrhundertwende verbreitet eine familiäre Atmosphäre.

Zentral und günstig – **Hotel Līva** 4: Lielā 11, Tel. 63 42 01 02, www.liva.lv, DZ 34–44 LVL. Das mit 100 Zimmern größte Hotel Kurzemes bietet einfache, aber moderne Zimmer und ist vor allem wegen der zentralen Lage und des guten Preis-Leistungs-Verhältnisses interessant.

Familienfreundlich – **Hotel Fontaine** 5: Jūras 24, Tel. 63 42 09 56, www.fontaine.lv, DZ 25 LVL. Diese originelle Holzvilla ist ganz besonders für Familien geeignet, denn es gibt eine Kochmöglichkeit und einen hübschen Garten.

Ländliche Romantik – **Kalēja māja** 6: Kalēju 8, Tel. 26 48 82 00, www.kaleja maja.et.lv, Wohnung 30 LVL/2 Pers. Bäuerlich eingerichtete Ferienwohnung mit drei Zimmern, Küche und Bad, ideal für Familien.

Gemütlich – **Pie Jāņa Liepājā** 7: Raiņa 43, Tel. 63 42 50 75 oder 26 32 49 43, www.hotelpiejana.lv, DZ 25 LVL. Kleines Gästehaus mit gemütlicher Atmosphäre und gutem Service zu einem vernünftigen Preis.

Lieblingsort

Nördliche Befestigungsanlagen 10 **– vom Meer umspült**
Der Faszination der Ziemeļu forti kann sich wohl niemand entziehen.
Sie wurden 1893–1906 auf Anordnung des russischen Zaren für Kriegs-
zwecke gebaut, jedoch nie für die Verteidigung genutzt. Seit der Sprengung der Anlage vor dem Ersten Weltkrieg sind die Überreste sich selbst
überlassen. Nur langsam scheinen die mächtigen Mauern zu verfallen –
selbst die vom Meer unterspülten Bauten trotzen der Kraft des Wassers.

Mein Tipp

Fisch mit Blick auf die Promenade
Genug am Kanal entlanggeschlendert?
Dann ist es vielleicht Zeit für ein ge-
mütliches Mittag- oder Abendessen im
Restaurant Libava ■ im gleichnamigen Designhotel nahe der Straßen-
bahnbrücke über den Handelskanal.
Das schlichte, aber effektvolle Interieur
in den Farben Weiß und Rot sowie die
für Kellerräume typischen Rundbögen
tragen zur angenehmen Atmosphäre
bei. Auf der Speisekarte steht zwar
hauptsächlich Fisch, es gibt aber auch
Vegetarisches und Fleischgerichte. Im
Sommer kann man das Essen auf der
Terrasse unter großen Sonnenschirmen
mit Blick auf die Promenade genießen
(Vecā ostmala 29, Tel. 63 42 97 14,
www.libava.lv, tgl. 11–23 Uhr, Hauptgericht 5–8 LVL).

Essen & Trinken

Gediegenes Ambiente – **Oscars:** Rīgas
7/9, Tel. 63 40 34 34, www.amrita.lv,
tgl. 11–23 Uhr, Hauptgericht 10 LVL.
Das im Hotel Amrita ■ untergebrachte Restaurant ist eines der besten und
teuersten Lokale der Stadt. Ausgewählte lettische, schwedische und internationale Gerichte.
Lettisch-mittelalterlich – **Barons Bum-
bier's** ■: Lielā 13, Tel. 63 42 54 11,
www.baronsbumbiers.lv, Mo–Do, So
10–24, Fr/Sa 10–1 Uhr, Hauptgericht 7
LVL. Traditionelle Speisen, die auch in
Deutschland nicht unbekannt sind, wie
Schweinerippen und Sauerkraut; empfehlenswert ist auch das Frühstück.
Populäres Bistro – **Baltā Bize** ■:
Kūrmājas prospekts 8/10, Tel. 63 42 45

88, Mo–Fr 8–19, Sa/So 11–19 Uhr,
Hauptgericht 4 LVL. Ein idealer Ort für
eine schnelle Mahlzeit: Die Speisekarte
ist mit Schnitzeln, Salaten usw. zwar
nicht besonders ausgefallen, dafür ist
alles aber appetitlich angerichtet.
Verfeinerte Hausmannskost – **Past-
nieka māja** ■: Fr. Brīvzemnieka 53,
Tel. 63 40 75 21, www.pastniekamaja.
lv, tgl. 11–24 Uhr, Hauptgericht 4–8
LVL. In dem modernen, interessant mit
Farben gestalteten Interieur, das
durch eine große Glaswand zur viel
befahrenen Straße hin besonderen
Reiz erhält, bekommt man eine gute
Auswahl an typischen lettischen Speisen zu einem vernünftigen Preis; mit
Sommerterrasse.

Einkaufen

Traditionelle Handwerkskunst – **Haus
der Kunsthandwerker** ■ (Amatnieku
nams): Kungu 26, Tel. 63 42 32 86, Mo–
Fr 11–18 Uhr. Herstellung und Verkauf
von handgewebten Stoffen.
Frische Lebensmittel – **Markt** ■: Pētertirgus, tgl. 8–18 Uhr. Früchte und Gemüse aus regionalem Anbau, frische
Landmilch, Eier, Fisch.

Aktiv & Kreativ

Liepāja zu Fuß erkunden – **Stadtfüh-
rungen** werden u. a. von den Betrei-
bern des Gefängnismuseums in Karosta angeboten (s. S. 180).
Wassersport – **Windsurfclub Rietum-
krasts** ■: Karosta, Katedrāles 15, Tel.
63 42 50 75 oder 29 49 94 90, www.riet
umkrasts.lv. Surfen, Wasserski und andere Wassersportarten (außerdem ist
Zelten möglich).
Ortserkundung zu Wasser – **Hafen-
rundfahrten** ■: Tel. 63 42 72 27. Jeden
Fr 18, Sa/So 12, 14, 16 und 18 Uhr. Au-

ßerdem Fahrten mit der Jacht »Palsa« auf dem Meer.
Für Segler – **Jachthafen** `3`: Vecā ostmala 40/41, Tel. 63 42 68 36, www.yacht.liepaja.lv. Anlegestelle und Service für Jachten.

Abends & Nachts

Von Heavy Metal bis Jazz – **Fontaine Palace** `1`: Dzirnavu 4, Tel. 63 42 09 56, www.fontainepalace.lv, rund um die Uhr. Der beliebte Musikclub ist einer der erfolgreichsten seiner Art in Lettland. Er befindet sich in einem zweistöckigen Speicher aus dem 18. Jh. direkt an der Promenade am Handelskanal. Das Musikangebot ist ausgesprochen vielfältig – von Jazz bis Heavy Metal.
Live-Musik – **Pablo** `2`: Stendera 18/20, Tel. 63 48 15 55, www.pablo.lv, tgl. 9–4 Uhr. Lettlands erstes Rockcafé ist mit seiner gelungenen Kombination aus Restaurant, Museum, Bar, Diskothek und häufigen Live-Auftritten lettischer Rockbands beinahe schon so etwas wie eine Kultstätte in Liepāja.

Infos & Termine

Touristeninformation
TIC Liepāja: Rožu laukums 5/6, Tel. 63 48 08 08 oder 29 40 21 11, www.liepaja.lv (auch auf Deutsch), Mo–Fr 9–19 Uhr.

Termine
Liepājas Dzintars (Mitte Aug.): www.liepajasdzintars.lv. Rockmusikfestival im Strandpark.

Verkehr
Bahn: tgl. 1 x nach Riga.
Bus: 2 x stdl. nach Riga, Abfahrt am Stacijas laukums in Jaunliepāja (Neu-

stadt). Verbindungen nach Ventspils, Kuldīga sowie Klaipėda in Litauen, Info-Tel. 63 42 75 52.

Südlich von Liepāja

Südlich von Liepāja setzt sich der weiße Sandstrand bis nach Litauen fort. Hier kann man vollkommene Ruhe genießen und Strandwanderungen oder Ausflüge zum Pape-See unternehmen.

Jūrmalciems und Umgebung ▶ B 5/6

Jūrmalciems ist ein typisches Ostsee-Fischerdorf mit Fischerhäusern und einer Anlegestelle für die Boote. Hauptattraktion am Strandabschnitt zwischen Jūrmalciems und Bernāti ist die 37 m hohe **Pūsēnu-Düne** (Pūsēnu kalns), die höchste Düne Lettlands. Ein Spaziergang hinauf lohnt sich, da sich von hier aus ein wunderschöner Blick auf die Ostsee bietet.

Auch das kleine Dorf **Nīca** hat sich in den vergangenen Jahren immer mehr auf den Tourismus eingestellt. Mittlerweile gibt es hier – wie in Jūrmalciems und Bernāti – eine Vielzahl von Landhäusern mit familiärer Atmosphäre.

Naturpark Pape ▶ B 6

Weiter südlich erstreckt sich der kleine Naturpark Pape mit dem nur 800 m vom Meer entfernten **Pape-See** (Papes ezers), einem flachen Lagunensee. Sein leicht salzhaltiges Wasser hat eine fragile Vegetation mit seltenen Pflanzenarten hervorgebracht, die viele Tiere anlockt (s. S. 49), vor allem Vögel. Seit 1966 existiert hier eine ornithologische Station, die jährlich rund 54 000 Vögel beringt. Vor einigen Jahren entstand das Haus der Natur des WWF (WWF Da-bas mãja, World Wide Fund For Nature), das über die Besonderheiten des Sees informiert. 1999 beheimatete man am Ostufer Rückzüchtungen des Tarpan-Wildpferdes (s. S. 52), zu denen man allerdings nur mit einem Führer des WWF gelangt (Tel. 29 48 97 75). Auf eigene Faust kann man sich dagegen zum Vogelbeobachtungsturm und zwei Beobachtungsstellen am See aufmachen. Außerdem durchziehen zwei Naturwanderwege das Gebiet.

Übernachten

Moderne Unterkunft – **Jūrnieka ligzda:** Pērkone, Tel. 63 46 95 42, www.jurnie kaligzda.lv, DZ ab 38 LVL. Neues 3-Sterne-Hotel, das trotz aller architektonischen Kühle innen eine gewisse Behaglichkeit ausstrahlt.
Renoviertes Fachwerkhaus – **Nīcava:** Nīca, Tel. 63 48 63 79 oder 29 29 43 55, www.nicava.lv, DZ ab 27 LVL. Beliebtes Motel mit sechs Zimmern in einem renovierten Fachwerkhaus, mit Restaurant und Bistro.
Großes Erholungszentrum – **Vērbeļnieki:** Pērkone, Tel. 29 13 85 65, www.ver belnieki.lv. DZ ab 24 LVL. Areal mit mehreren Pensionen und einem Campingplatz direkt am Meer zwischen Nīca und Liepāja; mit Kinderspiel- und Grillplatz.
Preiswert – **Dabas mãja/Haus der Natur:** Tel./Fax 63 49 48 59, www.pape-home.com, ab 22 LVL/Pers. Unterkunft im Haus des WWF.

Essen & Trinken

Fachwerkstil – **Nīcava:** Nīca, Tel. 63 48 63 79 oder 29 29 43 55, www.nicava.lv. Hauptgericht 5 LVL. Bistro und Restaurant mit guter Küche.

Aktiv & Kreativ

Zu Wasser – **Bootstour:** Tel. 26 76 20 54 oder 26 24 23 65 bzw. TIC Rucava. Den Naturpark Pape kann man auch mit dem Kanu auf einer 9,2 km langen Route erkunden.

Infos

TIC Nīca: Bārtas 6, Tel. 63 48 95 01, www.nica.lv.
TIC Rucava: »Buši«, Tel. 29 13 49 03, www.rucava.lv.
Haus der Natur des WWF: Pape, Tel. 63 49 48 59 oder 29 11 32 69, www.pdf-pape.lv oder www.pdf.lv.

Verkehr
Bus: mehrmals tgl. von/nach Liepāja und Klaipėda/Litauen.

Nördlich von Liepāja

Der gut 100 km lange Küstenabschnitt zwischen Liepāja und Ventspils ist immer noch weitgehend unberührt. Endlose menschenleere Strände und ebensolche Straßen vermitteln ein Gefühl von Ruhe und Freiheit. Immerhin entsteht nun langsam eine Infrastruktur mit Unterkünften, Tankstellen, Restaurants und Freizeitangeboten.

Ziemupe und Pāvilosta ▶ B 4

Für die Fahrt von Liepāja nach **Ziemupe** bietet sich statt der P 111 die unbefestigte Straße von Karosta aus an; man kommt zwar langsamer voran, dafür ist man aber näher am Meer. In der Ortschaft Ziemupe gibt es ein paar eingerichtete Picknickplätze, sehens-

Sandkunstwerk im Entstehen – am ›Baustoff‹ mangelt es in Pāvilosta nicht

wert sind eine kleine Dorfkirche ohne Turm – nur mit Führung (Tel. 29 43 71 66) –, ein Wacholderwald und die 10 m hohe Steilküste an der Ostsee.

Von Ziemupe führt eine 9 km lange Schotterstraße zur P 111, auf der man nach ca. 25 km die kleine Hafenstadt **Pāvilosta** erreicht. Die gut erhaltene Altstadt mit dem kleinen Hafen im Zentrum wirkt so hübsch und beschaulich, dass man am liebsten länger verweilen möchte. Am Hafen bieten Fischer häufig Räucherfisch an und laden dazu ein, zum Fischfang mit hinauszufahren. Der breite, saubere Sandstrand ist dafür bekannt, dass hier nach Stürmen häufig Bernstein zu finden ist. Wegen des starken Winds zieht es auch die Surfer hierher.

Jūrkalne und Užava ▶ C 3/4

Weitere 20 km nördlich liegt die kleine Ortschaft **Jūrkalne** mit einer kilome-terlangen, **20 m hohen Steilküste.** An manchem umgestürzten Baum, der in dem sandigen Boden keinen Halt mehr fand, lässt sich gut erkennen, wie sehr das Meer hier am Festland nagt.

Auch in **Užava,** etwa 27 km weiter nördlich, gibt es eine Steilküste, sie ist allerdings weniger spektakulär als jene von Jūrkalne. Interessanter ist da schon der 1879 erbaute, 21 m hohe **Leucht-turm,** einer der schönsten Leuchttürme Lettlands, von dessen Aussichtsplatt-form sich ein hübscher Ausblick auf die Umgebung bietet (Turmbesteigung: Tel. 63 69 93 37).

Übernachten

Erholsam und familiär – **Das Crocodill:** Pāvilosta, Kalnu 11, Tel. 26 15 13 33, www.dascrocodill.lv, DZ 45–55 LVL. Die elf unterschiedlichen, modern und ge-schmackvoll eingerichteten Apparte-ments in einem mehrstöckigen Haus mit Garten vermitteln eine familiäre

187

Atmosphäre, ideal für Familien, fantastische Sonnen-Dachterrasse.

Moderne Holzbauweise – **Motelis Vēju paradize:** Pāvilosta, Smilšu 14, Tel. 26 44 66 44, www.veju-paradize.lv, DZ 30 LVL. Klug konzipiertes Motel in einem neuen Backsteingebäude. Die mit wenigen Möbeln eingerichteten Zimmer wirken sehr einladend.

Gediegen – **Pilsbergu krogs:** Jūrkalne, Tel. 63 69 71 81, www.pilsbergi.lv. DZ 25–40 LVL. Gepflegtes Gasthaus mit vielen Holzelementen im ehemaligen Gebäude der Marineschule, nahe der Touristeninformation, Restaurant und Geschäft ebenfalls im Haus.

Essen & Trinken

Wein und Lachs – **Āķagals:** Pāvilosta, Dzintaru 3, Tel. 63 49 82 12, tgl. 10–24 Uhr, Hauptgericht 5 LVL. Traditionell eingerichtetes Fischrestaurant beim Hafen, große Weinauswahl und gute Lachsgerichte.

Frischer Fisch – **Riva:** Jūrkalne, 3 km Richtung Liepāja bei einer Holzbrücke, Tel. 63 69 71 89 oder 29 64 09 01, Hauptgericht 5 LVL. Rustikal eingerichtetes Kneipen-Restaurant, u. a. mit guten Fischgerichten.

Lettisches Allerlei – **Pilsbergu krogs:** Jūrkalne, Tel. 63 69 71 81, www.pilsbergi.lv, tgl. 10–23 Uhr, Hauptgericht 5 LVL. Gut gemachte lettische Gerichte in lettischer Einrichtung – Tische und Bänke sind aus dicken Holzbalken. Die laute Musik kann störend sein.

Aktiv & Kreativ

Rietuma krasts: Pāvilosta, Ostmalas 4, Tel. 63 49 85 81, www.pavilostamarina.lv. Bootsausflüge auf das offene Meer oder an der Küste entlang, Segelunterricht.

Infos

TIC Pāvilosta: Dzintaru 2, Tel. 63 49 82 29 oder 29 12 18 94, www.pavilosta.lv, Di–Fr 11–17 Uhr (mit Lokalmuseum). **TIC Jūrkalne:** »Krasti«, Tel. 63 69 71 31, www.jurkalne.lv, Mo–Fr 8–17 Uhr. Auch hier ist das Museum im gleichen Haus untergebracht.

Ventspils **!** ▶ C 2

Schon bei der Einfahrt nach Ventspils (Windau) wird Besuchern vermutlich auffallen, dass die 44 000 Einwohner zählende Stadt – insbesondere das Zentrum – deutlich mehr restaurierte

Dank russischem Öl ist Ventspils heute eine attraktive Hafenstadt

oder neue Gebäude vorzuweisen hat als die meisten anderen Städte in Lettland. Und immer wieder stößt man auf einfallsreich gestaltete Plätze, oft mit wahren Blumenkunstwerken geschmückt. Nicht umsonst rühmt sich Ventspils, die Hauptstadt der Blumen und Springbrunnen zu sein. Auch die Straßen scheinen besser als anderswo und das Freizeitangebot stellt das vieler gleich großer deutscher Städte problemlos in den Schatten. Die Ursache für diese Segnungen – die allerdings bei Weitem noch nicht die ganze Stadt erfasst haben – liegt im Ölhandel: Im Hafen von Ventspils wird u. a. das via Pipeline eintreffende russische Rohöl verschifft.

Altstadt

Am Rathausplatz

Zentrum der Stadt ist die Gegend um den Rathausplatz (Rātslaukums) mit der **Nikolaikirche** 1 (Nikolaja baznīca). 1835 im Auftrag von Zar Nikolai I. und nach dem Entwurf des Architekten Johann Eduard de Witte (1790–1854) im Stil des Spätklassizismus erbaut, diente sie als Vorlage für andere Gebäude. Das recht kleine Gotteshaus gleicht mit seinem weißen Säulenportikus eher einem griechischen Tempel, dem Kirchturm verleihen einige Kolonnen Plastizität.

Noch recht neu ist das **Haus des Kunsthandwerks** 2 (Amatu māja), in

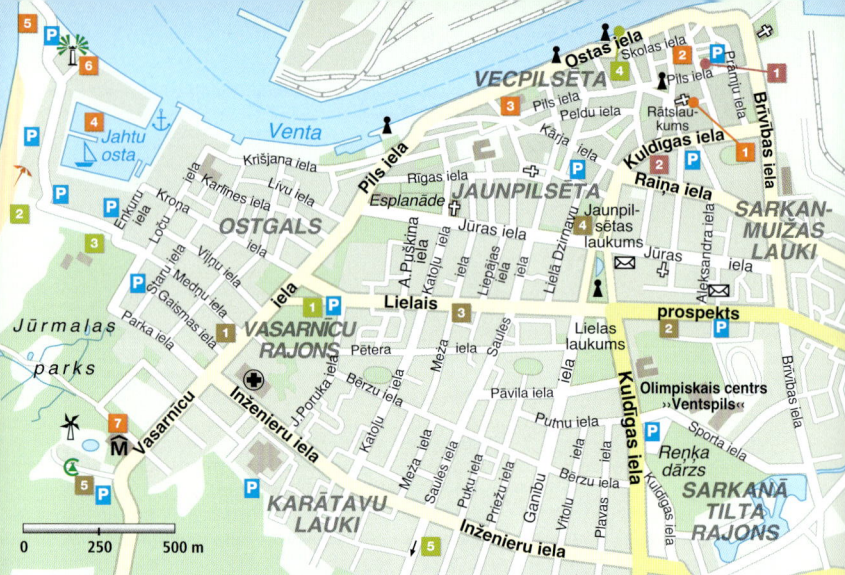

dem Weber und Keramiker Interessenten ihre Fertigkeiten vorführen bzw. ihre Werke ausstellen. In einem kleinen Laden kann man von den Handwerkern hergestellte Souvenire kaufen (Skolas iela 3, Mai–Okt. Di–Sa 11–19, So 11–15 Uhr, Nov.–April Di–Fr 11–19, Sa 10–15 Uhr, 0,60 LVL).

Spaziergang an der Venta

Die **Promenade Ostas iela** (Ostas iela promenāde) säumten bis Mitte des 20. Jh. Speicheranlagen. Heute ist sie eine beliebte Flaniermeile, von der man wunderbar das Geschehen im Hafen beobachten kann. In den letzten Jahren hat man hier viele Plastiken und Springbrunnen aufgestellt, die den Spaziergang zwischen Hafen und Altstadt noch attraktiver machen.

Burg des Livländischen Ordens 3

Livonijas ordeņa pils, www.ventspils muzejs.lv, Mai–Okt. tgl. 9–18, Nov.–April Di–So 10–17 Uhr, 1 LVL
Die Pils iela, eine der schönsten Straßen der Stadt, führt zur Burg des Livländi-

schen Ordens. Die Vierflügelanlage ist die älteste mittelalterliche Festung in Lettland, die so vollständig erhalten ist. 1290 erstmals erwähnt, beherbergt sie nach aufwendiger Renovierung Ende der 1990er-Jahre nun die multimediale Ausstellung »Lebendige Geschichte«, die die Geschichte der Burg, der Stadt und des Hafens veranschaulicht. Zunächst bestand die Burg nur aus Erd- und Obergeschoss sowie einer Waffengalerie. Im 15. Jh. erweiterte man sie um ein Geschoss und baute sie im 19. Jh. zu einem Gefängnis um.

Ostgals

Mit dem Ziel, Ventspils vor Sandverwehungen zu schützen, forderte die russische Regierung die Bauern der Umgebung 1836 auf, sich im Dünengebiet niederzulassen. So entstand Ostgals, ein romantisches Viertel mit kleinen Holzhäusern und ruhigen Pflasterstraßen, das einen hübschen Kontrast zur Innenstadt darstellt.

Ventspils

Sehenswert

1. Nikolaikirche
2. Haus des Kunsthandwerks
3. Burg des Livländischen Ordens (mit Restaurant Melnais sivēns)
4. Jachthafen
5. Südmole
6. Aussichtsturm
7. Küsten-Freilichtmuseum

Übernachten

1. Jūras brīze
2. Olimpiskais centrs Ventspils
3. Raibie logi
4. Pie Saules laiviņām
5. Piejūras kempings

Essen & Trinken

1. Fregatte Esperansa
2. Splīns

Aktiv & Kreativ

1. Kinderstädchen
2. Badestrand
3. Aquapark Ventspils
4. Anleger Ausflugsschiff »Hercogs Jēcabs«
5. Erlebnispark

Nicht weit entfernt liegen der **Jachthafen** 4 und die **Südmole** 5, wo man wunderbar am Meer spazieren gehen kann. Vom 19 m hohen **Aussichtsturm** (Skatu tornis) 6 bietet sich ein guter Blick über Hafen und Altstadt.

Strandpark und Umgebung

Im Strandpark (Jūrmalas parks) hat man aus den größten Ankern des Küsten-Freilichtmuseums (s. rechts) einen **Ankerpfad** (Enkuru taka) angelegt. Außerdem gibt es einen sogenannten **Dschungelpfad,** der Park-Besucher mit vielerlei Konstruktionen zum Klettern, Kriechen und Balancieren motiviert. Im Park fährt auch die Schmalspurbahn des Museums.

Obwohl der **Badestrand** 2 (mit einem kleinen Aussichtsturm) von Ventspils recht nah am Hafen liegt, ist die Wasserqualität gut, weshalb der Strand auch mit der Blauen Flagge der EU ausgezeichnet wurde.

Küsten-Freilichtmuseum 7

Piejūras brīvdabas muzejs, Mai–Okt. tgl. 10–18, Nov.–April Mi–So 11–17 Uhr, 1 LVL

1954 gegründet, um die alten Traditionen der Fischerdörfer zu bewahren, ist das Küsten-Freilichtmuseum heute das einzige Freilichtmuseum in Lettland, das sich explizit der Fischerei widmet. Ganze Fischerhöfe, Kornkammern und eine Windmühle, aber auch Räuchereien, Netzhäuser und eine große Sammlung von Fischerbooten sind hier zu bestaunen. An Wochenenden stellen Schmiede, Weber und andere Handwerker ihre Arbeit vor. In den Sommermonaten ist dann auch eines der spektakulärsten Ausstellungsstücke in Betrieb: die Schmalspur-Kleinbahn, die noch Mitte des 20. Jh. regelmäßig zwischen den Fischerdörfern verkehrte.

Übernachten

Ruhig und strandnah – **Jūras brīze** 1: Vasarnīcu 34, Tel. 63 62 25 24, www.

Mein Tipp

Spielende Kinder, entspannte Eltern – das Kinderstädtchen **1**
Das Kinderstädtchen (Bērnu pilsētiņā) ist ein riesiger Spielplatz mit über 40 Spielanlagen für Kinder unterschiedlichen Alters. Hier findet man nahezu alle Arten von Spielgeräten, die einem auf Spielplätzen jemals begegnet sind. Deshalb ist das Kinderstädtchen durchaus auch für Erwachsene interessant. Im Kindercafé Pepija kann man sich zwischendurch ein wenig stärken (Lielais prospekts/Ecke J. Poruka, April–Okt. 8–23, Nov.–März 8–21 Uhr, Eintritt frei).

hoteljurasbrize.lv, DZ 32 LVL. Für das Hotel im ruhigen Stadtzentrum spricht u. a. die Nähe zum Strand. Die Zimmer sind hell und modern eingerichtet, außerdem gibt es eine Kafejnīca.
Sportlich-modern – **Olimpiskais centrs Ventspils** **2**: Lielais prosp. 33, Tel. 63 62 80 32, www.ocventspils.lv, DZ ab 24 LVL. Modernes, bequemes Hotel im olympischen Zentrum von Ventspils.
Klein, aber fein – **Raibie logi** **3**: Lielais prosp. 61, Tel. 29 14 23 27, www.raibielogi.lv, DZ 20–33 LVL. Kleines Ho-

tel in einem renovierten, Anfang des 20. Jh. errichteten Holzhaus, zentral, kostenloser Internetzugang.
Preisgünstig – **Pie Saules laiviņām** **4**: Ganību 18, Tel. 63 62 51 01, ab 6 LVL/Pers. Einfache Unterkunft mit Kochmöglichkeit nahe dem olympischen Zentrum.
Strandnah – **Piejūras kempings** **5**: Vasarnīcu 56, Tel. 63 62 79 25, www.camping.ventspils.lv, Zelten 2 LVL/Pers., Bungalow 18–45 LVL. Gepflegter Campingplatz beim Freilichtmuseum, auch

kleine Holzbungalows (max. 4 Pers.), direkter Zugang zum Meer.

Essen & Trinken

Mittelalterlich – **Melnais sivēns:** Jāņa 17, Tel. 63 62 23 96. Hauptgericht 5–7 LVL. Restaurant im Keller der Ordensburg **3** mit mittelalterlicher Atmosphäre und ebensolchen Gerichten.
Einfach, aber frisch – **Fregatte Esperansa 1**: Tirgus laukums, Tel. 63 62 03 42, Hauptgericht 5 LVL. In der selbst ernannten Hafenschenke bekommt man frisches Bier und gute Speisen.
Europäische Küche – **Splīns 2**: Kuldīgas 17, Tel. 63 60 71 76, www.splins. lv, Hauptgericht 5 LVL. Restaurant und Club im Zentrum, europäische Küche, kühles Interieur, häufig Live-Auftritte von Musikern.

Aktiv & Kreativ

Stadtnah – **Badestrand 2**: s. S. 191.
Freizeitbad – **Aquapark Ventspils 3**: Medņu 19, Tel. 63 66 58 53, www. akvaparksventspils.lv, Mai–Sept. tgl. 10–22 Uhr. Freizeitbad mit Sprudelbecken, Sauna und langen Rutschen.
Ausflugsschiff – **»Hercogs Jēcabs« 4**: Anlegeplatz an der Kreuzung Ostas und Tirgus iela, Tel. 26 35 33 44. Mai–Okt. 5–7 x tgl. knapp 1-stündige Fahrt zur Flussmündung der Venta in die Ostsee und in den Hafen.
Funsport – **Erlebnispark 5** (Piedzīvojumu parks): Saules 143, Tel. 28 61 13 33, www.piedzivojumuparks.lv, Mai–Sept. tgl. 10–22 Uhr, 9 LVL/3 Std. Ein Paradies für Liebhaber seltsamer Sportarten: Hier gibt es eine Seiltrasse auf Bäumen, eine Schlauchrutschbahn, Berglaufräder, Bergrollbretter und Lettlands größte BMX-Trasse. Im Winter kann man auch Ski fahren.

Infos

TIC Ventspils: Dārza 6, Tel. 63 62 22 63 oder 63 60 76 64, www.tourism.vents pils.lv, Mai–Sept. Mo–Fr 8–19, Sa 10–17, So 10–15, Okt.–April Mo–Fr 8–17, Sa/So 10–15 Uhr.

Verkehr
Bus: fast stdl. nach Riga, mehrmals tgl. nach Liepāja und Kuldīga; Busbahnhof: Kuldīgas iela 5, Tel. 63 62 27 89.
Fähren: nach Lübeck, Rostock und Nynäshamn (Schweden) von Scandlines (www.scandlines.lv); zur estnischen Insel Saarema (4 Std.; gut geeignet als Station auf einer Baltikumrundreise) von SSC Ferries (www.sscf.lv). Fährhafen: Plostu iela 7.

Nördlich von Ventspils ▶ C/D 2

Nördlich von Ventspils erstreckt sich ein fast 15 km langer Steilküstenabschnitt, in dem auch das Fischerdorf **Staldzene** liegt; hier sind noch einzelne Fischerhöfe aus dem 19. Jh. erhalten. Ein Stück weiter nördlich ragt der 1844 erbaute, 37 m hohe **Leuchtturm von Ovīši** (Ovīšu bāka, Tel. 63 68 25 05, Di–So 10–18 Uhr, 1 LVL) in den Himmel, der älteste Leuchtturm Lettlands. Ein Museum zur Geschichte der Leuchttürme lädt zum Besuch ein, außerdem kann man den Turm besteigen.

Einige Kilometer weiter zweigt eine Straße rechts zum **Radioastronomiezentrum Irbene** (Irbenes radioteleskops, Tel. 63 68 25 41) ab; hier war zu Sowjetzeiten die russische Armee stationiert, die das Zentrum auch betrieb. Noch immer sind zwei parabolische Radioteleskope zu wissenschaftlichen Zwecken in Betrieb. Eines davon ist mit einem Durchmesser von 32 m das größte in Nordeuropa und das acht-größte der Welt.

Hinter dem Astronomiezentrum beginnt eine unbefestigte Straße, von der nach wenigen Kilometern eine kleine Straße zum **Leuchtturm von Miķeļtornis** (Miķeļbāka) führt, dem mit 62 m Höhe höchsten Leuchtturm des Baltikums. Die Mühe des Aufstiegs auf den 1884 erbauten und 1957 wiederhergestellten Turm wird bei gutem Wetter mit einer exzellenten Aussicht belohnt.

Slītere-Nationalpark❗ ▶ D/E 1/2

Der 150,6 km² große, im Jahr 2000 eingerichtete Slītere-Nationalpark (Slīteres nacionālais parks) ist eine der interessantesten Landschaften Lettlands und eignet sich gut für Wanderungen oder Fahrradtouren. Die Natur profitierte während der Sowjetherrschaft

Die Ruhe selbst – im Slītere-Nationalpark ist sie zu finden

von der Grenzlage zu Westeuropa, denn ein Großteil der Küstenregion war militärisches Sperrgebiet.

Der kaum besiedelte Nationalpark, dessen Kern ein einzigartiger Küstenurwald ist, gilt als geologisches Freilichtmuseum: Anhand der verschiedenen Landschaftsphänomene lässt sich die Entstehungsgeschichte der Ostsee gut nachvollziehen. So wurden die **Blauen Berge von Slītere** (Zilie kalni), eine rund 50 m hohe Hügelkette, die

früher die Küstenlinie der Ostsee bildete, vor gut 10 000 Jahren durch das Wasser des Baltischen Eissees geformt. Eine weitere Besonderheit dieser Region sind mehrere baumbestandene Dünenketten *(kangari),* in deren Tälern sich kleine Gewässer und Sümpfe *(vigas)* ausbreiten. Die längste Dünenkette heißt **Viskangars** und hat eine Länge von rund 20 km.

Slītere ▶ D 2

Am Rande der Blauen Berge von Slītere steht der eindrucksvolle, 1849 erbaute **Leuchtturm** Slīteres bāka. Von seiner Aussichtsplattform bietet sich ein wunderbarer Blick über die Wälder des Nationalparks sowie – bei gutem Wetter – bis zur estnischen Insel Saaremaa. Im Turmgebäude befinden sich außerdem das **Informationszentrum des Nationalparks** (Tel. 63 20 08 53, www.slitere.gov.lv, 15. Mai–15. Okt. Di–Do 10–18, Fr–Sa 10–19, So 10–18 Uhr) sowie eine Ausstellung zu den Leuchttürmen in Lettland.

Auf den Naturpfaden wandern
Die Naturpfade im Slītere-Nationalpark gehören zu den schönsten in Lettland: Nahe dem Leuchtturm beginnt z. B. der **Slītere-Naturpfad** (Slīteres dabas taka), der einzige von vier Naturpfaden, der nur mit Führer begangen werden kann. Er ist 1,2 km lang und verläuft durch das Kerngebiet des Nationalparks zu den Blauen Bergen von Slītere (Fr–So 10–18 Uhr, Tel. 63 29 10 66, 9 LVL, Dauer: 1,5 Std., Voranmeldung erforderlich).

Zwischen Slītere und Mazirbe beginnt der 3,5 km lange **Pēter-See-Naturpfad** (Pēterezera dabas taka): Er schlängelt sich an der oben erwähnten Dünenkette *(vigas* und *kangari)* entlang. Der 1,2 km lange **Kap-Kolka-Kiefern-Pfad** (Kolkas raga priežu taka)

Auf Entdeckungstour

Die Liven am Kap Kolka

Rund um das Kap Kolka am nordwestlichsten Zipfel Lettlands reihen sich mehrere Fischerdörfer mit einer einzigartigen Kulturgeschichte aneinander. Sie sind die Heimat der finno-ugrischen Liven, eines der kleinsten Völker Europas.

Reisekarte: ▶ D/E 1/2

Dauer: mindestens ein halber, besser ein ganzer Tag.

Route und Verkehrsmittel: von Mazirbe bis Kolka; mit dem Auto oder mit dem Fahrrad (ausgeschilderter Fahrradweg).

Öffnungszeiten: Livenzentrum Kuolka, Kolka, Tel. 63 20 01 40 oder 63 27 66 83, Mitte Mai–Mitte Sept. Do–Sa 10–16, Mitte Sept.–Mitte Mai Do–Fr 10–16 Uhr; Geweihmuseum, Vaide, Tel. 63 20 01 79, April–Okt. 9–19 Uhr, 1 LVL.

Weitere Infos: www.livones.lv; Dženeta Marinska, Kolka, Pension Ūši, Tel. 29 47 56 92, www.kolka.info (auch telefonische Auskünfte).

Große Teile Lettlands und Estlands waren über einen langen Zeitraum von Liven besiedelt, die sich vermutlich schon vor über 3000 Jahren – auf jeden Fall aber vor den baltischen Völkern – an der baltischen Westküste niederließen. Nach der Eroberung des lettischen und estnischen Gebiets durch den Schwertbrüderorden nahm die Zahl der Liven jedoch beständig ab. Spätestens im 17.–19. Jh., als sich die lettische Nation konsolidierte, ging der größte Teil der Liven in der lettischen Bevölkerung auf. Gab es im 13. Jh. vermutlich noch 20 000 Liven, so sind es heute geschätzte 1000 – statistisch erfasst und in ihrem Pass als Liven bezeichnet werden allerdings weniger als 200 Bewohner Lettlands.

Das livische Herz schlägt in Mazirbe

Wer diese Tour entlang der Livenküste aus Richtung Ventspils kommend beginnt, passiert zuerst die links abgehenden Verbindungsstraßen nach Lūžņa (livisch: Lūž), Miķeļtornis oder Pize (Pizā), Lielirbe (Īra), Jaunciems (Ūžkilā) und Sīkrags (Sīkrog) – kleine Siedlungen, die aus wenigen Gebäuden bestehen und bis auf einige sehenswerte alte Häuser kaum spezifisch livische Merkmale aufweisen. Anders ist es in **Mazirbe** (Irē), wo das Haus des Livischen Volkes (Lībiešu tautas nams) steht, das administrative wie auch kulturelle Zentrum der Liven, das 1939 mit finanzieller und materieller Hilfe aus Estland, Finnland und Ungarn gebaut wurde. Damals, während Lettlands erster Unabhängigkeit, wurden viele Projekte zum Schutz der livischen Kultur auf den Weg gebracht und der Erhalt der livischen Sprache und Kultur vom lettischen Staat gezielt gefördert.

Mit dem Einmarsch der russischen und deutschen Truppen im Zweiten Weltkrieg endete die hoffnungsvolle Zeit für die Liven. Während der sowjetischen Okkupation wurde ihr Gebiet zum militärischen Sperrgebiet erklärt und man zwang die Einheimischen, ihre Dörfer zu verlassen. Erst mit Beginn der lettischen Unabhängigkeitsbewegung in den 1980er-Jahren lebten auch die Initiativen zum Erhalt der livischen Kultur wieder auf: Im Sommer 1988 wurde der Livische Kulturverein (Līvõ kulturas savienība) gegründet und im lettischen Parlament vertritt heute mindestens ein Repräsentant die Interessen des kleinen Volkes.

Unweit des Kulturhauses findet man neben der Schule von Mazirbe in einem 1880 erbauten und inzwischen zu einem Ausstellungsraum umgebauten ehemaligen Stall die **Ethnografische Sammlung »Rāndali«** (Līvu etnogrāfisko priekšmetu kolekcija »Rāndali«) mit typisch livischen Gegenständen aus dem 19. und frühen 20. Jh.

Als Sinnbild der untergehenden Kultur der Liven kann der sogenannte **Bootsfriedhof** (Laivu kapsēta) in der Nähe des Strands von Mazirbe gesehen werden. Etliche unbrauchbar gewordene Holzboote liegen hier und werden allmählich von Pflanzen überwuchert und von Sand bedeckt.

Kostbarer Sprachschatz

Livisch ist eine der ältesten Sprachen der Ostsee-Völker – nicht nur aus diesem Grund legen die Liven besonderes Augenmerk auf den Erhalt ihrer Sprache, die zum finnischen Zweig der finno-ugrischen Sprachfamilie gehört und eng mit dem Estnischen verwandt ist. Livisch weist nämlich einige Elemente auf, die in den anderen finno-ugrischen Sprachen bereits vor langer Zeit verloren gegangen sind. Andererseits hat es auch Elemente aus dem Lettischen übernommen.

Im Laufe der Jahrhunderte reduzierte sich die Zahl der Menschen, die Livisch beherrschen, drastisch: Waren es zur Zeit der ersten Unabhängigkeit noch etwa 2000, so sind es heute nur noch zwischen 15 und 20 Menschen, und nur gerade einmal zwei Personen können von sich behaupten, Livisch von Geburt an gelernt zu haben. Damit gilt die Sprache praktisch als ausgestorben, auch wenn auf Initiative des 1988 gegründeten Livischen Kulturvereins an Sonntagsschulen livische Sprachkurse angeboten werden und seit 1995 Livisch an der Universität von Riga unterrichtet wird.

Seit 1989 feiern die Liven jedes Jahr am ersten Sonntag im August in Mazirbe das Ende der Unterdrückung durch die ehemalige Sowjetunion. Zu diesem Fest kommen u. a. auch Folkloregruppen aus Estland, es wird viel getanzt und gesungen und für Sprachinteressierte ist es eine gute Gelegenheit, diese seltene Sprache in all ihren Ausdrucksformen zu erleben.

Kultur am Kap

Von Mazirbe gelangt man schnell zu den Dörfern Košrags, Pitrags, Saunags (Sänag) und Vaide. Sie bestehen ebenfalls nur aus wenigen alten Häusern:

Während **Košrags** (Kuoštrog) als das jüngste Fischerdorf der Gegend gilt, war **Pitrags** (Pitrog) jahrhundertelang das Zentrum für Schiffs- und Bootsbau.

In **Vaide** (Vaid) gibt es ein Museum (Ragu kolekcija), das zwar nicht mit der Livenkultur in Verbindung steht, aber dennoch besuchenswert ist: Hier zeigt Förster Edgars Hausmanis seine Geweihsammlung. Auch Felle, ausgestopfte Vögel und Werkzeuge sind zu sehen, insgesamt über 550 Objekte.

In **Kolka** (Kuolka) am gleichnamigen Kap leben zurzeit wohl die meisten Liven. Hier befindet sich auch das Livenzentrum »Kuolka« (Līvu centrs »Kūolka«), in dem man nicht nur wertvolle Informationen zur Kultur und Geschichte der Liven erhält, sondern auch einzigartige ethnografische Fundstücke wie alte livische Haushaltsgeräte und Werkzeuge zu Gesicht bekommt. Das Livenzentrum wird außerdem für Ausstellungen, Konzerte und andere Veranstaltungen genutzt.

Zum Abschluss der Tour lohnt sich ein Besuch der sympathischen Pension Ūši, die von der Livin Dženeta Marinska und ihrer Schwester Vineta geführt wird. In ihrem Restaurant bieten sie einige typisch livische Speisen an.

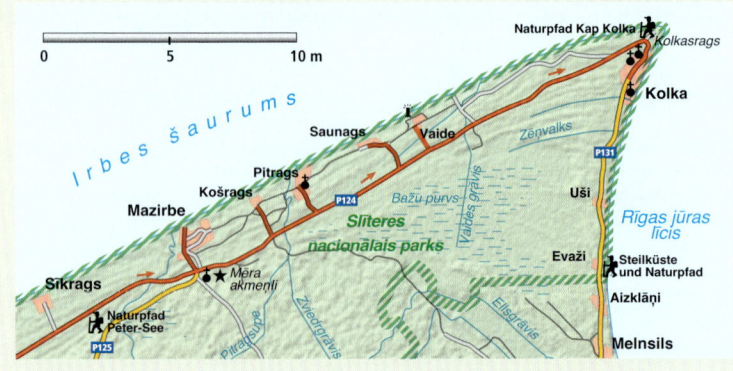

verläuft durch uralte Kiefernwälder an der Küste südlich des Kaps.

Etwas weiter östlich Richtung Melnsils findet man den nur 300 m langen **Natur- und Steilküstenpfad Ēvaži** (Ēvažu dabas taka un stāvkrasts), auf dem man einen der in Lettland selten vorkommenden Steilküstenabschnitte mit einer Höhe von 8 bis 15 m erreicht.

Kap Kolka ► E 1

Das Kap von Kolka (Kolkasrags) ist der nordwestlichste Zipfel von Kurzeme: Hier vereinigen sich Ostsee und Rigaer Bucht, weshalb das Kap auch als »Kap der zwei Meere« bekannt ist. Das Meer ist hier besonders wild und es verwundert kaum, dass man am Strand immer wieder auf entwurzelte und vermodernde Bäume stößt. Ab und an werden Holzplanken gestrandeter Boote angeschwemmt, vor der Küste sollen auch viele Schiffe auf Grund liegen.

Am Strand kann man noch die Reste eines alten **Leuchtturms** entdecken; der jetzige, 1884 errichtet, ragt am Ende einer 6 km langen Sandbank vor der Küste auf. Kolka ist das Gegenbild zum überlaufenen Jūrmala: einsam, abgelegen und sich selbst überlassen. Touristen finden immer noch kaum in diese Ecke von Lettland, Lettlands Millionäre haben den Landstrich dagegen schon für sich entdeckt und lassen sich hier schicke Häuser bauen.

Fahrradtour durch den Slītere-Nationalpark

Rund um Kap Kolka gibt es eine 65 km lange Radwanderroute: **Kolkas aplis** (Kolka-Ring). Im Verlauf der ein- bis zweitägigen Tour bekommt man einen wunderbaren Eindruck vom Nationalpark. Im Augenblick verläuft die Route im Südwesten noch über Melnsils nach Slītere, also außerhalb des National-

parks. In absehbarer Zukunft soll der Weg aber ausschließlich durch das Areal des Nationalparks führen.

Fahrräder kann man u. a. im Hotel **Ūši** in Kolka leihen, das auch für eine eventuelle Übernachtung zu empfehlen ist. Von dort aus bietet sich der Weg zur Steilküste von **Ēvaži** an.

In **Melnsils** zweigt ein kleiner Weg rechts ab, der nach einigen Kurven auf die Straße nach **Vīdale** führt. In **Cirstes** nimmt man rechts erneut einen kleinen Seitenweg, auf dem man den Leuchtturm von Slītere erreicht. Von dort aus kommt man auf der P 125 nach **Mazirbe,** von wo aus kleine Wege und Straßen die livischen Fischerdörfer verbinden – je nach Wetterlage kann man auch auf dem Strand fahren. Ab und zu muss man auf dem Radrundweg mit Schotterstraßen und Naturwegen vorliebnehmen.

Übernachten

Familiär – **Ūši:** Kolka, Tel. 29 47 56 92, 29 29 34 83, www.kolka.info, DZ 38 LVL. Nahe Kap Kolka. Zwei Livinen, die in ihren Heimatort zurückgekehrt sind, führen in dieser kleinen Herberge liebevoll Regie (s. a. links); Zelten, Radverleih und diverse Aktivitäten.

Sympathisches Holzhaus – **Mazirbes Kalēji:** Mazirbe, Tel. 63 24 83 74, www. kaleji.viss.lv, DZ 20 LVL, Haus 40 LVL. Die zwar schlicht, aber geschmackvoll eingerichteten Zimmer gehören zu einer 3-Zimmer-Wohnung mit Küche und gemeinsamem Bad. Alternativ mietet man das ganze Haus; auch Camping.

Großes Gelände – **Miķeļbāka:** Miķeļtornis, Tel. 29 26 36 60, www.mikel baka.lv/de, Ferienhaus 10–30 LVL, Zelten 2 LVL/Zelt, ab 1,50 LVL/Pers. Campingplatz nahe Leuchtturm und Ostsee, u. a. Kinderspielplatz, Sommercafé, Grillplatz und Volleyballplatz.

Infos

Internet
www.kolka.info, www.kolka.lv.

Verkehr
Bus: von Riga tgl. Busse nach Kolka und zurück (eine Strecke etwa 4 Std.). **Hinweis für Autofahrer:** Die Straßen im Nationalpark sind unbefestigt.

Westufer der Rigaer Bucht

Roja ▸ E 2

Wer den Nationalpark auf der P 131 Richtung Jūrmala verlässt, kommt nach ca. 30 km in ein reizvolles Küstenstädchen: Roja. Hier gibt es nicht nur einen Fischerhafen, sondern auch einen schönen Strand. Die Ausstellung des **Fischereimuseums** (Jūras Zveniecības muzejs, Selgas 33, Di–Sa 10–18 Uhr, 0,80 LVL) dokumentiert die Geschichte der Fischerei

Mein Tipp

Schiffstour für Fischliebhaber
In Roja bieten Fischer Ausflugsfahrten mit dem Schiff »Lasis« vor der Küste von Roja (mehrstündige Tour), aber auch bis zur estnischen Insel Ruhnu an (Roņu sala, Tagestour). Dabei lernt man nicht nur typische Fangtechniken, sondern auch traditionelle Lieder und Tänze kennen. Nach der Rückkehr wird auf einem Fischerhof eine Mahlzeit aus selbst gefangenem Fisch zubereitet und serviert (Infos: TIC Roja, s. S. 201).

und Seefahrt an der Küste von Nordkurzeme.

Küste von Kaltene ▸ E 2

Noch vor Kaltene erstreckt sich der **Steinige Strand von Kaltene** (Kaltenes akmeņainā piekraste). Hunderte von bis zu 1 m hohen Steinen liegen hier verstreut im Meer und am Strand und sind durch einen Naturpfad erschlossen. In der Nähe wurde ein ›Vogelpfad‹ eingerichtet, der zu einem Beobachtungsturm führt. Der Küstenstreifen ist einer der bedeutendsten Nistplätze für Vögel in Lettland – mehr als 50 verschiedene Arten wurden gezählt.

Mērsrags ▸ E 3

Schön in die Küstenlandschaft eingebettet ist das Fischerdorf Mērsrags. Sehenswert sind etwas außerhalb der Ortschaft u. a. der **Leuchtturm** sowie das unter Naturschutz stehende Salzgrasland am Meer, in dem über 60 Vogelarten beheimatet sind. Wie in allen Fischerdörfern Lettlands lohnt es sich auch in Mērsrags den typisch lettischen, geräucherten Fisch zu probieren.

Naturpark Engure-See ▸ E/F 3

Das Salzgrasland in Mērsrags (s. o.) ist schon Bestandteil des 1998 zum Naturschutzgebiet erklärten Naturparks Engure-See (Engures ezera dabas parks) mit dem größten Lagunen-Gewässer in Lettland und einem der wichtigsten Brutplätze verschiedener Watt- und Wasservogelarten. Bereits seit 1957 werden am Engure-See von einer schwimmenden ornithologischen Station aus Vögel beobachtet und mit Rin-

gen versehen. In der Nähe steht ein Vogelbeobachtungsturm; von dort lässt
sich gut erkennen, wie sich in dieser ei-
genwilligen Seenlandschaft Schilfbe-
wuchs und offene Wasserflächen ab-
wechseln. Um zu dem Turm zu gelangen, biegt man 2 km hinter **Bērzciems**
bei dem Hinweisschild »Engures orni-
toloģisko pētijumu centrs« nach links
auf eine unbefestigte Straße ab. Nach
ca. 2 km erreicht man das Ornithologische Forschungszentrum (Tel. 63 10 03
53). Von dort sind es ca. 800 m zum Beobachtungsturm. Zwei weitere Beob-
achtungstürme stehen an den Boots-
anlegestellen Bebri und Mazsaliņa.

Am Seeufer erstrecken sich teilweise
kalkhaltige Grassümpfe, Flutwiesen
und Feuchtwälder mit ungewöhnlich
vielen Orchideenarten. Ein Großteil
lernt man auf dem 3,5 km langen **Or-
chideenpfad** kennen, der am Ornithologischen Forschungszentrum beginnt.
Im Jahr 2002 wurden am Westufer des
Sees bei **Krievragciems** Wildpferde und
Wildkühe angesiedelt, die in einem
Freigehege zu beobachten sind. Am
See gibt es außerdem fünf Bootsstatio-
nen, die während der Saison Touristen
zur Verfügung stehen. Auch Angler
kommen hier auf ihre Kosten – der See
ist vor allem für Hechte bekannt.

Engure und Ragaciems

▶ F 3/4

Durch die Dörfer Bērzciems und Abrag-
ciems gelangt man nach **Engure,** einem
beschaulichen Ort mit kleinem Fischerhafen. Ein paar Kilometer weiter muss
man aufpassen, damit man nicht die
Möglichkeit verpasst, nach links auf die
P 128 abzubiegen. Sie führt nach **Raga-
ciems** am Rande des Ķemeri-National-
parks (s. S. 152), wo man u. a. Straßen-
stände entdeckt, an denen Frauen geräucherten Fisch zum Kauf anbieten.

Übernachten

Rustikale Gemütlichkeit – **Villa Eliza-
bete:** Engure, Jūras 88, Tel. 29 11 75 10,
www.villaelizabete.lv, DZ ab 30–35 LVL.
Gepflegtes Blockhaus an der Hauptstraße von Engure, rund 300 m vom
Meer.

Komfortabel – **Piejūras nams:** Ķesterciems, Lauku 2A, Tel. 26 43 55 15, www.
piejurasnams.lv, DZ 25–28 LVL. Bequemes Hotel südlich von Engure: Kurz hinter dem Ort macht die P 131 eine leichte
Kurve nach rechts, stattdessen geradeaus Richtung Ķesterciems fahren. Das
Piejūras nams befindet sich kurz vor
Ķesterciems rechter Hand.

Modern, aber gemütlich – **Akmeņi:**
Kaltene, Tel. 29 48 99 49, www.cesare.
lv, DZ ab 20 LVL. Rund 300 m vom Meer
entfernt, in der Nähe des Steinigen
Strandes von Kaltene, modernes Haus
mit viel Holz, gute lettische Küche.

Preisgünstig – **Vanaturs:** Kaltene, Tel.
63 22 02 02, www.vanaturs.viss.lv, DZ
11 LVL. Die Zimmer in einem Wohnhaus sind einfach ausgestattet, aber
sauber, familiäre Atmosphäre.

Aktiv & Kreativ

Erkundung zu Fuß – **Führungen** durch
den Naturpark Engure-See vermittelt
Roberts Šiliņš, Tel. 29 47 44 20.

Infos

Touristeninformationen
TIC Roja: Selgas 33, Tel. 63 26 95 94,
www.roja.lv. Informationen über Roja
und Umgebung, Hotelvermittlung.
TIC Mērsrags: Dzintaru 1–9, Tel. 63 23
54 07, www.mersrags.lv.

Internet
www.eedp.lv, www.engure.lv

Zemgale

Highlight!

Schloss Rundāle: Pilsrundāle gehört zu den bedeutendsten Denkmälern der Barock- und Rokokokunst im Baltikum. Es wurde im 18. Jh. als Sommerresidenz des Herzogs von Kurland, Ernst Johann Biron, erbaut. Neben einer Besichtigung der Prunkräume und Privatgemächer lohnt auch der Besuch der Museen im Schloss und des rekonstruierten Schlossparks. S. 207

Auf Entdeckungstour

Naturpark Tērvete – Anne Brigaderes Märchenwelt: Auf verschlungenen Holzbohlenpfaden, die durch einen alten Kiefernwald führen, lernt man Figuren aus Märchen und Romanen der lettischen Schriftstellerin Anna Brigadere kennen. S. 208

Kultur & Sehenswertes

Schloss Jelgava: Noch während Schloss Rundāle gebaut wurde, beauftragte Herzog Biron den ›Stararchitekten‹ Rastrelli mit dem Bau eines ebenso prächtigen zweiten Schlosses in Jelgava. S. 212

Museum der Weihnachtskämpfe (Valgunde): Rekonstruierte Schützengräben können auf dem Gelände besichtigt werden, wo im Ersten Weltkrieg eine der größten Schlachten stattfand; Hintergrundinfos bekommt man in einem kleinen Museum. S. 215

Aktiv & Kreativ

Kanufahrten: Vor allem rund um Bauska lassen sich auf den Flüssen Mēmele, Mūsa und Lielupe gemächliche Kanufahrten unternehmen. S. 205

Reiten: Der Naturpark Tērvete lässt sich auch wunderbar auf einem Pferderücken erkunden. S. 215

Genießen & Atmosphäre

Hotel Mežotnes pils: Das exklusive Schlosshotel mit Zimmern im Stil des 19. Jh. gilt als eine der elegantesten Unterkünfte in Zemgale. S. 207

Hotel Jelgava: Das traditionsreiche 3-Sterne-Hotel in der Nähe von Schloss Jelgava ist für seinen großzügigen Wellnessbereich bekannt. S. 214

Abends & Nachts

Internationales Festival für alte Musik: Nicht nur in Riga, sondern auch im Schloss Rundāle finden Anfang/Mitte Juli Konzerte mit Werken aus dem Mittelalter und dem Barock sowie Tanzaufführungen statt. S. 210

Bārs Meka: Die beliebte Bar in Jelgava ist im typisch lettischen rustikalen Stil gestaltet. Den Besuch wert machen es nicht nur die variantenreich kreierten Cocktails, sondern auch das gute lettische Essen. S. 214

Die Provinz Zemgale (Semgallen) liegt zwischen Riga und Litauen und reicht von Dobele und Jelgava im Westen über Bauska bis nach Jēkabpils im Osten. Seinen Namen verdankt Zemgale den baltischen Semgaller-Stämmen, die sich den Christianisierungsversuchen am längsten widersetzten: Bis 1290 hielten sie den Angriffen des Deutschen Ordens stand. Während der darauffolgenden Jahrhunderte glich die Geschichte von Zemgale dann der Geschichte von Kurland. Beide vereinigten sich 1561 zu einem Herzogtum und bildeten später,

nach dem Anschluss an Russland, das Kurländische Gouvernement.

Die landschaftlich eher unspektakuläre, dafür aber äußerst fruchtbare Tiefebene von Zemgale wird überwiegend landwirtschaftlich genutzt und hat der Region den Ruf der ›lettischen Kornkammer‹ eingebracht.

Interessant ist Zemgale vor allem für Kulturinteressierte: Die herrlichen Barockschlösser in Rundāle und Jelgava, im 18. Jh. nach Plänen des berühmten St. Petersburger Hofarchitekten Rastrelli gebaut, gehören zu den Hauptattraktionen des gesamten Baltikums. Doch auch Aktivurlauber und Naturtouristen kommen auf ihre Kosten: Ruhige Kanufahrten sind vor allem auf der Mēmele zwischen Bauska und Skaistkalne möglich, Spaziergänger finden im Naturpark Tērvete ein ausgezeichnetes Terrain.

Infobox

Zemgales plānošanas reģions: Jelgava, Pasta 37, Tel. 63 02 75 49, ZPR@jrp.lv.

Internet
www.zemgaletourism.lv: Die offizielle Website des Tourismusverbandes von Zemgale bietet neben der lettischen, litauischen und russischen nur eine englischsprachige Version, in der einige mögliche Reiseziele vorgestellt werden. **www.tourism.bauska.lv:** Die Internetseite der Stadt Bauska informiert auf Deutsch ausführlich über Bauska und die Umgebung. Anders als andere regionale Websites bietet sie eine Fülle an praktischen Hinweisen, u. a. die Busverbindungen von Bauska nach Rundāle, Mēzotne, Jelgava oder Tērvete.

Anreise und Weiterkommen
Die Schnellstraßen zwischen Bauska bzw. Jelgava und Riga gehören zu den verkehrsreichsten Straßen Lettlands und sind entsprechend gut ausgebaut. Während zwischen Riga und Jelgava eine regelmäßige, meist stündliche Bahnverbindung existiert, lässt sich Bauska nur mit dem Bus erreichen.

Bauska ► G 5

Etwa 70 km südlich von Riga und gut über die viel befahrene A 7 erreichbar liegt die 10 000 Einwohner zählende Stadt Bauska (Bauske). Sie erstreckt sich am Zusammenfluss von Mēmele und Mūsa, die sich hier zur Lielupe, dem zweitgrößten Fluss Lettlands, vereinigen. Die Stadt ist vor allem Ausgangspunkt für Touren zu den Schlössern in der Umgebung. Einzige Sehenswürdigkeit im Ort selbst ist eine Burgruine.

Burgruine Bauska
Bauskas pilsdrupas, Mai–Sept.
tgl. 9–19, Okt. 9–18 Uhr, 0,50 LVL
Die Burgruine erhebt sich etwas außerhalb des Zentrums auf einem Dolomitfelsen. 1443–56 vom Livländischen Orden an der Stelle einer altlettischen Siedlung erbaut, erlangte die Anlage schon bald große strategische Bedeutung, da sie den Handelsweg nach Li-

Unendlich scheinende Wiesen und Felder – die Landwirtschaft prägt Zemgale

tauen absicherte. Die Burg, die auch als Ruine noch sehr imposant ist, war ein Bau des Kastelltyps mit zwei Türmen unterschiedlicher Größe. Den 22 m hohen Überrest des ehemaligen Hauptturms kann man besteigen; von oben hat man einen fantastischen Blick auf die Stadt und die unbegradigten Flüsse. Im Nordischen Krieg (1700–21) veranlasste Peter der Große die Sprengung der Außenmauern der Festung, die danach immer stärker verfiel. Zerstört wurde dabei auch der Ende des 16. Jh. im Osten der Burg errichtete Anbau, eines der wenigen Beispiele nördlicher Renaissance in Lettland. Er wurde rekonstruiert und kürzlich gründlich restauriert. In seinen Räumen befindet sich das sehenswerte **Burgmuseum** (Bauskas novadpētniecības un mākslas muzejs, www.bauskasmuzejs.lv, Mai–Okt. Di–Fr 10–18, Sa/So 10–16, Nov.–April Di–Fr 10–17, Sa/So 10–16 Uhr, 0,50 LVL) mit einer Ausstellung über die Geschichte der Burg, das Burgleben und die mächtige Familie Kettler.

Kanutouren auf der Mēmele

Eine der schönsten Arten, die flache Landschaft von Zemgale zu erkunden, ist eine Kanufahrt auf der Mēmele östlich von Bauska. Sie entspringt zwar in Litauen, bildet dann aber eine ganze Weile die Grenze zwischen Litauen und Lettland, bevor sie sich in Bauska mit der Mūsa zur Lielupe vereinigt.

Eine mögliche Tour beginnt auf einem Nebenfluss der Mēmele, der Dienvidsusēja, und endet in Jaunmēmele südlich von Skaistkalne. Eine andere Tour beginnt in Skaistkalne und endet in Bauska. Beide Touren sind ca. 46 km lang und dauern zwei Tage, man übernachtet im Zelt. Die erste Tour ist etwas reizvoller, dafür ist der Startpunkt aber schwerer zu erreichen. Weitere Infos erhält man bei Lettlands größter Bootsvermietung Campo, die in Skaistkalne eine Filiale unterhält (s. S. 206) und die Boote inklusive erforderlicher Ausrüs-

Zemgale

tung an die gewünschte Stelle transportiert und wieder abholt.

Übernachten

Abwechslungsreiche Erholung – **Rožmalas:** Tel. 67 79 11 78, www.rozmalas.lv, DZ im Hotel ab 50 LVL, im Gästehaus ab 30 LVL. Neues Hotel und Gasthaus mit Erholungskomplex, ca. 7 km südlich von Bauska an der A 7 (Via Baltica) Richtung Litauen. Mit Sauna, Restaurant und einer hauseigenen Bäckerei im Erdgeschoss einer Windmühle.
Moderner Komfort – **Day-and-night-Hotel Bauska:** Bauska, Slimnīcas 7, Tel. 63 99 10 00, Reservierung Tel. 67 84 74 11, www.hoteldayandnight.lv, DZ 50 LVL. Neues, fünfstöckiges Hotel im Zentrum von Bauska mit 40 komfortablen Zimmern.
Einfache Schlafgelegenheit – **Kungu ligzda:** Bauska, Rīgas 41, Tel. 63 92 40 00, DZ 20–30 LVL. 23-Betten-Hotel im Zentrum, eher kleine Zimmer.
Ideal für Autofahrer – **Brencis:** Bezirk Ieceva, Tel. 63 92 80 33, DZ ab 20 LVL. Etwas gesichtsloses, aber komfortables Motel an der Landstraße zwischen Riga und Bauska (km 38).

Essen & Trinken

Lettisch-italienisch – **Orangery:** Bauska, Slimnīcas 7, im ersten Stock des Day-and-night-Hotels (s. o.), Tel. 63 99 10 00, www.hoteldayandnight.lv, Mo–Fr 11–22, Sa/So 12–22 Uhr, Hauptgericht 5 LVL. In dem Restaurant mit Sommerterrasse bekommt man appetitlich angerichtete Speisen wie Pizza, Pasta, Fisch, Fleisch und Suppen.
Schnell und billig – **Pie Rātslaukuma:** Bauska, Plūdoņa 38, Tel. 63 92 32 33, Hauptgericht 4 LVL. Günstiges, einfaches Bistro im Zentrum von Bauska.

Aktiv & Kreativ

Fahrradverleih – **Sports Bauskā:** Bauska, Rīgas 33, Tel. 63 92 80 43, Mo–Fr 9–18, Sa 9–14 Uhr, 3 LVL/Tag/Fahrrad. Eine längere Fahrradtour könnte beispielsweise bis nach Skaistkalne an der litauischen Grenze führen.
Kanuverleih – **Campo:** Riga, Kroņu 23D, Tel. 29 22 23 39, www.campo.laivas.lv, März–Mai Mo–Di, Do–Fr 10–18, Sa 19–21, Mai–Sept. Mo–Fr 10–18 Uhr. Kanutouren auf der Mēmele, s. S. 205 (Reservierung erwünscht).

Infos

Touristeninformation
TIC Bauska: Rātslaukums 1, Tel. 63 92 37 97, www.tourism.bauska.lv, Mai–Sept. Mo–Fr 9–18, Sa/So 9–15, sonst Mo–Fr 9–18 Uhr.

Verkehr
Busse: ab Bauska stdl. nach Riga, etwa alle 2 Std. nach Rundāle, Mežotne und Jelgava, Slimnīcas 11, Tel. 63 92 24 77.

In der Umgebung von Bauska
Schloss Mežotne ▶ G 5

Mežotnes pils, www.mezotnespils.lv
Fährt man, von Riga kommend, am Ortseingang von Bauska nach rechts in Richtung Jumpravas und Mežotne, gelangt man nach ca. 11 km zum neoklassizistischen, von einem englischen Landschaftspark umgebenen Schloss Mežotne. Ursprünglich gehörte der Gebäudekomplex zum Herzogtum, doch nach der Einverleibung Kurzemes in das Russische Reich schenkte Katharina II. das Schloss der Erziehe-

rin ihrer Kinder, Charlotte von Lieven. Diese engagierte Ende des 18. Jh. den italienischen Architekten Giacomo Quarenghi, der in seinen Entwürfen einen kompletten Umbau des Anwesens vorsah. Das Ergebnis war ein architektonisches Meisterwerk mit einer von ionischen Säulen geschmückten Eingangshalle und einem sehenswerten italienischen Kuppelsaal im Zentrum des Hauptgebäudes. Seit der Restaurierung vor wenigen Jahren sind in den Räumlichkeiten ein nobles Hotel und ein Restaurant untergebracht.

Übernachten, Essen

Fürstlich – **Mežotnes pils:** Mežotne, Tel. 63 96 07 11, www.mezotnespils.lv, DZ 60–70 LVL. Exklusives Schlosshotel mit Zimmern im Stil des 19. Jh. Im eleganten Restaurant werden heimische und internationale Spezialitäten serviert (Hauptgericht 12 LVL).

Aktiv & Kreativ

Für Pferdenarren – **Reiten:** Lielmežotne, Gemeinde Mežotne, Tel. 26 71 50 09, 26 71 50 99. Ausritte, Spazierfahrten in einer Kutsche, im Winter auch im Pferdeschlitten.

Schloss Rundāle! ► G 5

Auf der Landstraße P 103 von Bauska in Richtung Dobele zweigt nach etwa 11 km eine kleine Straße nach links ab, wo sich nach einigen hundert Metern mit Schloss Rundāle (Pilsrundāle) das wohl schönste und prächtigste Barockschloss des Baltikums erhebt (s. Abb. S. 84). Die Anlage umfasst neben dem eigentlichen Schlossbau auch etliche

Dienstgebäude, Ställe, einen französischen Garten und einen Jagdpark.

Das Haupthaus ist eine Dreiflügelanlage mit Ehrenhof nach dem Muster französischer Schlösser und wurde 1736–40 als Sommerresidenz des Herzogs von Kurzeme, Ernst Johann Biron, erbaut. Aus einfachen Verhältnissen in Jelgava stammend, hatte Biron es zum Vertrauten von Anna Iwanowna gebracht, der Gemahlin des Herzogs von Kurland. Als diese später Zarin (1730–40) wurde, verlieh sie Biron den Grafentitel und ernannte ihn zu ihrem Oberkammerherrn. 1737 war für Biron absehbar, dass er Herzog von Kurzeme werden würde, und so beauftragte er den italienischen Architekten Francesco Bartolomeo Rastrelli mit dem Bau seiner Residenz. Nach dem Tod der Zarin fiel Biron am kaiserlichen Hof jedoch in Ungnade und man verurteilte ihn zum Tode. Zwar wurde er schließlich ›nur‹ in lebenslange Verbannung geschickt, doch bedeutete dies das Ende der Bauarbeiten. Erst 22 Jahre später – nach der Rehabilitierung Birons 1762 – wurden sie vom neuen Zaren Peter III. wieder aufgenommen und 1768 beendet.

Schlossbesichtigung

Pilsrundāle, Tel. 63 96 22 74, www.rundale.net, Mai, Sept., Okt. tgl. 10–18, Park 9–19, Juni–Aug. tgl. 10–19, Park 9–20, Nov.–April tgl. 10–17, Park 10–17 Uhr, Eintritt für Schlossbesichtigung, Museen und Park 2,50 LVL

Von den 138 Zimmern des zweigeschossigen Haupthauses wurden nur jene in der oberen Etage für den Herzog hergerichtet, die unteren dienten für die Verwaltung und die Hauswirtschaft. Das obere Stockwerk des Ostflügels ist der repräsentative Teil des Schlosses: Die großen Prunksäle waren ausschließlich zu Repräsentationszwecken wie Empfängen oder Bällen ge-

Auf Entdeckungstour

Naturpark Tērvete – Anna Brigaderes Märchenwelt

Im Naturpark Tērvete lernt man auf verschlungenen Pfaden Figuren aus den Märchen und Romanen der berühmten lettischen Schriftstellerin Anna Brigadere kennen.

Reisekarte: ▶ F 5

Dauer: 1 Tag

Infos: Naturpark Tērvete (Tērvetes dabas parks), April–Aug. 9–18, Sept.–Nov. 9–17 Uhr, 2 LVL, Familienticket 5,20 LVL; Museum Sprīdiši (A. Brigaderes muzejs – Sprīdīši), Tel. 26 53 26 91, www.spridisi.lv, Mai–Okt. Mi–So 10–17 Uhr, 0,80 LVL; auch Fahrradverleih. Außerdem sind Reitexkursionen möglich (s. S. 215).

Der Naturpark Tērvete vereint zwei große Themen der lettischen Kultur: die Welt der Märchen, in denen der Erfahrungsschatz von Generation zu Generation weitergegeben wurde und die eine ähnliche Bedeutung für die Letten haben wie die Dainas (s. S. 80), sowie die Welt des Waldes, für die Letten von jeher ein mythischer Ort. Lange wurden sogar einzelne, vor allem große Bäume verehrt.

Das Areal des Naturparks ist von unzähligen Wegen durchzogen: Auf Holzbohlen, über Brücken und Treppen geht es rund um das Tal der Tērvete, an Figuren aus Märchen, Romanen und Kinderstücken der Schriftstellerin Anna Brigadere vorbei. Die Waldabschnitte, mit zum Teil ca. 300 Jahre alten und bis zu 40 m hohen Kiefern – sie zählen zu den ältesten und höchsten Lettlands – sind verschiedenen Themen gewidmet und tragen Namen wie »Elfenwald« oder »Pfad der Waldmutter«.

Lettlands ›Kleiner Däumling‹

Idealer Auftakt zu einem Rundgang ist ein Besuch des Museums Sprīdīši: Es erinnert mit Originalmöbeln und persönlichen Gegenständen anschaulich an Anna Brigadere, die 1869 in Tērvete geboren wurde und in dem Haus, das heute privat als Gedenkmuseum geführt wird, ihre letzten zehn Lebensjahre zum Teil verbrachte (gest. 1933). In der Tradition der lettischen Folklore stehend und doch schon beeinflusst von den Anfängen der modernen Psychologie, gilt sie als Klassikerin der lettischen Literatur. Der Name des Museums entstammt Brigaderes bekanntestem Werk: »Sprīdītis« (1903). Es handelt von einem jungen Bauernknaben, der sich – ähnlich wie der Kleine Däumling – aufmacht, die Welt zu erobern. In einem Wald erlebt er eine Reihe von Abenteuern, bevor er feststellt, dass es zu Hause doch

am schönsten ist. Die Figur von Sprīdītis findet man im »Zwergenwald«, dessen Hauptattraktion ein »Zwergendorf« aus mehreren Miniaturhäuschen und einer Miniwindmühle ist.

Märchenfigur im Naturpark Tērvete

Kind sein im Lettland des 19. Jh.

Zu den ersten Holzfiguren, die im Park aufgestellt wurden, gehören die kleinen Beerensammlerinnen im Garten »Irši«: Sie stellen Annele, Hauptfigur in Brigaderes ›Trilogija‹, und ihre Freundinnen dar. Die drei Teile des zwischen 1926 und 1932 veröffentlichten, stark autobiografisch gefärbten Romans heißen »Dievs, daba, darbs« (Gott, Natur, Arbeit), »Skarbos vējos« (Raue Winde) und »Akmeņu sprostā« (Im steinernen Käfig) und geben einen tiefen Einblick in das Seelenleben eines heranwachsenden Mädchens im Lettland des ausgehenden 19. Jh. Neben eigenen Kindheits- und Jugenderlebnissen sind auch Anna Brigaderes Erfahrungen als Gouvernante in das Buch eingeflossen. Noch an vielen weiteren Stationen können Besucher in Anneles – und damit Anna Brigaderes – Welt eintauchen.

209

Mein Tipp

Musikgenuss im Schlossambiente – beim Festival für alte Musik

Das internationale Festival für alte Musik (Starptautiskais senās mūzikas festivāls) ist das renommierteste Festival seiner Art in Lettland. Einziger Veranstaltungsort außerhalb Rigas ist Schloss Rundāle. Neben den meist im Weißen Saal oder im Schlosspark – oft in historischen Kostümen – stattfindenden Konzerten mit mittelalterlicher und Barockmusik sowie Werken der frühen Klassik gibt es auch Tanz- und Theateraufführungen, außerdem Veranstaltungen für Kinder (Programm: www.latvijaskoncerti.lv).

baut worden. Auf dem Weg zu ihnen kommt man durch das beeindruckende Treppenhaus, das in der ersten Bauphase entstand. Die Stuckaturen und Schnitzereien sind beispielhaft für Rastrellis frühen Stil.

Besucher erreichen zuerst den **Goldenen Saal,** den prachtvollsten Raum des Schlosses, in dem der Herzog seine Audienzen abhielt und der Thron stand. Hier kann man die vergoldeten Stuckverzierungen des Bildhauers Johann Michael Graff und Deckenmalereien von Francesco Martini und Carlo Zucchi bewundern. Dargestellt sind in allegorischer Form die Tugenden, die ein Herrscher besitzen sollte: Vitalität, Klugheit, Großzügigkeit und Brillanz.

In der 30 m langen **Großen Galerie,** die Raum für festliche Bankette bot, kann man an der Decke und den Wänden interessante Beispiele italienischer Monumentalmalerei entdecken. Leider wurden die Bilder mehrmals übermalt und konnten bis heute noch nicht vollständig restauriert werden.

Der **Weiße Saal** mit wunderbaren Stuckarbeiten von Johann Michael

Graff, der größte Raum des Schlosses, war der Ort des Tanzes und der Musik. Er wurde in schlichtem Weiß gehalten, damit die farbenprächtigen Kostüme der Ballgäste zur Geltung kommen konnten. Der helle Eindruck wird durch fünf Spiegelfenster verstärkt.

Der Mittelteil des Schlosses wurde vom Herzog bewohnt, der hier seine Schlaf- und Arbeitsräume hatte. Besonders schön ist das **Rosenzimmer,** in dem 21 in Stuck gefertigte Blumengirlanden über dem rosaroten Kunstmarmor herabhängen. Auf dem Deckengemälde ist die Frühlings- und Blumengöttin Flora zu erkennen. Die sehenswerteste Attraktion des Westflügels, wo die übrigen Familienmitglieder lebten, ist sicher das aufwendig gestaltete **Boudoir der Herzogin,** in dem der Bildhauer Graff eine originelle Diwan-Nische in Gestalt einer Muschel, eingeschlossen von zwei schlanken Baumstämmen, schuf. Auch der danebenliegende Toilettenraum der Herzogin ist mehr als nur einen flüchtigen Blick wert.

Im Schloss sind drei interessante **ständige Ausstellungen** zu sehen: Während im Westflügel über die Geschichte der Familie Biron informiert wird, widmet sich die Ausstellung im Mittelteil der Dokumentation der langjährigen und schwierigen Restaurierungsarbeiten. Eine dritte Ausstellung präsentiert die im Laufe der Jahrhunderte im Schloss Rundāle zusammengetragenen Kunstschätze.

Schlosspark
Mai–Sept. geöffnet
Zum Schlossensemble gehört auch ein Park, der ebenfalls nach einem Entwurf von Francesco Bartolomeo Rastrelli angelegt wurde und seit einigen Jahren rekonstruiert wird. Im Gärtnerhaus informiert eine kleine Ausstellung über den Verlauf der Arbeiten

und zeigt die schönsten Beispiele anderer Schlossgärten in Europa.

Übernachten

Ländlich – **Baltā māja:** Pilsrundāle, Tel. 63 96 21 40, 29 12 13 74, www.kalpumaja.lv, DZ ab 17,50 LVL. In der Umgebung von Schloss Rundāle gelegene Unterkunft in einem historischen Landhaus. Einfache, aber fantasievoll und mit Improvisationsgeschick eingerichtete Zimmer, Restaurant und Sauna.

Essen & Trinken

Schlossflair – **Rundāles pils Restorāns:** Pilsrundāle, Tel. 63 96 21 16, tgl. 10–19 Uhr, Hauptgericht 4–8 LVL. Mäßige lettische und internationale Küche in den hohen Räumen des Schlosses.

Infos

Busse verbinden Schloss Rundāle etwa alle 2 Std. mit Bauska und Jelgava.

Jelgava ▶ F 5

Die 1265 während des Baus der Ordensburg erstmals erwähnte und mit rund 66 000 Einwohnern viertgrößte Stadt des Landes, Jelgava (Mitau), hat eine wechselvolle Geschichte hinter sich. Ihre beste Zeit begann 1578, als sie anstelle von Kuldīga zur Hauptstadt des Herzogtums Kurland und Semgallen erklärt wurde. Vor allem in der zweiten Hälfte des 17. Jh. entwickelte sich Jelgava unter der Herrschaft Herzog Jakob Kettlers zu einem der bedeutendsten Zentren des Baltikums: Neben dem bereits blühenden Handel und Handwerk entstanden hier die ersten lettischen Druckereien, und mit der Einführung der italienischen Oper durch den Sohn des Herzogs, Friedrich Kasimir, hielten nicht nur Luxus und Pracht Einzug, auch neue Berufsstände siedelten sich dauerhaft an, z. B. Perückenmacher.

Heute können nur noch wenige Baudenkmäler die einstige Schönheit Jelgavas bezeugen, denn im Spätsommer 1944 wurde die Stadt bei Kämpfen zwischen der Roten Armee und der deutschen Wehrmacht fast vollständig zerstört.

Schloss Jelgava

Am Rand des Stadtzentrums erhebt sich auf dem Eiland zwischen der Lielupe und ihrem kleinen Nebenfluss Driksa das prächtige Schloss Jelgava (Jelgavas pils). Rundāle war Herzog Ernst Johann Biron nicht genug, daher erklärte er das noch im Bau befindliche Schloss kurzerhand zu seinem Sommersitz und beauftragte Francesco Bartolomeo Rastrelli 1738 mit dem Bau eines zweiten Schlosses in Jelgava. Doch wie in Rundāle mussten auch hier die Bauarbeiten abgebrochen werden, als Biron 1740 nach Sibirien verbannt wurde. Erst nach seiner Rückkehr 1762 wurde das Schloss unter der Leitung von Severin Jensen fertiggestellt. 1772 zog der Herzog schließlich in die prächtige Residenz ein, doch ihm blieb nicht viel Zeit, sein neues Domizil zu genießen: Noch vor Ablauf des Jahres ereilte ihn der Tod.

Ursprünglich war die 120 x 150 m große Anlage zur Stadtseite hin offen und umschloss einen großen Paradeplatz; für die 1937 gegründete Universität für Agrarwirtschaft wurde das Schloss jedoch um einen vierten Flügel erweitert. Die Innenausstattung ging im Zweiten Weltkrieg fast vollständig

verloren. Bis heute wird ein Großteil des Schlosses von der Universität genutzt, im Erdgeschoss befindet sich jedoch ein kleines Schlossmuseum (Mo–Fr 9–16 Uhr, muzejs@cs.llu.lv, 0,50 LVL). Nach Voranmeldung kann man mit einer Führung die Herzogsgruft besichtigen. Dort befinden sich 30 Metall- und Holzsärge im Stil des Manierismus und des Barock, u. a. jene von Ernst Johann Biron und Gotthard Kettler, dem ersten Herzog von Kurland.

Stadtzentrum

Dreifaltigkeitskirche

Auf dem Weg zurück ins Stadtzentrum kommt man an der Ruine der Dreifaltigkeitskirche (Sv. Trīsvienības baznīca, Lielā iela, Ecke Akadēmijas iela) von 1688 vorbei. Ihre Überreste, vor allem aber der – teilweise rekonstruierte – Glockenturm, erinnern an die Schrecken des Zweiten Weltkriegs, als die Front zwischen Roter Armee und deutscher Wehrmacht innerhalb kürzester Zeit dreimal über die Stadt hinwegzog. Vor der Kirchenruine steht ein Denkmal zu Ehren von Lettlands erstem Präsidenten Jānis Čakste (1859–1927).

Academia Petrina

Die Academia Petrina in der Akadēmijas iela ist eines der schönsten der wenigen erhaltenen historischen Gebäude der Stadt. Es war das Schloss der Herzogin von Kurland und späteren Zarin Anna Iwanowna, bevor es 1773–75 nach Entwürfen des dänischen Architekten Severin Jensen im Stil des Spätbarock umgebaut und zum Sitz der ersten Universität Lettlands wurde. In der Folgezeit studierten hier viele berühmte Letten, u. a. der Sammler

Schloss Rundāle war Herzog Biron nicht genug, so ließ er Schloss Jelgava bauen

der Dainas, Krišjānis Barons, und der erste Präsident des unabhängigen Lettland, Jānis Čakste. In dem 35 m hohen Turm arbeitete unter der Kuppel 1783–1919 das erste astronomische Observatorium Lettlands. Heute ist in dem Gebäude das **Geschichts- und Kunstmuseum** (Dederta Eliasa Jelgavas Vēstures un mākslas muzejs, Mi–So 10–17 Uhr, 0,50 LVL) untergebracht.

Simonkirche

Die Entstehung der 1763 von Francesco Bartolomeo Rastrelli erbauten russisch-orthodoxen Simonkirche (Sīmaņa baznīca) an der Akadēmijas iela ist eng mit der Lebensgeschichte Herzog Birons verbunden (s. S. 207): Der Bau der Kirche war nämlich eine der Bedingungen, die Katharina II. an die erneute Verleihung des Herzogentitels an Biron im Jahr 1762 geknüpft hatte.

Übernachten

Sport und Komfort – **Hotel Zemgale:** Skautu 2, Tel. 63 00 77 07, www.zemgale.info, DZ ab 26 LVL. Modernes Hotel nahe der Innenstadt, ein Sportzentrum mit Eishalle und Bowlinghalle befindet sich in der Nähe.
Wellness und Tradition – **Hotel Jelgava:** Lielā 6, Tel. 63 02 61 93, www.hoteljelgava.lv, DZ ab 25 LVL. Großes 3-Sterne-Hotel in einem Gebäude von 1938 am Schloss, weitläufiger Wellnessbereich und gutes Restaurant.

Essen & Trinken

Deftiges Allerlei – **Salmu Krogs:** Katoļu 18, Tel. 63 01 16 91, www.salmukrogs.lv, Hauptgericht 5–7 LVL. Fischrestaurant im Kaufhaus Citymarket.
Lettische Pizzas – **Picorāns Tami Tami:** Lielā 19a, Tel. 63 02 53 78, www.tami.lv, Hauptgericht 5–7 LVL. Pizzas und lettische Küche.

Abends & Nachts

Perfekte Cocktails – **Bārs Meka:** Satiksmes 35, Tel. 63 02 88 89, www.meka.lv, So–Do 11–23, Fr 11–3, Sa 11–2 Uhr, etwas außerhalb des Zentrums, daher Taxi empfehlenswert. Eine der beliebtesten Bars in Jelgava, im lettisch-rustikalen Stil mit freiliegenden Holzbalken und Naturstein gestaltet. Es gibt variantenreich kreierte Cocktails, gutes lettisches Essen und Showeinlagen.

Infos

Touristeninformation
TIC Jelgava: Pasta 37, Tel. 63 02 27 51, www.jelgava.lv, www.jrp.lv, Mo 8–18, Di–Do 8–17, Fr 8–15.30 Uhr.

Verkehr
Bahn: stdl. nach Riga, Tel. 65 83 21 34. **Bus:** mehrmals tgl. nach Riga, Liepāja, Saldus, Aizpute, Tel. 63 02 26 39. Nach Riga und Dobele auch Minibusse.

Ausflüge von Jelgava

Gut Eleja ▶ F 5
Elejas muiža, ca. 1 km nördlich von Eleja an einer Verbindungsstraße zwischen P 103 und E 77, Anmeldung zu Führungen: Tel. 63 06 16 42
Das klassizistische Gut Eleja wurde 1806–10 nach Plänen von Johann Georg Berlitz, unter Verwendung der Skizzen des italienischen Baumeisters und Hofarchitekten der russischen Zarin Katharina II., Giacomo Quarenghi, entworfen. Während das Schlossgebäude 1915 einem Brand zum Opfer fiel, haben das Gutsherrenhaus und

das Vorratshaus, ein Teepavillon und ein Rundbau im sehenswerten Park die vergangenen 200 Jahre ohne größere Schäden überstanden. Nördlich des Parks befindet sich die Gruft der Familie Medem, die Südseite des Guts begrenzt eine 350 m lange Mauer aus Feldsteinen und Ziegeln, in deren Westecke der ›Höhlenstein‹, ein alter Kultstein, eingemauert ist.

Museum der Weihnachtskämpfe ► F 4

Ziemmassvētku kauju muzejs, Haus Mangaļi, Valgunde, Tel. 67 22 81 47, www.karamuzejs.lv, Eintritt frei
Im Gebiet Valgunde zwischen Jelgava und Jūrmala blieben Teile von Befestigungsanlagen aus dem Ersten Weltkrieg erhalten. Hier befindet sich heute eine Außenfiliale des Lettischen Kriegsmuseums *(Latvijas Kara muzejs)* in Riga. Die vom 5. Januar bis 4. Februar 1917 dauernden ›Weihnachtskämpfe‹ (die russisch-orthodoxe Kirche feiert Weihnachten 13 Tage später als die westlichen Kirchen) waren die größte militärische Operation der russischen Armee während des Ersten Weltkriegs an der Front bei Riga. Dabei stellten lettische Truppen einen Großteil der zaristischen Armee.

Hauptsehenswürdigkeit des Museums ist der an historischer Stelle rekonstruierte Abschnitt der Festungsanlagen mit einem Unterstand und einem Teil der ersten deutschen Verteidigungslinie, auch bekannt als der ›Deutsche Wall‹. Die rekonstruierte Anlage ist die einzige ihrer Art im Baltikum. Eine neu gestaltete Ausstellung dokumentiert den Ablauf der Kriegshandlungen und untersucht vor allem die besondere Rolle der lettischen Schützen. Mehr als 200 Fotos, Kriegspläne und sonstige Gegenstände, die in der Gegend des Tīreļpurvs-Moors gefunden wurden, dienen als Anschauungsmaterial.

Vom 27 m hohen Aussichtsturm auf dem Ložmetējkalns nahe dem Museum sind die ehemaligen Kampfforte gut zu sehen. Rund 700 m vom Museumsgebäude entfernt erinnert das hoch aufragende Gedenkzeichen »Zobens« (Schwert) an die von der ersten Brigade der lettischen Schützen durchbrochene deutsche Frontlinie.

Tērvete ► F 5

Der kleine Ort Tērvete ist für sein gutes Bier, seine exzellente Pferdezuchtstation und sein traditionsreiches Lungensanatorium bekannt. Bemerkenswert ist auch die hügelige Landschaft, durch die sich Tērvete von anderen Orten in Zemgale unterscheidet. Stolz kann der es zudem darauf verweisen, dass auf seinem Gebiet bereits im 12. und 13. Jh. ein bedeutendes Handelszentrum der Semgaller existierte. Heute steht der Name Tērvete jedoch zuallererst für einen 1210 ha großen Naturpark, einen der schönsten Landschaftsparks Lettlands (s. Entdeckungstour S. 208).

Übernachten

Ländlich-modern – **Sprīdīši:** Tērvete, Tel. 66 53 26 91, 29 20 63 52, www.spridisi.lv, DZ 18 LVL. Einfach, aber liebevoll eingerichtete Unterkunft in einem historischen Holzhaus beim gleichnamigen Museum (s. S. 209).

Aktiv & Kreativ

Hoch zu Ross – **Reiten:** im Naturpark Tērvete, Tel. 66 82 48 56, 29 89 74 10.

Infos

TIC Tērvete: Pagasta ēka, Tel. 63 76 34 72, www.tervetesnov.lv.

Latgale

Highlights!

Naturpark Daugavas loki: In dem 28 km langen Abschnitt zwischen Naujene und Krāslava wechselt die Daugava neunmal ihre Richtung. Sie ist hier viel schmaler als bei Riga und noch in ihrem ursprünglichen Verlauf erhalten. Immer wieder bieten sich traumhafte Ausblicke auf das verschlungene Tal und den ruhig und geheimnisvoll dahinfließenden Fluss. S. 230

Aglona: Die katholische Basilika von Aglona ist ein beliebtes Pilgerziel. Jedes Jahr zu Mariä Himmelfahrt strömen Tausende von Gläubigen aus Lettland und ganz Osteuropa zu dem Gotteshaus, um an festlichen Messen und Prozessionen teilzunehmen. S. 237

Auf Entdeckungstour

Die Altgläubigen in Slutiški: Die Altgläubigen, ein religiöser Zweig der russisch-orthodoxen Kirche, ließen sich, nachdem sie aus ihrer Heimat Russland vertrieben worden waren, u. a. in dem rund 500 Jahre alten und mittlerweile unter Schutz gestellten Dorf Slutiški nieder. Dort leben sie bis heute unter einfachsten Bedingungen. S. 232

Kultur & Sehenswertes

Festung Daugavpils: Die Festung Daugavpils ist eine der wenigen erhaltenen Festungsanlagen aus der ersten Hälfte des 19. Jh. in Osteuropa. S. 225

Ausstellung zur Keramik in Latgale: Das Kulturhistorische Museum in Rēzekne gibt in seiner Ausstellung einen guten Überblick über die Besonderheiten des Töpferhandwerks. S. 239

Aktiv & Kreativ

Hochebene von Latgale: Zwischen Krāslava und Rēzekne sind über 300 Seen auf engstem Raum zu entdecken – ein Paradies für Wanderer, Fahrrad- und Kanufahrer. S. 235

Wanderung durch das Naturreservat Teiči: Das Naturreservat birgt das größte Hochlandmoor Lettlands und besteht hauptsächlich aus weitläufigen Moosflächen, unter denen eine bis zu 8 m dicke Torfschicht liegt. S. 243

Genießen & Atmosphäre

Keramik-Souvenirs: In der Töpferei Latgale in Daugavpils kann man nicht nur Keramik kaufen, sondern auch bei deren Anfertigung zuschauen. S. 226

Aglonas Cakuli: Mitten in Aglona liegt idyllisch am Ciriša-See ein kleines Hotel, das aufgrund seiner tollen Lage, aber auch wegen seines Freizeitangebots beeindruckt. S. 238

Abends & Nachts

Restaurant-Hotel Vino rosso (bei Koknese): In dem liebevoll im italienischen Stil gestalteten Hotel bewohnt man mit Fantasie dekorierte Zimmer. Für italienische Gaumenfreuden sorgt das angeschlossene Restaurant. S. 220

Möls (Rēzekne): Eine interessante Mischung aus Kunstsalon und Bar. Hier werden Kunstobjekte einheimischer Künstler ausgestellt – man kann die Werke auch erwerben. S. 240

Latgale

Die Provinz Latgale erstreckt sich über den gesamten Südosten Lettlands und unterscheidet sich in mehrfacher Hinsicht von den anderen drei Provinzen, Kurzeme, Zemgale und Vidzeme. Landschaftlich besticht die Region vor allem durch ihre über 300 kleineren und größeren Seen. Von sanften Hügeln umgeben, liegen sie in der Hochebene von Latgale zwischen Krāslava, Daugavpils und Rēzekne und machen die dünn besiedelte Provinz zu einem Paradies für Wanderer und Kanufahrer. Wohl aufgrund der relativ großen Entfernung zu Riga und der Ostsee wird Latgale immer noch selten von Urlaubern besucht und eher als Geheimtipp gehandelt. Dennoch setzt man hier seit einiger Zeit verstärkt auf den Tourismus, wohl auch aus Not, gilt der Südosten Lettlands doch immer noch als einer der ärmsten Landesteile. Bis auf die Städte Daugavpils und Rēzekne gibt es nur wenig Industrie.

Im Gegensatz zum Rest des Landes ist Latgale weitgehend katholisch geprägt. Unübersehbare Zeichen des tief verankerten Katholizismus sind Kruzifixe an den Straßenrändern oder weiß getünchte spätbarocke Kirchen. In Aglona steht zudem eine der bedeutendsten Wallfahrtskirchen Nordosteuropas. Dass die Reformation nicht Fuß fassen konnte, liegt daran, dass Latgale nach dem Livländischen Krieg (1558–83) unter die Herrschaft des litauisch-polnischen Königshauses fiel. 1772 wurde es zwar wie die anderen Landesteile in das russische Reich eingegliedert, dennoch blieb es relativ isoliert. Durch die langjährige Abtrennung konnte sich die latgalische Sprache erhalten, die von anderen Letten immer noch gern als provinzieller Dialekt belächelt wird. Doch seit der Sowjetokkupation sind die latgalischen Letten in ihrer Provinz ohnehin in der Minderheit – vor allem in den Städten wird fast ausschließlich Russisch gesprochen.

Infobox

Latgales reģiona attīstības aģentūra: Rīgas iela 2, Daugavpils, Tel. 65 42 81 11, www.turismus.latgale.lv (s. u.).

Internet

www.turismus.latgale.lv: Diese Website bietet die meisten Infos zu Latgale – zu Sehenswürdigkeiten wie auch Unterkünften und Aktivtourismus. Die etwas holprige Übersetzung ins Deutsche lässt einen zuweilen schmunzeln. **www.BalticLakes.com:** Hier erfährt man besonders viel über die touristischen Möglichkeiten rund um die Seenplatte von Latgale (u. a. detailliert beschriebene Fahrradtouren mit Karte).

Anreise und Weiterkommen

Die Straße zwischen Riga und Daugavpils gehört zu den besseren in Lettland, innerhalb von Latgale muss man auf Nebenstrecken schon mal mit unbefestigten Schotterstraßen vorliebnehmen. Züge fahren sowohl zwischen Riga und Daugavpils als auch zwischen Riga und Rēzekne, beide Strecken führen über Jēkabpils (www.ldz.lv). Busse bringen einen von dort aus in die kleineren Ortschaften (www.autoosta.lv).

Die Daugava entlang ▸ G 4–L 7

Der Weg von Riga nach Latgale führt an der Daugava (Düna) entlang, die früher Teil des Handelsweges nach Byzanz war. Nachdem der Fluss für den Schiffsverkehr unbedeutend geworden war, wurde er, vor allem während

Spiegelglatt: Die Daugava fließt gemächlich dahin – und lädt auch zum Baden ein

der Sowjetzeit, für die Stromerzeugung und Wasserversorgung genutzt; zwischen Riga und Daugavpils entstand eine Reihe von Staudämmen und Wasserkraftwerken. Die sich einst durch viele wunderschöne Täler und Auen schlängelnde Daugava verwandelte sich nach und nach in eine Kette von Seen. Bedeutende alte Siedlungen und einzigartige Wasserfälle gingen dabei unwiederbringlich verloren, Burgruinen stehen nun anstatt auf Anhöhen auf Inseln. Erst ab Jēkabpils wird die Daugava schmaler, zwischen Krāslava und Daugavpils windet sie sich dann in neun Schleifen durch ein malerisches Flusstal.

Kirchenruine Ikšķile ► H 4

Die kleine Ortschaft Ikšķile wäre nicht besonders bemerkenswert, würde man hier nicht auf die Ruine des ältesten Gotteshauses Lettlands und frühesten in Dokumenten erwähnten Steingebäudes des Baltikums treffen. Nur vom Ufer kann man die bescheidenen Überreste der **St.-Marien-Kirche** (Sv. Māras baznīca) auf einer Insel im Wasser betrachten. An diesem Ort nahm die Missionierung und Besetzung des baltischen Raums ihren Anfang. Bischof Meinhard ließ die Kirche 1186 errichten, also noch vor der Gründung Rigas und vor dem Bau des Rigaer Doms. Ikšķile war damals der Kreuzungspunkt mehrerer Handelswege, die man kontrollieren wollte. Daher baute man zwei Jahre später noch eine Burg, die jedoch im 15. Jh. zerstört wurde. Die einst im romanischen Stil errichtete Kirche wurde im Ersten Weltkrieg zerstört und steht seit der Flutung des Flusstals in den 1970er-Jahren mitten im Daugava-Stausee.

Übernachten

Vielfältig – **Meidrops:** Ikšķile, Rīgas 18, Tel. 65 03 65 47, www.hotelmeidrops. lv, DZ ab 50 LVL. Das wie ein traditionelles Bauernhaus gebaute, recht neue Hotel mit Restaurant, Bar und einem Swimmingpool liegt am Ufer der Daugava.

Lielvārde ►H 5

Gleich mehrere Sehenswürdigkeiten lohnen den Weg nach Lielvārde (Lennewarden). In der Nähe des Ortseingangs erhebt sich rechter Hand eine 1997 errichtete hölzerne **Burganlage** (Uldevena pils, Parka 3, April–Nov. 10–19 Uhr, 2 LVL) – die Rekonstruktion einer altlettischen Festung aus dem 12. Jh., deren Überreste man bei Ausgrabungen nahe Lielvārde entdeckte. Die Anlage ist begehbar und besonders auch für Kinder spannend. Durch Informationstafeln erfährt man viel Interessantes über die baltischen Völker.

Lielvārde ist aber vor allem als Schauplatz des letzten Kampfes von Lāčplēšis (›Der Bärentöter‹) bekannt, Volksheld und Hauptfigur des gleichnamigen Nationalepos, das in Lettland einen ähnlichen Stellenwert hat wie die Nibelungensage in Deutschland. Im **Stadtpark** sind überall seltsam anmutende Figuren aus dem Heldenepos aufgestellt.

Andrējs-Pumpurs-Museum

Andrējs Pumpura Lielvārdes muzejs, Mi–So 10–17 Uhr, 0,50 LVL

Das Museum ehrt Andrējs Pumpurs (1841–1902), der das Lāčplēšis-Epos (1888) auf der Basis einer lokalen Sage verfasste. Er kam nahe Lielvārde zur Welt und verbrachte hier seine Kindheit. Später schloss er sich der junglettischen Bewegung an. Die beiden beeindruckenden Felsbrocken vor dem Museum stellen übrigens das Bett und die Decke von Lāčplēšis dar.

Übernachten

Flussnah – **Lielvārdes osta:** Lielvārde, Krasta 2, Tel. 65 05 30 41, www.lielvar desosta.lv, DZ 25–50 LVL. Neues Gästehaus an der Daugava; mit Restaurant.

Aktiv & Kreativ

Bootsausflüge – **Lielvārdes osta:** Krasta 2, Tel. 65 05 30 41, www.lielvardes osta.lv. Das o. g. Gästehaus bietet Ausflüge in die Umgebung an sowie Motor- und Ruderboote zur Miete.

Koknese ►J 5

s. Lieblingsort S. 222

Übernachten, Essen

Italienisches Ambiente – **Vino rosso:** ›Rozes‹, Umgebung von Koknese, Tel. 29 21 29 09 oder 29 25 95 72, www. vinorosso.lv, DZ 50 LVL. Mit Fantasie gestaltete Zimmer in einem italienisch anmutenden Landhaus. Etwas schwer zu finden: In Koknese auf die P 79 abbiegen, nach 900 m wieder links, dann noch 2100 m. Das liebevoll gestaltete Restaurant (Di–Fr 18–23, Sa/So 12–23 Uhr, Hauptgericht 5–8 LVL) serviert vor allem italienische Gerichte.

Infos

TIC Koknese: Blaumaņa 3, Tel. 65 16 12 96, www.koknese.lv, Mai–Sept. Mo–Fr 9–18, Okt.–April Mo–Fr 9–17 Uhr.

Jēkabpils ► K 5

Die mit 26 000 Einwohnern achtgrößte Stadt Lettlands entstand in ihrer heutigen Form erst 1962, als das kleinere Krustpils rechts der Daugava an das größere Jēkabpils links des Flusses angegliedert wurde. Dabei hätte es eigentlich umgekehrt sein müssen, denn Krustpils ist der deutlich ältere Ort. Er entstand schon im 13. Jh. um die Burg des Rigaer Erzbischofs herum, Jēkabpils hingegen ging erst Anfang des 17. Jh. aus einer Siedlung von aus Russland vertriebenen Altgläubigen hervor. Zur schnellen Entwicklung des Ortes trugen im 18. und 19. Jh. auch die auf der Daugava vorbeifahrenden Händler bei, die wegen der Stromschnellen im Fluss in Jēkabpils ihre Waren umladen mussten.

Im ursprünglichen Jēkabpils ist vor allem die zentrale Brīvības iela interessant: Sie wird von einigen sehenswerten Kirchen sowie einstöckigen Holzhäusern aus dem 19. Jh. und hübschen Backsteinbauten aus der Zeit der Wende vom 19. zum 20. Jh. gesäumt.

Schloss Krustpils

Krustpils pils, Rīgas 216 b. Museum: Jēkabpils Vēstures muzejs, Tel. 65 22 10 42, www.jekabpils.lv, Mai–Nov. Mo–Fr 9–17, Sa/So 10–16, Dez.–April Mo–Fr 9–17, Sa 10–16 Uhr, 1,20 LVL
Hauptsehenswürdigkeit von Jēkabpils ist das im Stadtteil Krustpils liegende, 1237 errichtete und in den folgenden Jahrhunderten mehrfach umgebaute Schloss Krustpils. Seit 1996 ist in dem Bau ein Geschichtsmuseum untergebracht, das in seiner Ausstellung über die Geschichte der Burg und ihrer Umgebung von der Steinzeit bis zur Gegenwart informiert.

Ethnografisches Freilichtmuseum

Jēkabpils Vēstures muzeja brīvdabas nodaļa Sēļu sēta, Filozofu 6, Tel. 65 23 25 01, Mai–Okt. Mo–Fr 9–17, Sa/So 10–16 Uhr, Nov.–April geschl., 0,40 LVL
Das Ethnografische Freilichtmuseum Sēļu sēta, eine Zweigstelle des Geschichtsmuseums, eignet sich gut für einen Besuch mit Kindern. Hier kann man u. a. einen Bauernhof, eine Windmühle, Wohnhäuser und allerlei Werkzeuge aus dem 19. Jh. besichtigen.

Übernachten

Sowjetisch und flussnah – **Daugavkrasti:** Mežrūpnieku 2, Tel. 65 23 12 32, www.daugavkrasti.lv, DZ ab 43 LVL. Die Einrichtung der Zimmer des zu Sowjetzeiten gebauten Hotels fasziniert durch seine wahllos zusammengewürfelten Möbeln. Ein Vorteil ist die Lage direkt an der Daugava.

Niedlicher Backsteinbau – **Hercogs Jēkabs:** Brīvības 182/184, Tel. 65 23 34 33, www.jnami.lv, DZ ab 35 LVL. Sympathisches Hotel mit einfachen Zimmern in einem nostalgisch renovierten Backsteingebäude in zentraler Lage.

Essen & Trinken

Einfach urig – **Hercogs Jēkabs:** Brīvības 182/184, Tel. 65 23 34 33, www.jnami.lv, tgl. 10–23 Uhr, Hauptgericht 4 LVL. Rustikal eingerichtete, zum gleichnamigen Hotel gehörende Gaststätte mit lettischer und internationaler Küche.

Infos

Touristeninformation

TIC Jēkabpils: Brīvības 140/142, Tel. 65 23 38 22, www.jektic@apollo.lv, www.jekabpils.lv/JKP/de/home/turisms/default.aspx, Mo–Fr 10–18 Uhr.

Burgruine Koknese – Überreste einer Hansestadt ▶ J 5
Eigentlich müsste der Blick 40 m in die Tiefe gehen, in ein romantisches Flusstal, über dem sich die Ruine einer vor über 800 Jahren erbauten Burg erheben würde. Doch diese Landschaftsszenerie existiert seit der Stauung der Daugava 1967 nicht mehr: Das Tal am Zusammenfluss von Daugava und Pērse wurde geflutet und so steht die Ruine auf einer Halbinsel (erreichbar durch den Kokneses parks, 10 Min. Fußweg). Bis zu ihrer Zerstörung während des Nordischen Kriegs im Jahr 1700 war die Burg Mittelpunkt der einflussreichen Hansestadt Koknese (Kokneses pils-drupas, Mai–Okt. tgl. 9–19 Uhr, 0,70 LVL).

Daugavpils

Verkehr

Bahn: alle 2 Std. zwischen Riga und Jēkabpils bzw. Riga und Daugavpils; Bahnhof im Stadtteil Krustpils.

Bus: stdl. nach Riga ab Busbahnhof *(autoosta)*, Vienības 1, Tel. 65 23 14 73.

Daugavpils ▶ L 7

Von der 1275 gegründeten Stadt Daugavpils (Dünaburg) kann man nicht gerade behaupten, dass sie besonders sehenswert sei. Im Zweiten Weltkrieg wurde sie fast vollständig zerstört und in den Nachkriegsjahren im sowjetischen Plattenbaustil wieder aufgebaut. Von der historischen Altstadt ist kaum etwas erhalten geblieben. Dennoch sollte man Daugavpils, sofern man in der Nähe ist, durchaus einen Besuch abstatten. Auf alle Fälle gibt es hier einige kostengünstige Übernachtungsmöglichkeiten.

Anders als in Riga kommt in der mit rund 106 000 Einwohnern zweitgrößten Stadt des Landes die Wirtschaft trotz des EU-Beitritts nur sehr schwer in Gang, auch wenn mittlerweile ein paar ausländische Investoren den Weg hierher gefunden haben – die Immobilienpreise liegen deutlich unter denen in Riga. Davon abgesehen leben in der tristen Industriestadt kaum Letten: Den gerade einmal 17 % Letten stehen beinahe 53 % Russen, 8 % Weißrussen, 2,2 % Ukrainer und 14,7 % Polen gegenüber, deren Familien während der Sowjetherrschaft aus allen Gebieten der Sowjetunion kamen und hier angesiedelt wurden, um in den damals neu errichteten Fabriken zu arbeiten. Die meisten sind mittlerweile in Daugavpils heimisch geworden, die Fabriken dagegen geschlossen. Nichtsdestotrotz ist die Arbeitslosenquote in den letzten Jahren von über 20 % auf 7 % gesunken, damit gehört sie bei der gegenwärtigen Lage allerdings noch immer zu den höchsten des Landes.

Alexander-Newski-Kirche auf dem Alten Garnisonsfriedhof 1

Bevor man in das Stadtzentrum fährt, sollte man sich ein kleines Kirchen-Schmuckstück nicht entgehen lassen, auch wenn es etwas schwer zu finden ist: Auf dem Alten Garnisonsfriedhof (Vecie garnizona kapi) steht nämlich die vollständig aus Holz, d. h. ohne einen einzigen Nagel erbaute Alexander-Newski-Kirche (Sv. A. Nevska pa-

reiztic. baznīca) von 1864. Um zu ihr zu gelangen, muss man, aus Riga kommend, in die kleine Stūra iela links einbiegen. Nach einigen hundert Metern führt dann die Silu iela nach rechts zum Friedhof und zur Kirche.

Festung Daugavpils 2

Mo–Fr 9–17 Uhr, Führungen buchbar im TIC Daugavpils (s. S. 230)
Ebenfalls noch vor dem Stadtzentrum liegt die Festung Daugavpils (Cietoksnis), eine riesige ovale Anlage, die zwischen 1810 und 1833 von den zaristischen Russen errichtet wurde. Sie ist eine der wenigen erhaltenen Festungsanlagen aus der ersten Hälfte des 19. Jh. in Osteuropa und bestand aus den auf dem Innengelände errichteten Wohn- und Wirtschaftsgebäuden im russischen Empirestil, einer barocken Jesuitenkirche und einem Wohngebäude aus dem 18. Jh. Zu den äußeren Anlagen gehörten Wälle, acht Bastionen, Ravelins, der äußere Schutzwall mit verdecktem Weg und einem Glacis am rechten Ufer der Daugava sowie ein Befestigungssystem am gegenüberliegenden Flussufer. Im Zweiten Weltkrieg wurde die Jesuitenkirche zerstört, alle anderen erwähnten Bauten existieren noch.

Von 1940 bis 1941 geriet die Festung im Zuge der Okkupation Lettlands in die Gewalt der Roten Armee. Von 1941 bis 1944 wurde sie von der Deutschen Wehrmacht besetzt. Danach stationierten hier sowjetische Staatsbehörden bis 1994 einen Teil ihrer Streitkräfte. Seit deren Abzug Anfang der 1990er-Jahre steht die Festung mehr oder weniger leer. Einige Gebäude wurden zu gewöhnlichen Wohnungen umfunktioniert, andere Teile der Bastion dienen als Bürogebäude.

Spaziergang durch das Stadtzentrum

Das rasterförmig angelegte Zentrum von Daugava hat bis auf wenige im Stil des Klassiszismus errichtete Gebäude aus dem 19. Jh. kaum architektonische Anziehungspunkte zu bieten. Ein Besuch lohnt sich aber im gut bestückten **Kunst- und Heimatmuseum** 3 (Daugavpils Novadpētniecības un mākslas muzejs, Rīgas iela, www.dnmm.lv, Di–Sa 11–18 Uhr, 0,50 LVL), das in einem hübschen Jahrhundertwendebau über die Geschichte der oft umkämpften Stadt informiert.

Parallel zur Rīgas iela verläuft die Saules iela, in der ein 2002 erbauter,

Mein Tipp

Schlicht und schön – latgalische Keramik

Latgale ist die Heimat der traditionellen Keramik, die sich in ganz Lettland gro-ßer Beliebtheit erfreut und noch in vielen Dörfern hergestellt wird. Die gefer-tigten Gefäße o. Ä. werden mit einer schwarzen Glasur ohne chemische Zusätze überzogen und bei 1200 °C gebrannt. Viele Töpfer verwenden alther-gebrachte Brenntechniken und Formen, wobei jede Werkstatt ihre Besonder-heiten hat, wie z. B. das Töpfern nach dem Vorbild archäologischer Funde. An-dere Keramiker versuchen, Althergebrachtes mit neuen Ideen zu verbinden. Die **Töpferei Latgale** 1 in Daugavpils ist ein Zusammenschluss mehrerer Töp-fermeister, die sich auf die Herstellung traditioneller latgalischer Keramik spe-zialisiert haben. In ihrer Werkstatt an der 18. novembra iela kann man die Ke-ramikgegenstände der Kunsthandwerker kaufen (Tel. 65 42 53 02 oder 29 24 14 88, keine festen Öffnungszeiten, am besten einfach vorbeikommen oder telefonisch einen Termin vereinbaren).

zehnfach verkleinerter Nachbau der **russisch-orthodoxen Alexander-New-ski-Kirche** 4 (A. Ņevska pareizt. Ka-pela) steht. Der 1856–64 errichtete Ori-ginalbau an gleicher Stelle wurde 1962 von den Sowjets zerstört.

Ein Stück weiter stößt man auf die einzige erhaltene **Synagoge** 5 von ehemals 40 Synagogen der bis zum Zweiten Weltkrieg recht großen jüdi-schen Gemeinde von Daugavpils. Das 1850 errichtete Gebetshaus birgt eine wertvolle Sammlung religiöser Texte.

Unweit der Synagoge stehen einige der wenigen **Jugendstilhäuser** 6 von Daugavpils. Die ab der Cietokšņa iela in eine Fußgängerzone umgestaltete Rīgas iela hat noch einen weiteren Blickfang zu bieten: die katholische **St.-Peter-und-Paul-Kirche** `7` (Sv. Pētera un Pāvila pareizticīgo baznīca), die entfernt an den vatikanischen Petersdom erinnert und während der Sowjetzeit nur knapp dem Abriss entging. In der zum Hauptbahnhof von Daugavpils führenden Rīgas iela liegen auch die meisten Restaurants und Cafés.

Kirchenensemble

Etwas außerhalb des Zentrums gelangt man zu vier Kirchen unterschiedlicher religiöser Richtungen, die auf engstem Raum nebeneinander stehen: Hinter der großen Brücke, die über die Bahngleise führt, erblickt man gleich links die russisch-orthodoxe **Boris-und-Gleb-Kirche** `8` (Sv. Borisa un Gleba pareiztic. kat.) von 1655, die als schönste orthodoxe Kirche in Latgale gilt. Sie beherbergt u. a. drei Kopien von Werken des berühmten Kiewer Ikonenmalers Wasnezov.

Etwas versteckt erhebt sich in einer Seitenstraße das **Gebetshaus der Altgläubigen** `9` mit einer Sammlung von etwa 300 wertvollen Ikonen, von denen viele aus Silber gearbeitet wurden. Auf der anderen Seite der 18. novembra iela stehen nebeneinander die neobarocke **Marienkirche** `10` (Dievmātes kat. baznīca), deren zur Erinnerung an eine Marienerscheinung 1902 angelegte Mariengrotte viele Gläubige anzieht, sowie die 1892/93 im neogotischen Stil erbaute **Martin-Luther-Kirche** `11` (M. Lutera baznīca).

Übernachten

Klassische Eleganz – **Villa Ksenija** `1`: Varšavas 17, Tel. 65 43 43 17, www.villaks.lv, DZ ab 46 LVL. Sechs recht komfortable Zimmer mit großem Bad in ei-

ner Villa aus dem Jahr 1876, guter Service.
Anonymer Komfort – **Park Hotel Latgola** `2`: Gimnāzijas 46, Tel. 65 40 49 00, www.hotellatgola.lv, DZ ab 40 LVL. Größtes Hotel der Stadt in absolut zentraler Lage. Nach einer Komplettrenovierung ist aus dem sowjetischen Massenhotel ein modernes 3-Sterne-Hotel mit 118 Zimmern geworden.
Zweckmäßig – **Hotel Dinaburg** `3`: Dobeles 39 (Querstraße der 18. novembra iela), Tel. 65 45 30 10, www.hoteldinaburg.lv, DZ ab 30 LVL. Das relativ neue Hotel mit seinen 57 Zimmern liegt etwas außerhalb des Stadtzentrums. Die schlichten, aber funktional eingerichteten Zimmer erfüllen ihren Zweck.
Preiswert – **Dzintariņš** `4`: im Stadtteil Jaunie Stropi (über die 18. novembra iela erreichbar), Krimuldas 41, Tel. 65 44 50 04 oder 29 39 39 41, ab 10 LVL/Pers. Preiswerte, saubere Unterkunft beim Stropu-See (Stropu ezers).

Essen & Trinken

Kaukasisch-russisch – **Mziuri** `1`: Mihoelsa 52, Tel. 65 47 08 07, Hauptgericht 5 LVL. Gute Auswahl an kaukasischen und russischen Spezialitäten wie Schaschlik und *Plov,* ein Reisgericht mit Fleisch, Gemüse oder Früchten.
Angenehme Atmosphäre – **Gubernators** `2`: Lāčplēša 10, Tel. 29 55 22 11, tgl. 11–24 Uhr, Hauptgericht 4 LVL. Lettische und europäische Küche.
Draußen sitzen – **Vēsma** `3`: Rīgas 49, Tel. 65 44 43 43, vesma@dsf.lv, Hauptgericht 3–4 LVL. Zentral gelegenes Bistro mit schöner Terrasse, große Auswahl, freundliche Bedienung.
Ökologisch – **Vita** `4`: Rīgas 22 a, Tel. 65 42 77 06 oder 29 46 94 34, 3 LVL. Kafejnīca, in der Gerichte aus der Region serviert werden, Zutaten aus ökologischem Anbau.

Lieblingsort

Auf dem Pferderücken an der Daugava

Viele Urlauber durchfahren den Südosten Lettlands recht zügig – sie sind offenbar der Meinung, das rückständige Gebiet habe kaum etwas zu bieten. Zu Unrecht: Die sich selbst überlassene Natur und die Stille in den kleinen Dörfern von Latgale sind allemal einen längeren Aufenthalt wert. Eine der schönsten Möglichkeiten, diese Ruhe in sich aufzunehmen, ist eine Reitexkursion an der Daugava. Auf grünen Wiesen an der gemächlich sich durch das Tal schlängelnden Daugava entlangzureiten ist ein Genuss. Einer der bekanntesten Anbieter von Reitausflügen ist der Pferdehof Klajumi. Die Lettin Ilze Stabulniece, die auch russisch und englisch spricht, unternimmt mit ihren Gästen dreistündige Ausritte zum südlichen Daugava-Ufer (www.klajumi.lv).

Touristeninformation
TIC Daugavpils: Rīgas 22 a, Tel. 65 42 28
18, www.latgale.lv, www.visitdaugav
pils.lv, Mo–Fr 8–17, Sa 10–16 Uhr.

Verkehr
Bahn: 4 x tgl. nach Riga; Bahnhof in der
Stacijas iela, Tel. 65 87 32 62, 65 42 28 48.
Bus: 13 x tgl. nach Riga sowie mehrmals tgl. nach Rēzekne und Jēkabpils
vom Busbahnhof (autoosta) Ecke Lač-
plēša/Viestura iela, Tel. 65 42 30 00.

Naturpark
Daugavas loki! ▶ L/M 7

In dem 28 km langen Abschnitt zwischen Naujene und Krāslava wechselt
die Daugava insgesamt neunmal ihre
Richtung. Sie ist hier viel schmaler als
bei Riga und vor allem noch in ihrem
ursprünglichen Verlauf erhalten. Die
Findlinge, Schluchten und Steilhänge
sind bis zu 350 Mio. Jahre alt, Letztere
bieten immer wieder traumhafte Ausblicke auf das verschlungene Tal und
die geheimnisvoll dahinfließende Daugava. 47 % der Gesamtfläche sind mit
dichtem Wald bedeckt, am nördlichen
Ufer dominieren Feuchtwiesen, am
südlichen Trockenwiesen.

Per Boot oder Fahrrad
Sehr empfehlenswert ist es, den Weg
mit einem Boot zurückzulegen. Die
Daugava ist auch für unerfahrene
Paddler oder Ruderer geeignet. Eine
Radtour ist ebenfalls reizvoll, da man
näher an den Fluss kommt als mit dem
Auto. Die Nordseite bietet im Übrigen
weitaus mehr Sehenswürdigkeiten und
ist besser auf Touristen eingestellt als
die Südseite (Infos zu Rad- und Bootsverleih beim TIC Daugavpils, s. o.).

Von Daugavpils nach
Krāslava ▶ L–M 7

Von Daugavpils fährt man am besten
zuerst auf der A 6 Richtung Krāslava.
Hinter Naujene geht es teilweise auf
unbefestigten Straßen weiter. Alle Sehenswürdigkeiten sind gut ausgeschildert und können in der hier angegebenen Reihenfolge besucht werden.

Das kleine **Naujene-Heimatmuseum**
(Naujenes Novadpētniecības muzejs,
Muzeja 2, Lociki, Gemeinde Naujene,
Mo–Fr 8–17 Uhr) nahe der Kreuzung
A 6/A 13 informiert über die Fauna der
Daugava und zeigt archäologische
Fundstücke aus dem Areal rund um die
Ruine der Dünaburg.

Ebenfalls sehenswert ist der im 19. Jh.
angelegte, 5,8 ha große **Park des Guts
Juzefova** (Juzefovas muižas parks).
Hier beginnt der etwa 1 km lange **Ma-
rienpfad** (Marijas taka), der bergab in
eine eigentümliche Schlucht mit einem
kleinen Bach führt.

Fantastisch ist die Aussicht von dem
25 m hohen Hügel, auf dem einst die
Dünaburg (Dinaburgas pils makets)
stand. Die seinerzeit strategisch bedeutende Burg wurde Ende des 16. Jh.
bis auf die Grundmauern abgerissen,
nur noch eine Miniatur-Nachbildung
im Maßstab 1:40 auf dem Burghügel
vermittelt eine Vorstellung davon, wie
die Burg einst ausgesehen haben soll.

Von der Burgruine sind es nur ein
paar Kilometer auf teils unbefestigten
Straßen zum Aussichtsturm **Vaserge-
liški** (Vasergelišku skatu tornis). Von
dort hat man einen herrlichen Blick auf
die Daugava.

Spaziergänge auf Naturpfaden
Einige Kilometer weiter westlich zweigt
bei der Ortschaft Židina eine unbefestigte Straße nach rechts ab und etwas
später in dem Ort Markova eine noch

Symbol einer intakten Natur – in Lettland sind Storchennester noch häufig anzutreffen

kleinere Straße nach links. Sie führt bald zum 1,6 km langen **Naturlehrpfad Markova** (Markovas izziņas taka), der auf Schautafeln anschaulich über Flora und Fauna im Urstromtal informiert. Im gleichen Tal liegt ein paar hundert Meter weiter das rund 500 Jahre alte Dorf **Slutišķi** (s. Entdeckungstour S. 232).

Am Aussichtspunkt beim Ortseingang von Krāslava beginnt der 1,4 km lange **Adamova-Pfad** (Adamovas taka). Er führt zu geheimnisvollen Schluchten und uralten Bäumen. Immer wieder eröffnet er wunderbare Ausblicke auf das Flusstal.

Krāslava ► M 7

Ganz im Südosten Lettlands, dort wo die Hügelketten der Latgaler Hochebene zur Daugava hin abfallen, liegt das hübsche Städtchen Krāslava. Es besitzt so gut wie keine Industrie, sondern ist für seinen Gemüseanbau und die daher große Zahl von Gewächshäusern bekannt. Im 14. Jh. errichtete der Livländische Orden an der Stelle des heutigen Krāslava ein befestigtes Vorratslager, das 1558 zum Lehnsgut des Ordens wurde. 1729 wurde es von Jan Plater gekauft, der das Gut zu einem Schloss umbauen ließ und bestrebt war, Krāslava zur Hauptstadt von Latgale zu machen.

Schloss und Umgebung

Das zweistöckige Schloss (Krāslavas pils) mit dem Mansardendach, das sich auf künstlich angelegten Terrassen erhebt, wurde Anfang des 19. Jh. im klassizistischen Stil neu gestaltet und ist noch nicht restauriert. Nach Voranmeldung kann es aber besichtigt werden (Tatjana Kosačuka, Tel. 65 62 35 86 oder 65 62 22 01).

Ähnlich verhält es sich mit dem ›alten Schloss‹ am Krāslava-Ufer, später als

Auf Entdeckungstour

Die Altgläubigen in Slutiški

Mitten im Naturpark Daugavas loki liegt das Dorf Slutiški. Es ist eines der letzten Dörfer der Altgläubigen in Lettland und seit 1998 ein staatlich geschütztes Kulturdenkmal.

Reisekarte: ▶ L 7

Dauer: 2–3 Std.

Anfahrt: Von der A 6 Daugavpils–Krāslava zweigt in Židina eine unbefestigte Straße nach rechts ab und etwas später in Markova eine noch kleinere Straße nach links. Sie führt zum Parkplatz am Naturlehrpfad Markova. 200 m weiter liegt Slutiški.

Infos: Museum Slutiški, Tel. 65 47 13 21, www.naujene.lv, Mai–Okt. Mo–Fr 9–17 Uhr. Wer ins Museum will, muss am Parkplatz Bescheid geben, wo die Parkgebühren (0,40 LVL) und der Eintritt ins Dorf (0,50 LVL) zu entrichten sind; dann kommt jemand mit und schließt das Museum auf (0,80 LVL). Für Führungen muss man einen Termin ausmachen (2 LVL, Tel. s. o.).

Hinter einem Hügel, direkt am schützenden Ufer der Daugava, versteckt sich das kleine Dorf Slutišķi. Es ist die Heimat einer Handvoll Altgläubiger, Nachfahren von Glaubensflüchtlingen aus Russland. Die Altgläubigen sind ein religiöser Zweig der russisch-orthodoxen Kirche. Als diese im 17. Jh. zugunsten der griechisch-byzantinischen Tradition reformiert wurde, entstand in Moskau um den Oberpriester Awwakum eine Oppositionsbewegung, die diese Reformen ablehnte. Die Anhänger dieser Bewegung – die Altgläubigen – wurden im Jahr 1666 von der russischen Staatskirche ausgeschlossen und fortan als Ketzer verfolgt. Viele von ihnen fanden in Lettland eine neue Heimat.

Heute zählt man in Lettland rund 64 000 Altgläubige. Die Mehrheit gehört zur Glaubensgemeinschaft der Pomorcy, einer Untergruppe der Bespopowzy (russ. Priesterlose), die im Gegensatz zu den Popowzy (russ. Priesterliche) Priestertum und Eucharistie ablehnen. Die meisten der rund 70 Bethäuser der Altgläubigen findet man in Riga sowie in Jēkabpils, Rēzekne und Daugavpils. In Latgale bilden die Altgläubigen nach den Katholiken sogar die zweitgrößte Konfessionsgruppe.

Eine neue Existenz

Die Vorfahren der heute in Slutišķi lebenden Altgläubigen siedelten sich um 1765 in dieser Region an. Im Nordischen Krieg war die Gegend um Daugavpils verwüstet und die Bevölkerung – auch durch die Pest – dezimiert worden. Für die Bewirtschaftung des Landes waren Arbeitskräfte erforderlich und so konnten sich die Altgläubigen hier eine neue Existenz aufbauen. Abgeschottet von der übrigen Bevölkerung pflegten sie die aus der Heimat mitgebrachten Traditionen und folgten ihren strengen Glaubensregeln.

Aus der Heimat mitgebracht

Von den ehemals 21 Häusern im Dorf Ende des 19. Jh. existieren heute nur noch sechs – die Mehrzahl ist mit Holzschnitzereien an Fensterläden, Türen

Fensterschmuck ganz wie in Russland

und Giebeln geschmückt. In einem dieser Häuser wohnt Väterchen Gawril, der Dorfälteste: Er ist in Slutišķi geboren und einer der wenigen Dorfbewohner, die täglich am eigenen Hausaltar beten. Die übrigen haben spätestens während der Sowjetzeit die Identifikation mit der Religion verloren – in die Kirche geht man höchstens noch an den Feiertagen.

In der Nähe von Väterchen Gawrils Haus erinnert ein Brunnen an einstige Traditionen: In dem Haus beim Brunnen wohnte immer der jeweils Dorfälteste – starb er, bezog es sein Nachfolger. Neben dem Brunnen stand ein Krug, der für die Ungläubigen bestimmt war. Sie sollten sich zuerst reinigen, um keinesfalls die Gefäße der Altgläubigen zu beschmutzen – ein nicht gerade gastfreundlicher Brauch, der vermutlich der komplizierten Flucht aus dem Russischen Reich und dem schwierigen Leben in der Fremde geschuldet war.

Anders als viele der alten Traditionen haben die einfachen Lebensbedingungen in Slutiški die Zeiten überdauert. Zeichen des Fortschritts, die das Dorf erreichten, wurden erfolgreich verbannt. So gab es während der Sowjetzeit mal einen Traktor, doch heute wird der Acker rund um die Häuser wieder wie eh und je mit dem Pferd bestellt und fließendes Wasser sucht man in Slutiški noch immer vergeblich.

Museum im Museumsdorf

Diese Rückständigkeit lockte in den letzten Jahren auch Filmschaffende an, die die verbliebenen Häuser z. B. 2005 als Kulisse für einen in Sibirien spielenden lettischen Film verwendeten. Und weil das ganze Dorf so gut erhalten ist, wurde Slutiški als Gesamtensemble zum Museumsdorf erklärt und dem Heimatmuseum in Naujene angeschlossen.

In einem der Häuser, es stammt aus dem 19. Jh., wurde 1996 ein kleines Museum (Slutišķu Vecticībnieku māja) eingerichtet, das über die Geschichte des Dorfes und das Alltagsleben der Bewohner informiert. Schon beim Eintritt in das Haus fallen die für Altgläubigenhäuser charakteristische niedrige Tür und die hohe Schwelle auf: Das erforderliche Kopfbeugen wird von den Altgläubigen als Geste der Demutsbezeugung vor Gott verstanden.

Im Haus folgt dann die pure Bescheidenheit: Ein enges Wohn- und Schlafzimmer, das früher mit Schränken sogar noch weiter unterteilt gewesen sein soll. In der Ecke ein großer, weißer Ofen – in kalten Wintern ein begehrter Schlafplatz. Auch eine Ikone ist zu sehen, dazu viele typisch russische Haushaltsgegenstände wie ein Samovar oder Baranki. Ein alter Kofferplattenspieler weist darauf hin, dass der Raum zuweilen für Feste und andere Zusammenkünfte genutzt wurde. Auch hierbei herrschten besondere Regeln: Die älteren Dorfbewohnern sollen bei diesen Gelegenheiten den Jüngeren das Singen und Tanzen beigebracht haben – und das Küssen.

Das kleine Museum von Slutiški vermittelt einen Eindruck vom Alltag der Altgläubigen

Alte Bibliothek (Bibliotēkas ēku) bezeichnet: Den eleganten zweistöckigen Barockbau ließ Graf Konstantin Ludwig Plater im Jahr 1758 eigentlich für seinen Sohn bauen. Später verlegte die Familie ihre Bibliothek in diesen Bau. Ein romantischer Lindenpark in seiner Umgebung lädt zu einem kleinen Spaziergang ein.

In der Nähe der beiden Schlösser befindet sich auch das **Geschichtsmuseum** (Krāslavas vēstures un mākslas muzejs), das über die Historie der beiden Schlösser und der Familie Plater informiert (Pils 8, Mai–Okt. Di–Fr 10–17, Sa 10–14, Nov.–April Mo–Fr 10–17 Uhr, 1 LVL).

St.-Ludwigs-Kirche

Noch beeindruckender als die Schlösser und das Museum ist die katholische St.-Ludwigs-Kirche (Sv. Ludviķa katoļu baznīca) auf dem gegenüberliegenden Hügel, die 1755–67 von dem italienischen Architekten Antonio Parraco im Stil des Spätbarock errichtet wurde. Der dreischiffige Bau birgt außergewöhnliche Kunstwerke, u.a. das Altarbild »Ludwig der Heilige«, das 1884 von T. Lisjewitsch nach einer Skizze von Jan Mateiko angefertigt wurde. Bei Renovierungsarbeiten entdeckte man zudem Fresken von Filipo Castaldi, die 1762–67 entstanden sein sollen.

Übernachten

Vielfältige Aktivitäten – **Dridži:** Pamales, bei Skaista an der P 61 zwischen Dagda und Krāslava, Tel. 29 44 12 21, www.dridzi.lv, Blockhäuser für 4–6 Personen sowie Zeltplatz. Haus je nach Größe 35–180 LVL, Zelt 4 LVL, Wohnmobil 6 LVL. Großer Erholungskomplex am Drīdža ezers beim Sauleskalns mit einem vielfältigen Angebot für Akturlaub wie Rudern (auch Bootsverleih), Angeln, Fahrradfahren oder Jagen.

Aktiv & Kreativ

Latgale zu Pferd erkunden – **Reiterhof Klajumi:** bei Kaplava, Region Krāslava, Tel. 65 62 22 01 oder 29 47 26 38, www.klajumi.lv (s. Lieblingsort S. 228).

Durch die Hochebene ▶M 7–M 5

Zwischen Krāslava und Rēzekne steigt die Landschaft etwas an und wird leicht wellig. Hier sind über 300 Seen auf engstem Raum zu entdecken, einer schöner und unberührter als die andere – ein ideales Gebiet für Aktivtouristen und Naturliebhaber.

Von Krāslava nach Aglona ▶M 7–M 6

Verlässt man Krāslava Richtung Aglona, erhebt sich bei der Ortschaft Kombuļi rechter Hand einer der höchsten Berge Lettlands, der **Sauleskalns.** Er gehört zu den beliebtesten Ausflugszielen in Latgale. Viele Jahrhunderte lang war er eine bedeutende Kultstätte der Lettgallen, worauf auch der Name hinweist: *Saule* bedeutet Sonne, *kalns* Berg. Von seinem 211 m hohen Gipfel bietet sich bei klarem Wetter ein Panoramablick über mehr als 30 Seen im leicht welligen Umland. Unweit des Sauleskalns liegt der mit 63 m tiefste See des Baltikums, der glasklare **Drīdža-See** (Drīdža ezers), von dem aus man zu einer mehrtägigen Kanutour auf mehreren miteinander verbundenen Seen starten kann (Bootsverleih s. links). Wenige Kilometer weiter gelangt man zum **Velnezers-See** (Velnezers), dem sogenannten Teufelssee, der seinen Namen dem mysteriösen Farbenspiel seines Wassers verdankt.

Aglona! ▶ M 6

Das idyllisch zwischen dem malerischen **Ciriša-See** (Ciriša ezers) und dem **Egle-See** (Egles ezers) gelegene Dorf Aglona eignet sich sehr gut für einen mehrtägigen Aufenthalt mit Ausflügen an die zahlreichen Seen der Umgebung. Doch bekannt ist Aglona vor allem als Pilgerziel: Alljährlich am 15. August, Mariä Himmelfahrt, strömen Tausende von Gläubigen aus Lettland und ganz Osteuropa zur katholischen Basilika des Orts, um an festlichen Messen und Prozessionen teilzunehmen.

Aglonas Entwicklung zu einem bedeutenden Zentrum des Katholizismus begann im Jahr 1700, als die reiche Familie Szostowicky einen Teil ihres Besitzes dem Dominikanerorden vermachte, der hier bald darauf ein Kloster und eine Holzkirche erbauen ließ und einige Jahrzehnte später die Basilika (Divtorņu baziliku) aus Stein.

Majestätisch steht das schneeweiße Gotteshaus im Zentrum eines riesigen umzäunten Platzes. Außen fallen besonders die beiden 60 m hohen Türme mit offenen Glockenstühlen ins Auge. Der Bau ist im Stil des Spätbarock gestaltet, doch die geraden Linien der Fassade und die dekorativen Elemente im pastellfarben ausgemalten Kircheninnern lassen bereits den Einfluss des Klassizismus erkennen.

Ikone der Agloner Gottesmutter

Hoch über dem Altar ist die Hauptsehenswürdigkeit der Basilika zu sehen: die Ikone der Agloner Gottesmutter, der wundertätige Kräfte zugesprochen werden. Das Bildnis stammt aus dem 17. Jh., Künstler und Herkunft sind aber unbekannt. Bemerkenswert ist, dass im litauischen Trakai ein nahezu identi-

Jedes Jahr zu Mariä Himmelfahrt pilgern Tausende von Gläubigen nach Aglona

sches Heiligenbild existiert, das jedoch bereits im 14. Jh. entstand. Ob dieses Bild Vorlage für die ›Agloner Gottesmutter‹ war, konnte bisher nicht mit letzter Sicherheit geklärt werden. Die Ikone von Aglona ist meist von einem anderen Bild verdeckt und wird nur an besonderen Feiertagen gezeigt.

In dem zweistöckigen Steinbau neben der Basilika befanden sich einst die Klosterbibliothek und die Klosterschule des 1880 geschlossenen Dominikanerklosters. Heute wird das Gebäude u. a. als Gästehaus genutzt. Zum 200. Jubiläum im Jahr 1993 stattete Papst Johannes Paul II. Aglona einen Besuch ab und hielt eine Messe in der Basilika.

Übernachten

Spartanisch – **Aglonas bazilikas klosteris:** Aglona, Cirišu 8, Tel. 65 38 11 09 oder 29 47 21 55, abv@aglonasbazilika. lv, ab 7 LVL/Pers. Einfache, aber sympathische Übernachtungsmöglichkeit in Mehrbettzimmern des Dominikanerklosters neben der Basilika.
Aglonas Cakuli: s. S. 238

Infos

TIC Aglona: Somersetas 34, Tel. 65 32 21 00, 29 11 85 97, www.visitaglona.lv.

Nach Dagda ▶ M/N 6

Auf der Fahrt nach Dagda lohnt sich der Umweg über Jaunaglona: Auf einer unbefestigten Straße gelangt man zur **Holzkirche von Bērzgale** (Katoļu baznīca). Die graue, 1751 auf einem Grundriss in Form eines lateinischen Kreuzes erbaute Kirche steht in idyllischer Lage am Ufer des **Rušons-Sees** (Rušons ezers). Erst im 19. Jh. wurde der

Mein Tipp

Wohnen wie zu Hause

Mitten in Aglona liegt idyllisch am Ciriša-See ein kleines Hotel mit 20 Betten, das durch seine tolle Lage, aber auch sein gutes Freizeitangebot beeindruckt: **Aglonas Cakuli.** Direkt vor dem Haus führt ein Bootssteg in den See, von dem aus man Ausflüge in die Seenlandschaft unternehmen kann, Boote zur Miete sind vorhanden. Auch Räder können ausgeliehen werden. Ein weiterer Vorteil: Die Leiterin der sympathischen Unterkunft spricht recht gut Deutsch. Die Zimmer sind schlicht, aber komfortabel (Ezera 4, Tel. 65 37 54 65, www.aglonas cakuli.lv, DZ ab 25 LVL).

einzeln stehende Glockenturm hinzugefügt. Auf der Weiterfahrt in Richtung Dagda kommt man an einer Reihe weiterer malerischer Seen vorbei.

Die Kleinstadt **Dagda** selbst liegt auf einer leichten Anhöhe am Westufer des **Dagda-Sees** (Dagdas ezers). Einen Besuch wert ist sie allein schon wegen ihrer überraschend großen katholischen Dreifaltigkeitskirche (Sv. Trīsvienības katoļu baznīca). Der weiß getünchte, 1741 errichtete Bau besitzt eine barocke, von zwei niedrigen Türmen flankierte Fassade. Von einigen Punkten in der Stadt bietet sich ein wunderbarer Blick auf den Dagda-See.

Durch den Rāzna-Nationalpark ▶ M/N 5/6

Mitten in der Hochebene von Latgale erstreckt sich der jüngste Nationalpark Lettlands: Der 2007 eingerichtete Rāz-

na-Nationalpark (Rāznas nacionālais parks) hat eine Fläche von 596,15 km^2 und reicht vom Ežezers-See im Süden bis zum Rāzna-See im Norden. Geschützt werden vor allem diese Seen und ihre Umgebung, aber auch einige Kulturdenkmäler. Die touristische Infrastruktur des aus mehreren ehemaligen Naturschutzgebieten bestehenden Nationalparks soll ausgebaut werden.

Ežezers-See ▶ N 6

Der Ežezers-See (Ežezers) nahe der Ortschaft Ezernieki ist ein besonders schöner und buchtenreicher See. Seine 63 Inseln sollte man nur im Sommer zählen – nach den Regenfällen im Herbst sind viele von ihnen überflutet. Einen schönen Blick auf die Umgebung genießt man vom 289 m hohen **Liepukalns** etwas weiter nördlich.

Rāzna-See ▶ M 6

Größter See der Latgaler Seenplatte und mit 57,6 km^2 zweitgrößter See Lettlands ist der Rāzna-See (Rāznas ezers). Wegen seiner leicht zugänglichen Ufer ist er ein beliebtes Erholungsgebiet. Südlich gibt es einen kleinen Hügel, den **Mākoņkalns,** der mit nur 248 m schon zu den höchsten Erhebungen Lettlands zählt. Er war einst Standort der bedeutenden Wolkenburg (1263), von der heute allerdings nur noch Mauerreste zu sehen sind. Am Rāzna-See wurden einige ausgeschilderte Fahrradwege eingerichtet.

Übernachten

Simpel – **Pie Rāznas:** Rāznas 66, Kaunata am Rāznas ezers, Tel. 26 40 98 09 oder 26 58 57 35, www.atputapieraznas.lv, ab 10 LVL/Pers. Ferienhaus im Grünen mit einfachem Zimmer, Landsauna, Angelmöglichkeiten etc. Außerdem gibt es eine große Wiese für Zelte.

Rēzekne ▶M 5

Das 36 000 Einwohner zählende Rēzekne ist nicht nur die Hauptstadt, sondern auch das Herz von Latgale. Aufgrund seiner Lage war es in vergangenen Jahrhunderten immer wieder hart umkämpft, war mal russisch, mal polnisch, dann wieder schwedisch, und musste häufig schwere Zerstörungen hinnehmen, bevor es im 18. Jh. an Bedeutung verlor. Erst als sie 1836 an die Landstraße und 1861 an die Eisenbahnlinie Warschau–St. Petersburg angeschlossen wurde, erlebte die Stadt eine neue Blüte. Politisch kam Rēzekne im April 1917 eine Hauptrolle zu: Kurz vor der lettischen Unabhängigkeit fand in Rēzekne der erste Kongress der Letten in Latgale statt, auf dem beschlossen wurde, sich vom (russischen) Witebsker Gouvernement zu lösen und sich mit den anderen lettischen Provinzen zu verbinden.

Katastrophale Folgen für Rēzekne hatte der Zweite Weltkrieg, in dem ein Großteil der historischen Gebäude zerstört wurde. Heute ist Rēzekne nichts weiter als eine Provinzhauptstadt, die sich eher als Zwischenstopp oder Übernachtungsort eignet.

Alter Burgberg

Die wohl bedeutendste und auffälligste Sehenswürdigkeit der Stadt ist der Alte Burgberg mitten im Zentrum. Auf ihm sind noch Reste der **Ordensburg** (Rēzeknes pilsdrupas) zu sehen: Wie andernorts auch errichtete hier der Livländische Orden im 13. Jh. eine große Festung, die sich im 15. und 16. Jh. zu einer der wichtigsten Befestigungsanlagen des Ordens an der östlichen Grenze Livlands entwickelte. Bereits die Altletten hatten diesen Hügel für sich genutzt: Im 9. Jh. existierte an dieser Stelle eine lettgallische Siedlung.

Herz-Jesu-Kirche

Vom Burgberg hat man einen tollen Ausblick auf Rēzekne, insbesondere auf die zwischen 1888 und 1900 erbaute katholische Herz-Jesu-Kirche (Ježus Sirds baznīca). Der rote Backsteinbau zählt zu den schönsten Architekturdenkmälern des Historismus im Baltikum. Im Innern fällt vor allem der Altar aus der ersten Hälfte des 18. Jh. ins Auge, der aus einem anderen, älteren Sakralbau stammt.

Freiheitsstatue und Umgebung

Wahrzeichen von Rēzekne und zugleich Symbol für die Unabhängigkeit Lettlands ist die **Freiheitsstatue »Latgales Māra«** an dem ovalen Platz in der Atbrīvošanas aleja unweit des Hotels Latgale (s. u.). Dort stehen auch zwei kleine Kirchen, die einen Besuch wert sind – eine katholische und eine russisch-orthodoxe.

Das **Kulturhistorische Museum** (Latgales kultūrvēstures muzejs, Atbrīvošanas aleja 102, Di–Fr 10–17, Sa 10–16 Uhr, 0,40 LVL), ebenfalls in der Nähe, gibt in seiner **Ausstellung zur Keramik** in Latgale einen guten Überblick über die Besonderheiten und Traditionen des Töpferhandwerks in dieser Provinz.

Übernachten

Modern und komfortabel – **Kolonna Hotel Rēzekne:** Brīvibas 2, Tel. 64 60 78 20, www.hotelkolonna.com, DZ ab 43 LVL. Das 1939 gebaute und 2005 gründlich restaurierte Hotel liegt mitten im Herzen von Rēzekne, am Ufer des gleichnamigen Flusses. Die 86 Zimmer sind komfortabel und modern eingerichtet.

Sowjetisches Massenhotel – **Hotel Latgale:** Atbrīvošanas aleja 98, Tel. 64 62 21 80, www.hotellatgale.lv, DZ ab 28

LVL. Das achtstöckige, teilweise modernisierte Hotel stammt noch aus Sowjetzeiten und bietet Zimmer in drei unterschiedlichen Kategorien an; guter Frühstücksservice.

Essen & Trinken

Europäisch – **Rozalija:** Atbrīvošanas aleja 93, Tel. 64 60 78 40, tgl. 11–23 Uhr, Hauptgericht 6 LVL. Das Restaurant des Kolonna Hotel Rēzekne (s. S. 239) mit seinem stilvollen Interieur und einem hübschen Blick auf den Fluss Rēzekne serviert europäische Speisen.

Künstlerisch – **Möls:** Latgales 22/24, Tel. 64 62 53 53 oder 29 46 00 41, tgl. 10–22 Uhr, Hauptgericht 4 LVL. Eine interessante Mischung aus Kunstsalon und Bar, in der Werke einheimischer Künstler ausgestellt sind – sie können gerne gekauft werden.

Frisch und deftig – **Ērmanītis:** Latgales 29, Tel. 64 62 21 13, So–Do 9–20, Fr, Sa 9–1 Uhr, 4 LVL. Einfache Kafejnīca mit großer Auswahl an gewöhnlichen, aber frisch schmeckenden, teilweise typisch lettischen Speisen.

Aktiv & Kreativ

Reiten – **Reiterhof Untumi:** Untumi, Umgebung von Rēzekne, Tel. 64 63 12 55, 26 33 74 49, www.untumi.lv. Außerhalb von Rēzekne (über Atbrīvošanas aleja stadtauswärts, dann nach links auf die A 12 Richtung Spudžāni, Schilder beachten). Reitexkursionen in die Umgebung sowie Kurse für Anfänger und Fortgeschrittene.

Infos

Touristeninformation

TIC Rēzekne: Atbrīvošanas aleja 98,

Zimmer 110, Tel. 64 60 50 05 oder 26 33 74 49, www.rezekne.lv, Di, Mi 11–18, Do, Fr 11–19, Sa 11–16 Uhr. Infos und Vermittlung von Privatquartieren.

Verkehr

Bahn: nach Riga, Moskau, St. Petersburg, Vilnius; Bahnhöfe: Rēzekne I, Ezera iela, Tel. 64 61 62 03; Rēzekne II, Stacijas 2, Tel. 64 61 77 03, www.ldz.lv. **Bus:** nach Riga und Dagda; Rēzeknes autoosta, Latgales 19, und ab Hauptbahnhof, Tel. 64 62 20 45.

Östlich von Rēzekne

Ludza ▶ N 5

Die 28 km nach Osten bis zur kleinen Provinzstadt Ludza lohnen sich, denn sie ist idyllisch von fünf malerischen Seen umgeben. Markanteste Sehenswürdigkeit sind hier die Überreste der teilweise aus rotem Ziegelstein erbauten **Ordensburg** auf einem Hügel zwischen **Großem Ludza-See** (Lielais Ludzas ezers) und **Kleinem Ludza-See** (Mazais Ludzas ezers). Einst war sie ein zweistöckiger Bau mit einer Waffengalerie im Obergeschoss.

Die im 18. Jh. errichtete katholische **St.-Marien-Kirche** (Sv. Dievmātes katoļu baznīca) in der Nähe brannte 1938 bis auf den Glockenturm nieder, wurde aber 1993 wieder aufgebaut.

Im Stadtzentrum zieht vor allem die 1843 nach dem Vorbild der St. Petersburger Andrej-Kathedrale im spätklassizistischen Stil erbaute orthodoxe **Uspenski-Kathedrale** (Uspenskas pareizticīgo katedrāle) die Blicke auf sich. Das **Heimatmuseum** (Ludzas novadpētniecības muzejs, Kulneva iela, im Sommer Mo–Fr 9–17, Sa 10–17, im Winter Mo–Fr 9–17, Sa 10–15 Uhr, 0,70 LVL)

Perfekte Lichtinszenierung ganz ohne Strom: die Ordensburg von Ludza

zeigt mittelalterliche Trachten und Keramik aus der Region und besitzt ein Freilichtgelände mit einer Windmühle, alten Holzhäusern und einer **Töpferwerkstatt.**

Ausflug nach Pasiene ▶ N 6

Vor allem für Liebhaber sakraler Architektur könnte ein 40 km langer Abstecher in südöstliche Richtung interessant sein, bei dem man durch den Anblick eines der schönsten Beispiele sakraler Architektur in Latgale belohnt wird: Biegt man bei Zilupe nach rechts auf die teilweise unbefestigte P 52 Richtung Pasiene ab, gelangt man im Ortszentrum zur **katholischen Kirche von Pasiene** (Pasienes katoļu baznīcu). Das als Klosterkirche der Dominikaner errichtete, 1777 geweihte Gotteshaus mit zwei Türmen besticht durch sein detailreiches, ausdrucksstarkes Interieur im Rokokostil.

Übernachten

Gepflegt – **Hotel Ludza:** 1. Maijas 44, Tel. 65 72 61 12 oder 29 10 40 55, hotelludza@inbox.lv, DZ 22 LVL. Ordentliches, sauberes Hotel mit acht Zimmern in der zweiten Etage eines Stadthauses; Massagewannenbad und Sauna.

Infos

Touristeninformation
TIC Ludza: Baznīcas 42/11, Tel. 65 70 72 03 oder 29 46 79 25, turisms. ludza.lv.

Verkehr
Bus: Kr. Barona 47/13, Tel. 65 72 22 81. Mehrmals tgl. nach Rēzekne, Jēkabpils, Daugavpils und Riga (teilweise mit Umsteigen).

Westlich von Rēzekne

Viļāni ▶ L 5

In Viļāni an dem kleinen Fluss Malta kann man eine der schönsten Kirchen von Latgale besichtigen: die 1772 vollendete **Klosterkirche St. Michaelis** (Sv. Mihaila klosterbaznīca). Die weiß getünchte Fassade des doppeltürmigen Sakralbaus ist ganz im Rokokostil gehalten. Im Innern ist vor allem das Porträt des Kirchenstifters Mihal de Rick sehenswert, ein typisches Beispiel der polnischen Malschule des 18. Jh.

Varakļāni ▶ L 5

Weltliche Baukunst lässt sich in der Kleinstadt Varakļāni bewundern: Das zweistöckige **Schloss Varakļāni** (Varakļņu pils) mit einem Säulenportal wurde 1783–89 nach einem Entwurf des italienischen Architekten Vinzenzo Mazotti im Auftrag des Grafen von Borch errichtet, eines Kunstliebhabers und Anhängers des Klassizismus. Das Schloss ist eingebettet in einen romantischen Park mit Lindenalleen, Brücken und einem ›Liebesstein‹. Ebenfalls von Mazotti erbaut wurde das auf einer kleinen Erhebung im Stadtzentrum an der Rīgas iela stehende **Miniatur-Pantheon** (Grāfu fon der Borhu dzimtas kapella).

Lubān-See ▶ L 4/5

Der Weg zum Lubān-See (Lubāns ezers), mit 80 km² Lettlands größter See, führt

In Latgale liegen Hunderte von Seen – einer schöner als der andere

über unbefestigte Schotterstraßen und ist beschwerlich, doch wer Ruhe und Abgeschiedenheit sucht, wird die Fahrt nicht bereuen. Die einzigen Siedlungen am See, **Gaigalava, Īdeņa** und **Nagļi,** liegen abseits jeglicher Durchfahrtsstraßen und in den flachen Sumpfgebieten am Seeufer brüten zahlreiche seltene Vögel, außerdem ist der See für seinen Fischreichtum bekannt.

Übernachten

Familiär – **Zvejnieki:** Īdeņa, Tel. 69 16 53 92, 29 16 53 92, zvejnieki-lubans @inbox.lv, ab 10 LVL/Pers. Das einfache, moderne Haus bietet keinen Luxus, genügt aber durchschnittlichen Ansprüchen. Die Besitzerin Anna Macāne ist sehr freundlich und leitet auch die dortige Touristeninformation.

Naturreservat Teiči ▶ L 5

Informationszentrum, Aiviekstes 3, Ļaudona, Tel. 64 80 72 06 oder 64 80 72 01, www.teici.gov.lv, Mo–Fr 8.30–17 (Mittagspause 12.30–13 Uhr), Führung 3 (in den Ferien 5) LVL/Std.
Das Naturreservat Teiči (Teiču rezervāts) birgt das größte Hochlandmoor Lettlands und besteht hauptsächlich aus weitläufigen Moosflächen, unter denen eine bis zu 8 m dicke Torfschicht liegt. Wie in allen Sumpfgebieten gibt es auch hier viele Beerengewächse und kleinwüchsige Bäume, z. B. Sumpfbirken, und eine Vielzahl von Wasservögeln. Damit das empfindliche Ökosystem nicht gestört wird, ist der Zutritt nur nach Anmeldung (min. drei Tage im Voraus) und nur in Begleitung eines Führers erlaubt – der kleine organisatorische Aufwand lohnt sich. Der Eingang zum Naturreservat Teiči befindet sich in Silagals bei Murmastiene.

Vidzeme

Highlights!

Gauja-Nationalpark: Im größten Nationalpark des Baltikums inmitten einer hügeligen Landschaft schlängelt sich der Fluss Gauja durch ein tief in den Sandstein geschnittenes Tal. Die Besichtigung der geschichtsträchtigen Kleinstädte Sigulda und Cēsis ist nur eine von vielen möglichen Unternehmungen in dieser Region. S. 257

Alūksne: Die Provinzstadt Alūksne liegt am Ufer des malerischen Alūksne-Sees im Nordosten des Landes. Die historischen Bauwerke im Zentrum der Provinzstadt und die schöne Landschaft der Hochebene von Alūksne machen diesen Ort zu einem lohnenswerten Reiseziel abseits der gängigen Touristenrouten. S. 275

Auf Entdeckungstour

Auf Münchhausens Spuren: Sechs Jahre lang lebte Münchhausen in Lettland und diente im Regiment der Russischen Armee. In dem kleinen Ort Dunte, genau an der Stelle, wo einst sein Gutshaus stand, befindet sich heute ein dem ›Lügenbaron‹ gewidmetes Museum. S. 250

Kanufahrt auf der Gauja: Die Gauja eignet sich ausgezeichnet für eine beschauliche Kanutour, auf der man an Felswänden, Grotten, Naturpfaden und Burgbergen vorbeikommt. S. 266

Nostalgische Fahrt mit der Schmalspurbahn ab Gulbene: Noch immer ist die Bahn von 1903 in Betrieb und verkehrt auf der gut 30 km langen Strecke zwischen Gulbene und Alūksne. S. 276

Salaca-Tour per Kanu oder Fahrrad

Salacgrīva

Auf Münch-
hausens Spuren

Gauja-Nationalpark

Alūksne

Schloss Bīriņi   Līgatne   Cēsis

Schmalspurbahn

Museumsreservat
Turaida

Āraiši

Kanufahrt auf der Gauja

Sigulda

Gulbene

Riga

Mārcienas muiža

Kultur & Sehenswertes

Museumsreservat Turaida: Hier hat man nicht nur eine tolle Aussicht vom Hauptturm der gleichnamigen Burgruine, sondern kann im Museum auch Funde einer altlettischen Holzburg besichtigen. S. 258

Wasserburg Āraiši: 1966 entdeckte man die hölzernen Überreste einer altlettischen Wasserburg. Wie vor über tausend Jahren steht die restaurierte Anlage wieder im See. S. 265

Aktiv & Kreativ

Salaca-Tour per Kanu oder Fahrrad: Die Salaca, einer der schönsten Flüsse in Vidzeme, fließt durch gewundene Täler an Felsen vorbei. S. 256

Die Naturpfade von Līgatne: Auf diesen Pfaden kann man die charakteristischen Landschaften des Gauja-Tals kennenlernen, einige führen durch ein Wildgehege. S. 264

Genießen & Atmosphäre

Pie Bocmaņa: In dem rustikal eingerichteten Restaurant am Hafen von Salacgrīva findet man den als Delikatesse geltenden Neunaugenfisch auf der Speisekarte. S. 253

Mārcienas muiža: Das schicke Landgut an einem idyllischen See gehört zu den besten Spa-Hotels Lettlands. Neben unterschiedlichen Dampfbädern und Massagen wird biodynamische Muskelstimulation angeboten. S. 274

Abends & Nachts

Schloss Bīriņi: Im neogotischen Schloss kann man den Abend vielleicht bei einem Glas Rotwein ausklingen lassen, um dann fürstlich im Schlosshotel zu nächtigen. S. 253, 254

Sarunas: Eine der wohl modernsten Restaurant-Bars von Cēsis verwandelt sich regelmäßig in einen Club mit wilden Partys. S. 271

Vidzeme umfasst den gesamten Norden und Nordosten Lettlands und reicht von der Küste an der Rigaer Bucht bis nach Gulbene und Alūksne im Osten sowie Madona im Süden.

Der Name Vidzeme bedeutet übersetzt »Mittelland« und weist darauf hin, dass die Region historisch gesehen den mittleren Teil des ehemaligen Livlands bildet, das sich zeitweise im Norden bis an den Finnischen Meerbusen und im Süden bis Litauen erstreckte. Nach dem Ersten Weltkrieg wurde Livland, das nach sieben Jahrhunderten Fremdherrschaft nur noch auf dem Papier existierte, zwischen Estland und Lettland entlang der Sprachgrenze aufgeteilt. Redet man heute von Livland, ist in der Regel die Region Vidzeme gemeint. Wie die Latgaler haben die Vidzemer einen für andere Letten unverkennbaren Dialekt, in dem das alte Livisch noch anklingt.

Höhepunkt einer Reise durch Vidzeme ist für viele der Gauja-Nationalpark mit seinen sich durch Sandsteinschluchten schlängelnden Flüssen und den gut erhaltenen Burgruinen in Sigulda und Cēsis. Vor allem in dieser Region bieten sich viele Möglichkeiten für Aktivtourismus, z. B. Bootstouren.

An den rund 100 Kilometern zwischen Riga und der estnischen Grenze, dem Ostufer der Rigaer Bucht, verläuft die Via Baltica relativ nah an der Küste. Feine Sandstrände wechseln sich mit Steinstränden ab, die auch im Sommer nur mäßig frequentiert werden. Einen Badeort wie Jūrmala westlich von Riga sucht man hier vergeblich. Nur in Saulkrasti kommt ansatzweise so etwas wie Strandatmosphäre auf. Im Norden stößt man auf das Biosphärenreservat Nordvidzeme mit der Mazsalaca, die in dem Fischerstädtchen Salacgrīva in die Rigaer Bucht mündet. Weiter im Landesinnern lohnen sich Abstecher zu gründlich restaurierten Schlössern, die heute als Hotels dienen.

Immer noch relativ unentdeckt ist das östliche Hinterland, dabei bietet die Vidzemer Hochebene, die sich vom Gauja-Nationalpark über den Gaiziņkalns, den mit 312 m höchsten Berg Lettlands, bis zum schmucken Städtchen Alūksne am gleichnamigen See im Nordosten erstreckt, einige Highlights. Auch wenn der Landstrich nicht gerade übersät ist mit Sehenswürdigkeiten – alte Gutshäuser, Schlösser und Burgruinen begegnen einem mit schöner Regelmäßigkeit.

Infobox

Vidzemes reģiona attīstības aģentūra: Cēsis, Pils laukums 1, Tel. 64 12 20 11, www.vidzeme.com (s. u.).

Internet
www.vidzeme.com: Diese Website gehört zu den besten Seiten für Touristen in ganz Lettland; den Nutzern stehen übersichtlich angeordnete Informationen, viele Links und sogar Karten und Routenvorschläge zur Verfügung.
www.tourism.cesis.lv: Die Seite des Touristeninformationsbüros von Vidzeme informiert über Cēsis und die Umgebung.

Anreise und Weiterkommen
Die Schnellstraßen zwischen Riga und Ainaži an der estnischen Grenze bzw. Riga und Cēsis sind gut ausgebaut. Abseits der Landstraßen sind Schotterstraßen keine Seltenheit. Per Zug lassen sich Salacgrīva, Limbaži, Sigulda, Cēsis, Gulbene und – mit der Schmalspurbahn – Alūksne erreichen. Busse fahren auch die kleineren Orte an, man muss beim Umsteigen jedoch mit längeren Wartezeiten rechnen.

Ostufer der Rigaer Bucht ▶H 3

Saulkrasti ▶H 3

Die knapp 6000 Einwohner zählende Kleinstadt Saulkrasti erstreckt sich über eine Länge von 17 km an der Rigaer Bucht und besteht aus fünf ehemals eigenständigen Ortschaften. Noch im 19. Jh. war Saulkrasti ein beliebter Kurort, der mit Jūrmala in Konkurrenz zu treten vermochte. Mittlerweile hat er jedoch viel von seinem Charme verloren, wohl auch, weil immer mehr Schwertransporter auf der Via Baltica (A 1 bzw. E 67) durch die Stadt brausen.

Fahrradmuseum
Saulkrastu Velosipedu muzejs, Rīgas 44 A, Tel. 67 95 17 93, www.velomuseum.tk, tgl. 10–18 Uhr, 1 LVL
Für passionierte Radfahrer ist dieses Museum ein Muss. Hier ist neben zahlreichen anderen Modellen ein 1940 in einer Rigaer Sportflugzeugfabrik gefertigtes Holzfahrrad zu bestaunen. Ein altes, weiß angestrichenes Hochrad weist den Weg zum Museum.

Am Strand
Der schmale, durch einen Kiefernwald von der Via Baltica abgeschirmte Strand lädt vor allem wegen seines weißen, feinen Sandes zum Baden und Sonnen ein. Sehenswert ist die **Weiße Düne** (Baltā kāpa) am Ortseingang, von deren Aussichtsplattform man einen schönen Ausblick auf die Küstenlinie der Rigaer Bucht genießt.

Spaziergang bei Sonnenuntergang
Von der Aussichtsplattform führt der 3,6 km lange **Sonnenuntergangspfad**

Mein Tipp

Saulkrasti Jazz Festival
Es überrascht, dass gerade Saulkrasti eines der besten Jazzfestivals Lettlands ausrichtet, zu dem auch große internationale Künstler kommen. Das Besondere an dem Festival, das seit über zehn Jahren alljährlich Ende Juli, Anfang August stattfindet, ist die persönliche Atmosphäre, in der Musiker und Zuhörer leicht Kontakt zueinander finden. Für Jazzamateure werden Meisterkurse angeboten – besonders für Schlagzeuger hochinteressant. Ein Teil des Festivals findet in einem Zeltdorf statt, die großen Konzerte auf der Freilichtbühne oder im Konzertsaal des Hotels Minhauzena Unda (Vasaras mūzikas sesija, Tālis Gžibovskis, Tel. 29 26 51 51, oder Raimonds Kalniņš, Tel. 26 34 84 81, www.saulkrastijazz.lv; Freilichtbühne Saulkrastu estrāde, Ainažu 42 a, Hotel Minhauzena Unda s. S. 248).

(Saulrieta taka) an der Küste entlang durch duftende Kiefernwälder und endet auf Höhe des Ortszentrums beim Gasthaus Saulrieti. Wie schon der Name sagt, ist dieser Weg besonders am Abend empfehlenswert, wenn die Sonne – weil die Küste von Vidzeme nach Westen gerichtet ist – genau in der Mitte des Meeres untergeht.

Übernachten

Strandnah – **Saulrieti:** Raiņa 11, Tel. 67 95 14 00, 29 40 72 67, www.hotel-saul rieti.lv, DZ 45 LVL. Das im Stil einer überdimensionalen dreieckigen Holzhütte errichtete Gasthaus liegt direkt

am Strand und bietet Sauna, Whirl-
pool, Sport- und Spielplatz. Die Zimmer sind einfach, aber gepflegt. Neben
dem Gasthaus steht ein eigentümli-
ches, völlig veraltetes und ziemlich
kleines Riesenrad.

Praktisch – **Minhauzena Unda:** Ainažu
74, Tel. 67 95 51 98, 26 84 19 04, www.
minhauzenunda.lv, DZ 40 LVL. Schlichter Bungalow im Grünen mit 42 komfortablen, aber eher kleinen Zimmern,
die alle mit Fernseher und Kühlschrank
ausgestattet sind.

Preiswert mit Garten – **Pie Maijas:**
Murjāņu 3, Tel. 67 95 13 72, www.
hotelmaija.lv, DZ 25–30 LVL. In dieser
zentral gelegenen Unterkunft mit
mehreren kleinen Häuschen in einem
gepflegten Garten kann man sich wohlfühlen. Alle Zimmer sind unterschiedlich und fantasievoll eingerichtet.

Einkaufen

Lettische Keramik – **Töpferei Cepļi,** Tel.
64 06 56 16, 29 23 48 67, **Töpferei Zel-
meņi,** Tel. 64 06 56 24, 29 78 34 47, Anmeldung erbeten.

Aktiv & Kreativ

Wind- und Kitesurfen – **Aktīvās atpūtas centrs:** Ainažu 13 a, Tel. 29 55
55 80, www.aac.lv, Mai–Sept., Kurse
für Anfänger und Fortgeschrittene.

Info

Touristeninformation

TIC Saulkrasti: Ainažu 10, Tel. 67 95 26
41, www.saulkrasti.lv, Mo–Fr 9–17 Uhr.

Steinreich: am Strand nördlich von Saulkrasti wird man des Schauens nicht müde

Verkehr

Bahn: stdl. Züge nach Riga, Tel. 67 95 15 35.

Bus: vom Busbahnhof (Kalniṇa iela 17 a) ca. jede Stunde Busse oder Minibusse von/nach Saulkrasti, Tel. 67 95 15 51.

Biosphärenreservat Nordvidzeme ▶ G 3–K 1

Nördlich von Saulkrasti beginnt das Biosphärenreservat Nordvidzeme (Ziemeḷvidzemes biosfēras reservāts, www.biosfera.lv), das größte zusammenhängende geschützte Gebiet Lettlands. Im Norden reicht es bis zur estnischen Grenze und im Osten von Valmiera bis Valka. Es umfasst 4500 km^2, was 6 % der Gesamtfläche Lettlands entspricht. Das Reservat wurde 1994 gegründet und dient vor allem dem Erhalt des empfindlichen Küstenökosystems aus Salzwiesen und Hochmooren sowie den Laichgewässern der Ostseelachse. Das Büro und Informationszentrum des Reservats befindet sich in Salacgrīva (s. S. 253).

Steiniger Strand von Vidzeme

Zwischen Tuja und Dzeņi führt von der Via Baltica eine unbefestigte Straße nach links zum **Naturschutzgebiet Steiniger Strand von Vidzeme** (Vidzemes akmeṇainā jūrmala; ausgeschildert), das sich über eine Länge von 14 km an der Küste entlangzieht und für ausgiebige Spaziergänge ideal ist. Sandige und steinige Strände wechseln sich hier ab. In den steinigen Abschnitten liegen unzählige kleinere sowie bis zu 1,50 m hohe Findlinge verstreut.

Auf Entdeckungstour

Auf Münchhausens Spuren

Sechs Jahre lang lebte der als Lügen-baron bekannt gewordene Freiherr von Münchhausen in Lettland und diente in dieser Zeit in der Russischen Armee. In Dunte erinnern ein Muse-um und ein Naturpfad an ihn und seine abenteuerlichen Geschichten.

Reiseatlas: ▶ G 2

Dauer: Museumsbesuch etwa 1 Std., mit Spaziergang auf dem Münchhau-sen-Waldpfad ca. 2–3 Std.

Anfahrt: 8 km nördlich von Saulkrasti weist ein Schild nach links (Richtung Dunte) zum Münchhausen-Museum.

Infos: Minhauzena muzejs, Tel. 64 06 56 33, www.minhauzens.lv, im Sommer Mo–Do 10–17, Fr–So 10–19, im Winter Mi–So 10–17 Uhr, 2 LVL; Münchhausen-Waldpfad 2 LVL.

Lektüre: Gottfried A. Bürger, Die Abenteuer des Freiherrn von Münch-hausen, München 2002.

Was weiß man nicht alles über den Baron von Münchhausen: Bekannt sind seine verrückten Lügengeschichten von Ritten auf Kanonenkugeln, von zweigeteilten Pferden oder achtbeinigen Hasen – in zahlreiche Sprachen übersetzt und vielfach verfilmt. Der geniale Geschichtenerzähler hat – ohne es zu wollen – eine weit über die Grenzen Deutschlands reichende Berühmtheit erlangt. Besonders bekannt ist Münchhausen in Lettland. Dort sind die Menschen sehr stolz darauf, dass dieser Fantast einige Jahre seines Lebens in ihrem Land verbrachte.

Ein Mann mit Zukunft

Die starke Beziehung der Letten zu Münchhausen ist vor allem an einen Ort geknüpft: das Dorf **Dunte** in der Provinz Vidzeme. Hierhin verschlug es den am 11. Mai 1720 in Bodenwerder an der Weser geborenen Karl Friedrich Hieronymus von Münchhausen. Wie, das ist eine längere Geschichte: 1732 trat von Münchhausen eine Stelle als Page bei Prinz Anton Ulrich von Braunschweig an. Der machte sich 1733 nach Russland auf, um die Nichte der russischen Zarin zu heiraten. 1738 folgte ihm Münchhausen und trat in das russische Braunschweig-Regiment ein. Seine militärische Laufbahn verhieß sehr erfolgreich zu werden, zumal im gleichen Jahr die Zarin Anna Iwanowna Ulrich von Braunschweigs Sohn zu ihrem Nachfolger, Zar Iwan VI., ernannte.

Karriereknick mit Folgen

Die Karriereträume zerplatzten jedoch, als 1741 die Tochter von Peter dem Großen, Elisabeth I., den erst einjährigen Iwan und dessen Eltern festnehmen ließ und ins Exil schickte. Aus Münchhausens ersehnter Karriere am Zarenhof wurde nichts, stattdessen wurden von nun an Riga und Dunte seine wichtigsten Auf-

enthaltsorte. In Dunte lernte von Münchhausen die Tochter eines guten Freundes kennen, Jacobine von Dunten, die er 1744 heiratete; 46 glückliche Ehejahre folgten. Und im Wirtshaus von Dunte soll Münchhausen dann erstmals seine schrägen Geschichten zum Besten gegeben haben …

Münchhausen geht in die Luft

2005 wurde in Dunte das **Münchhausen-Museum** wiedereröffnet, und zwar genau an der Stelle, an der das Gut gelegen hatte, auf dem Münchhausen mit seiner Frau bis zu seiner Rückkehr nach Bodenwerder 1750 sechs Jahre lebte. Hier sind nicht nur Porträts von Münchhausen und Gegenstände aus seiner Zeit wie Jagdtrophäen und Waffen zu sehen, sondern auch Szenen aus seinen Erzählungen, z. B. einige an einer Schnur aufgereihte Enten, die unter der Decke des Raums zu fliegen scheinen: Ein Stück Speck, das Münchhausen an einer Schnur in einen See geworfen hatte, war so glitschig gewesen, dass es nacheinander mitsamt Schnur mehrere Enten durchlief. Wie Perlen an einer Kette aufgereiht, erhoben sich die Tiere plötzlich in die Lüfte – und Münchhausen, der die Schnur hielt, mit ihnen.

Wahrheit oder Lüge?

Dem Museum angeschlossen ist der **Münchhausen-Waldpfad** (Minhauzena taka), ein 5,3 km langer Naturpfad mit 33 originell gestalteten Stationen, die Motive aus Münchhausens Erzählungen aufgreifen. Auch ein Spaziergang zum **Münchhausen-Mühlenteich** (Minhauzena dīķi) und zu **Münchhausens Eichen** (Minhauzena ozoli) lohnt sich, angeblich sind dies die größten Eichen in Europa. Münchhausen soll sie – so wird im Museumsprospekt behauptet – höchstpersönlich gepflanzt haben. Wer's glaubt …

Die ausgeschilderte Straße führt etwa 1 km nördlich vom **Kap Ķurmrags** zu einem Steinfeld, das den Strand fast vollständig bedeckt und teilweise von Wacholdersträuchern überwuchert ist. Nur wenige Schritte weiter entdeckt man die 200 m langen und etwa 3–4 m hohen **Veczemju-Klippen** (Veczemju klintis) aus rotem Sandstein mit kleinen Höhlen und Grotten, die von den Wellen ausgespült wurden.

Übernachten

Mit Park – **Skultes muiža:** Gailīši, Skulte, Tel. 26 16 00 60, 29 63 33 93, www.skultesmuiza.lv, DZ 25 LVL. Gästehaus im ehemaligen Verwalterhaus des Landguts Skulte; das Herrenhaus selbst existiert nicht mehr. Das restaurierte Fachwerkhaus am Fluss Mazupīte ist von einem hübschen Park umgeben.

Am Meer – **Campingplatz Meleku līcis:** nahe Dzeņi, Tel. 29 28 45 55, www.melekulicis.lv, Mai–Sept., 3 LVL/Pers. Campingplatz nördlich der Veczemju-Steilküste. Stellplätze mit eindrucksvollem Blick über Strand und Ostsee. Freitags und samstags wird allerdings oft recht laut Musik gespielt. Verleih von Fahrrädern, Booten und Surfbrettern.

Salacgrīva ▶ G 2

Die beiden Kleinstädte Salacgrīva und Ainaži nahe der estnischen Grenze sind seit Jahrhunderten durch Schifffahrt und Fischerei geprägt. Vor allem das 6000 Einwohner zählende Salacgrīva mit dem viertgrößten Hafen Lettlands ist für gute Fischkonserven bekannt. Salacgrīva kann aber vor allem mit einem der schönsten Flüsse Lettlands aufwarten, der wunderbaren, naturbelassenen Salaca, die hier ins Meer fließt. Ansonsten bietet der Ort keine

großen Attraktionen, sehenswert ist jedoch der hölzerne **Neunaugenfischzaun** ca. 500 m vor der Mündung der Salaca. Die lichtscheuen Neunaugenfische kommen hierhin immer wieder zum Laichen zurück. Seit Jahrhunderten werden sie mit begehbaren Holzzäunen gefangen, die quer durch den Fluss verlaufen und mit Netzen versehen sind. Geräucherte Neunaugenfische gelten in Lettland als Delikatesse. Auch in Salacgrīva bieten einige Restaurants diese Spezialität an.

Wanderung auf den Salzwiesen – mit Vogelbeobachtung

Nördlich von Salacgrīva, am Küstenstreifen zwischen Kuiviži und Ainaži, erstreckt sich Lettlands größte Salzwiesenfläche (200 ha). Auf den **Randu pļavas** findet man ein Drittel aller in Lettland wachsenden Blütenpflanzen – viele von ihnen stehen auf der Roten Liste der gefährdeten Arten. Die Wiesen sind zudem ein wichtiger Brutplatz für Vögel. Ein 4 km langer Naturpfad (Dabas taka), an dem eine Beobachtungsplattform liegt, führt durch das Gebiet (bei Unwettern oder Stürmen kann es teilweise überschwemmt sein). In der flachen Landschaft stößt man auf tiefe Senken und niedrige Dünen, in die sich mancherorts Buchten und Lagunen drängen.

Übernachten

Straßenlage – **Motel Casa Blanca:** Bezirk Salacgrīva, Tel. 29 21 66 54, www.moteliscasablanca.com. DZ ab 40 LVL. Unspektakuläres Motel an der Via Baltica, km 72.

Mit Wellness – **Brīze:** Valmieras 7, Salacgrīva, Tel. 64 07 17 17, 29 35 59 95, www.brize.lv, www.hotelbrize.lv, ab 35 LVL. Hotel Brīze, das einzige Hotel an der Ostküste der Rigaer Bucht mit

Spa und medizinischen Anwendungen, bietet komfortable Zimmer.

Essen & Trinken

Neunaugenfische – **Pie Bocmaņa:** Pērnavas 6, Salacgrīva, Tel. 64 04 47 28, Hauptgericht 6 LVL. Rustikales Restaurant am Hafen, in dem u. a. gegrillte Neunaugenfische auf der Karte stehen. *Lettisch –* **Brīze:** Pērnavas 3, Salacgrīva, Tel. 64 07 16 71. Hauptgericht 5 LVL. Behagliche Gaststätte mit lettischer Küche, im Sommer mit Terrasse.

Infos

Touristeninformationen
TIC Salacgrīva: Rīgas 10 a, Tel. 64 04 12 54, www.salacgriva.lv, Mai–Okt. Mo–Fr 10–18, Sa 10–15, Nov.–April Mo–Fr 10–18 Uhr.
Büro des Biosphärenreservats Nordvidzeme: Rīgas 10 a, Salacgrīva, Tel. 64 07 14 08, www.biosfera.lv, Mo–Fr 8.30–12, 12.30–17 Uhr. Ausführliche Informationen über die geschützten Naturflächen.

Verkehr
Bus: mehrmals tgl. nach Riga, Tallinn, Limbaži, Cēsis und Valmiera, Tel. 64 04 33 94 (Ainaži).
Jachthafen: Pērnavas 3, Tel. 64 07 11 11. Der einzige Jachthafen in Vidzeme.

Ainaži ▶ G 1

Ainaži ist die letzte Stadt vor der estnischen Grenze und wie Salacgrīva ein Fischerort. Der Hafen war im 19. Jh. bedeutender als der von Salacgrīva, doch heute ist er nur noch ein Relikt vergangener Tage. 1864 wurde in der Stadt die erste öffentliche Seefahrts-schule Lettlands gegründet. In diesem Bau zeigt nun ein **Seefahrtsmuseum** (Ainažu Jūrskolas muzejs, K. Valdemāra 47, Mai–Okt. tgl. 10–16, Nov.–April Di–Sa 10–16 Uhr, 0,50 LVL) seine interessante Ausstellung.

Infos

Bus: mehrmals tgl. nach Riga und Tallinn, Tel. 64 04 33 94.

Schlössertour im Hinterland ▶ G 3–J 2

Statt an der Küste nach Norden weiterzufahren, kann man auch ab **Saulkrasti** (s. S. 247) den Weg über Schloss Bīriņi wählen. Er führt weiter über Schloss Igate nach Limbaži und endet bei Schloss Dikļi.

Schloss Bīriņi ▶ H 3

Das von einem sehenswerten Landschaftspark umgebene Schloss Bīriņi (Bīriņu pils) wurde 1857–60 nach einem Entwurf des Architekten Wilhelm Hess im neogotischen Stil erbaut. Der Name geht auf Johan Biring zurück, der das Land im 16. Jh. zum Dank für seinen Sieg über Iwan den Schrecklichen als Lehen erhielt. Das Hauptgebäude besticht vor allem durch seine asymmetrisch positionierten Türme und interessant gestalteten Fenster. Früher war der Bau reich mit Skulpturen und Reliefs dekoriert, die im Ersten Weltkrieg jedoch verloren gingen. Zu Sowjetzeiten diente das Schloss zeitweise als Sanatorium, heute sind in dem Bau und einigen Nebengebäuden ein elegantes Hotel und ein Restaurant untergebracht.

Nach Limbaži ► H 2/3

Ein Stück weiter Richtung Limbaži liegt rechts der Straße das etwas bescheidenere **Schloss Igate** (Igates pils). 1880 im Stil der Neorenaissance erbaut, beherbergt es heute wie Schloss Bīriņi ein Hotel. Ein romantischer Park und eine alte Wassermühle, in der eine Kneipe eingerichtet ist, machen den Besuch noch verlockender. Von hier sind es nur noch 10 km bis nach Limbaži.

Die ca. 9000 Einwohner zählende Kleinstadt **Limbaži** (Lemsal) ist eine der ältesten Städte Lettlands – schon 1223 wurde hier auf Anordnung Bischof Alberts eine Burg gebaut. Es dauerte nicht lange, bis sich um diese herum eine Stadt entwickelte, im 14. Jh. trat sie dem Hansebund bei. Sehenswert ist die **Ruine der Bischofsburg** (Limbažu pilsdrupas) nahe dem Marktplatz. Die Burg wurde im 16. Jh. zerstört, erhalten sind nur der Wehrgang, die Ostmauer und ein Turm, an dem noch Fragmente des Zuggitters zu erkennen sind.

Im historischen Zentrum rund um den Marktplatz ist die kreisförmige Straßenanlage von 1385 bemerkenswert. Vom Baumaņu-Kārļa-Platz lässt sie sich besonders gut ausmachen.

Schloss Dikļi ► J 2

Von Limbaži nimmt man die P 11 Richtung Valmiera, von der man nach 27 km nach links abbiegt. Schon bald trifft man auf eines der schönsten Landgüter Lettlands, das 1896 im Auftrag von Paul von Wolf im Stil des Neobarock erbaute Schloss Dikļi (Dikļu pils). Im Innern sind noch viele originale Details erhalten, u. a. prächtige Kachelöfen und Kamine, außerdem eine Sammlung mit Werken berühmter lettischer Künstler. Nach aufwendiger Renovierung beherbergt das Schloss heute ein exquisites Hotel, ein Restaurant und ein Erholungszentrum. Die Besichtigung einiger Räume ist auf Anfrage bei der Rezeption möglich.

Übernachten

Neogotisch-modern – **Bīriņu Pils:** Bīriņi, Bezirk Limbaži, Tel. 64 02 40 33, www.birinupils.lv, DZ ab 55 LVL. Das prestigeträchtige Hotel im Schloss Bīriņi bietet außer modern eingerichteten Räumen auch Bootsausflüge, Fahrradtouren und Reitexkursionen. Im ehemaligen Gartenhaus befinden sich die Zimmer, im Schloss Bankettsäle, das Restaurant und ein Badebereich mit Sauna.

In sehr gutem Zustand präsentiert sich Schloss Bīriņi, heute ein Hotel mit Restaurant

Antik-modern – **Schloss Dikļi:** Gemeinde Dikļi, Tel. 64 20 74 80, www.diklu pils.lv, DZ ab 45 LVL. 30 unterschiedlich eingerichtete Zimmer mit antiken Möbeln und wunderschönen Kachelöfen; Restaurant und Sauna.

Mäßig modern – **Igates Pils:** Igate, Bezirk Limbaži, Tel. 64 06 24 32, www. igatespils.lv, DZ ab 35 LVL. Nicht ganz so luxuriös wie Schloss Bīriņi, jedoch sehr elegant ist das Hotel im Schloss Igate. Die Zimmer sind kleiner, aber es gibt ein Schwimmbad und eine Sauna.

Essen & Trinken

Lettisch – **Dzirnavu Krodžiņā:** Adresse s. Hotel Igates pils, tgl. 10–22 Uhr,

Hauptgericht 4–5 LVL. Restaurant mit lettischer Küche in der ehemaligen Wassermühle, die Auswahl ist recht überschaubar.

Gewölbekeller – **Minhauzena krodziņš:** Burtnieku 7, Limbaži, Tel. 29 22 85 22, So–Do 10–24, Fr–Sa 10–2 Uhr, Hauptgericht 5 LVL. Eher einfaches Kellerrestaurant, jedoch mit großer Weinauswahl.

Infos

Touristeninformation
TIC Limbaži: Burtnieku 5, Limbaži, Tel. 64 07 06 08, www.elimbazi.lv, www. limbazi.lv, Mo–Fr 9.30–17.30, Sa 10–15, im Winter Mo–Fr 10–16 Uhr.

Verkehr

Bus: nach Riga ca. alle 2 Std., Minibusse 2 x tgl. vom Busbahnhof *(autoosta)* am Stacijas laukums, Tel. 64 02 10 45.

Burtnieki-See und Umgebung ▶ J 1/2

Der große Burtnieki-See (Burtnieks ezers) ist der Quellsee der Salaca und mit rund 40 km^2 der größte See von Vidzeme. Er ist ein wichtiger Teil des Biosphärenreservats Nordvidzeme: Seine Uferwiesen sind Sammel- und Nistplatz zahlreicher Vogelarten. Um ans Ufer zu gelangen, fährt man am besten in die kleine Ortschaft **Burtnieki** südlich des Sees. Dort gibt es auch einen Gutskomplex im Stil des Historismus mit einem Landschaftspark (Tel. 26 56 59 88) und die größte Pferdezuchtstation Lettlands (s. a. rechts).

Störche beobachten

Am Burtnieki-See befindet sich die mit etwa 30 Nestern größte bekannte Weißstorch-Kolonie des Baltikums und die nördlichste in Europa. Sie liegt an der Straße von Valmiera nach Mazsalaca, auf der rechten Straßenseite zwischen Matīši und Vecate. Drei bis vier Nester lassen sich hier in einem Baum finden. Aber nicht nur an dieser Stelle bekommt man Störche zu Gesicht – sie leben in der ganzen Region. Schwarzstörche lassen sich hier ebenfalls mit etwas Glück entdecken.

Naturpark Skaņaiskalns

▶ H 1

Der kleine Ort **Mazsalaca** am Ufer der Salaca ist wegen des Naturparks Skaņaiskalns (Skaņākalna parks) einen Besuch wert. Auf dem Weg durch den Park, der in der Nähe des Gutshauses Waltenberg (erbaut 1780) beginnt, kommt man sowohl an livländischen Kultstätten aus der späten Eisenzeit als auch an modernen, von Bildhauern aus der Region geschaffenen Holzfiguren sowie Natursehenswürdigkeiten vorbei. Letzteren gab man bildhafte Namen wie »Liebesbrücke« oder »Traumtreppe«. Vom **Nelkenfelsen** (Neļķu klintis) hat man einen fantastischen Blick über das malerische Salaca-Tal. Auch von der **Teufelskanzel** (Velna kancele), einem Sandsteinfelsen, der weit in die Salaca ragt, bietet sich eine schöne Aussicht auf den Fluss. Dagegen ist der 20 m hohe Sandsteinfelsen **Klangberg,** nach dem der Park benannt ist, für seine kuriosen Echoeffekte bekannt. Die Attraktionen des Parks lassen sich mit dem Auto abfahren, doch besonders eindrucksvoll ist ein Spaziergang.

Die Salaca erkunden – per Kanu oder Fahrrad

Die Salaca, einer der schönsten und saubersten Flüsse in Vidzeme, ist Biologen vor allem als wichtiger Laichplatz für Lachse im Ostseeraum bekannt; aber auch Biber und Otter finden hier gute Lebensbedingungen vor. Vor allem zwischen Mazsalaca und Mērnieki schlängelt sich der Fluss durch gewundene Täler und fließt an Sandsteinfelsen vorbei, von denen man eine herrliche Aussicht auf die Umgebung hat. Die Salaca eignet sich sehr gut für Kanu- oder Kajaktouren, vor allem im April, wenn die Strömung stärker ist als sonst. Es empfiehlt sich, entweder den Abschnitt Mazsalaca–Staicele oder Staicele–Salacgrīva zu wählen, kürzere Fahrten sind natürlich ebenfalls möglich. Auch für Radfahrer ist dieser Abschnitt reizvoll, denn zwischen Staicele und Salacgrīva verläuft der Fahrradweg direkt am Fluss. Für die ganze Strecke Mazsalaca–Salacgrīva benötigt man mit dem Kanu oder Kajak vier Tage.

Übernachten

Wellness – **Rozēni:** Rozēni, an der P 15 von Ainaži nach Staicele, Tel. 64 03 32 33, 29 33 81 18, www.rozeni.celotajs.lv, DZ ab 30 LVL. Gästehaus im Landhausstil mit Wellnessangeboten.

Aktiv & Kreativ

Mit Kanu, Fahrrad oder zu Pferd – **Salacas kanoe/Xcentrs:** Varpas 12, Mazsalaca, Tel. 29 28 69 88, www.salacas kanoe.lv, Kanu ab 15 LVL/Tag, Fahrrad 5 LVL/Tag, Pferd 5 LVL/Std.
Reiten – **Pferdezuchtstation:** J. Vinteņa 13, Tel. 26 56 27 03. Hier kann man sich Pferde für Ausritte leihen (5 LVL/ Std.).

Infos

TIC Mazsalaca: Rīgas 1, Tel. 64 25 17 76, 28 37 47 74.

Gauja-Nationalpark❗ ▶ H/J 2/3

Mit einer Fläche von 91 745 ha ist der 1973 gegründete Gauja-Nationalpark (Gaujas nacionālais parks) der größte Nationalpark des Baltikums. Teile des Gebiets wurden bereits 1922 unter Naturschutz gestellt. In der hügeligen Landschaft, auch Livländische Schweiz genannt, schlängelt sich die namengebende Gauja durch ein tief in rot-gelben Sandstein geschnittenes Tal. Das Gauja-Urstromtal entstand vor etwa 10 000–20 000 Jahren: Mit dem Ab-

Mein Tipp

Auf der Stelle stürzen
An der Schnellstraße von Riga Richtung Sigulda befindet sich etwa bei km 47 der einzige vertikale Windtunnel Osteuropas. Das ›Fliegen‹ darin ist zwar kurz und nicht gerade billig, hinterlässt aber einen bleibenden Eindruck (KGK Atrakcijas, Sigulda, Tel. 28 38 44 00, www.aerodium.lv, Mo–Fr 18–22, Sa/So 12–20 Uhr, 5 LVL/Min.).

schmelzen der eiszeitlichen Gletscher kam es zur größten Freilegung von Devonsandstein in Lettland. Es bildete sich ein Urstromtal, das im Baltikum seinesgleichen sucht: Das Ufer wird von kleinen Höhlen, Grotten und bis zu 85 m hohen Felswänden gesäumt. In den lichten Wäldern, die die Hälfte des gesamten Gebietes bedecken, leben seltene Vögel, u. a. der Schwarzstorch, den man allerdings nur mit viel Glück zu Gesicht bekommt.

Der Park ist in fünf verschiedene Zonen eingeteilt. Die empfindlichsten Naturgebiete, die Reservate, machen 4 % der Gesamtfläche aus und sind für Besucher gesperrt, andere Teile des Geländes, vor allem im Norden, kann man nur in Begleitung eines Fremdenführers besuchen. Nördlich von Sigulda dagegen ist der Zutritt fast überall erlaubt. Eine Kanufahrt auf der Gauja, die Besichtigung der geschichtsträchtigen Kleinstädte Sigulda und Cēsis, ein Spaziergang auf den Naturpfaden von Līgatne oder der Besuch der rekonstruierten Siedlung aus dem 9. Jh. in Āraiši sind nur einige von vielen möglichen Unternehmungen.

Sigulda ►H 3

Das Tor zum Gauja-Nationalpark ist die malerische Kleinstadt Sigulda (Segewold) am Rande des Gauja-Tals, etwa 40 km von Riga entfernt. Das heute 12 000 Einwohner zählende Städtchen gehört schon seit über hundert Jahren zu den beliebtesten Ferienorten Lettlands – genauer gesagt seit 1889, als die Bahnlinie von Riga nach Pskow eröffnet wurde. Schon bald entstanden hübsche Sommerhäuser, Villen und ausgedehnte Parks, was wiederum den Adel aus Moskau, St. Petersburg und Warschau anlockte. Heute zieht Sigulda mit seinen Skiliften und seiner über 1400 m langen Bobbahn – der längsten des Landes – Touristen nicht nur im Sommer, sondern auch in der kalten Jahreszeit an. Doch berühmt ist Sigulda vor allem wegen seiner drei Burgruinen und zwei Schlösser, die sich links und rechts der Gauja erheben.

Rund ums Neue Schloss

Ein Rundgang beginnt am besten beim **Neuen Schloss** **1** (Jaunā pils). Zwischen 1878 und 1881 im Stil einer mit-telalterlichen Burg gebaut, diente es dem Grafen Kropotkin als Sommerresidenz. Im 20. Jh. wurde es zu unterschiedlichen Zwecken genutzt, u. a. als Sanatorium. Heute hat die Stadtverwaltung hier ihren Sitz.

Die **Ordensburg** **2** (Siguldas pilsdrupas) hinter dem Neuen Schloss – heute eine Ruine – war eine der ersten Burgen, die vom Deutschen Orden im 13. Jh. außerhalb von Riga erbaut wurden. Zu Beginn des 13. Jh. existierte in Sigulda noch die livische Burg Satezele. Auf der anderen Seite der Gauja erhob sich die Burg des Livenführers Kaupo. 1207 fiel die Seite des heutigen Sigulda den Deutschen Ordensrittern zu und die andere Seite dem Bischof von Riga. Die Ordensburg wurde im Nordischen Krieg zerstört und nicht wieder aufgebaut. Nur Teile des Südwestflügels, ein Turm des Tores und zwei Wachtürme sind erhalten geblieben. Im Sommer wird die Ruine gern als Freilichtbühne für klassische Konzerte genutzt.

Krimulda

Auf der anderen Seite des Flusses erwartet einen nahe der Seilbahnstation (s. S. 260) die **Burgruine Krimulda** **3** (Krimuldas pilsdrupas). Die Burg wurde 1231–55 für den Bischof von Riga errichtet und 1601 von den Schweden zerstört. Von hier genießt man einen schönen Blick auf die Gauja.

Nur wenige Schritte entfernt, durch einen kleinen Park zu erreichen, ist **Schloss Krimulda** **4** (Krimuldas pils), das 1854 im klassizistischen Stil erbaut wurde und viele Jahre im Besitz der Familie von Lieven war. Seit 2002 ist in dem Gebäude ein Rehabilitationszentrum untergebracht, in dem man auch günstig übernachten kann (s. S. 262).

Museumsreservat Turaida

Turaidas muzejrezervats, www.
turaida-muzejs.lv, Mai–Okt. tgl. 10–

City Card Siguldas spieķis

Sigulda-Urlauber, die die hübsche Stadt und ihre Umgebung besonders gründlich kennenlernen möchten, sollten den Erwerb der City Card Siguldas spieķis erwägen, da sie freien Eintritt zu allen wichtigen Sehenswürdigkeiten und Museen in Sigulda und Umgebung bietet – insgesamt mehr als 20 Attraktionen oder Aktivitäten. Außerdem werden Besitzern der Karte bei mehr als 40 Hotels und Restaurants Preisnachlässe gewährt. Die Karte gilt 24 Std. und kostet 11 LVL (Kinder 5 LVL). Erhältlich ist sie beim Touristenbüro Sigulda (s. S. 263).

Sigulda

Sehenswert

1. Neues Schloss (mit Restaurant Pilsmuiža)
2. Ordensburg
3. Burgruine Krimulda
4. Schloss Krimulda (mit Jugendherberge)
5. Grab der »Rose von Turaida«
6. Holzkirche
7. Volksliederberg
8. Liedergarten
9. Burg Turaida
10. Gutmannshöhle
11. Viktorhöhle
12. Malerberg
13. Teufelshöhle
14. Klippen der Teufelshöhle

Übernachten

1. Hotel Sigulda (mit Restaurant Kropotkins)
2. Best Western Hotel Aparjods (mit Restaurant)
3. Hotel Līvkalns
4. Hotel Santa
5. Campingplatz Makars

Essen & Trinken

s. »Sehenswert« und »Übernachten«

Aktiv & Kreativ

1. Drahtseilbahn
2. Burusports
3. Turaidas staļļi

18, Nov.–April tgl. 10–17 Uhr, Freilichtausstellung, Hauptturm und Südturm im Sommer 9–20 Uhr, 1,50 LVL
Die größte Touristenattraktion in Sigulda ist das Museumsreservat Turaida mit gleich mehreren Sehenswürdigkeiten. Es befindet sich auf dem Gelände des ehemaligen, im 16. Jh. entstandenen Landguts Turaida, von dem noch zehn Wirtschaftsgebäude und zwei Wohnhäuser des Gutsverwalters erhalten sind. Hinter dem Eingangstor gelangt man zunächst zum **Grab der »Rose von Turaida«** 5 (Turaidas Rozes kaps). Der Legende zufolge wurde dort, wo heute die Linde steht, 1620 die Hauptperson der Legende (s. S. 261), das Mädchen Maija, begraben. Nicht weit von hier erhebt sich die lutherische **Holzkirche** 6 (Turaidas lut.

Lieblingsort

**Über der Schlucht der Gauja –
Nervenkitzel in der Drahtseilbahn 1**
Auf spektakuläre Art und Weise bringt die 1967 errichtete Drahtseilbahn
(Gaisa tramvajs) ihre Fahrgäste in einer Höhe von 42 m von der Poruka iela
in Sigulda auf die andere Seite der Gauja; eine Strecke von 1,2 km wird dabei zurückgelegt. Der Anblick des Urstromtals von der Seilbahnkabine aus
ist Entschädigung für jedes Schwindelgefühl während der Fahrt. Für besonders Mutige gibt es sogar die Möglichkeit, sich per Bungeejumping von
der Seilbahngondel in die Tiefe zu stürzen (Infos s. S. 263).

baznīca) von 1750 mit schönen ge-schnitzten Holzbänken.

Ein Stück weiter gelangt man zum **Volksliederberg** 7 (Dainu kalns) und zum **Liedergarten** 8 (Dziesmu darzs), einer Sammlung von 26 in Naturstein geschlagenen Skulpturen des letti-schen Bildhauers Indulis Ranka, die zum Andenken an Krišjānis Barons, den berühmten Sammler der vierzeili-gen Dainas (s. S. 80), 1985 zu dessen 150. Geburtstag angelegt wurde.

Hauptsehenswürdigkeit im Muse-umsreservat ist die teilweise rekon-struierte **Burg Turaida** 9 (Turaidas pils), die 1214 auf Anordnung des Ri-gaer Bischofs anstelle der Holzburg des Livenführers Kaupo errichtet worden war. Sie war eine der größten Burgan-lagen in Livland und fiel 1776 einem Feuer zum Opfer. Mittlerweile ist die Burg umfassend restauriert und z. T. re-konstruiert worden. Ins Auge fällt der eindrucksvolle, rund 30 m hohe Haupt-turm im Innenhof, von dessen Spitze man einen grandiosen Blick über einen Teil des Nationalparks hat. Im Museum neben dem Turm kann man archäo-gische Funde von der Holzburg des Livenführers Kaupo besichtigen.

Ziele für Spaziergänge und Wanderungen

Nahe der Straße, die zum Museumsre-servat Turaida führt, bahnt sich die wo-möglich bekannteste Höhle Lettlands ihren kurzen Weg in den Berg, die **Gut-mannshöhle** 10 (Gūtmaņa ala). Täglich strömen Hunderte von Menschen zur 10 m hohen, nur knapp 19 m langen Höhle. Interessant sind weniger die Form und Größe der Höhle als viel-mehr die Einritzungen in den Felswän-den, die z. T. von Besuchern aus dem 17. Jh. stammen. In dieser Höhle spielt die berühmte Legende »Die Rose von Turaida«, eine tragische Liebesgeschich-te, die in Lettland fast jeder kennt: Hier

traf sich die schöne Maija mit ihrem Geliebten, einem Gärtner, und hier war es auch, wo sie von einem Adligen überrascht wurde, der sie zwingen wollte, seine Frau zu werden. Doch lie-ber ließ sie sich von ihm töten, um ihre Ehre zu retten. Das Wasser, das aus ei-ner kleinen Quelle fließt, soll übrigens besondere Kräfte haben.

Neben der Gutmannshöhle befindet sich noch eine weitere Höhle, die **Vik-torhöhle** 11 (Viktora ala), die nach dem Geliebten der »Rose von Turaida« be-nannt wurde.

Lohnend ist auch ein Spaziergang zum **Malerberg** 12 (Gleznotāju kalns). Viele berühmte lettische Maler wie Jānis Rozentāls oder Vilhelms Purvītis waren von der Aussicht auf die Gauja, die sich von hier bietet, fasziniert und hielten ihre Eindrücke in Skizzen fest (ab Parkplatz am Ende der Miera iela).

Von Schloss Krimulda aus kann man eine kleine Wanderung zur 40 m tiefen **Teufelshöhle** 13 (Velna ala), einer der bekanntesten Kulthöhlen Lettlands, unternehmen (kein Zugang zur Höhle selbst) sowie zu den **Klippen der Teu-felshöhle** 14 (Velnalas klintis), die sich in 8 m Höhe am Ufer der Gauja befin-den (auch mit dem Auto erreichbar).

Übernachten

Komfortables Mittelalter – **Hotel Si-gulda** 1 : Pils 6, Tel. 67 97 22 63, www. hotelsigulda.lv, DZ ab 46 LVL. Das Ende des 19. Jh. erbaute Hotel in Bahnhofs-nähe ist wie das Neue Schloss im Stil ei-ner mittelalterlichen Burg gehalten. Dennoch bietet es den wohl höchsten Komfort aller Hotels in Sigulda.
Gemütlich-rustikal – **Best Western Ho-tel Aparjods** 2 : Ventas 1A, Tel. 67 97 22 30, www.aparjods.lv, DZ ab 40 LVL. Das Hotel der bekannten internatio-nalen Kette liegt in der Parallelstraße

Hauptanziehungspunkt von Sigulda: die imposante Burg Turaida

der viel befahrenen Vidzemes šoseja in einem Holzblockhaus mit Schindeldach. Die rustikal wirkenden Zimmer sind nicht nur gemütlich, sondern auch modern und komfortabel.

Elegant am Stadtrand – **Hotel Līvkalns 3**: Pēteralas, ›Līvkalni‹, Tel. 67 97 09 16, 29 62 33 50, www.livkalns.lv, DZ ab 40 LVL. Der Vorzug des eleganten Holzhauses am Stadtrand liegt vor allem in seiner wunderbaren Lage im Grünen.

Schlicht, aber idyllisch – **Hotel Santa 4**: Kalnjāņi, Gemeinde Sigulda, Tel. 67 70 52 71, www.hotelsanta.lv, DZ ab 35 LVL. Das komfortable Familienhotel liegt etwas außerhalb von Sigulda, dafür in schöner Seelage.

Sehr einfach – **Jugendherberge Krimulda**: Mednieku 3, Tel. 67 97 17 21, 29 11 16 19, www.krimuldaspils.lv, DZ ab 18 LVL. Mehrbettzimmer ab 8 LVL/Pers. Das Rehabilitationszentrum im Schloss Krimulda **4** stellt im Sommer 60, im Winter 30 Personen Übernachtungsmöglichkeiten in recht einfachen Räumen zur Verfügung.

Nah am Fluss – **Campingplatz Makars 5**: Peldu 2, Tel. 29 24 49 48, www.makars.lv, 3 LVL/Pers., 2 LVL/Zelt, 2 LVL/Pkw. Der schmale Campingplatz am Ufer der Gauja bietet Campern relativ wenig Platz.

Essen & Trinken

Vornehm – **Kropotkins:** Pils 6, Tel. 67 97 22 63, www.hotelsigulda.lv, Di–So 12–23 Uhr, Hauptgericht 5–10 LVL. Das eleganteste Restaurant von Sigulda befindet sich im gleichnamigen Hotel **1**. Eine Auswahl lettischer wie auch internationaler Gerichte steht auf der Speisekarte.

Lettische Küche – **Aparjods:** Ventas 1A, Tel. 67 97 22 30, www.aparjods.lv, tgl. 12–24 Uhr, Hauptgericht 5–10 LVL. Rustikal eingerichtetes Lokal im gleichnamigen Hotel **2**, überwiegend lettische Küche. Besonders gut ist Gegrilltes, auch die Weinauswahl kann sich sehen lassen.

Gediegen – **Pilsmuiža:** Pils 16, Tel. 67 97 14 25, 29 21 41 49, tgl. 12–2 Uhr, Hauptgericht 5–7 LVL. Restaurant im Neuen Schloss **1** mit lettischer und internationaler Karte. Reizvoll ist es, sein Mahl auf der Terrasse mit Blick auf die Ruine der Ordensburg einzunehmen.

Aktiv & Kreativ

Schwindelerregend – **Drahtseilbahn über die Gauja** **1**: www.lgk.lv, Abfahrt jede halbe Stunde, im Sommer Mo–Fr 10–19.30, Sa/So 10–18.30, im Winter 10–16 Uhr, eine Strecke Mo–Fr 1,50 LVL, Sa/So 2 LVL, s. Lieblingsort S. 260.

Bungeejumping – **Latvijas gumijlēcju klubs:** Poruka 24, Tel. 29 21 27 31, www.lgk.lv, Fr–So ab 18.30 Uhr bis zum letzten Sprung, Fr 20 LVL, Sa/So 25 LVL. Sprünge von der Drahtseilbahn **1** in Sigulda, Voranmeldung erforderlich.

Fahrrad fahren – **Burusports** **2**: Mazā Gāles 1, Tel. 67 97 20 51, www.buru sports.lv, Mo 12–20, Di–Sa 10–20 Uhr. Verleih von Fahrrädern (3 LVL/1 Std., 9 LVL/24 Std.).

Reiten – **Turaidas staļļi** **3**: Turaidas 10, Tel. 29 26 84 57. Geführte und ungeführte Ausritte, auch Ausfahrten mit Wagen oder Schlitten.

Kanu- und Bobfahrten – **Makars:** Peldu 2, Tel. 29 24 49 48, www.makars.lv. Privates Touristenbüro auf dem Campingplatz Makars **5**, das Bootsausflüge, Fahrten auf der Bobbahn, Jeep-Safaris etc. organisiert.

Heißluftballonfahrten – **Celutāju klubs Altius:** Kontaktadresse: Riga, Mūkusa-las 41, Tel. 67 61 16 14, www.altius.lv, 1 Std. 120 LVL/Pers.

Infos & Termine

Touristeninformationen

TIC Sigulda: Valdemāra 1a, Tel. 67 97 13 35, www.sigulda.lv, Juni–Sept. tgl. 9–19, Okt.–Mai 10–17 Uhr. Auch Unterkunftsvermittlung.

Besucherzentrum des Gauja-Nationalparks (Gaujas NP admin. Apmeklētaju centrs): Baznīcas 3, Tel. 67 80 03 88, www.gnp.gov.lv, April–Okt. Mo 9.30–17, Di–So 9.30–19, Nov.–März tgl. 10–16 Uhr.

Termine

Internationales Fest der Opernmusik (2. Juli-Hälfte): Tel. 29 51 56 07, www. music.lv/sigulda. An verschiedenen Orten in Sigulda, größtenteils in der Ruine der Ordensburg.

Kremerata Baltica: (Ende Juni/Anfang Aug.): Tel. 67 22 40 55, www.music.lv/ festival/kremerata.htm. Festival unter Leitung des weltberühmten lettischen Violinisten Gidon Kremer, der mit seinem aus Absolventen der drei baltischen Musikhochschulen zusammengesetzten Kammerorchester u. a. in Sigulda gastiert.

Verkehr

Bahn: etwa stdl. nach Riga oder Valmiera, Tel. 65 83 82 32, 65 83 21 34. **Bus:** ca. stdl. nach Cēsis, Gulbene, Smiltene, Alūksne, Riga, Tel. 69 00 00 09.

Līgatne ► H 3

Das kleine Dorf Līgatne unweit der Mündung des gleichnamigen Flusses in die Gauja ist vor allem wegen der vielfältigen Wandermöglichkeiten in der Umgebung einen Besuch wert. Ur-

Die Flussfähre von Līgatne

Die Flussfähre von Līgatne (Līgatnes pārceltuve) in der Nähe der Naturpfade ist die einzige erhaltene Fähre dieser Art auf der Gauja und zwischen Sigulda und Cēsis die einzige Möglichkeit, auf die andere Seite des Flusses zu gelangen (0,40 LVL/Pers., 1 LVL/Auto).

sprünglich war Līgatne nur der Standort einer Papiermühle aus dem 17. Jh. Noch immer zeugen einige Arbeiterbaracken aus dem Jahr 1816 von der Entstehungszeit des Orts. Damals errichtete man an der Stelle der alten eine neue Papierfabrik (Līgatnes papīrfabrika). Noch heute wird hier produziert (Führungen: Tel. 64 15 33 37).

Bunkerbesichtigung

Rehabilitationszentrum Līgatne, Skalupes, Tel. 64 16 19 15, 26 46 77 47, www.rehcentrsligatne.lv, 2 LVL
9 m unter dem Rehabilitionszentrum Līgatne existiert noch die zu Sowjetzeiten bedeutendste Bunkeranlage Lettlands. Hier hätte sich im Ernstfall die gesamte Regierung verschanzt. Erhalten ist noch so gut wie alles: Geräte, Möbel etc. Eine geführte Tour bringt einen in die ehemals hochgeheimen Räumlichkeiten.

Naturpfade von Līgatne

www.gnp.lv, Wildgehege Mai–Okt. tgl. 10–18, Nov.–April Sa/So 10 Uhr bis zur Dämmerung, 1 LVL
Etwa 2 km westlich von Līgatne gelangt man über eine unbefestigte Straße zu den Naturpfaden von Līgatne (Līgatnes dabas takas), verschiedenen Spazierwegen, auf denen man sehr gut die charakteristischen Landschaften des Gauja-Tals kennenlernen kann. Einige führen durch ein Wildgehege, andere an der Gauja entlang,

manche Strecken sind mit dem Auto befahrbar.

Ein weiterer Pfad (1,3 km) führt zur **Paparžu Grava** (Farnschlucht). Empfehlenswert ist auch ein Spaziergang entlang der Gauja bis zum **Gūdu-Felsen** (1,3 km). Vom **Hütchenturm** (Cepurivu kalns) hat man eine herrliche Aussicht auf das Gauja-Flusstal.

Übernachten, Essen

Gemütlich-rustikal – **Laču miga:** Gaujas 22, Līgatne, Tel. 64 15 34 81, www.lacumiga.lv, DZ 40 LVL. Das relativ neue Gästehaus ist im Blockhausstil erbaut, bietet angenehme Zimmer und liegt an der Straße zwischen Līgatne und den Naturpfaden. Das Restaurant ist ideal, um seinen Hunger nach dem Spaziergang zu stillen. Viel Fisch, auch vegetarische Gerichte (Hauptgericht 5 LVL).

Aktiv & Kreativ

Reiten – **Naturpfade Līgatne:** Tel. 64 15 33 13, 29 12 03 89. Auf dem Pferderücken die Naturpfade zu erkunden ist ein Erlebnis. Im Winter sind Ausflüge mit einem Pferdeschlitten möglich.

Infos

Bahn/Bus: ab Riga bis Haltestelle/Bahnhof Līgatne, von dort mit dem Bus nach Skalupe (Haltestelle Gaujasmala); Bahnhof Līgatne *(stacija)*, Tel. 64 18 62 50.

Autotour nach Cēsis

▶ H–J 3

Schöner als auf der Fernstraße E 77 bzw. A 2 ist die Autofahrt von Līgatne nach Cēsis auf der größtenteils unbefestigten Straße über Kārļi. Nimmt man in Līgatne die Springu iela und dann die Cēsu iela, gelangt man nach einigen Kilometern zu einem Schild, das nach links zu den **Kūķu krāces** weist, den zweitgrößten Stromschnellen und einem der schönsten Plätze an der Gauja, die hier flach und schmal ist. Der Weg ist für Autos gesperrt, aber zu Fuß sind es nur fünf Minuten zur Gauja.

Nach einigen weiteren Kilometern führt eine Brücke über die Amata, den schnellsten und wildesten Fluss Lettlands. Einige hundert Meter weiter verläuft eine kleine Straße nach rechts zum 2 km entfernten **Zvārtes-Felsen** (Zvārtes iezis), einem 16 m hohen Felsen am Ufer der Amata. Es besteht die Möglichkeit, den Fluss auf einer Seilbrücke zu überqueren und den stufenreichen Hang hinter dem Felsen zu besteigen, von wo aus sich ein eindrucksvoller Blick über die Umgebung bietet.

Zurück auf der Schotterstraße, ist es nicht mehr weit zum **Gutshof Kārļi**, wo die nach links abzweigende Straße nach Cēsis führt.

Wasserburg Āraiši ▶ J 3

Āraišu ezerpils, Mitte April–Nov.
tgl. 10–18 Uhr, 0,60 LVL
Nahe der Fernstraße E 77 bzw. A 2 nach Cēsis liegt sehr idyllisch das Dorf Āraiši am gleichnamigen See. Die Hauptattraktion der Gegend befindet sich auf einer Insel im **Āraiši-See** (Āraišu ezers) und ist nur vom gegenüberliegenden Ufer zugänglich: 1966 entdeckte der lettische Altertumsforscher Jānis Apals die hölzernen Überreste einer altlettischen Siedlung aus dem 9. Jh. Sie bestand aus fünf Häusergruppen mit ins-

Hier eine Wasserburg, dort eine Windmühle – Āraiši ist in jedem Fall ein lohnendes Ziel, sei es mit dem Auto oder mit dem Mountainbike

Auf Entdeckungstour

Kanufahrt auf der Gauja

Die sanft dahinfließende Gauja ist der wahrscheinlich schönste Fluss Lettlands. Eine Kanufahrt durch das bis zu 80 m tiefe Flusstal ist eine besonders attraktive Möglichkeit, den Gauja-Nationalpark zu erleben.

Reisekarte: ▶ J 2–H 3

Planung: Dauer 4 Std.–3 Tage; Start ist in Valmiera (alternativ: Jāņarāmis oder Cēsis); die Tour endet in Sigulda.

Für wen: Anfänger ebenso wie erfahrene Kanuten.

Kanuverleih: in Valmiera: Eži (www.ezi.lv), in Cēsis: Žagarkalns (s. S. 271), in Sigulda: Makars (s. S. 263); in Riga: Lauku ceļotājs, www.celotajs.lv, oder Campo, www.campo.laivas.lv.

Rastplätze: zwischen Valmiera und Sigulda 20 Plätze u. a. mit Feuerstellen, Brennholzvorrat und Info-Tafeln.

Fels ist nicht gleich Fels

Wer die Kanutour in Valmiera startet, gelangt nach ca. 3 km in den Gauja-Nationalpark. Es dauert einige Zeit, bis man die ersten für das Gauja-Tal so typischen Felsformationen erreicht hat: Nach mehr als 10 km erstrecken sich die **Liepas-Felsen** (Liepas iezis) auf einer Länge von 300 m am linken Ufer. Da die ca. 12–16 m hohe Sandsteinformation fast weiß ist, heißt sie auch Baltā klints, Weiße Klippen. Wie alle Felsen im Gauja-Nationalpark wurden auch sie während des mehrmaligen Abschmelzens riesiger Gletscher vor 10 000 bis 20 000 Jahren geschaffen: Das Schmelzwasser und von der Strömung mitgerissene Steine schliffen eine immer tiefere Schlucht in den weichen Sandstein. Der hier weißlich schimmernde, manchmal aber auch rötliche oder gelbliche Sandstein entstand vor 370–300 Mio. Jahren im Zeitalter des Devons. Zu dieser Zeit war das Klima relativ warm, die Pole waren nicht vereist und das Gebiet des Gauja-Nationalparks lag am Grund eines Meeres.

Von den zahlreichen Felsformationen können hier nur die eindrucksvollsten genannt werden, wie der **Sietiņ-Felsen** (Sietiņiezis, 2 km stromabwärts, rechts) aus weißem Sandstein, an dem ein Panoramapfad entlangführt. Es lohnt sich, die Fahrt zu unterbrechen, die Holzbohlentreppen hinaufzusteigen und den tollen Blick zu genießen.

Etwa 6 km weiter mündet die Rauna in die Gauja. Nicht weiß, sondern rötlich leuchtet kurz darauf der **Kazu-Felsen** (Kazu iezis) auf der linken Seite. Nach mehreren Kurven gelangt man zu dem am rechten Flussufer liegenden Rastplatz **Jāņarāmis**. Hier beginnt der schönste Abschnitt der Gauja, der bis Līgatne führt, ca. 19 km lang ist und etwa fünf Stunden dauert. Ungefähr 4 km hinter dem Rastplatz erhebt sich die **Ērgeļu-Felswand** (Ērgeļu klintis). Der ›Adlerfelsen‹ ist mit einer Höhe von bis zu 22 m und einer Längsausdehnung von ca. 700 m die größte Sandsteinaufdeckung des Devons im Flusstal. Vor den Felsen laden Sandbänke und Strände zum Verweilen ein.

Kleine Stromschnellen, riesige Felswände

Ein paar Kilometer stromabwärts mündet die Amata in die Gauja. Sie ist wegen ihrer besonders im Frühling reißenden Strömung bei geübten Wassersportlern beliebt. Taucht am rechten Ufer die rot-braune Felsformation **Ķūķu iezis** auf, beginnen die dreistufigen Stromschnellen **Ķūķu krāces** – sie sind auch für Anfänger leicht zu bewältigen. Die 600 m lange **Spriņģu-Felsformation** (Spriņģu iezis) weiter stromabwärts hat in ihrem mittleren Teil einen leichten Überhang über den Fluss. Nachdem man einige Kilometer weiter die Mündung der Līgatne in die Gauja passiert hat, sieht man eine alte Holzfähre, der man gar nicht zutrauen mag, dass sie noch Autos transportiert – doch genau das tut sie (s. S. 264).

Den **Jumpravas-Felsen** (Jumpravu iezis, links) sowie den **Katrīnas-Felsen** (Katrīnas iezis, rechts) passierend, erreicht man kurz darauf den Rastplatz **Katrīnas.** Wer die Tour hier beendet, kann, sofern die Kräfte reichen, die Gegend auf einem der **Naturpfade von Līgatne** (s. S. 264) erkunden.

Ruhiger Ausklang

Hinter Līgatne ist das Gauja-Tal weniger spektakulär, Blickfang sind noch die **Gūdu-Klippen** (Gūdu klintis, rechts) und der **Ērmaņa-Felsen** (Ērmaņā iezis, rechts). Genüsslich kann man sich nun auf dem Fluss treiben lassen, bis die rötlich leuchtende Burg Turaida rechter Hand die Ankunft in Sigulda ankündigt.

gesamt 151 Gebäuden und war von einem Holzwall umgeben. Vor wenigen Jahren hat man einen Teil der Siedlung nach heutigem Kenntnisstand rekonstruiert. Wie vor über tausend Jahren steht die Wasserburg Āraiši nun wieder im See – heute mit einem Freilichtmuseum, in dem das Leben der Altletten dokumentiert wird.

Etwas außerhalb von Āraiši erhebt sich weithin sichtbar ein gut erhaltenes Exemplar einer **Windmühle** im holländischen Stil aus dem 19. Jh., das besichtigt werden kann.

Cēsis ►J 3

Cēsis liegt im Zentrum des Gauja-Nationalparks und gehört zu den schönsten mittelalterlichen Städten Lettlands. Verwinkelte Gassen, alte Kaufmannshäuser, gotische Kirchen und eine der am besten erhaltenen Burgen des Baltikums bilden das historische Erbe der 18 000 Einwohner zählenden Stadt, die in der livländischen Politik vergangener Jahrhunderte oft eine bedeutende Rolle spielte. Cēsis eignet sich wie Sigulda hervorragend als Ausgangspunkt für Ausflüge in die Umgebung.

Schon im 11. Jh. stand auf dem Riekstu kalns eine befestigte Burg der Wenden. Urkundlich erwähnt wurde Cēsis erstmals im Jahr 1206, noch vor dem Bau der mächtigen Ordensburg, die zwischen 1237 und 1561 als Sitzungsort des Domkapitels und Residenz zahlreicher Ordensmeister diente.

Im 15. Jh. durfte Cēsis als einzige Stadt neben Riga Münzen prägen. Großen Einfluss auf die Entwicklung der Stadt hatte Ordensmeister Walter von Plettenberg (1459–1535), der Cēsis dauerhaft zur Hauptstadt des Ordens machen wollte. Nach schweren Verwüstungen im Livländischen und im

Nordischen Krieg verlor der Ort jedoch an Bedeutung.

Im Ersten Weltkrieg tobte in der Umgebung der Stadt die entscheidende Schlacht zwischen der deutschen Landwehr und dem Verbund aus lettischen und estnischen Truppen. Die Deutschen erlitten eine empfindliche Niederlage und mussten sich zurückziehen, Voraussetzung für den Erhalt der lettischen und estnischen Unabhängigkeit.

Rund um die Rīgas iela

Zentraler Platz vor der Altstadt ist der Vienības laukums, der seine heutige Gestalt 1939 erhielt. Hier steht auch das **Siegesdenkmal** 1 (Uzvaras piemineklis), das an die Gefallenen des lettischen Freiheitskriegs erinnert. 1924 errichtet, wurde es unter der Sowjetherrschaft 1951 zerstört und erst 1998 wieder aufgebaut.

Obwohl nur noch seine Grundmauern zu sehen sind, gewinnt man am **Raunaer Tor** 2 (Raunas vārti) eine gute Vorstellung der mittelalterlichen Stadttore von Cēsis. Das bei Ausgrabungen freigelegte Kopfsteinpflaster am Tor stammt aus dem 17. Jh. In der Vaļņu iela kann man auf Höhe der Ūdens iela Überreste der ehemaligen Stadtmauer sehen.

Am Raunaer Tor beginnt die Rīgas iela, die sich gegen Ende des 13. Jh. zur Hauptstraße der Stadt entwickelte und von einigen sehenswerten Gebäuden aus dem 17.–19. Jh. gesäumt wird, z. B. dem im Jahr 1767 errichteten **Rathaus** (Rātsnams, Nr. 7), dem schönen **Kaufmannshaus** (Tirgotāja nams, Nr. 16) und dem **Haus der Harmonie** (Harmonijas nams, Nr. 24), dem ältesten Wohnhaus der Stadt; sein Name geht auf die Zeit zurück, als es Sitz der Kultur- und Gesangsgesellschaft Harmonia war. Es lohnt sich übrigens, auch die Seitenstraßen der Rīgas iela zu er-

Cēsis

Sehenswert

1 Siegesdenkmal
2 Raunaer Tor
3 Johanniskirche
4 Neues Schloss
5 Ordensburg
6 Nussberg
7 Maipark
8 Brauerei

Übernachten

1 Kolonna Hotel Cēsis
2 Hotel Katrīna
3 Province

Essen & Trinken

1 Makss un Morics

Einkaufen

1 Schmiede für alten
Schmuck

Abends & Nachts

1 Sarunas

---

kunden. Hier wird man immer wieder auf hübsche alte Holz- oder Steinhäuser stoßen, die der Stadt ihr ganz eigenes Flair verleihen.

Johanniskirche 3

Sv. Jāņa baznīca, Di–So 10–17 Uhr, Turmbesichtigung 0,50 LVL

Die frühgotische Johanniskirche in der Nähe des zentralen Rosenplatzes (Rožu laukums) wurde Ende des 13. Jh. errichtet und stand viele Jahre lang für den Reichtum und das Selbstbewusstsein der Stadt, denn sie diente dem Livländischen Orden als Ruhestätte für Ordensmeister, Geistliche und Ritter. An der Südwestecke entdeckt man rechts der Eingangstür eine Sonnenuhr, die 1744 in die Fassade eingelassen wurde. Im Innern befinden sich interessante Grabsteine, u. a. der des Ordensmeisters Walter von Plettenberg.

Die Kirchenorgel gilt als eine der besten Konzertorgeln des Landes.

Neues Schloss 4

Jaunā pils, Di–So 10–17 Uhr, 2 LVL

Das Neue Schloss wurde 1777 an der Stelle der östlichen Vorburg für Graf von Sievers und seine Familie erbaut, in deren Besitz es sich bis zur Landreform im Jahr 1920 befand. Seit 1949 residiert hier das **Museum für Geschichte und Kunst** (Cēsu vēstures un mākslas muzejs), u. a. mit einer Ausstellung zu den Ausgrabungsfunden auf dem Gelände der Ordensburg. Beim Besuch des Museums sollte man sich die wunderbare Aussicht vom Schlossturm nicht entgehen lassen. Auf dem Dach weht dort seit 1988 die rot-weiß-rote Fahne Lettlands, was darauf aufmerksam machen soll, dass Cēsis der ›Geburtsort‹ der Nationalflagge ist. Der Überlieferung nach soll sich hier ein lettischer König, der im Kampf gegen fremde Eindringlinge verwundet wurde, auf die weiße Kapitulationsflagge gelegt haben und kurz darauf gestorben sein. Dabei färbte sein Blut die Fahne auf beiden Seiten seines Körpers dunkelrot. An der Stelle, wo der Körper des Königs lag, blieb das Tuch weiß.

Im Museumsgarten, von dem sich ein schöner Blick auf die Ordensburg bietet, gelangt man zur **Schmiede für alten Schmuck** **1** (Seno rotu kalve, www. cesis.lv/kalve), wo man bei der Fertigung von Schmuck nach altlettischer Tradition zuschauen und die Stücke auch käuflich erwerben kann.

Ordensburg **5**

Mūra pils, Di–So 10–17, Zugang nur bis 16.15 Uhr, 2 LVL.

Hauptsehenswürdigkeit von Cēsis ist die gut erhaltene Ruine der Ordensburg, die 1209–24 vom Schwertbrüderorden errichtet wurde. Mehr als drei Jahrhunderte zählte sie zu den stärksten Festungen in Livland und galt als uneinnehmbar, 1577 wurde sie jedoch ein Opfer Iwans des Schrecklichen, dessen Truppen sie stark beschädigten. Nach ihrer Zerstörung im Nordischen Krieg wurde sie nicht wieder aufgebaut. Doch selbst die verbliebenen Überreste versetzen den heutigen Betrachter in Staunen. Der im 14. Jh. errichtete Westturm, in dem sich das Zimmer des Ordensmeisters befand, ist das beherrschende Gebäude der Anlage; der dortige Saal mit gotischem Sterngewölbe hinterlässt einen nachhaltigen Eindruck.

Schlosspark

Hinter der Burg erstreckt sich der romantische Schlosspark (Pils parks) mit einem künstlich angelegten Teich, zu dem eine sehenswerte Freitreppe mit acht Skulpturen – Kinderdarstellungen

– herunterführt. Der schon 1812 eingerichtete Park umfasste zunächst nur das Gebiet des **Nussbergs** **6** (Riekstu kalns), auf dem man die Burg der Altletten stand. Später wurde er mehrfach erweitert und umgestaltet. Im Sommer finden auf der Freilichtbühne neben der Freitreppe zahlreiche Veranstaltungen statt. Links vom Teich steht auf einer Erhebung eine hübsche russisch-orthodoxe Kirche.

An der Lenču iela

An der Lenču iela wurde 2006 aus Anlass der 800-Jahr-Feier der Stadt der **Maipark** **7** (Maija parks) neu gestaltet. Er war im 19. Jh. angelegt worden, im Laufe des 20. Jh. aber zunehmend verfallen. Nun erstrahlt der kleine Garten in neuem Glanz, mit Terrassen und einem künstlichen Teich.

Nicht weit entfernt steht die 1590 gegründete **Brauerei** **8** (Cēsu Alus darītava), die älteste des Landes. Das jetzige Gebäude stammt von 1878. Vormittags kann man vor Ort das köstliche Cēsu-Bier probieren.

Übernachten

Elegant – **Kolonna Hotel Cēsis** **1**: Vienības laukums 1, Tel. 64 12 01 22, www.hotelkolonna.com, DZ ab 47 LVL. Traditionsreiches Hotel der Kolonna-Gruppe in einem restaurierten Gebäude aus den 1930er-Jahren mit komfortablen, aber kleinen Zimmern; außerdem Sauna, Schönheitssalon und Restaurant (s. rechts).

Gemütlich – **Hotel Katrīna** **2**: Mazā Katrīnas 8, Tel. 64 10 77 00, www.hotelkatrina.lv, DZ ab 42 LVL. Geschmackvoll eingerichtetes Hotel mit acht Zimmern in einem renovierten, Anfang des 20. Jh. errichteten Gebäude, das in einer ruhigen Altstadtgasse liegt.

Preiswert – **Province 3**: Niniera 6, Tel. 64 12 08 49, provincecesis@inbox.lv, DZ ab 28 LVL. Gemütliche 5-Zimmer-Pension mit einem beliebten Café-Restaurant, in dem man vor allem Pfannkuchen essen kann.

… in der Umgebung

Intelligent restauriert – **Kārḷamuiža:** Kārḷi, Tel. 64 19 33 30, 26 16 52 98, www.karlamuiza.lv, DZ 29–72 LVL. Idyllisch und ruhig gelegenes Landgut rund 8 km südlich von Cēsis, das vor wenigen Jahren zu einem Hotel umgebaut wurde. Sieben geschmackvoll eingerichtete Zimmer, gutes Freizeitangebot.

Neu und sauber – **Saules Vārti:** zwischen Cēsis und Priekuḷi, Tel. 64 12 77 93, www.saules-varti.lv, DZ ab 24 LVL. Modernes Motel an der Landstraße P20, komfortable Zimmer, außerdem Sauna, Restaurant, Kinderspielplatz.

Essen & Trinken

Lettische Gemütlichkeit – **Popular:** Vienības laukums 1, Tel. 64 12 00 28, www.hotelkolonna.com, Mo–Do 11–23, Fr–Sa 11–24, So 12–22 Uhr, Hauptgericht 5 LVL. Kellercafé im Kolonna Hotel Cēsis **1**, in dem lettische Gerichte und Pizzas auf der Speisekarte stehen.

Originell – **Makss un Morics 1**: Rīgas 43, Tel. 64 12 43 67, tgl. 10.30–24 Uhr, Hauptgericht 3–5 LVL. Beliebtes Altstadtlokal am Līvu laukums, neben sehr guter Küche auch exzellente lettische und tschechische Biere; außerdem Wasserpfeifen.

Einkaufen

Altlettisches Geschmeide – **Schmiede für alten Schmuck 1**: s. links.

In der Gauja schwimmen
Achtung: Wegen der Strömung und des unebenen Flussgrundes ist das Schwimmen in der Gauja nur an ausdrücklich gekennzeichneten Badestellen erlaubt.

Aktiv & Kreativ

Fahrrad- und Kanuvermietung – **Cīruliši Žagarkalns:** Mūrlejas 12, Tel. 26 26 62 66, www.zagarkalns.lv. Im Sommer kann man u. a. Kanus und Fahrräder mieten, außerdem den Campingplatz nutzen und auf den hier beginnenden Wanderpfaden an der Gauja entlanglaufen; im Winter wird ein Skilift betrieben.

Fahrradwege – **TIC Cēsis:** Adresse s. u. Von Cēsis aus führen mehrere Fahrradwege durch den Gauja-Nationalpark. Die beliebteste Strecke verläuft an der Gauja entlang bis nach Valmiera. Karten sind im TIC Cēsis erhältlich.

Abends & Nachts

Heißkalt – **Sarunas 1**: Rīgas 4, Tel. 64 10 71 73, www.bars-sarunas.lv, tgl. 11–24 Uhr, Hauptgericht 5 LVL. Die wohl modernste und beliebteste Bar von Cēsis, in der ab und an auch mal wilde Partys stattfinden, ansonsten kann man hier gut essen (lettische und europäische Küche).

Infos & Termine

Touristeninformation
TIC Cēsis: Pils laukums 1, Tel. 64 12 18 15, www.tourism.cesis.lv, Mo–Fr 8.30–17.30, Sa/So 10–17 Uhr. Infos über die vielen Campingmöglichkeiten an der Gauja, Hinweise zu den Naturpfaden

Die Weite des Sees und die Stille genießen: am Ungurs ezers nahe Cēsis

sowie Pläne für Ausflüge mit dem Fahrrad und Hilfe bei der Organisation von Kanutouren.

Geschichts- und Tourismuszentrum Vidzeme: Baznīcas laukums 1, Tel. 64 12 17 72, www.vvtc.cesis.lv (englischsprachig). Führungen durch die Altstadt, vielfältige Angebote für Gruppen ab 20 Personen.

Termine

Stadtfest (Ende Juni): Rund um die Ruine der Ordensburg werden verschiedene Shows in echten Ritterkostümen gezeigt, dazu gibt's Werkstätten für traditionelles Kunsthandwerk und feucht-fröhliche Bierverköstigungen.

Verkehr

Bahn: ca. 5 x tgl. nach Riga; Bahnhof Stacijas laukums, Tel. 64 18 64 45.
Bus: etwa stdl. nach Riga, Abfahrt vor dem Bahnhof, Tel. 64 12 27 62.

Ausflüge von Cēsis

Adlerfelsen (Ērģeļu klintis) ▶ J 3

s. Entdeckungstour S. 267; Anfahrt: Lenču iela, dann 7 km auf einer unbefestigten Straße bis zu einem Parkplatz, von dort Fußweg.

Gut Ungurmuiža ▶ J 3

Mai–Okt. Di–So 10–18 Uhr,
www.ungurmuiza.et.lv, 1 LVL
In der Nähe des 4 km² großen Ungur-Sees (Ungurs ezers) führt eine romantische Eichenallee nach rechts zum 1732 errichteten Gut Ungurmuiža (s. Abb. S. 60), 200 Jahre lang das Stammhaus der Familie von Campenhausen und ein Musterbeispiel barocker Holzbauarchitektur des 18. Jh. Ganz besonders sehenswert sind die restaurierten Wandmalereien aus der Entstehungszeit und die Kachelöfen. Im schönen Park mit uralten Eichen steht ein höl-

zerner Teepavillon, in dem nach Voranmeldung Tee serviert wird.

Schloss Lielstraupe ▶ H 3

Lielstraupes pils, Führungen:
Tel. 29 42 67 05, 26 13 73 42

In der kleinen Ortschaft Straupe steht das eigentümliche Schloss Lielstraupe, das im Jahr 1263 im romanischen Stil erbaut und nach der Zerstörung 1727 im Barockstil wieder aufgebaut wurde. Die Innenräume hat man jedoch im klassizistischen Stil gestaltet. Seit 1963 ist in dem Gebäudekomplex eine Klinik für Suchtkranke untergebracht. Die als Teil des Schlossensembles konzipierte Kirche wurde ebenfalls im 18. Jh. umgebaut und ist eines der wenigen Gotteshäuser in Lettland mit einem frei stehenden hölzernen Glockenturm.

Rauna ▶ J 3

Das Dorf Rauna östlich von Cēsis blickt auf eine stolze Vergangenheit zurück: Es war lange eine wichtige Residenz der Rigaer Erzbischöfe. Sie wohnten in der 1262 errichteten **Burg** (Raunas pils), einer der prächtigsten Burgen in Vidzeme. Im Lauf der Jahrhunderte wurde sie aber bei Kämpfen immer wieder zerstört und nach 1558 verfiel sie. Nur eine Ruine mit baumhohen Mauerresten existiert noch. 1 km südlich des Dorfes erhebt sich am Ufer der Rauna der imposante Kalksteinfelsen **Raunas Staburags**.

Übernachten

Einfach – **Ungurmuiža:** beim Ungur-See, Bezirk Cēsis, Tel. 64 15 82 23, 29 42 47 57, www.ungurmuiza.et.lv, DZ 30 LVL. In der im Jahr 1734 erbauten Schule des Gutes Ungurmuiža wurden mehrere einfache Gästezimmer eingerichtet.

Infos

TIC Rauna: Valmieras 1, Tel. 64 17 76 20, 29 12 16 57, www.rauna.cesis.lv.

Vecpiebalga und Umgebung ▶ K 4

Vecpiebalga liegt mitten in der Hochebene von Vidzeme, einer sanften Hügellandschaft. Der heute unscheinbare Ort war in der ersten Hälfte des 19. Jh. ein lebendiges Kulturzentren. Zahlreiche Künstler lebten hier, ihre Häuser sind inzwischen z. T. Gedenkstätten und Museen. Mit dem **Alaukst-See** (Alauksts ezers) und dem besonders malerischen **Inesi-See** (Inesis ezers) zählt die Gegend zu den schönsten Regionen Lettlands.

Südöstlich von Vecpiebalga erhebt sich der 312 m höchste Berg Lettlands: der **Gaiziņkalns**. Vom Gipfel hat man einen ausgezeichneten Rundblick auf die idyllische Wald- und Seenlandschaft. Im Winter ist der Berg ein populäres Ziel für Wintersportler.

Übernachten

Gepflegt und modern – **Jumurdas muiža:** Jumurda, Tel. 64 87 17 97, www.hoteljumurda.lv, DZ 34 LVL. Erholungskomplex zwischen Vecpiebalga und Ērgļi in einem liebevoll restaurierten Gebäude aus dem 19. Jh. inmitten eines schönen Parks. Komfortable Zimmer, viele Freizeitmöglichkeiten wie Angeln, Bootsfahrten, Reiten und Jagd.

Infos

TIC Vecpiebalga: Tel. 64 14 13 85, 26 56 59 77, www.piebalga.cesis.lv.

Bei Madona ▶ K 4

Über die Kleinstadt Madona, selbst ohne erwähnenswerte Sehenswürdigkeiten, gelangt man zur Ortschaft Cesvaine mit einem prächtigen Schloss.

Jagdschloss Cesvaine

Cesvaines pils, www.cesvaine. openlatvia.lv, tgl. 10–19 Uhr,
Das 1890–97 nach Entwürfen von Hans Grisebach und August Dinklage erbaute zweistöckige Schloss gehörte einst dem Baron Adolph von Wulff. Die Mauern bestehen aus großen Granitsteinen, die von Hand geschlagen wurden. Während Fenster, Eingangsportal und Eingangshalle im romanischen Stil gestaltet sind, stehen Dach, Türme und Kreuzgewölbe im Zeichen der Gotik. Die Treppenhäuser und Deckenmalereien erinnern an die Renaissance und in manchen Räumen entdeckt man Jugendstilelemente. Trotz der historisierenden Bauweise wirkt das Schloss insgesamt harmonisch. Lei-

Mein Tipp

Edel und erholsam

Das schicke Landgut **Mārcienas muiža**, 1908 erbaut und authentisch restauriert, zählt zu den besten Wellnesshotels Lettlands. Es lockt seine Gäste nicht nur mit seiner tollen Lage an einem idyllischen See und seinem Park, sondern auch mit seinem separaten Spa-Haus mit kaltem und warmem Hallenbad, vier Dampfbädern, Trainingsgeräten sowie Massagen und anderen Anwendungen (Tel. 64 80 73 00, 67 81 40 90, www.marciena.com, DZ 60 LVL).

der zerstörte im Jahr 2002 ein verheerender Brand einen Großteil des Daches und des oberen Stockwerks. Nach und nach wird das Gebäude nun restauriert.

Übernachten

Ruhig im Park – **Grašu Pils:** 3 km von Cesvaine entfernt, Tel. 64 85 22 00, 29 44 89 37, www.hotelgrasupils.lv, DZ 38 LVL. Das geschmackvoll eingerichtete Hotel befindet sich in einem klassizistischen Landhaus (1784) und liegt inmitten eines französischen Barockparks.

Bei Gulbene ▶ L 3

Die Kleinstadt Gulbene ist vor allem wegen ihrer Schmalspurbahn interessant (s. Entdeckungstour S. 276). In der Umgebung ist aber auch ein schönes Schloss zu besichtigen.

Schloss Stāmeriena

Stāmerienas muiža, www.stamerienas pils.lv, Mo–Fr 9–13 Uhr, 0,50 LVL.
Das im Jahr 1835 erbaute Schloss Stāmeriena liegt zwischen den Seen Stāmeriena und Poga und ist von einem schönen, nach dem Fächerprinzip gestalteten Landschaftspark umgeben. In den 1930er-Jahren lebte hier mehrere Jahre lang der mit seinem Roman »Der Leopard« weltberühmt gewordene italienische Schriftsteller Giuseppe Tomasi di Lampedusa (1896–1957), der mit der Gutsbesitzerin verheiratet war.

Infos

TIC Gulbene: Ābeļu 2, Tel. 64 49 77 29, www.gulbene.lv, Mai–Okt. Di–Fr 10–18, Sa 10–16, Nov.–April Mo–Fr 9–17 Uhr.

Alūksne ! ▶ M 2

Die rund 10 000 Einwohner zählende Provinzstadt Alūksne liegt am Ufer des malerischen Alūksne-Sees, mit 15,4 km^2 einer der größten Seen Lettlands. Die historischen Bauwerke im Zentrum und die schöne Landschaft der Hochebene von Alūksne mit ihren Hügeln und kleinen Seen machen diesen Ort zu einem lohnenswerten Reiseziel abseits der gängigen Touristenrouten.

Klassizistische Kirche

In der Pils iela im Stadtzentrum fällt die evangelische Kirche (Lut. baznīca) ins Auge, ein eindrucksvoller klassizistischer Bau. Sie entstand zwischen 1781 und 1788 nach einem Entwurf des auch in Riga viel beschäftigten Architekten Christoph Haberland (1750–1803). In der filigranen Feinheit der Architektur des Gotteshauses ist noch gut der Einfluss des Barock zu erkennen. Sehenswert ist auch die klassizistische Innengestaltung und die Kopie eines Gemäldes von Francesco Albani, das Altargemälde »Die Taufe Christi« aus der zweiten Hälfte des 18. Jh.

Ernst-Glück-Bibelmuseum

Ernsta Glika Bibeles muzejs, im Sommer Mi–Sa 12–17, So 13–15, im Winter Fr–Sa 13–17 Uhr und auf Anfrage unter Tel. 64 32 31 64.
In dem 1908 erbauten ehemaligen Handelspavillon gegenüber der Kirche zeigt das Ernst-Glück-Bibelmuseum eine interessante Sammlung wertvoller Bibeln, Gebets- und Liederbücher in unterschiedlichen Sprachen. Pfarrer Ernst Glück (1652–1705) erlangte Berühmtheit, weil er als Erster die Bibel ins Lettische übersetzte. Zu den Exponaten gehört auch eine Erstausgabe seiner Übersetzung. Die Stieftochter Ernst Glücks, Marta Skavronska, hat übrigens ebenfalls eine erwähnenswerte Karriere vorzuweisen: Im Nordischen Krieg wurde ihre Familie von General Boris Scheremetjew gefangen genommen und nach St. Petersburg gebracht. Dort weckte Marta Skavronska das Interesse des Zaren, der sich in sie verliebte und sie im Jahr 1712 heiratete. Nach seinem Tod 1725 wurde sie zur Zarin Katharina I. gekrönt, doch ihre Regentschaft währte nicht lange, bereits zwei Jahre später starb auch sie.

Auf Ernst Glücks Spuren

Im Hinterhof des örtlichen Pastorats einige Schritte weiter, in dem der Pfarrer seinerzeit wohnte, stehen noch immer die zwei nach dem Pfarrer benannten **Glückseichen** (Glika ozoli). Ernst Glück hat sie nach Vollendung der Übersetzung des Neuen Testaments (1685) und des Alten Testaments (1689) gepflanzt. Auf der anderen Straßenseite erinnert ein **Gedenkstein** daran, dass sich Ernst Glück auch um die Ausbildung der Letten verdient gemacht hat, indem er 1683 eine lettischsprachige Schule gründete.

Ruine der Ordensburg

Auf der kleinen Insel Marijas sala im Alūksne-See, die man über eine Holzbrücke erreicht, befindet sich die Ruine einer 1342 errichteten Ordensburg (Livonijas ordeņa pilsdrupas). Sie diente anfangs hauptsächlich zum Schutz gegen die häufigen Angriffe aus Pskow und Nowgorod. Als die Schweden im Nordischen Krieg einsehen mussten, dass die Schlacht gegen die Russen verloren war, zerstörten sie die Anlage, um sie nicht den Russen überlassen zu müssen.

Landschaftspark

Am Seeufer nahe der Ordensburg erstreckt sich auch ein malerischer Land-

Auf Entdeckungstour

Nostalgische Fahrt mit der Schmalspurbahn ab Gulbene

Zwischen den Provinzstädten Gulbene und Alūksne verkehrt die letzte öffentliche Schmalspurbahn im Regelbetrieb des ganzen Baltikums. Eine Fahrt ist nicht nur für Eisenbahnfreaks ein besonderes Erlebnis.

Reisekarte: ▶ L 3–M 2

Planung: Dauer ca. 2–3 Std. Abfahrt ab Gulbene Mo–Sa 6, 13.25, 18, So 10 Uhr, ab Alūksne Mo–Fr 7.50, 15.20, 19.50, So 12 Uhr. Bahnhof Gulbene: Delzceļa iela; Bahnhof Alūksne: südlicher Stadtrand nahe P 43; Fahrpreis: einfache Fahrt Gulbene–Alūksne 1,70 LVL.

Infos: SIA Bānītis, Gulbene, Viestura 12, Tel. 64 47 30 37, info@banitis.lv, www.banitis.lv, oder TIC Gulbene bzw. Alūksne (s. S. 274 und S. 279).

Schon für Fahrten mit gewöhnlichen Zügen benötigt man in Lettland viel Geduld. An Langsamkeit werden diese aber noch deutlich von der Schmalspurbahn in Vidzeme übertroffen. Bei einer Höchstgeschwindigkeit von 25 km/h benötigt sie für ihre 33 km lange Strecke eine Stunde und 25 Minuten; mit der richtigen Einstellung – der Weg ist das Ziel! – eine bereichernde Erfahrung.

Relikte vergangener Tage

Irgendwie zu groß geraten wirkt das gelb gestrichene Bahnhofsgebäude in **Gulbene** – gerade einmal zwei Gleise werden noch benutzt. Eines von dem täglich einmal von Riga fahrenden Zug, das andere von der dreimal täglich verkehrenden Schmalspurbahn. Kurz nach dem Bau der Empfangshalle in den 1920er-Jahren war hier mehr Betrieb: Mit der damals neu eröffneten Verbindung von Leriki nach Gulbene und von Gulbene nach Sita entwickelte sich Gulbene vorübergehend sogar zu einem wichtigen Eisenbahnknotenpunkt in Lettland. Doch diese Zeiten sind längst vorbei: Ende der 1990er-Jahre wurde die Strecke endgültig stillgelegt. Auch die 1903 eingeweihte Schmalspurverbindung von Stukmaņi (heute: Pļaviņas) an der Daugava nach Valka an der estnischen Grenze wurde in den 1970er-Jahren gestrichen. Übrig blieb nur die Strecke Gulbene–Alūksne, um Steinkohle zu einem sowjetischen Truppenübungsplatz in der Nähe von Alūksne zu befördern. Die Zukunft dieser Linie ist für den Personenverkehr – der Gütertransport wurde abgeschafft – gesichert, seit die Schmalspurbahn 1998 von der lettischen Regierung zum Nationalen Kulturerbe erklärt wurde.

Seit 2002 ist die Schmalspurbahn im Besitz der Gesellschaft Bānītis, unter Beteiligung der lettischen Eisenbahn

(LDZ). »Bānītis« geht übrigens auf das deutsche Wort »Bahn« zurück, an das man die lettische Verkleinerungsform gehängt hat – wie im Schwäbischen wurde so aus der Bahn das »Bähnle«, die kleine Bahn.

Nostalgie braucht keinen Luxus

Die wenigen Waggons zieht in der Regel eine 1958 in Russland hergestellte Lokomotive des Typs TU2, eine vierachsige, dieselelektrische Schmalspurlokomotive (Spurweite 750 mm). Manchmal werden sie aber auch von einer TU7A, Baujahr 1988, gezogen, ebenfalls aus russischer Produktion.

Steigt man in den engen Waggon, ist man vermutlich überrascht, wie bequem es darin ist – kein Luxus, aber immerhin: gepolsterte Sitze, es sei denn, man hat Pech und erwischt den Waggon mit den Holzbänken. Das Publikum im Zug ist in der Regel bunt ge-

mischt: Etwa die Hälfte sind Einheimische, die die Züge als normales Nahverkehrsmittel nutzen, die andere Hälfte sind Touristen.

EU-Engagement zwischen Wiesen

Nur langsam kommt der Zug in Fahrt, denn zuerst müssen die Breitspurgleise gekreuzt werden. Kaum schneller geworden, erreicht er nach 4 km die erste Station: **Birze**. Ein Schild, eine Bank – fertig ist die Zughaltestelle. Die Strecke führt nun fast ausschließlich durch eine unspektakuläre Landschaft aus Feldern und Wiesen, aber auch Wäldern – dennoch finden sich immer wieder schöne Fotomotive. Wem kein gutes Foto gelingt oder wer keine Kamera dabei hat, kann meist beim Schaffner Postkarten und andere Souvenirs erwerben.

Nach einem Stopp am Bahnhof von **Stāmeriena** unweit des gleichnamigen Schlosses (s. S. 274) hält der Zug bei km 14 schließlich in **Kalniena:** Hier gibt es ein Kreuzungsgleis, das im Rahmen eines Infrastrukturprojekts der EU wieder aufgebaut wurde. Erhalt, Restaurierung und Öffentlichkeitsarbeit werden nämlich seit geraumer Zeit vom EU-Programm »Culture 2000« unterstützt. An dieser Haltestelle enden die meisten Ausflugszüge, z. B. jene, die von der alten Dampflok gezogen werden. Das in den 1950er-Jahren erbaute estnische Leihstück aus tschechoslowakischer Produktion wird leider nur bei besonderen Anlässen (s. Website von Bānītis) aus dem Depot geholt.

Hinter Kalniena macht sich bald die Hochebene von Alūksne bemerkbar: Deutlich langsamer als zuvor ächzt der Zug nun die kleinen Hügelwellen hoch. In **Parpade,** schön im Wald gelegen, begegnet einem dann erneut ein erfreuliches Beweisstück europäischer Solidarität: Der historische Wasserturm, dessen Wasser noch mit einer Dampfpumpe zum Turm befördert wird, wurde erst kürzlich im Rahmen eines EU-Projekts renoviert.

Die Fahrt endet im wunderschön gelegenen **Alūksne** (s. S. 275), dessen backsteinernes Bahnhofsgebäude deutlich bescheidener ist als die Empfangshalle in Gulbene. Das war einmal anders – doch der Bahnhof wurde im Zweiten Weltkrieg schwer beschädigt und danach nur zum Teil wieder aufgebaut.

Öfter noch als die schnaufende alte Dampflok zieht die Diesellok TU2 die Waggons

schaftspark (Alūksnes muižas parks) der Ende des 18. Jh. im Auftrag des Barons Burkhard von Vietinghoff im englischen Stil angelegt wurde und einige hübsche Pavillons und Statuen birgt. Der **Alexander-Pavillon** (Aleksandra paviljons) etwa, ein offener Holzbau mit chinesischem Dach, diente als Tee- oder Kaffeepavillon. Der blaugelbe Rundbau des **Äolstempels** (Eola templis) sollte den griechischen Gott des Windes ehren. Im gelben **Mausoleum** (Mauzolejs) mit Kuppeldach wurden die Mitglieder der Familie Vietinghoff beerdigt.

Am Rande des Parks erhebt sich das **Neue Schloss** (Jaunā pils), das zwischen 1860 und 1863 unter der Leitung des Architekten Paul Benjamin Pollnau im Stil des Historismus errichtet wurde und mit seinen überwiegend gotischen Gestaltungselementen wohl an die Urahnen des Auftraggebers und Schlossbesitzers Arnold von Vietinghoff erinnern sollte.

Tempelberg

Schon im 2. Jt. v. Chr. war die Gegend um Alūksne von finno-ugrischen Völkern bewohnt, die aber im 7. Jh. von altlettischen Stämmen verdrängt wurden. Das belegen Funde auf dem 30 m hohen Tempelberg (Templa kalns) auf der **Kapsēta-Halbinsel** (Kapsētas pussala), die sich etwas außerhalb der Stadt auf der anderen Seite des Zentrums erstreckt. Von einer angeblichen Holzburg der Altletten gibt es bis auf einen Wallgraben keine Überreste mehr. Vom Gipfel hat man aber eine wunderbare Aussicht auf den See und den Park am gegenüberliegenden Ufer. Außerdem steht hier eine kleine Rotunde mit Granitsäulen, die 1807 und somit hundert Jahre nach dem Sieg der russischen Truppen gegen die Schweden im Nordischen Krieg aufgestellt wurde.

Übernachten

Zentrale Lage – **Ierullē:** Liela ezera 2b, Alūksne, Tel. 64 32 17 57, 26 53 53 54, DZ 20 LVL. Kleines, freundliches und sauberes Hotel im Stadtzentrum; mit Fahrradverleih.

Pferdefreundlich – **Arāji:** Jaunanna, zwischen Gulbene und Alūksne, Tel. 64 30 70 99, www.hotel-araji.com, DZ ab 15 LVL. Von einem ausgewanderten Deutschen geführter, familienfreundlicher Reiterhof in einer ehemaligen Kolchose; Boote und Fahrräder werden gestellt.

Essen & Trinken

Lettisch – **Pajumte:** Pils 68, Alūksne, Tel. 64 32 25 72, tgl. 10–23 Uhr, Hauptgericht 5 LVL. Beliebtes, preisgekröntes Restaurant, in dem lettische Küche serviert wird.

Aktiv & Kreativ

Reiten – **Arāji:** Adresse s. o. Reiterhof mit mehr als 30 Pferden und Ponys.
Jachtausflüge – **Ezermalas – 44:** Ezermalas 44, Alūksne, Tel. 29 43 59 59, ezermalas44@one.lv. Eine 1,5-stündige Fahrt auf einer Jacht für vier Personen kostet 15 LVL.

Infos

Touristeninformation

TIC Alūksne: Darza 8 a, Tel. 64 32 28 04, 29 13 09 55, www.aluksne.lv, Mai– Sept. Mo 10–17, Di–Fr 9–18, Sa 10–14, Okt.–April Mo–Fr 9–17 Uhr.

Verkehr

Bus: u. a. 7 x tgl. nach Riga; Busbahnhof Pils iela, Tel. 64 32 21 57.

Sprachführer

Aussspracheregeln

Bei fast allen Wörtern liegt die Betonung auf der ersten Silbe. Vokale mit einem Querstrich (ā, ē, ī, ū) werden lang, Vokale ohne Querstrich kurz ausgesprochen.

au	wie in Maus
ai	wie in Mais
ei	wie in hey
c	wie im deutschen Konzert
č	wie in Klatsche
ģ	sehr weich, wie gj (Gier)
h	Rachen-ch wie in ach
ie	wie i je
ķ	weiches kj wie in Kyoto
ļ	weiches lj wie in Brasilien
ņ	weiches nj wie in Sonja
o	offen und fast wie uo
r	gerolltes r
s	stimmlos wie in Haus
š	stimmloses sch wie in Wäsche
ui	wie in pfui
z	stimmhaftes s wie in Vase
ž	stimmhaftes sch wie in Garage

Allgemeines

Guten Tag / Hallo	labdien / sveiki
Guten Morgen	labrīt
Guten Abend	labvakar
Gute Nacht	ar labu nakti
Auf Wiedersehen	uz redzēšanos
Tschüss	čau
ja / nein	jā / nē
bitte	lūdzu
danke	paldies / pateicos
Entschuldigung!	Atvainojiet!

Notfall

Hilfe!	Palīgā!
Polizei	policija
Unfall	nelaimes gadījums
Ambulanz	ātrā palīdzība
Krankenhaus	slimnīca
Arzt	ārsts
Apotheke	aptieka
Pannendienst	avāriju dienests

Unterwegs

Bitte, wo ist …?	Sakiet lūdzu, kur ir …?
rechts / links	pa labi / pa kreisi
geradeaus	taisni
nah / weit	tuvu / tālu
Eingang / Ausgang	ieeja / izeja
Stadt	pilsēta
Straße	iela
Hauptstraße	prospekts / bulvāris
Platz	laukums
Brücke	tilts
Haus	māja
Kirche	baznīca
Museum	muzejs
Denkmal	piemineklis
Burg / Schloss	pils
Fluss	upe
See	ezers
Strand	jūrmala
Touristen-information	tūrisma infor-mācijas centrs (TIC)
Flughafen	lidosta
Bahnhof	stacija
Busbahnhof	autoosta
Bushaltestelle	autobusa pietura
Straßenbahn	tramvajs
Abfahrt / Ankunft	atiešana / pienākšana
aussteigen	izkāpt
umsteigen	pārsēsties
Hafen	osta
Fähre	prāmis
Auto	mašīna, auto
Tankstelle	degvielas uzpildes stacija (DUZ)
Benzin / Diesel	benzīns / dīzelis
Volltanken bitte!	Lūdzu pilnu bāku!
Autowerkstatt	auto darbnīca
Postamt	pasts

Zeit

heute	šodien
morgen	rītdien
gestern	vakar
jetzt	tagad

Wann?	Kad?
Wie spät ist es?	Cik vēls?
Minute	minūte
Stunde	stunda
Tag	diena
Woche	nedēļa
Monat	mēnesis
Jahr	gads
Montag	pirmdiena
Dienstag	otrdiena
Mittwoch	trešdiena
Donnerstag	ceturtdiena
Freitag	piektdiena
Samstag	sestdiena
Sonntag	svētdiena

Einkaufen

teuer	dārgi
billig	lēti
Geld	nauda
Bank	banka
Lebensmittelgeschäft	pārtikas veikals

Markt	tirgus
geöffnet	atvērts
geschlossen	slēgts

Zahlen

1	viens	18	astoņpadsmit
2	divi	19	deviņpadsmit
3	trīs	20	divdesmit
4	četri	21	divdesmit viens
5	pieci	30	trīsdesmit
6	seši	40	četrdesmit
7	septiņi	50	piecdesmit
8	astoņi	60	sešdesmit
9	deviņi	70	septiņdesmit
10	desmit	80	astoņdesmit
11	vienpadsmit	90	deviņdesmit
12	divpadsmit	100	simts
13	trīspadsmit	200	divsimts
14	četrpadsmit	300	trīssimts
15	piecpadsmit	400	četrsimts
16	sešpadsmit	500	piecsimts
17	septiņpadsmit	1000	tūkstotis

Die wichtigsten Sätze

Allgemeines

Sprechen Sie Deutsch / Englisch?	Vai jūs runājat vāciski / angliski?
Ich verstehe nicht.	Es nesaprotu.
Ich heiße ...	Mani sauc ...
Wie geht's?	Kā labi iet?
Ich komme aus ...	Es esmu no ...
... Deutschland	... Vācijas
... Österreich	... Austrijas
... der Schweiz	... Šveices

Im Notfall

Rufen Sie bitte einen Arzt!	Lūdzu, izsauciet ārstu.
Wo ist hier eine Apotheke?	Kur ir aptieka?
Wir hatten einen Unfall.	Mēs cietām avārijā.
Was kostet eine Behandlung?	Cik maksā ārsta apskate?

Auf der Straße

Wie komme ich nach ...?	Kā nokļūt ...?
Wo kann man ... kaufen?	Kur es varu ... nopirkt?
Welcher Bus fährt nach ...?	Kurš autobuss brauc uz ...?

Im Lokal

Ist hier frei?	Šeit brīvs?
Bitte bringen Sie mir die Speisekarte.	Lūdzu, atnesiet man ēdienkarti.
Ich möchte bestellen.	Es vēlos pasūtīt.
Die Rechnung, bitte!	Rēķinu, lūdzu!

Übernachten

Haben Sie noch ein Zimmer frei?	Vai jums ir vel brīvi numuri?
... mit Dusche	... ar dušu
... mit Bad / Toilette	... ar vannu / tualeti

Kulinarisches Lexikon

Allgemeines
Café	kafejnīca
Imbissstube	bufete
Restaurant	restorāns
Frühstück	brokastis
Mittagessen	pusdienas
Abendessen	vakariņas
Speisekarte	ēdienkarte
Hauptgericht	siltie ēdieni
Nachtisch	saldais ēdiens

Zum Frühstück
Brei/Grütze	putra
Brot	maize
Brötchen	maizīte
Buchweizenbrei	griķu biezputra
Butter	sviests
Ei	ola
Haferflockenbrei	auzu putra
Honig	medus
Kaffee	kafija
Käse	siers
Konfitüre	ievārījums
Milch	piens
Pfannkuchen	pankūka
Rührei	omlete
Schinken	šķiņķis
Spiegelei	vēršacs
Tee	tēja
Wurst	desa
Zucker	cukurs

Suppen
Brühe	buljons
Erbsensuppe	zirņu zupa
Gemüsesuppe	dārzeņu zupa
Hühnerbrühe	vistas buljons
Milchsuppe	piena zupa
Rindfleischsuppe	liellopu buljons
Sauerampfer-Suppe	skābeņu zupa
Suppe	zupa

Fleisch
Braten	cepetis
Ente	pīle
Frikadelle	kotlete
gebraten	cepta
geräuchert	žāvēta
Hähnchen	cālis
Huhn	vista
Kalbfleisch	teļa gaļa
Leber	aknas
Rindfleisch	liellopu gaļa
Schweinefleisch	cūkas gaļa
Wild	medījums

Fisch
Aal	zutis
Brathering mit Zwiebeln	siļķe ar sīpoliem
Dorsch	menca
Fisch	zivis
Fisch in Aspik	zivju galerts
Fischsuppe	zivju zupa
Hecht	līdaka
Hering	siļķe
Karpfen	karpa
Lachs	lasis
Matjesheringe	sālītas siļķes
Neunauge	nēģis
Räucheraal	žāvēts
Rollmops	rolmopši
Schleie	vimba
Sprotten	šprotes
Steinbutt	bute
Strömlinge, geräuchert	reņģes, žāvētas

Gemüse
Blattsalat	svaigu dārzeņu salāti
Gemüse	dārzeņi
Gurke	gurķi
Gurke, eingelegt	marinēti gurķi
Kohl	kāposti
Kürbis	ķirbis
Pilze	sēnes
Rote Bete	biete
Rote-Bete-Salat	biešu salāti
Salate	salāti
Salzgurke	sālīti gurķi

Sauerkraut	skābi kāposti
Tomate	tomāts

Beilagen und Gewürze

Bratkartoffeln	cepti kartupeļi
Kartoffel	kartupeļi
Kartoffelbrei	kartupeļu biezputra
Kartoffelpuffer	kartupeļu pankūkas
Pfeffer / Salz	pipari / sāls
Salzkartoffeln	vārīti kartupeļi
Senf	sinepes
Zitrone	citrons

Süßigkeiten und Desserts

Apfelmus	ābolu biezenis
Biersuppe	alus zupa
Brotsuppe	maizes zupa
Cremeschnitte	kūkas
Eiskrem	saldējums
Haferkekse	auzu pārslu cepumi
Käsekuchen	biezpiena sacepums
Kompott aus getrocknetem Obst	žāvetu augļu kompots
Kuchen	kūka

Mohnschnecke	kūka ar magonēm
Obst	augļi
Obstsuppe	augļu zupa
Rote Grütze	ķīselis
Zimtbrötchen	kanēļmaizītes

Getränke

Bier	alus
Bier, dunkles	tumšais alus
Bier, helles	gaišais alus
Getränke	dzērieni
Kräuterlikör	liķieris
Limonade	limonāde
Mineralwasser	minerālūdens
Orangensaft	apelsīnu sula
Preiselbeerlimonade	morss
Rotwein	sarkanvīns
Saft	sula
Sekt, Champagner	šampanietis
Wein	vīns
Weißwein	baltvīns
Wodka	degvīns

Typische Gerichte

cepts lasis ar plūmju ievārījumu: Die in Butter gebratenen Lachsfilets essen die Letten gerne mit selbst gemachtem Pflaumenkompott, Bratkartoffeln und Roter Bete.

aukstā zupa: Gemüsesuppe aus Roter Bete, Gurke, Eiern, Dill und Sauerrahm, die kalt serviert wird.

lazdu riekstu pudiņš: Die Masse für den Pudding besteht u. a. aus gehackten Haselnusskernen, Kartoffelmehl, Eiern, Zucker und Preiselbeersaft und wird nicht gekocht, sondern gebacken

pīrādziņi ar burkānu pildījumu: Piroggen sind gebackene Hefeteigtaschen und eigentlich eine typisch russische Speise. Die lettische Variante sind Piroggen mit einer Füllung u.a. aus gekochten Möhren, gehackten Eiern und Petersilie.

rīsu krēms: Reiscreme mit Gelatine und Sahne.

saldskābā maize: Zu fast jeder Mahlzeit essen die Letten dunkles Roggenbrot, am liebsten mit biezpiens (Frischkäse) und medus (Honig).

siļķe sīpolu mērcē: Die mit einer Senfmarinade marinierten Heringsfilets erfreuen sich großer Beliebtheit.

skābā putra: Kalte Sauermilch-Gerstensuppe mit Champignons und Dill.

sklandu rauši: Die mit einer Mischung aus Kartoffelpüree und geraspelten Möhren gefüllten Roggenmehl-Törtchen werden mit Kümmel gewürzt.

pelēkie zirņi ar speķi: Erbseneintopf mit Speck, das lettische Nationalgericht.

Register

Register

Abbildungsnachweis/Impressum

Abbildungsnachweis

Bildagentur Huber, Garmisch-Partenkirchen: S. 11 o. re., 170/171, 272 (Bäck)
Bilderberg, Hamburg: S. 70 (G. Knoll)
Corbis, Düsseldorf: S. 213 (F.-M. Frei)
Ralf Freyer, Freiburg: S. 137 li., 146, 157
Getty Images, München:S. 56/57 (C. Coleman)
Rainer Hackenberg, Köln: S. 154 re., 166
HB-Bildverlag/Peter Hirth, Ostfildern: S. 29, 59, 80, 155 li., 174, 187, 202 re., 205, 217 li., 236, 244 li.
istockphoto, Calgary (CDN): S. 216 li., 231, 241, 248/249 (I. Begichev); 219 (A. Jevsejenko); 9 (G. Pavlins)
laif, Köln: S. 63 (Adenis/GAFF); 31 (Th. Futh); 160 (P. Kristensen); 15 (E. Martin); 11 o. li., 124/125 (D. Steets); 46 (D. Monteleone/Contrasto); 86 li., 96 (G. Westrich)
Look, München: S. 84/85, 202 li. (F.-M. Frei)
Maximilaim Matthews, Riga: S. 104
Mauritius Images, Mittenwald: S. 48 (W. Buss); 100 (Photononstop); 50 (F. Rauschenbach)
Christian Nowak, Berlin: S. 148
picture alliance, Frankfurt/M.: S. 67 (P. Grimm); 51 (K. H. Jacobi); 11 u. li., 21, 72, 86 re., 93, 194/195, 222/223 (KPA/R. Hackenberg); 64 (Lehtikuva); 188/189, 226, 242 (ZB/P. Hirth)
Nailia Roubtsova, Potsdam: S. 8

Ruedi Schorno, Zürich: S. 74
Peter Schickert, Fröndenberg: S. 12/13, 66, 139
Peter Hirth/Transit, Leipzig: Titelbild, S. 10 o. li., 10 u. li., 10 u. re., 10 o. re., 11 u. re., 38/39, 52, 54, 60/61, 82/83, 87 li., 108/109, 112, 115, 118/119, 128, 132, 135, 136 li., 142/143, 150/151, 154 li., 169, 182/183, 192, 196, 208, 209, 210, 228/229, 232, 233, 234, 245 li., 250, 254/255, 260, 262, 265
Marc-Steffen Unger, Berlin: S. 178
Michael Zegers, Frankfurt/M.: S. 25, 95

Wir danken:
Baltikum Tourismus Zentrale, Berlin: S. 203 (R. Melnbardis); 121 (Romvalds Salcevics); 136 re. (Stadt Jūrmala)
Inspiration Riga – Riga Convention Bureau: S. 78/79 (Andris Tone)
Jaunais Rīgas teātris: S. 77 (Gints Malderis)
Lauku ceļotājs, Riga: S. 164/165, 216 re., 244 re., 266, Umschlagrückseite
SIA »Gulbenes – Alūksnes Bānītis«, Gulbene: S. 276, 278

Kartografie

DuMont Reisekartografie, Fürstenfeldbruck
© DuMont Reiseverlag, Ostfildern

Umschlagfoto

Titelbild: Rathaus und Standbild des hl. Georg am Rātslaukums in Riga

Hinweis: Autor und Verlag haben alle Informationen mit größtmöglicher Sorgfalt geprüft. Gleichwohl sind Fehler nicht vollständig auszuschließen. Alle Angaben erfolgen ohne Gewähr. Bitte, schreiben Sie uns! Über Ihre Rückmeldung zum Buch und über Verbesserungsvorschläge freuen sich Autor und Verlag:
DuMont Reiseverlag, Postfach 3151, 73751 Ostfildern,
info@dumontreise.de, www.dumontreise.de

1. Auflage 2009
© DuMont Reiseverlag, Ostfildern
Alle Rechte vorbehalten
Grafisches Konzept: Groschwitz, Hamburg
Druck: Sommer C. M., Ostfildern